Interpretation and Application of
the Law on Public Security Administration Penalties

治安管理处罚法

重点解读

—— 与 ——

适用要点

范子星　李样举　编著

北京

图书在版编目（CIP）数据

治安管理处罚法重点解读与适用要点 / 范子星，李样举编著. -- 北京：法律出版社，2025. -- ISBN 978 -7 -5244 -0191 -9

Ⅰ.D922.145

中国国家版本馆 CIP 数据核字第 2025P7128J 号

治安管理处罚法重点解读与适用要点 ZHIAN GUANLI CHUFAFA ZHONGDIAN JIEDU YU SHIYONG YAODIAN	范子星　李样举　编著	策划编辑　翁潇潇 责任编辑　翁潇潇 装帧设计　李　瞻

出版发行　法律出版社　　　　　　　开本　A5
编辑统筹　法规出版分社　　　　　　印张　12.875　　字数　371 千
责任校对　冯高琼　　　　　　　　　版本　2025 年 8 月第 1 版
责任印制　耿润瑜　　　　　　　　　印次　2025 年 8 月第 1 次印刷
经　　销　新华书店　　　　　　　　印刷　三河市兴达印务有限公司

地址：北京市丰台区莲花池西里 7 号（100073）
网址：www.lawpress.com.cn　　　　　销售电话：010 -83938349
投稿邮箱：info@ lawpress.com.cn　　客服电话：010 -83938350
举报盗版邮箱：jbwq@ lawpress.com.cn　咨询电话：010 -63939796
版权所有·侵权必究

书号：ISBN 978 -7 -5244 -0191 -9　　　定价：58.00 元
凡购买本社图书，如有印装错误，我社负责退换。电话：010 -83938349

序

《治安管理处罚法》自2006年施行以来,为维护社会治安秩序,保障公共安全,保护公民、法人和其他组织的合法权益,规范和保障公安机关及其人民警察依法履行治安管理职责提供了明确的法律依据和有效的制度支撑。19年来,我国在政治、经济、社会和文化等方面发生了巨大变化,社会治安管理工作领域面临一些新情况新问题,治安管理工作理念相应发生深刻变革,人民群众对社会治安管理水平的期待与要求也不断提高。法随时变,为适应社会新形势新任务,有必要与时俱进全面修订《治安管理处罚法》,为高质量开展社会治安管理工作提供更加坚实有力的制度保障。

2025年6月27日,第十四届全国人大常委会第十六次会议表决通过了新修订的《治安管理处罚法》,自2026年1月1日起施行。本次是对2005年《治安管理处罚法》的全面、系统修订,条文由原来的119条增加至144条,原有的119条中仅有21条内容未改动,新增条款28条,较大幅度地对治安管理法律规范进行完善和补充,具有罚则设定更规范、宽严结合更适当和处罚程序更严格的特点。这部与人民群众生活息息相关的法律修订回应了近些年我国经济社会发展的显著变化,将治安管理领域出现的新问题纳入《治安管理处罚法》的调整范围,也将治安管理工作中一些好的机制和做法通过法律形式予以确认,从实体和程序方面对治安管理法予以完善,旨在更好地保护公民、法人和其他组织的合法权益,维护社会治安秩序,以寻求安全与自由之间的合理平衡。

法律是社会生活的规范,法律规范的科学性、针对性和实效性是在回应社会客观需要中不断体现和完善的。本次修法的新增条款涉及近年来社会上反映较强烈的一些热点个案或者事件,如正当防卫、学生欺凌和高空坠物以及动物伤人等。如电影《第二十条》聚焦"学生欺凌"和"正当防卫"议题,一时成为社会热议。社会上有些人出于个人狭隘目的,亵渎、歪曲英雄烈士事迹,诋毁、贬损英雄精神,社会影响恶劣。有一些团伙在国家考试中组织作弊,严重损害社会公平正义。随着新科技新技术的广泛应用,社会上出现滥用窃听窃照器材,侵犯公民隐私权的现象以及违规飞行无人机等新问题。本次修订《治安管理处罚法》,对以上现象和行为针对性立法予以规范,弥补社会管理及治理方面的短板,使《治安管理处罚法》能够适应社会发展的现实需要,更好地体现了公私权益之间的平衡,进一步增强法治的稳预期功能。

新修订的《治安管理处罚法》以《宪法》为根据,体现"国家尊重和保障人权"原则。如第六条规定,实施治安管理处罚,应当公开、公正,尊重和保障人权,保护公民的人格尊严。新增的一些内容在尊重和保障公民权利方面有一定的进步,有助于提升社会管理的"柔性",如第十三条关于精神病人和智力残疾人的不予处罚以及从轻或减轻处罚情形,第十九条关于正当防卫权,第六十条关于学生欺凌的规定,第一百零二条关于被侵害人对提取、采集信息或样本的同意权,第一百一十七条第二款关于未成年人对行政拘留听证权利等条款。本法涉及未成年人保护的条款达14条,体现对未成年人保护力度明显加大。

为保护公民权利,防止治安管理处罚权被滥用,纠正公安机关及其人民警察不作为、乱作为、粗暴执法和执法不规范等行为,本法进一步严格规范公安机关及其人民警察的执法办案程序,如第九十条治安案件立案调查的规定,第九十七条、第一百零八条和第一百二十条关于全程同步录音录像规定,第一百一十四条关于法制审核规定,第一百一十七条第二、三款关于对未成年人可能执行行政拘留,案情复杂或者具有重要社会影响的案件听证的情形,第一百三十九条第一款新增第十一、十二、十三项可以给予人民警察处分或追究刑事责任的情形。本法贯彻宽严相济理念,该严则严,当宽则宽,注重发挥"宽"的教育作用,最大限度地教育感化违法行为人,让执法既有力度又有温度,确保法律效果和社会效果的有机统一,如第九条调解与和解的规定,第二十一条从宽处理的规定,第二十三条不执行行政拘留处罚的规定,第二十四条对不予处罚或者不执行行政拘留处罚的未成年人采取相应矫治教育等措施的规定。

本书针对新修订的《治安管理处罚法》每一法条进行条文说明和重点解读,并对适用要点进行学理阐述,概括、提炼条文主旨,力求准确性和简洁性。为便于读者准确理解和把握法律关系实质与法治精神,编者精心选编一些典型案例,以案为鉴、以案释法,使条款解读兼具理论性与实务性。基于社会管理的整体性、系统性原则,本书从协同视角探究治安管理工作与不同行业管理之间的衔接性,参考借鉴与本法关联密切的相关规定,共涉及85部法律、4部有关法律问题和重大问题的决定,86部行政法规,1部监察法规,17部规章和2部行业标准以及2部规范性文件,有效拓宽读者学法、用法的深度与广度。鉴于本次对《治安管理处罚法》修改力度较大,特别是第三章违反治安管理的行为中的64个条款中,几乎所有条款都涉及"情节较重""情节严重""情节较轻"等自由裁量。公安机关在实施具体处罚运用自由裁量权时,需要综合考虑违反治安管理行为的对象、后果、数额、次数和行为人主观恶意程度等因素,以及结合不同时期不同地区的经济社会发展和治安形势变化,特别针对新增违反治安管理行为,还应结合执法实践,以便有效发挥治安管理处罚对维护社会秩序与保障公民权利的作用。

两位作者具有较广泛的专业研究和丰富的工作经历,以专业视角观察《治安管理处罚法》的理论与实践问题。作者把治安管理与保护公民权利置于社会变迁之中,力求将法律文本与社会现实有机融合,以学理诠释社会热点问题,使本书具有实务指南兼学术探究的特点,有助于读者准确把握新修订的《治安管理处罚法》的原则与内容,深刻感悟法治精神。"法律的生命力在于实施,法律的权威也在于实施"。《治安管理处罚法》作为一部实践性较强的法律,其生命力也在于实施。本法的修订和实施必将极大地提升社会治安管理工作法治化、规范化水平，有助于回应人民群众对公安机关及其人民警察的履职尽责水平的期待。希望本书的出版对学习、宣传、研究新修订的《治安管理处罚法》有所帮助。

是为序。

中国人民大学法学院教授，博士生导师
2025 年 7 月 1 日

目 录

第一章 总则 ……………………………………………………… 1
第一条 【立法目的】 …………………………………………… 1
第二条 【党的领导与综合治理】 ……………………………… 4
第三条 【违反治安管理行为与犯罪行为的界分】 …………… 6
第四条 【程序适用规则】 ……………………………………… 9
第五条 【适用范围】 …………………………………………… 11
第六条 【基本原则】 …………………………………………… 15
第七条 【主管与管辖】 ………………………………………… 18
第八条 【民事责任与刑事责任的适用】 ……………………… 19
第九条 【调解处理原则】 ……………………………………… 22

第二章 处罚的种类和适用 ……………………………………… 26
第十条 【处罚种类】 …………………………………………… 26
第十一条 【涉案物品及违法所得财物的处理】 ……………… 28
第十二条 【未成年人违反治安管理的处罚规则】 …………… 30
第十三条 【精神病人、智力残疾人违反治安管理的责任认定】 ……………………………………………………… 32
第十四条 【盲人或又聋又哑的人违反治安管理的处罚规则】 ……………………………………………………… 33
第十五条 【醉酒状态下的治安责任与处置措施】 …………… 34
第十六条 【数种治安违法行为的并罚规则】 ………………… 37

1

第十七条 【共同违反治安管理的责任划分与特殊行为处罚】 38
第十八条 【单位违反治安管理行为的处罚】 40
第十九条 【正当防卫的认定与过当责任】 41
第二十条 【从轻、减轻或者不予处罚情形】 44
第二十一条 【自愿认罚从宽制度】 48
第二十二条 【从重处罚情形】 50
第二十三条 【行政拘留的免除执行及例外规定】 52
第二十四条 【矫治教育措施】 55
第二十五条 【追责时效及计算标准】 57

第三章 违反治安管理的行为和处罚 59
第一节 扰乱公共秩序的行为和处罚 59
第二十六条 【对扰乱单位、公共场所、公共交通和选举秩序行为的处罚】 59
第二十七条 【对扰乱国家考试秩序行为的处罚】 65
第二十八条 【对扰乱体育、文化等大型群众性活动秩序行为的处罚】 67
第二十九条 【对故意散布谣言等扰乱公共秩序行为的处罚】 72
第三十条 【对寻衅滋事行为的处罚】 77
第三十一条 【利用邪教、会道门、封建迷信进行非法活动的处罚】 81
第三十二条 【对干扰无线电管理秩序行为的处罚】 ... 85
第三十三条 【对侵害计算机信息系统安全行为的处罚】 ... 89
第三十四条 【对传销行为的处罚】 94
第三十五条 【对扰乱重要活动秩序、有辱英烈及历史尊严行为的处罚】 97

第二节 妨害公共安全的行为和处罚 …………………………… 102
第三十六条 【对违反危险物质管理规定行为的处罚】………… 102
第三十七条 【对危险物质被盗、被抢、丢失不报行为的处罚】
…………………………………………………………… 105
第三十八条 【对非法携带枪支、弹药、管制器具行为的处罚】
…………………………………………………………… 106
第三十九条 【对盗窃、损毁公共设施行为的处罚】…………… 109
第四十条 【对妨碍航空器飞行安全、妨碍公共交通安全的处罚】
…………………………………………………………… 112
第四十一条 【对破坏铁路、城市轨道交通设施行为的处罚】
…………………………………………………………… 115
第四十二条 【对违规侵入轨道交通危险区域的处罚】………… 119
第四十三条 【对违法安装、使用电网等危害公共安全行为的处罚】
…………………………………………………………… 120
第四十四条 【对违规举办大型群众性活动行为的处罚】……… 125
第四十五条 【对违反公众活动场所安全规定行为的处罚】
…………………………………………………………… 127
第四十六条 【对违规操控升空物体行为的处罚】……………… 128

第三节 侵犯人身权利、财产权利的行为和处罚 …………………… 132
第四十七条 【对强迫性侵害人身自由行为的处罚】…………… 132
第四十八条 【对组织、胁迫未成年人有偿陪侍的处罚】……… 136
第四十九条 【对违法乞讨行为的处罚】………………………… 138
第五十条 【对侵犯人身权利六项行为的处罚】………………… 140
第五十一条 【对殴打或故意伤害他人身体行为的处罚】……… 147
第五十二条 【对猥亵及公然裸露身体隐私部位行为的处罚】
…………………………………………………………… 154
第五十三条 【对虐待家庭成员、监护对象及遗弃被扶养人行为的处罚】………………………………………………… 156

3

第五十四条 【对强迫交易行为的处罚】 …………………… 160

第五十五条 【对煽动民族仇恨、民族歧视行为的处罚】 ……… 162

第五十六条 【对侵犯公民个人信息行为的处罚】 …………… 164

第五十七条 【对侵犯公民通信自由行为的处罚】 …………… 167

第五十八条 【对盗窃、诈骗、哄抢、抢夺、敲诈勒索行为的处罚】 …………………………………………………… 168

第五十九条 【对故意损毁公私财物行为的处罚】 …………… 171

第六十条 【学生欺凌行为的处罚及学校责任】 …………… 174

第四节 妨害社会管理的行为和处罚 …………………………… 177

第六十一条 【对拒不执行紧急状态决定、命令及阻碍执行公务行为的处罚】 ……………………………… 177

第六十二条 【对招摇撞骗行为的处罚】 ……………………… 183

第六十三条 【对伪造、变造、出租、出借、买卖公文、证件、票证行为的处罚】 …………………………… 185

第六十四条 【对船舶擅进禁止、限入水域或岛屿行为的处罚】 …………………………………………………… 190

第六十五条 【对非法社会组织活动及未获许可擅自经营行为的处罚】 ………………………………………… 191

第六十六条 【对煽动、策划非法集会、游行、示威行为的处罚】 …………………………………………………… 197

第六十七条 【对旅馆业违反住宿登记管理及安全监管义务行为的处罚】 ……………………………………… 198

第六十八条 【对违法出租房屋行为的处罚】 ………………… 202

第六十九条 【对特定行业经营者不依法登记信息行为的处罚】 …………………………………………………… 205

第七十条 【对非法安装、使用、提供窃听、窃照专用器材行为的处罚】 ……………………………………… 207

第七十一条 【对违法典当、收购行为的处罚】 ……………… 210

第七十二条 【对妨害行政执法及司法秩序行为的处罚】……… 214

第七十三条 【对违反禁止令等行为的处罚】……………… 219

第七十四条 【对被关押违法行为人脱逃的处罚】………… 223

第七十五条 【对妨害文物管理行为的处罚】……………… 224

第七十六条 【对非法驾驶交通工具行为的处罚】………… 227

第七十七条 【对破坏他人坟墓、毁坏尸骨和非法停放尸体行为的处罚】……………………………………………… 229

第七十八条 【对卖淫、嫖娼行为的处罚】………………… 231

第七十九条 【对引诱、容留、介绍他人卖淫行为的处罚】…… 233

第八十条 【对传播淫秽信息行为的处罚】………………… 234

第八十一条 【对组织、参与淫秽活动行为的处罚】……… 237

第八十二条 【对参与赌博行为的处罚】…………………… 240

第八十三条 【对涉及毒品原植物行为的处罚】…………… 242

第八十四条 【对涉毒违法行为的处罚】…………………… 245

第八十五条 【对引诱、教唆、欺骗或强迫他人吸食、注射毒品行为的处罚】………………………………………… 249

第八十六条 【对非法生产、经营、购买、运输制毒原配料行为的处罚】………………………………………………… 250

第八十七条 【对服务行业人员通风报信行为的处罚】…… 253

第八十八条 【对生活噪声持续干扰他人行为的处罚】…… 255

第八十九条 【对饲养动物违法行为的处罚】……………… 257

第四章 处罚程序 ………………………………………… 263
第一节 调查 ……………………………………………… 263

第九十条 【立案调查及处理程序】………………………… 263

第九十一条 【严禁非法取证】……………………………… 268

第九十二条 【公安机关调查取证权及相关主体证据提供义务】
……………………………………………………………… 272

第九十三条 【移送案件的证据使用】…………………………… 273

第九十四条 【保密义务】…………………………………………… 275

第九十五条 【回避】………………………………………………… 277

第九十六条 【传唤程序与强制传唤】…………………………… 279

第九十七条 【传唤后的询问查证要求】………………………… 283

第九十八条 【询问笔录制作及询问未成年人的特别规定】
　　　　　　 ………………………………………………………… 286

第九十九条 【询问被侵害人及其他证人的程序规则】……… 289

第一百条 【委托询问与远程视频询问】………………………… 291

第一百零一条 【询问的语言帮助】……………………………… 292

第一百零二条 【人身检查及生物样本采集规则】…………… 294

第一百零三条 【治安检查的权限与程序规则】……………… 296

第一百零四条 【检查笔录的制作及签名】…………………… 299

第一百零五条 【扣押的范围、程序及对扣押物品的处置】…… 301

第一百零六条 【鉴定】…………………………………………… 306

第一百零七条 【治安案件辨认程序规则】…………………… 309

第一百零八条 【公安机关调查取证工作规范】……………… 310

第二节 决定 ……………………………………………………… 312

第一百零九条 【治安管理处罚的决定机关】………………… 312

第一百一十条 【行政拘留的折抵】…………………………… 314

第一百一十一条 【本人陈述的证据地位】…………………… 316

第一百一十二条 【治安处罚告知与当事人的陈述、申辩权】
　　　　　　　　 ……………………………………………………… 318

第一百一十三条 【治安案件处理规则】……………………… 321

第一百一十四条 【法制审核情形及审核人员资格】………… 326

第一百一十五条 【治安处罚决定书的内容】………………… 329

第一百一十六条 【治安处罚决定书的宣告、通知与送达】…… 332

第一百一十七条 【听证的适用情形及程序要求】…………… 334

第一百一十八条　【办案期限】 338
第一百一十九条　【当场处罚的条件】 339
第一百二十条　【当场处罚的程序要求】 341
第一百二十一条　【不服治安处罚的救济途径】 344

第三节　执行 346

第一百二十二条　【行政拘留处罚的执行及解除】 346
第一百二十三条　【罚款处罚的执行与当场收缴规则】 347
第一百二十四条　【当场收缴罚款的交纳期限】 351
第一百二十五条　【当场收缴罚款的票据管理规则】 352
第一百二十六条　【行政拘留暂缓执行的条件与程序】 354
第一百二十七条　【暂缓执行行政拘留的担保人条件】 357
第一百二十八条　【暂缓执行行政拘留的担保人的义务】 360
第一百二十九条　【没收保证金】 361
第一百三十条　【退还保证金】 362

第五章　执法监督 365

第一百三十一条　【规范执法】 365
第一百三十二条　【禁止行为】 367
第一百三十三条　【执法监督与检举控告权】 369
第一百三十四条　【治安管理处罚与政务处分衔接】 371
第一百三十五条　【罚款决定与收缴分离】 373
第一百三十六条　【治安违法记录封存与查询规定】 375
第一百三十七条　【同步录音录像设备运行保障义务】 377
第一百三十八条　【个人信息保护与使用限制规则】 378
第一百三十九条　【人民警察办理治安案件的违法情形与责任追究】 380
第一百四十条　【执法侵权赔偿】 390

第六章　附则 ……………………………………………………… 393

第一百四十一条　【其他法律授权处罚的执行衔接】………… 393

第一百四十二条　【海警机构的职权】………………………… 395

第一百四十三条　【"以上、以下、以内"的含义】…………… 397

第一百四十四条　【施行日期】………………………………… 397

中华人民共和国治安管理处罚法

(2005年8月28日第十届全国人民代表大会常务委员会第十七次会议通过 根据2012年10月26日第十一届全国人民代表大会常务委员会第二十九次会议《关于修改〈中华人民共和国治安管理处罚法〉的决定》修正 2025年6月27日第十四届全国人民代表大会常务委员会第十六次会议修订)

第一章 总 则

第一条 【立法目的】[1] 为了维护社会治安秩序,保障公共安全,保护公民、法人和其他组织的合法权益,规范和保障公安机关及其人民警察依法履行治安管理职责,根据宪法,制定本法。

---

[1] 条文主旨为编者所加,仅供参考,下同。

新旧对照

2012年《治安管理处罚法》	2025年《治安管理处罚法》
第一条　为维护社会治安秩序,保障公共安全,保护公民、法人和其他组织的合法权益,规范和保障公安机关及其人民警察依法履行治安管理职责,制定本法。	第一条　为了维护社会治安秩序,保障公共安全,保护公民、法人和其他组织的合法权益,规范和保障公安机关及其人民警察依法履行治安管理职责,**根据宪法**,制定本法。

重点解读

立法目的,也称为立法宗旨或立法旨意,是立法者希望达到的目标,具有方向性、统领性和指导性的特点。此次修改,增加了"根据宪法"这一表述:究其原因,首先,《治安管理处罚法》通过违法标准的设定,平衡并保护着公共利益与公民权利,与宪法关系密切;其次,宪法是国家的根本法,具有最高的法律地位、法律效力,一切法律、行政法规和地方性法规都不得同宪法相抵触。立法是宪法的具体化,是宪法实施的重要途径,宪法规定了国家的根本制度、公民的基本权利和义务、国家机构的组成和运行的基本原则等最基本的问题,是制定法律、法规的总依据。所以,增加这一表述是宪法与立法之间关系使然。我国现行有效法律306件(截至2025年5月7日),几乎所有法律中都有"根据宪法"表述。

适用要点

1. 公共安全

公共安全,是指公民、法人及其他组织开展正常学习、生活和工作等活动所必需的稳定秩序与环境,是社会正常运行的"免疫屏障"。公共安全受到危害,将会影响不特定或多数人的生命、健康和重大公私财产的安全。公共安全的重要特点是不特定性,主要指人员数量的不特定性;其公共性主要指三人以上;其安全性主要指良好的秩序,即生命、健康、财产以及生活的平稳、安定。归纳起来,公共安全主要涉及行为过程和人员数量两个方面。危害公共安全事件,其行为的发展过程难以预料且难以控制。这类事件存在随时可能波及更多人员的现实风险,导致不特定的多数人员遭受侵害。此外,行为人所针对的对象可能是特定的,但实际造成的后果却是使多数人员受到危害,例如违反国家规定邮寄毒害性物质的行为。本法第三章第二节规定了妨害公共安全的行为。

良好的社会治安秩序是公共安全的重要组成部分,是基础性保障。本法属于社会治安管理的专门法律,除此之外,还有直接关系公共安全和社会治安秩序的其他法律法规,如《枪支管理法》《民用爆炸物品安全管理条例》《烟花爆竹安全管理条例》等。国家通过对违反治安管理的各类行为设定相应罚则维护社会治安秩序,从而达到保障公共安全的目的。

2. 规范和保障的关系

法律对社会关系的调整,主要是通过规范和界定政府的权力与责任、设定人们的行为准则、确定违反法律义务的后果和相关处理程序等方式实现。本法对违反治安管理的各类行为进行明确界定的同时,从实体和程序两个方面规范公安机关的具体职责并保障其正确履行职责,确保公安机关及其人民警察用权依法、履职有据,防止滥用权力。本法的修改,旨在确保法律条文的时效性、准确性和适用性,更好地"规范和保障公安机关及其人民警察依法履行治安管理职责""保护公民、法人和其他组织的合法权益",从而实现维护社会治安秩序、保障公共安全的目标。

3. 警察权应遵循公共性原则

基于警察权公共性原则要求,警察权是不能介入私权范畴的,这也是警察权应尊重私生活自由原则与不干涉私权之争原则的体现。《城市人民警察巡逻规定》第四条第十项规定,"劝解、制止在公共场所发生的民间纠纷",这种民间纠纷对公共场所的影响严重性程度尚未可知,但按照警察公共性原则的要求,该项应在警察公共性原则的标准下进行解读。公安部曾发布过一系列文件,明令禁止干预私权纠纷,严格恪守公共性原则,如《公安部关于严禁越权干预经济纠纷的通知》《公安部关于严禁公安机关插手经济纠纷违法抓人的通知》《公安部关于公安机关不得非法越权干预经济纠纷案件处理的通知》等规定,其中明确要求公安机关不得插手民事纠纷,从根本上来讲,这也是警察公共性原则所决定的。实践中,需要认真区分那些看似带有治安违法表象,但是本质上还是民事行为的案(事)件。如实践中,一方为制止另一方拍摄,夺走拍摄一方的手机,之后随即归还。由此不难发现,行为人只是出于制止另一方手机拍摄行为的目的,并非出于将涉案手机非法占为己有的目的,且该行为亦未造成拍摄一方的人身伤害及涉案手机损坏的后果。所以,此种情形下的手机被抢案件应不属于公安机关管辖范围。

第二条 【党的领导与综合治理】治安管理工作坚持中国共产党的领导,坚持综合治理。

各级人民政府应当加强社会治安综合治理,采取有效措施,预防和化解社会矛盾纠纷,增进社会和谐,维护社会稳定。

新旧对照

2012年《治安管理处罚法》	2025年《治安管理处罚法》
第六条 各级人民政府应当加强社会治安综合治理,采取有效措施,化解社会矛盾,增进社会和谐,维护社会稳定。	第二条 治安管理工作坚持中国共产党的领导,坚持综合治理。 各级人民政府应当加强社会治安综合治理,采取有效措施,**预防和化解**社会矛盾**纠纷**,增进社会和谐,维护社会稳定。

重点解读

社会治安管理工作点多、面广、链长、环节多,具有预防性、强制性、服务性和广泛性特点,必须在党委、政府统一领导下,通过组织和依靠各部门、各单位和人民群众力量加强社会治安综合治理,进而建立和保持良好的社会治安秩序。本书认为,社会治安综合治理的"综合"主要体现在参与单位部门的广泛性和采取治理方法手段的多样化方面,如本法第八十八条关于社会生活噪声干扰他人生活行为的规定。公安机关在完善社会治安综合治理体系中担负着重要任务,发挥着骨干作用。

适用要点

《中国共产党章程》将"加强社会治安综合治理""保持社会长期稳定"写入了总纲,本次《治安管理处罚法》修订新增了"治安管理工作坚持中国共产党的领导,坚持综合治理"这一款内容。在法理逻辑上,这是通过立法程序,以法律形式将党的理论、纲领、路线和方针上升为国家意志,成为国家政权、社会组织和公众必须遵循的普遍行为规则。

社会治安综合治理工作主要包括"打击、防范、教育、管理、建设、改造"六个方面措施,这些措施需要统筹化、协同化推进,不可偏废。"打击"是政法部门,特别是公安机关的主要职责,是社会治安综合治理的首要环节和其他措施开展的前提保障。除"打击"以外,其他五个方面措施都可视为社会治安综合治理中解决矛盾纠纷的预防性或挽救性措施。矛盾是指互相对立、排斥和冲突,纠纷是指互相争议或争执,二者往往由于不同的利益、观点、意见等引发,涉及多种社会关系。

中国自古以来就有很多预防、化解矛盾纠纷的做法,如杜渐防萌、曲突徙薪、防患未然等。防范、教育、管理、建设和改造工作的有效开展,需要各级政府部门等单位组织积极作为,特别是基层街道(乡镇)和社区,包括企事业单位、行业协会等社会组织利用接触广大群众的广泛性、便利性和熟悉性优势,比较容易全面掌握矛盾纠纷发生的源头和其升级的"苗头",以防为先,及时疏导当事人的情绪,将矛盾纠纷化解于"萌""微"阶段。实践中具体的措施,如设立社会治安综合治理机构,提高群防群治的防范组织能力;开展多种形式的社会治安综合治理宣传活动,加强法治思想教育,特别是对青少年提高辨别是非能力的教育;鼓励和畅通人们通过正常渠道、方式反映问题,及时、客观分析评估民众意见和需求;加强对单位内部重点、关键岗位人员和要害部位的治安管理,堵塞违法犯罪漏洞;建立和提供多元化、专业化调处化解机制与服务;做好对违法未成年人的矫治教育和刑满释放等人员的帮教帮扶改造工作,防止、减少重新违法犯罪;总结推广社会治安综合治理先进单位的典型经验;等等。

> **第三条 【违反治安管理行为与犯罪行为的界分】** 扰乱公共秩序,妨害公共安全,侵犯人身权利、财产权利,妨害社会管理,具有社会危害性,依照《中华人民共和国刑法》的规定构成犯罪的,依法追究刑事责任;尚不够刑事处罚的,由公安机关依照本法给予治安管理处罚。

新旧对照

2012年《治安管理处罚法》	2025年《治安管理处罚法》
第二条 扰乱公共秩序,妨害公共安全,侵犯人身权利、财产权利,妨害社会管理,具有社会危害性,依照《中华人民共和国刑法》的规定构成犯罪的,依法追究刑事责任;尚不够刑事处罚的,由公安机关依照本法给予治安管理处罚。	第三条 扰乱公共秩序,妨害公共安全,侵犯人身权利、财产权利,妨害社会管理,具有社会危害性,依照《中华人民共和国刑法》的规定构成犯罪的,依法追究刑事责任;尚不够刑事处罚的,由公安机关依照本法给予治安管理处罚。

重点解读

治安违法行为类型多、范围广,从危害程度上来看,又有轻重之别。

大量的治安管理违法行为与刑事犯罪行为之间具有基于社会危害性严重程度的衔接关系。在处理治安违法行为过程中,一旦发现该行为可能涉嫌刑事犯罪时,就要启动针对违法行为的处罚转换机制,即涉及行刑衔接问题。行刑衔接,是指在查处违法行为过程中,因发现违法行为涉嫌犯罪,对违法行为开展刑事侦查的一种转换机制。《治安管理处罚法》与《刑法》在维护公共安全、保护人身和财产权利等社会关系方面都发挥着重要作用,两部法律有着共同的立法目的,制裁对象行为都具有违法性和社会危害性,只不过违法行为的社会危害性程度存在差异。《刑法》针对构成犯罪的严重危害行为,《治安管理处罚法》针对不构成犯罪的部分违法行为,其中一半以上违法行为与刑法的犯罪行为样态是相同的,只在情节严重与否、涉案数额多少、行为手段以及社会影响大小等方面影响入罪和出罪、违法与否。据此,《治安管理处罚法》有"小刑法"之称,其是衔接行政责任和刑事责任的一部法律。

适用要点

1. 严禁以罚代刑,处罚应当遵循一事不再罚的要求

我国公安机关既是行政机关,行使着对社会的行政管理权,同时又担负着刑事案件的侦查任务;也是国家的刑事侦查机关,具有司法权的属性。根据行政权和司法权的分工,对一般的违法行为,由行政机关予以查处;对严重的违法行为,如果构成犯罪,则由司法机关予以查处。行政机关享有的行政处罚权和司法机关享有的刑罚权是性质不同的两种权力,所适用的行为的社会危害性不同、适用的程序不同,产生的社会效果也就不一样。实践中,有的行政执法部门将应当移送司法机关处理的案件不移交,以罚代刑、有罪不究,放纵了罪犯,损害法律权威。《行政处罚法》第二十七条规定,违法行为涉嫌犯罪的,行政机关应当及时将案件移送司法机关,依法追究刑事责任。对依法不需要追究刑事责任或者免予刑事处罚,但应当给予行政处罚的,司法机关应当及时将案件移送有关行政

机关。行政处罚实施机关与司法机关之间应当加强协调配合，建立健全案件移送制度，加强证据材料移交、接收衔接，完善案件处理信息通报机制。

行政机关对应当依法移交司法机关追究刑事责任的案件不移交，以行政处罚代替刑事处罚，由上级行政机关或者有关机关责令改正，对直接负责的主管人员和其他直接责任人员依法给予处分；情节严重构成犯罪的，依法追究刑事责任。

2. 行刑机制转换要求

行为社会危害性的大小是该行为是否构成刑事犯罪最重要的判断标准。关于行为社会危害性大小的描述在立法中有着不同的规范表述形式，如伤害程度严重性、财物数额大小、人员数量多少和特定行为等。一旦这些形式要件具备，就构成行刑机制转换的条件，如满足了前述条件，我们就称为达到了刑事案件的立案标准，所以公安机关在办理案件过程中应当注意立案标准的准确把握。目前公安部发布的相关规定可供在立案过程中参考，如《最高人民检察院、公安部关于公安机关管辖的刑事案件立案追诉标准的规定（二）》。最高人民检察院发布的《人民检察院行刑反向衔接工作指引》规定，行刑反相衔接是指"人民检察院对决定不起诉的案件，经审查认为需要给予被不起诉人行政处罚的，及时提出检察意见，移送有关行政主管机关，并对案件处理情况进行跟踪督促"。

3. 注意与检察机关的衔接机制

当案件按照刑事案件立案后，公安机关按照刑事追诉程序进行追诉，追诉过程中，注意与检察机关的衔接。目前，关于二者的衔接有相关文件予以规范，如《行政执法机关移送涉嫌犯罪案件的规定》《最高人民检察院关于推进行政执法与刑事司法衔接工作的规定》《关于推进行刑双向衔接和行政违法行为监督构建检察监督与行政执法衔接制度的意见》，在处理行政案件过程中，注意前述文件的适用。

第四条 【程序适用规则】治安管理处罚的程序,适用本法的规定;本法没有规定的,适用《中华人民共和国行政处罚法》、《中华人民共和国行政强制法》的有关规定。

新旧对照

2012年《治安管理处罚法》	2025年《治安管理处罚法》
第三条 治安管理处罚的程序,适用本法的规定;本法没有规定的,适用《中华人民共和国行政处罚法》的有关规定。	**第四条** 治安管理处罚的程序,适用本法的规定;本法没有规定的,适用《中华人民共和国行政处罚法》、**《中华人民共和国行政强制法》**的有关规定。

重点解读

程序正义与实体正义是执法工作的"两翼",二者相辅相成,共同确保行政权行使的合法性与合理性。程序正义要求公安机关须遵循法定步骤、方式和时限,如传唤后询问查证时间、告知、听取陈述申辩、听证等,确保当事人的权益得到充分保障。程序正义是实体正义的重要保障,程序违法会导致行政行为面临违法风险。

《治安管理处罚法》与《行政处罚法》《行政强制法》属于特别法与一般法的关系,基于此,应遵循特别法优先适用的原则,即针对某违法行为,如果《治安管理处罚法》有规定,应当优先适用《治安管理处罚法》;反之,如果《治安管理处罚法》未规定,才考虑适用《行政处罚法》和《行政强制法》的有关规定。

适用要点

1. 程序合法的重要性

法治,就是程序之治,程序违法会导致行政行为面临违法风险。《行政诉讼法》第七十条规定:"行政行为有下列情形之一的,人民法院判决撤销或者部分撤销,并可以判决被告重新作出行政行为:……(三)违反法定程序的……"实践中,程序违法的形式多样,如询问需要两人进行[1],处罚决定需要送达。

2. 注意与相关法律的关系

《治安管理处罚法》与《行政处罚法》《行政强制法》是特别法与一般法的关系,前者主要调整公安机关对危害社会治安管理的行为的治安处罚,后两部法分别是规范行政机关对于违反行政管理秩序行为实施行政处罚、规范行政强制的设定和实施。按照一般法与特别法的适用规则,对治安管理处罚程序优先适用《治安管理处罚法》,只有在《治安管理处罚法》程序规定欠缺,无法起到规范指引作用时,才会适用《行政处罚法》《行政强制法》。同时也应注意《公安机关办理行政案件程序规定》等规章层面的程序性规范,该规定第二条第一款规定:"本规定所称行政案件,是指公安机关依照法律、法规和规章的规定对违法行为人决定行政处罚以及强制隔离戒毒等处理措施的案件。"

除前述外,当立法彼此之间规定不一致时,也应注意规范依据的适用选择问题,《立法法》对此有明确规定,如第一百零三条和第一百零六条。

---

[1]《公安机关办理行政案件程序规定》第五十二条第一款规定,公安机关进行询问、辨认、检查、勘验,实施行政强制措施等调查取证工作时,人民警察不得少于二人,并表明执法身份。相关案例可详见上海市静安区人民法院行政判决书,(2022)沪 0106 行初 766 号。

第五条 【适用范围】在中华人民共和国领域内发生的违反治安管理行为,除法律有特别规定的外,适用本法。

在中华人民共和国船舶和航空器内发生的违反治安管理行为,除法律有特别规定的外,适用本法。

在外国船舶和航空器内发生的违反治安管理行为,依照中华人民共和国缔结或者参加的国际条约,中华人民共和国行使管辖权的,适用本法。

新旧对照

2012年《治安管理处罚法》	2025年《治安管理处罚法》
第四条 在中华人民共和国领域内发生的违反治安管理行为,除法律有特别规定的外,适用本法。 在中华人民共和国船舶和航空器内发生的违反治安管理行为,除法律有特别规定的外,适用本法。	第五条 在中华人民共和国领域内发生的违反治安管理行为,除法律有特别规定的外,适用本法。 在中华人民共和国船舶和航空器内发生的违反治安管理行为,除法律有特别规定的外,适用本法。 在外国船舶和航空器内发生的违反治安管理行为,依照中华人民共和国缔结或者参加的国际条约,中华人民共和国行使管辖权的,适用本法。

重点解读

法律的适用范围,即法律的效力范围,包括对人的效力、对事的效力、时间效力和空间效力。法律对人的效力指法律对什么人适用,包括自然人、法人和其他组织;法律对事的效力指法律对什么样的行为有效力,适用于何种事项;法律的时间效力指法律发生效力在什么时间范围内;法律的空间效力指法律适用的地域范围。

适用要点

1. 本法的适用范围

根据本条的规定,在对人的效力方面,本法适用于在我国领域内违反治安管理的行为人,包括自然人、法人和其他组织。自然人包括中国公民、外国人和国籍身份不明的人。"法律有特别规定的",主要是指外交特权与豁免条例、领事特权与豁免条例等特别规定,享有外交特权和豁免权、领事特权和豁免权的人,不适用本法。需要注意的是,并不是说这些人员违反本法的行为不属于违法行为,不需要追究法律责任,而是根据国际惯例和相关国际公约、协议,为保证外交人员正常开展工作,各国本着平等互惠、相互尊重的原则,相互给予对方有关人员一定的特权。因此,对有违反治安管理行为的这类人员,可以依照有关国际公约、协议的规定,通过外交等途径解决;对有严重违反治安管理行为的这类人员,还可以要求派遣国召回,或者由我国政府宣布其为不受欢迎的人,限期出境。

法律的对事效力是指法律对何种事项具有法律效力。作为个体而言,参与到社会活动中,会形成不同的法律关系,比如民事法律关系,行政法律关系,即便是民事法律关系内部还会有买卖合同法律关系、劳动合同法律关系等。《治安管理处罚法》的对事效力,主要体现在由于自然人或法人从事了违反《治安管理处罚法》尚未构成刑事犯罪的行为。基于此,与公安机关之间所形成的涉及治安管理的行政法律关系,是《治安管理处罚法》重要的调整对象,也是治安管理处罚对事效力的体现。

在空间效力方面,本法适用于我国整个领域内,除法律有特别规定的外。我国领域是指我国国境以内的全部区域,具体包括领陆、领水和领空,领陆指国境线以内的陆地及陆地下的地层;领水指内水、领海及其以下的地层;领空指领陆和领水之上的空间。另外,船舶和航空器被视为领土的延伸,本法规定在我国船舶和航空器内发生的违反治安管理行为,除法律有特别规定的外,也适用本法。这里的船舶、航空器包括民用的,也包括军用的。

至于时间效力,在一部法律修订之后,通常在附则中会明确新法生效和旧法失效时间。那么,按照最基本的法不溯及既往的原则,违法行为适用的法律依据就以新法为准。当然,旧法对当事人更为有利的除外。

2. 航空器内治安违法案件的管辖

航空器具有高速移动、跨越国际、所乘旅客成员复杂、需要空地协作衔接、运输经营灵活等特点,造就了航空器内这样一个特殊空间,那么一旦在客舱内发生案事件,管辖问题应运而生,1948年"美国诉科多瓦案"轰动一时,更加暴露出航空器内案事件管辖制度的窘迫。实践中,为了有效打击机上违法犯罪行为,国际上围绕管辖问题陆续制定了有关民航安保国际公约,并在随后的发展中,为适应空防安全形势发展的需要,不断丰富机上案事件的管辖类型。管辖权制度的演变历程见表1-1。

表1-1 航空器管辖权变化历程

时间	公约名称	简称	管辖类型
1944年	《国际民用航空公约》	《芝加哥公约》	第17条规定:登记国对航空器的管辖权。
1963年	《关于在航空器内的犯罪和其他某些行为的公约》	《东京公约》	第3、4条规定:(1)登记国管辖权;(2)属地管辖权;(3)主动属人管辖权;(4)被动属人管辖权;(5)保护管辖权;(6)普遍管辖权。
1970年	《关于非法制止劫持航空器的公约》	《海牙公约》	第4条规定:(1)登记国管辖权;(2)降落地国管辖权;(3)承租人的主要营业地国或永久居所地国管辖权;(4)普遍管辖权。
1971年	《制止危害民用航空安全的非法行为的公约》	《蒙特利尔公约》	第5条规定:(1)属地管辖权;(2)登记国管辖权;(3)降落地国管辖权;(4)承租人的主要营业地国或永久居所地国管辖权;(5)普遍管辖权。

续表

时间	公约名称	简称	管辖类型
2010年	《制止与国际民用航空有关的非法行为的公约》	《北京公约》	公约第8条规定和议定书第7条规定:(1)属地管辖权;(2)登记国管辖权;(3)降落地国管辖权;(4)承租人的主要营业地国或永久居所地国管辖权;(5)主动属人管辖权;(6)被动属人管辖权;(7)惯常居所地国管辖权;(8)普遍管辖权。
	《关于制止非法劫持航空器的公约的补充议定书》	《北京议定书》	
2014年	《关于修订〈关于在航空器内的犯罪和犯有某些其他行为的公约〉的议定书》	《蒙特利尔议定书》	第3条规定:(1)登记国管辖权;(2)降落地国管辖权;(3)经营人所在国管辖权;(4)属地管辖权;(5)主动属人管辖权;(6)被动属人管辖权;(7)保护管辖权;(8)普遍管辖权。

不难发现,从国际公约层面规定了多种管辖类型。但是,就安保公约而言,其在国内的适用需要经过国内立法的转化。在范后军与厦门航空黑名单案件中,北京市朝阳区人民法院在随后的司法建议中指出:"针对国内相关法律空白,加强立法工作,对于相关国际公约已有规定的,早日完成国内法的转化工作,从法律上规范航空公司的拒载行为。"[1] 由此可见,管辖问题与国家主权联系至关紧密,所以航空器内发生的案事件的处理究竟采取何种管辖模式,仰赖国家立法通过转化加以具体规定。

关于航空器内案事件的管辖,实践中,时常会听到一种观点:把飞机和船舶视为国家领土的延伸——浮动领土,以此推论,相关国家由此获得了机上或船舶上案件的管辖权。从司法实践来看,浮动领土说并不为我

---

[1] 《厦航"黑名单"案原告败诉　法院发司法建议》,载中国法院网2009年11月10日,https://www.chinacourt.org/article/detail/2009/11/id/381288.shtml。

国司法实践所接受,其只是学术上的一种观点。[1] 此次新增的第三款,从该条三款的适用关系上来看,第三款主要针对案事件发生地在域外,又存在值得保护利益的情形。

基于此,在航空器内发生的案事件的管辖要区分不同的情形:

(1)在我国国内航班上发生的案事件,若属于治安违法,则应当适用本法。

(2)飞往我国的国际航班,自进入我国领土内,机上发生的案事件若发生在进入我国领土内或持续到我国领土内,且属于治安违法,则应当适用本法。

(3)若发生在域外的航空器或船舶上,根据该法第三款,同时按照我国相关立法转化国际公约所确立的管辖机制,由有管辖权的机关管辖。

当然前述(2)(3)中也存在其他管辖类型的可能,以及由此带来的并行管辖问题。

> 第六条 【基本原则】治安管理处罚必须以事实为依据,与违反治安管理的事实、性质、情节以及社会危害程度相当。
>
> 实施治安管理处罚,应当公开、公正,尊重和保障人权,保护公民的人格尊严。
>
> 办理治安案件应当坚持教育与处罚相结合的原则,充分释法说理,教育公民、法人或者其他组织自觉守法。

---

[1] 参见上海海事法院民事判决书,(2016)沪72民初2336号,该案判决书荣获最高人民法院发布的第二届全国法院"百篇优秀裁判文书"。

新旧对照

2012年《治安管理处罚法》	2025年《治安管理处罚法》
第五条 治安管理处罚必须以事实为依据,与违反治安管理行为的性质、情节以及社会危害程度相当。 实施治安管理处罚,应当公开、公正,尊重和保障人权,保护公民的人格尊严。 办理治安案件应当坚持教育与处罚相结合的原则。	第六条 治安管理处罚必须以事实为依据,与违反治安管理的**事实**、性质、情节以及社会危害程度相当。 实施治安管理处罚,应当公开、公正,尊重和保障人权,保护公民的人格尊严。 办理治安案件应当坚持教育与处罚相结合的原则,**充分释法说理,教育公民、法人或者其他组织自觉守法**。

重点解读

本条规定了治安管理处罚的原则,分别是以事实为依据,以法律为准绳原则;尊重和保障人权原则;教育与处罚相结合原则;比例原则;公开公正原则。

1. 以事实为依据,以法律为准绳原则

这是行政司法办理案件的基本原则之一。以事实为依据,要求从客观角度调查和认定案件事实;以法律为准绳,要求公安机关从实体和程序两方面依法处置。这也是法院对公安机关行为监督的两个重要方面。

2. 尊重和保障人权原则

这是我国宪法确立的人权原则在《治安管理处罚法》中的体现,主要体现在以下方面:对未成年人、精神病人、智力残疾人、盲人或又聋又哑的人等特殊群体方面的关注;严格遵循有权利应当有救济原则的设置程序机制。

3. 教育与处罚相结合原则

处罚只是手段,教育才是目的,治安处罚既不提倡严刑峻法,也不提倡不教而诛,而是注重惩教结合。公安机关应避免"机械执法""僵化执法",在开展治安处罚过程中做到教育与警示相结合,体现法治教育的作用和意义。

4. 比例原则

实践中"小过重罚"事件屡有发生,如"榆林芹菜案"[1]"江苏盐城一农民卖羊肉获利180元被市监局开出10万元罚单案",引发社会广泛关注。如何评价这种现象,这就涉及行政处罚的一个重要原则——比例原则。比例原则,是指行政主体实施行政行为应兼顾行政目标的实现和保护相对人的权益,如果行政目标的实现可能对相对人的权益造成不利影响,则这种不利影响应被限制在尽可能小的范围和限度之内,二者之间应有适当的比例。比例原则审查行为目的是否正当,手段是否必要,对公民权利的干预或限制是否适度、符合比例。

5. 公开公正原则

阳光是最好的防腐剂。处罚公开是保障当事人知情权的必然要求,也是监督依法行政的应有之义,主要包括:处罚依据必须公开;调查处理过程中的有关文书和资料,应当向当事人公开;按照要求需要召开听证会的应当公开举行;作出处罚的情况下,应当告知处罚的事实、理由和依据,遵循自然公正的要求等。[2]

> 适用要点

1. 关于"释法说理"的适用

本书认为,人民警察应根据治安案件性质、特点,围绕法律条款、处罚决定等法定内容进行释法析疑,也要结合当事人的实际情况,围绕其诉求、疑惑等重点问题进行说理解惑,讲清讲透法言法理,发挥释法说理对公民、法人和其他组织的引导、规范、预防与教育功能。

---

[1] 陕西省榆林市中级人民法院行政判决书,(2020)陕08行终19号。
[2] 参见河南省郏县人民法院行政判决书,(2020)豫0425行初26号。

2.严格遵守比例原则要求

公安机关要根据治安违法行为不利后果与行为人的过错程度依法处以相应的处罚种类与幅度,采取的措施和手段应当必要、适当,把握好"过"之大小的判断和过罚"相当"的权衡,确保处罚的合理性,避免畸轻畸重、"一刀切"执法、"一律顶格"处罚和"小过重罚"现象发生。

第七条 【主管与管辖】国务院公安部门负责全国的治安管理工作。县级以上地方各级人民政府公安机关负责本行政区域内的治安管理工作。

治安案件的管辖由国务院公安部门规定。

重点解读

管辖权,是指行政机关对于某事是否具有处理和决定的权力。治安案件的管辖涉及国家机关之间的职责分工,既要体现功能适当,又要遵循职责法定。在具体管辖方面,分为级别管辖、地域管辖和特别管辖。公民、法人或者其他组织申请履行职责必须向有管辖权的行政机关提出。本条规定就是明确治安管理工作的责任部门是国务院公安部门,并具体规定治安案件的区域管辖。就二者的关系而言,主管是管辖的前提和基础;管辖是主管的体现和落实。

适用要点

1.主管部门

主管是指公安机关履行治安管理工作的范围,或者说是公安机关与其他国家机关、社会组织之间履行治安管理工作方面的分工和权限范围。《人民警察法》第六条规定:"公安机关的人民警察按照职责分工,依法履行下列职责:……(二)维护社会治安秩序,制止危害社会治安秩序的行为……""国务院公安部门"是指中华人民共和国公安部,其作为国务院的组成部门,是全国公安工作的最高领导机关和指挥机关。"县级以上地方各级人民政府公安机关"分为三级,具体是各省、自治区设公安厅,直辖市设公安局;各市(地、自治州、盟)设公安局(处)或市辖区设公安分局,接受上级公安机关直接领导;各县(市、旗)设公安局,分别接受同级人民政府和上级公安机关领导。县(市、区、旗)公安局下设公安派出所,由县(市、区、旗)公安机关直接领导和管理。

2. 管辖层级

与主管不同,治安案件管辖是对公安机关办理治安案件权限进行明确划分,是公安机关内部职权分配和工作分工。公安部的《公安机关办理行政案件程序规定》第二章确定治安案件的管辖。

《行政处罚法》第二十二条规定:"行政处罚由违法行为发生地的行政机关管辖。法律、行政法规、部门规章另有规定的,从其规定。"第二十三条规定:"行政处罚由县级以上地方人民政府具有行政处罚权的行政机关管辖。法律、行政法规另有规定的,从其规定。"本法第一百零九条规定:"治安管理处罚由县级以上地方人民政府公安机关决定;其中警告、一千元以下的罚款,可以由公安派出所决定。"本条对公安机关治安案件管辖权作出了规定,按照下位法不能和上位法相抵触的原则,公安部的规定不能违反《行政处罚法》和本法第一百零九条有关管辖规定。

第八条 【民事责任与刑事责任的适用】违反治安管理行为对他人造成损害的,除依照本法给予治安管理处罚外,行为人或者其监护人还应当依法承担民事责任。

违反治安管理行为构成犯罪,应当依法追究刑事责任的,不得以治安管理处罚代替刑事处罚。

新旧对照

2012年《治安管理处罚法》	2025年《治安管理处罚法》
第八条　违反治安管理的行为对他人造成损害的，行为人或者其监护人应当依法承担民事责任。	第八条　违反治安管理行为对他人造成损害的，**除依照本法给予治安管理处罚外**，行为人或者其监护人**还**应当依法承担民事责任。 **违反治安管理行为构成犯罪，应当依法追究刑事责任的，不得以治安管理处罚代替刑事处罚。**

重点解读

1. 关于损害赔偿的承担

治安违法行为实施过程中，若侵害他人人身、财产权益，除承担治安违法责任或刑事责任外，行为人本人或行为人的监护人还应当承担民事责任。《民法典》第一百七十九条、第一千一百六十五条、第一千一百七十九条对责任承担的方式、责任承担的原则、赔偿内容都有具体明确规定。

2. 关于刑事责任承担

行政处罚和刑罚是性质不同的两种处罚，社会效果、目的定位不一样，所以不能以罚代刑。本条第二款与第三条相关联，违反治安管理的行为构成犯罪，应当依法追究刑事责任。《行政处罚法》第五十七条和《行政执法机关移送涉嫌犯罪案件的规定》中也有相应的规定。若行为人构成犯罪而不追究其刑事责任，则涉嫌构成徇私舞弊不移交刑事案件罪。

需要注意的是，违反治安管理行为构成犯罪的认定需要满足该犯罪构成四要件要求。

适用要点

1. 关于治安管理违法行为构成问题

众所周知，我国在认定犯罪时，通常会讲到犯罪构成的四要件：主体、客体、主观方面和客观方面。那么，在认定违反治安管理法行为时是否需要考虑这四个方面，尤其是违法主体的主观方面，目前关于这一点理论尚存在争议，如有无须考虑主观方面因素的结果责任，还有需要考虑主观过错的责任主义，更有过错推定，这直接影响处罚机关执法效率和行政目标的实现。目前，理论界和实务界认同治安违法行为应当考虑行为主观过错，至于主观过错应考虑到何种程度，这一问题随着2021年《行政处罚法》的修订尘埃落定，纷争不再。"在2021年修改《行政处罚法》之后，责任主义得以确立，行为人具有主观过错成为应受行政处罚行为的一项要件。不过立法采取了过错推定的做法，第三十三条第二款规定：当事人有证据足以证明没有主观过错的，不予行政处罚。法律、行政法规另有规定的，从其规定。"[1]这一观点也为治安管理处罚法关于过错的定位提供了可资参照的样本。当然，除非特别规定要求以过错为要件，如本法第二十九条第一项故意散布谣言违法行为，第五十九条故意损毁公私财物违法行为等。

2. 关于违反治安管理行为的民事责任承担。

治安管理处罚并不影响违法行为人民事责任的承担。《民法典》总则编第八章对民事责任承担进行了规定。第一百八十七条规定，民事主体因同一行为应当承担民事责任、行政责任和刑事责任的，承担行政责任或者刑事责任不影响承担民事责任；民事主体的财产不足以支付的，优先用于承担民事责任。本次修改新增了第十九条的正当防卫，行为人构成正当防卫情形下是否承担民事责任，《民法典》第一百八十一条规定，因正当防卫造成损害的，不承担民事责任。正当防卫超过必要的限度，造成不应

---

[1] 王贵松：《中国行政法学说史》，中国人民大学出版社2023年版，第397页。

有的损害的,正当防卫人应当承担适当的民事责任。这样规定,有助于鼓励公民积极与违法行为作斗争。

> 第九条 【调解处理原则】对于因民间纠纷引起的打架斗殴或者损毁他人财物等违反治安管理行为,情节较轻的,公安机关可以调解处理。
>
> 调解处理治安案件,应当查明事实,并遵循合法、公正、自愿、及时的原则,注重教育和疏导,促进化解矛盾纠纷。
>
> 经公安机关调解,当事人达成协议的,不予处罚。经调解未达成协议或者达成协议后不履行的,公安机关应当依照本法的规定对违反治安管理行为作出处理,并告知当事人可以就民事争议依法向人民法院提起民事诉讼。
>
> 对属于第一款规定的调解范围的治安案件,公安机关作出处理决定前,当事人自行和解或者经人民调解委员会调解达成协议并履行,书面申请经公安机关认可的,不予处罚。

新旧对照

2012 年《治安管理处罚法》	2025 年《治安管理处罚法》
第九条 对于因民间纠纷引起的打架斗殴或者损毁他人财物等违反治安管理行为,情节较轻的,公安机关可以调解处理。经公安机关调解,当事人达成协议的,不予处罚。经调解未达成协议或者达成协议后不履行的,公安机关应当依照本法的规定对违反治安管理行为**给予处罚**,并告知当事人可以就民事争议依法向人民法院提起民事诉讼。	第九条 对于因民间纠纷引起的打架斗殴或者损毁他人财物等违反治安管理行为,情节较轻的,公安机关可以调解处理。**调解处理治安案件,应当查明事实,并遵循合法、公正、自愿、及时的原则,注重教育和疏导,促进化解矛盾纠纷。** 经公安机关调解,当事人达成协议的,不予处罚。经调解未达成协议

续表

2012年《治安管理处罚法》	2025年《治安管理处罚法》
	或者达成协议后不履行的,公安机关应当依照本法的规定对违反治安管理行为**作出处理**,并告知当事人可以就民事争议依法向人民法院提起民事诉讼。 **对属于第一款规定的调解范围的治安案件,公安机关作出处理决定前,当事人自行和解或者经人民调解委员会调解达成协议并履行,书面申请经公安机关认可的,不予处罚。**

重点解读

社会发展日益多元化,社会管理从行政机关主导的单一管理方式,逐渐演变为多主体参与的协同治理模式。相应地,社会治安矛盾纠纷化解从依赖警察事后处罚的惩治模式,逐步转向多主体参与、多形式处理的预防治理体系模式。这推动更多自治、法治、德治力量协调联动、优势互补,从而凝聚解决社会矛盾纠纷的最大合力,促使矛盾纠纷在预防端、疏导端实现繁简分流与过滤化解,也有利于节省行政执法资源,提高行政效率,促进社会和谐,尤其是人民调解委员会的介入,更加体现本法对综合治理的理念的贯彻。多主体参与调解与和解,可以"排难解纷""止讼息争",是我国解决矛盾纠纷的非诉讼传统做法,契合"以和为贵"的中华民族道德理念。调解处理治安案件,是贯彻人性化执法和教育与处罚相结合原则的体现。本条主要规定了调解的适用范围、调解的原则、调解与处罚的关系等。

人民警察在治安管理工作中具有权威性、专业性、中立性和主动性特点,利用熟悉法律和政策的优势,结合案件不同特点和当事人利益诉求,通过调罚结合,加强法理、事理和情理教育,既要依法定分,更要做到止争,使当事人"法结""心结"双解。公安机关或人民调解委员会开展调解，能及时发现个案诱发或者之外的苗头性的、潜在的违法犯罪倾向，实现主动排查监测预警，预防纠纷矛盾升级恶化，避免"一案结多案生"，不断提升社会治安管理工作的前瞻性、预防性和有效性。有效开展调解工作，使公安机关不仅是法律程序的"执行者"，也是社会综合治理体系的重要"修复者"，切实提升公安机关执法公信力。本书认为，这也是公安机关实施主动警务、预防警务，转变警务理念的体现。

适用要点

1. 注意调解案件种类的适用范围

能够以调解的方式结案的是因民间纠纷引发的有关治安案件，限定于打架斗殴或者损毁他人财物等违反治安管理行为的案件种类范围，避免本条中的"民间纠纷"泛化，这里列举了适用典型事项后，又以"等"词语进行表述，属于不完全例示性规定。实践中还包括噪声干扰他人正常生活的行为、饲养的动物影响他人生活、邻里关系、小额债务纠纷和轻微侵权及医患关系纠纷等民间纠纷。从情节方面，必须属于"情节较轻"，这里应综合考量多方面因素，如违反治安管理行为的起因、动机，采用的手段、造成的后果，当事人身份、年龄，当事人悔错纠错态度以及赔偿等情形等。

2. 注意调解和处罚的关系

公安机关"可以"调解处理，不是"应当""必须"调解处理，说明在"调解"与"处罚"方式运用上，赋予公安机关自由裁量权，公安机关视情形而定。调解应在查明事实基础上进行，区分是非，尊重当事人的意愿，不能强迫当事人参加调解，避免一旦强制要求调解而产生的"和稀泥"现象。调解过程中，人民警察要注重教育和疏导，促进化解矛盾纠纷。调解应及时，以便有效保护被侵害人的合法权益。《公安机关治安调解工作规范》对调解进行了具体规定。实践中，公安机关应避免出现超适用范围调解、事实不清即调解、超次数和时限调解、调解协议未履行即结案和调解后未制作调解协议书等现象。本法第一百零八条规定,公安机关开展调解,可以由一名人民警察进行,但应全程同步录音录像。

3. 不予处罚的适用条件

本条规定了两种不予处罚情形:(1)经公安机关调解,当事人达成协议的情形;(2)公安机关作出处理决定前,当事人自行和解或者经人民调解委员会调解达成协议并履行,书面申请经公安机关认可的情形。这两种情形的不予处罚是法定的,没有自由裁量空间。另外,为了确保实质性化解矛盾纠纷,第二种不予处罚的情形有时间限制、实际履行和经公安机关认可的前提条件。

第二章　处罚的种类和适用

> 第十条　【处罚种类】治安管理处罚的种类分为：
> （一）警告；
> （二）罚款；
> （三）行政拘留；
> （四）吊销公安机关发放的许可证件。
> 对违反治安管理的外国人，可以附加适用限期出境或者驱逐出境。

 新旧对照

2012年《治安管理处罚法》	2025年《治安管理处罚法》
第十条　治安管理处罚的种类分为： （一）警告； （二）罚款； （三）行政拘留； （四）吊销公安机关发放的许可证。 对违反治安管理的外国人，可以附加适用限期出境或者驱逐出境。	第十条　治安管理处罚的种类分为： （一）警告； （二）罚款； （三）行政拘留； （四）吊销公安机关发放的许可证**件**。 对违反治安管理的外国人，可以附加适用限期出境或者驱逐出境。

第二章　处罚的种类和适用

重点解读

处罚法定既包括处罚程序法定,也包括处罚种类法定。明确治安处罚种类的具体形式是处罚法定的必然要求,如此才能避免公安机关滥用职权,保障公民、法人和其他组织的合法权益。从整体上看,本条规定的处罚种类适用是由轻到重递增。需要注意的是,本法与《行政处罚法》规定的行政处罚种类有一定区别。

适用要点

警告,对违法行为人进行精神上的谴责和警示,是典型的声誉罚。其是最轻的治安管理处罚种类,更多体现教育与处罚相结合原则中的教育功能。警告适用于情节轻微、后果较轻和行为人态度较好的违法行为,不同于一般的批评教育,也不同于《行政处罚法》上的"通报批评",[1]需要以书面处罚决定书形式按照法定程序送达当事人。

罚款,是财产罚,属于经济性惩罚,是较为常用的处罚形式,要求当事人在限定时间内向国家缴纳一定的金钱。鉴于较大罚款数额对当事人的影响,根据本法第一百一十七条规定,被处四千元以上罚款处罚的,行为人有权要求听证,公安机关应当及时依法举行听证。

行政拘留,又称治安拘留,是人身自由罚,属于最严格的治安处罚。其是将违法行为人在一定时间内拘禁在法定场所,剥夺人身自由的治安处罚方式。人身自由是宪法保障的公民的基本权利,限制公民人身自由是法律的专属立法权。根据《立法法》第十一条规定,限制人身自由的强制措施和处罚只有法律才能设定。《行政处罚法》第十八条第三款规定,限制人身自由的行政处罚权只能由公安机关和法律规定的其他机关行使。这里的"法律规定的其他机关"是指国家安全机关和海警机构。通常

---

[1] 参见雷雨薇:《"通报批评"罚的识别标准、运作机制与法律规制》,载《中国海商法研究》2024年第4期。

情况下,被决定行政拘留的应立即执行,但基于特殊人群、特殊事由或健康原因等情形,行政拘留暂缓执行或者不予执行。本法第二十三条、第一百二十六条分别规定不执行行政拘留或者申请暂缓执行行政拘留的情形,《拘留所条例》第十九条规定停止执行拘留的情形。本次修改增加了针对特定人员行政拘留处罚听证的规定,第一百一十七条第二款规定,公安机关对可能执行行政拘留的未成年人和其监护人要求听证的,公安机关应当及时依法举行听证。

有些法律规定其他行政机关有移送行政拘留权。如《环境保护法》第六十三条规定,"企业事业单位和其他生产经营者有下列行为之一,尚不构成犯罪的,除依照有关法律法规规定予以处罚外,由县级以上人民政府环境保护主管部门或者其他有关部门将案件移送公安机关,对其直接负责的主管人员和其他直接责任人员,处十日以上十五日以下拘留;情节较轻的,处五日以上十日以下拘留……"从该条规定来看,这实际上给予了其他行政机关移送行政拘留的权力,此时公安机关应当按照相关法律对特定人员进行行政拘留。

吊销公安机关发放的许可证件,属于资格罚,使被处罚人失去从事某种职业活动的资格。鉴于资格罚对当事人的严重影响,根据本法第一百一十六条规定,被公安机关给予吊销许可证件处罚决定的,行为人有权要求举行听证。

适用限期出境或者驱逐出境,属于附加性质处罚,一般不能独立适用,适用对象限制于外国人,相较而言,驱逐出境较限期出境更为严厉。

第十一条 【涉案物品及违法所得财物的处理】办理治安案件所查获的毒品、淫秽物品等违禁品,赌具、赌资,吸食、注射毒品的用具以及直接用于实施违反治安管理行为的本人所有的工具,应当收缴,按照规定处理。

> 违反治安管理所得的财物,追缴退还被侵害人;没有被侵害人的,登记造册,公开拍卖或者按照国家有关规定处理,所得款项上缴国库。

重点解读

罚没财物,是指执法机关依法对自然人、法人和非法人组织作出行政处罚决定和没收、追缴决定或者法院生效裁定、判决取得的罚款、罚金、违法所得、非法财物,没收的保证金、个人财产等,包括现金、有价票证、有价证券、动产、不动产和其他财产权利等。为规范和加强对罚没财物管理,防止国家财产损失,保护自然人、法人和非法人组织的合法权益,财政部《罚没财物管理办法》对罚没财物的移交、保管、处置、收入上缴等管理作出明确规定,《公安机关涉案财物管理若干规定》对公安机关涉案财物管理工作进行专门规定。

适用要点

收缴的对象包括四类:(1)查获的毒品、淫秽物品等违禁品;(2)赌具、赌资;(3)吸食、注射毒品的用具;(4)直接用于实施违反治安管理行为的本人所有的工具。第一类属于国家严格管控的对象,第二类和第三类通常也为立法所确认没收。所以,前三类在管控要求上具有一定的独立性;第四类主要强调了收缴对象必须"直接用于实施违反治安管理行为"和"本人所有"两个要件。在适用该条款处理案件时应当注意。

收缴的对象是违反治安管理的非法财物,追缴的对象是违反治安管理行为所获得的财物,如赃款、赃物等非法利益,二者都是公安机关对涉案财物采取的带有结论性的行政强制措施。《公安机关办理行政案件程序规定》第十一章涉案财物的管理和处理中对收缴和追缴有相应规定。

适用中应注意,应当收缴的工具不能泛化,应与违法行为人有"直接用于"和"本人所有"的关系,如赌博违法行为人为赌博直接使用的专门赌具和交通工具等;而不是"间接用于",如偶尔使用别人的手机联络参赌人员或者乘坐出租车到赌博地点等,"别人的手机""出租车"不是违法者本人所有,就不能成为收缴的对象。本条中的"被侵害人"应作广义理解,包括公民、法人和其他组织。在收缴非法财物和追缴违法所得时,注意区分违法人员个人财产和家庭共同财产的区分。

追缴的财物根据有无被害人进行不同处理。如果违反有关处理规定,要负相应的责任。根据本法第一百三十九条规定,人民警察办理治安案件,有下列行为之一的,依法给予处分;构成犯罪的,依法追究刑事责任:私分、侵占、挪用、故意损毁收缴、扣押的财物的;违反规定使用或者不及时返还被侵害人财物的。

第十二条 【未成年人违反治安管理的处罚规则】已满十四周岁不满十八周岁的人违反治安管理的,从轻或者减轻处罚;不满十四周岁的人违反治安管理的,不予处罚,但是应当责令其监护人严加管教。

重点解读

强化未成年人违法犯罪预防和治理事关国家和民族未来。本条与第二十三条、第二十四条、第六十条、第一百一十七条等涉及未成年人的规定,体现了坚持最有利于未成年人原则,加强对未成年人的特殊、优先保护的原则精神。本条规定,通过年龄段划分,建立分级追责机制,既要惩罚必严,让违法者为过错付出代价,又要对部分违法未成年人"网开一面",给予其改过自新的机会,体现了宽严相济、惩教结合的综合治理理念,确保法律的天平不能简单因为违法者的年龄而失衡。

适用要点

1. 违法责任年龄确定的必要性

违法责任年龄是确定违法责任过程中的重要因素。判定违法责任时主要考虑违法行为人的认识能力和行为控制能力。认识能力是指行为人能否认识到自己行为的现实影响性;行为控制能力是指在个体能够认识到行为现实影响性的情况下,行为人选择是否实施特定行为的主观意志。年龄对这两种能力影响至关重要。

责任年龄是治安违法行为人具备责任能力的最低年龄要求。本条与《行政处罚法》关于责任年龄规定一致,《行政处罚法》第三十条规定,"不满十四周岁的未成年人有违法行为的,不予行政处罚,责令监护人加以管教;已满十四周岁不满十八周岁的未成年人有违法行为的,应当从轻或者减轻行政处罚"。本法虽有"小刑法"之称,但本法规定的刑事责任年龄与《刑法》规定的刑事责任年龄还是有区别的。鉴于年龄决定承担法律责任的程度,公安机关要通过身份证、户口簿、出生证明等材料准确核实行为人身份与年龄。

2. 违法责任年龄对处罚的影响

"从轻处罚",是指在法律规定的处罚种类和幅度内对行为人适用较轻种类或者较小幅度的处罚。"减轻处罚",是指在法律规定的最轻处罚种类和最小处罚幅度以下给予处罚。本条对不满十四周岁的人不予处罚的规定,主要是考虑到其心智成熟度问题,适应未成年人身心健康发展的规律和特点。根据《未成年人保护法》第二条规定,"本法所称未成年人是指未满十八周岁的公民"。因此,本条规定的从轻或者减轻处罚、不予处罚,体现了执法的人文关怀和对未成年人的保护,也是落实《未成年人保护法》中"保护未成年人,应当坚持最有利于未成年人的原则"和"保护与教育相结合"要求的具体体现。

3. 关于不予处罚

不予处罚是案件符合特定情形的一种处理结果,并非行政处罚。本法第九条第三款、第十三条、第十四条、第十九条、第二十条、第二十五条都涉及不予处罚,虽不处罚,但仍为否定性评价。因此,不予处罚并非放任不管或不负任何责任,公安机关要充分释法说理,教育公民、法人或者其他组织自觉守法,责令监护人严加管教,承担相应民事责任。根据本法第二十四条的规定,对依照本条规定不予处罚的未成年人,公安机关依照《预防未成年人犯罪法》的规定采取相应矫治教育等措施。

> **第十三条 【精神病人、智力残疾人违反治安管理的责任认定】**精神病人、智力残疾人在不能辨认或者不能控制自己行为的时候违反治安管理的,不予处罚,但是应当责令其监护人加强看护管理和治疗。间歇性的精神病人在精神正常的时候违反治安管理的,应当给予处罚。尚未完全丧失辨认或者控制自己行为能力的精神病人、智力残疾人违反治安管理的,应当给予处罚,但是可以从轻或者减轻处罚。

新旧对照

2012年《治安管理处罚法》	2025年《治安管理处罚法》
第十三条 精神病人在不能辨认或者不能控制自己行为的时候违反治安管理的,不予处罚,但是应当责令其监护人**严加看管**和治疗。间歇性的精神病人在精神正常的时候违反治安管理的,应当给予处罚。	第十三条 精神病人、**智力残疾人**在不能辨认或者不能控制自己行为的时候违反治安管理的,不予处罚,但是应当责令其监护人**加强看护管理**和治疗。间歇性的精神病人在精神正常的时候违反治安管理的,应当给予处罚。**尚未完全丧失辨认或者控制自己行为能力的精神病人、智力残疾人违反治安管理的,应当给予处罚,但是可以从轻或者减轻处罚。**

重点解读

责任能力,是指行为人能够辨别和控制自己行为并对其行为负责任的能力,具体包括对违法行为的认识能力和控制能力。而智力残疾或精神障碍对自然人的前述两种能力会有一定的影响,在处罚时应当考虑影响的不同而给予以相应处罚,这也是确保处罚合理性的要求。本条是对《残疾人保障法》《精神卫生法》有关原则要求的具体落实,体现了理解、尊重、关心、帮助精神病人和智力残疾人的人道主义精神。

适用要点

应当注意精神状况或智力残疾对行为人实施违法行为的影响程度。针对精神病人和智力残疾人实施的违法行为,本法充分考虑了行为人的主客观相一致(适应)。行为人精神状况和智力残疾导致对违法行为无法予以充分的认识和在行为上有效地控制,那么在处罚时,应当充分考虑精神状况或智力残疾对行为人实施违法行为的影响程度。因此,本条就做了特别的区分:(1)不能辨认或者不能控制自己行为的时候;(2)间歇性的精神病人在精神正常的时候;(3)尚未完全丧失辨认或者控制自己行为能力的精神病人、智力残疾人。关于精神病的确定,需要经过法定程序鉴定。在责任承担上,该条明确了这两类人员监护人的义务和责任,《民法典》对监护人的责任承担和顺序有相应规定。

> **第十四条 【盲人或又聋又哑的人违反治安管理的处罚规则】** 盲人或者又聋又哑的人违反治安管理的,可以从轻、减轻或者不予处罚。

> 重点解读

盲人,是指丧失视觉功能的人;又聋又哑的人,也称聋哑人,是指丧失听觉功能和语言表达能力的人。这两类人属于残疾人。由于盲人或又聋又哑的人自身存在的严重缺陷,其接受教育、了解客观事物都会有一定的限制,会影响他们辨认和控制自己的行为的能力。

> 适用要点

本条从人性关怀角度,遵循自己责任与适度从宽相结合的原则,即对违法的盲人或聋哑人"可以"从轻、减轻或者不予处罚,这也是落实《残疾人保障法》中全社会理解、尊重、关心、帮助残疾人要求的具体体现。实践中,公安机关应综合考量盲人、聋哑人违反治安管理时行为责任能力、违法性质和危害后果等因素,考虑适用从轻、减轻处罚或者不予处罚。实践中,行为人通常具有一定的外在体现或具备由相关部门颁发的残疾证件,需要仔细问询和查证。

第十五条 【醉酒状态下的治安责任与处置措施】醉酒的人违反治安管理的,应当给予处罚。

醉酒的人在醉酒状态中,对本人有危险或者对他人的人身、财产或者公共安全有威胁的,应当对其采取保护性措施约束至酒醒。

> 重点解读

醉酒,是指因为饮酒过量导致思维和行为不正常或者失控的状态。实践中,不同个体酒量和酒后反应不一,如话语增多、行为放纵、思想混乱和情绪波动较大,甚至明显出现易怒、侵害性动作等激烈反应。醉酒的人,由于在酒精的刺激作用下,其精神、行为和情绪会出现暂时性的变化,等酒精的刺激性作用过去后，又能够恢复成正常人的分析、判断思维状态，故醉酒的人既不属于无行为责任能力的人，也不属于限制行为责任能力的人。醉酒的人实施违法犯罪的，应当负刑事责任、行政责任和民事责任。醉酒的人违反治安管理的，应当与正常状态下的人同等处罚，并没有专门的减轻、从轻或加重处罚的规定。

适用要点

1. 醉酒的认定

本条规定的醉酒，没有统一的判定标准，道路交通管理中关于醉酒驾驶有相应的判定标准。《车辆驾驶人员血液、呼气酒精含量阈值与检验》（GB 19522—2024）对饮酒后驾车和醉酒驾车进行了界定，饮酒后驾车是指车辆驾驶人员血液中的酒精含量大于或者等于20mg/100mL，小于80mg/100mL的驾驶行为。醉酒驾车是指车辆驾驶人员血液中的酒精含量大于或者等于80mg/100mL的驾驶行为。这一标准也为最高人民法院相关文件所认可，《关于办理醉酒驾驶机动车刑事案件适用法律若干问题的意见》规定："在道路上驾驶机动车，血液酒精含量达到80毫克/100毫升以上的，属于醉酒驾驶机动车，依照刑法第一百三十三条之一第一款的规定，以危险驾驶罪定罪处罚。"后来，该意见被废止。2023年12月13日，《关于办理醉酒危险驾驶刑事案件的意见》颁布，第四条第一款规定，"在道路上驾驶机动车，经呼气酒精含量检测，显示血液酒精含量达到80毫克/100毫升以上的，公安机关应当依照刑事诉讼法和本意见的规定决定是否立案。对情节显著轻微、危害不大，不认为是犯罪的，不予立案"。

2. "保护性约束措施"的理解

该"约束"属于强制性兼保护性。强制性，是因为醉酒的人对其本人有危险或者对他人的人身、财产或者公共安全有威胁。保护性，是为了避免其在酒精副作用状态下可能发生的意外。实践中，采取保护性约束措施的方式可以有多种，无论何种约束措施，公安机关及其人民警察要从保护角度出发,关注醉酒人的健康和精神状态,必要时应及时送医,或者通知家属看管,避免发生意外和危险。当然,如果醉酒不会对本人有危险或者不会对他人的人身、财产或者公共安全有威胁,那么醉酒的人就不应被采取保护性约束措施,或者酒醒后,保护性约束措施应随之解除。关于对该措施的认识和理解,应注意以下三点。

(1)保护性约束措施与救助行为的区别。

保护性约束措施在性质上属于一种即时性的限制人身自由的强制措施,公安机关对醉酒的人采取约束措施,只能是保护醉酒者本人免受伤害或者消除醉酒者对他人人身、财产或者公共安全的威胁,其属于保护性而非惩罚性的措施。如果在不具备实施保护性约束措施的前提下,把醉酒人带至派出所,那么这类行为属于救助行为。

(2)采取"保护性约束措施"的法定条件。

公安机关采取该措施应当符合法定的前提条件,即同时满足两个条件:一是违法行为人在醉酒状态中;二是对醉酒人本人有危险或者对他人的人身、财产或者公共安全有威胁,即具有紧迫性。对醉酒人本人有危险,主要是关系到身体健康方面,或可能自残等。一般情况下,有些醉酒的人会大吵大闹,不听他人劝阻,作出一些非理性的失控行为,并且行为性质会趋于严重化,如随意追逐、拦截、反复纠缠他人,任意损坏财物,实际构成寻衅滋事,如果不服从警察对其管理,阻碍警察依法执行职务,甚至可能袭警。若醉酒的人没有上述社会危险性,或相对处于比较安全的环境中,不必对其进行约束。实践中现场执法民警可以根据具体情形自由裁量,如是否采取约束措施、采取何种措施等。

(3)采取保护性约束措施的限度及注意事项。

在采取保护性约束措施的同时,也应注意与此相关义务的履行。首先,公安机关对醉酒人实施暂时性限制,将其带至询问室采取约束性醒酒措施,初衷和目的应当符合当时情势。其次,公安机关对醉酒人采取约束性醒酒措施应当依法进行。再次,公安机关采取约束性醒酒措施的过程中,应履行必要的谨慎及救助义务。如对醉酒人采取约束性醒酒措施的过程中,若发现醉酒人身体及精神状况越来越差,此时,公安机关应履行审慎的注意义务和必要的监护职责,及时送医救治,否则将承担相应的责任。由此可见,需要注意保护性约束措施限度的把握,这不但是对醉酒人的保护,同时也有助于保护执法警察,防止事态的扩大。[1]

> **第十六条 【数种治安违法行为的并罚规则】**有两种以上违反治安管理行为的,分别决定,合并执行处罚。行政拘留处罚合并执行的,最长不超过二十日。

新旧对照

2012 年《治安管理处罚法》	2025 年《治安管理处罚法》
第十六条 有两种以上违反治安管理行为的,分别决定,合并执行。行政拘留处罚合并执行的,最长不超过二十日。	第十六条 有两种以上违反治安管理行为的,分别决定,合并执行**处罚**。行政拘留处罚合并执行的,最长不超过二十日。

重点解读

数过并罚,属于治安管理处罚的裁量制度,是指公安机关对同一行为人所实施的数个违反治安管理行为分别决定后,按照法定的并罚原则,决定对其执行的治安管理处罚制度。数过并罚以并科原则为主,以限制加重原则为补充。本规定类似于《刑法》规定的数罪并罚原则。两种以上违反治安管理行为,既可以是行为人单独实施的,也可以是行为人伙同他人共同实施的。

---

[1] 参见《暴力袭警! 官方通报》,载光明网,https://m.gmw.cn/2025－03/18/content_1303993911.htm。

适用要点

1. 分别决定，合并执行

适用中需要注意以下几点：一是有两种以上违反治安管理行为的行为人是同一个人，若非同一个人，则无法合并处罚。二是存在两种以上违反治安管理行为，若不存在两种以上违反治安管理行为，就谈不上合并处罚。三是对于不同的违反治安管理行为，要分别作出决定，这有助于厘清违法事实，体现执法规范化，具体形式为数个处罚决定书。四是合并执行的处罚种类应属于同种类，不同种类的处罚不能合并执行，如警告和行政拘留无法合并执行。因此，适用于合并执行的仅限于罚款和行政拘留处罚，处两个以上罚款的，执行相加数额；处两个以上行政拘留的，按各个拘留天数相加执行；既有行政拘留又有罚款的两个处罚，应分别执行。

2. 关于行政拘留合并执行的限制加重原则

对于罚款的合并执行最高数额没有限制，对行政拘留处罚最高期限限制是不超过 20 日。关于行政拘留，还要注意要给予行政拘留处罚但不执行的情形，本法第二十三条规定了应当给予行政拘留处罚但不执行的四种情形。

第十七条 【共同违反治安管理的责任划分与特殊行为处罚】共同违反治安管理的，根据行为人在违反治安管理行为中所起的作用，分别处罚。

教唆、胁迫、诱骗他人违反治安管理的，按照其教唆、胁迫、诱骗的行为处罚。

第二章 处罚的种类和适用

> 新旧对照

2012 年《治安管理处罚法》	2025 年《治安管理处罚法》
第十七条 共同违反治安管理的,根据违反治安管理行为人在违反治安管理行为中所起的作用,分别处罚。 教唆、胁迫、诱骗他人违反治安管理的,按照其教唆、胁迫、诱骗的行为处罚。	第十七条 共同违反治安管理的,根据行为人在违反治安管理行为中所起的作用,分别处罚。 教唆、胁迫、诱骗他人违反治安管理的,按照其教唆、胁迫、诱骗的行为处罚。

> 重点解读

共同违反治安管理行为,其特点是"共同性",各个行为人所实施的行为相互配合、协调,共同构成一个违反治安管理活动的整体行为。每个人所实施的违法行为都同违反治安管理的危害结果具有因果关系。一般来说,共同违反治安管理的行为后果严重,社会危害性较大,尤其是团伙性的违反治安管理行为。

> 适用要点

按照过罚相当原则,对共同违反治安管理行为的处理,要根据每个人所起的作用大小和情节轻重,区别不同情况分别处罚。实践中要排除以下情况:一是数个故意但不共同的情形。数个行为人虽然故意违反治安管理,但没有共同谋划的故意,只是各自实施了违反治安管理行为,这也就不构成共同违反治安管理行为。二是针对共同的侵害对象有共同的过失的情形。如果不同行为人都是过失的违法,如过失破坏了水利设备等,也不能构成共同违反治安管理行为。

教唆,是指以劝说、利诱或怂恿等方法,将自己的违法意图灌输给本无违法意图的人,唆使其实施违反治安管理的行为。胁迫,是指用威逼、强迫的方法使他人违背本人意图实施违反治安管理的行为。胁迫的方式，如殴打等暴力胁迫，或精神恐吓等非暴力胁迫。诱骗，是指用诱惑、欺骗的方法使别人信以为真，从而受骗实施违反治安管理的行为。教唆、胁迫、诱骗行为的实施，不一定是以面对面方式进行，还可以通过网络以文字、图片、音视频等形式，教唆、胁迫、诱骗他人实施违法行为。

本法第二十条规定，对出于他人胁迫或者诱骗而实施违反治安管理行为的人，应当从轻、减轻处罚或者不予处罚。第二十二条规定，对于教唆、胁迫、诱骗他人违反治安管理的行为人，应当从重处罚，这主要是鉴于其在共同违法行为中起组织、领导或主要作用。

第十八条 【单位违反治安管理行为的处罚】单位违反治安管理的，对其直接负责的主管人员和其他直接责任人员依照本法的规定处罚。其他法律、行政法规对同一行为规定给予单位处罚的，依照其规定处罚。

重点解读

本法对单位没有明确规定。鉴于本法与《刑法》相衔接，这里的"单位"应与《刑法》第三十条规定的"单位"定义一致，即"公司、企业、事业单位、机关、团体"。实践中，作为违反治安管理行为的"单位"，不区分所有制性质。单位作为一个"法律拟制"的人，违反治安管理是在单位意志支配下，经单位集体研究决定或者由其负责人员决定，由单位具体成员实施的行为。

适用要点

1. 直接负责的主管人员和其他直接责任人员的认定

直接负责的主管人员，是指在单位违反治安管理中负有直接责任的单位负责人。其他直接责任人员，是指将经单位集体研究决定或者由其负责人员决定的违反治安管理的意志付诸实施的人。实践中，主要包括单位的法定代表人、单位的主要负责人和单位的有关部门负责人。上述人员中，如果其在单位违反治安管理行为实施过程中起着组织、指挥、决策作用，并且其所实施的行为与单位违反治安管理的结果之间存在因果关系时，就应对单位违反治安管理的后果负责。本条规定，对单位违反治安管理的处罚，按照对自然人处罚的原则，即原则上对单位不处罚，只有当其他法律、行政法规规定对单位给予处罚时，才对单位处罚。

2. 一事不再罚

本条规定区分了对个人的处罚和对单位的处罚。本条规定的处罚是针对直接负责的主管人员和其他直接责任人员。依据其他法律、行政法规规定对单位进行处罚，并不违反一事不再罚原则，因为处罚对象并不相同，一个是单位，一个是直接负责的主管人员和其他直接责任人员，所以并不存在一事不再罚的适用空间。

> 第十九条 【正当防卫的认定与过当责任】为了免受正在进行的不法侵害而采取的制止行为，造成损害的，不属于违反治安管理行为，不受处罚；制止行为明显超过必要限度，造成较大损害的，依法给予处罚，但是应当减轻处罚；情节较轻的，不予处罚。

新旧对照

2012年《治安管理处罚法》	2025年《治安管理处罚法》
无	第十九条 为了免受正在进行的不法侵害而采取的制止行为，造成损害的，不属于违反治安管理行为，不受处罚；制止行为明显超过必要限度，造成较大损害的，依法给予处罚，但是应当减轻处罚；情节较轻的，不予处罚。

重点解读

正当防卫制度最早在刑法中确立，是指对正在进行不法侵害行为的人，采取的制止不法侵害的行为。对不法侵害人造成损害的，属于正当防卫，不负刑事责任。其是法治社会中在国家救济不能及时供给时，公民个人自力救济的一种形式，同时是一种重要的阻却违法事由。

此次修订前，在行政管理实践中，也不乏正当防卫运用的实践例证，由此可见，虽然正当防卫制度在立法中没有明确确立，但在实践中公安部通过《治安管理处罚法》的相关解释已经为正当防卫制度提供了比较充分的规范依据。2007年公安部发布了《公安机关执行〈中华人民共和国治安管理处罚法〉有关问题的解释（二）》，其中在"一、关于制止违反治安管理行为的法律责任问题"部分明确规定："为了免受正在进行的违反治安管理行为的侵害而采取的制止违法侵害行为，不属于违反治安管理行为。但对事先挑拨、故意挑逗他人对自己进行侵害，然后以制止违法侵害为名对他人加以侵害的行为，以及互相斗殴的行为，应当予以治安管理处罚。"这实际上为"正当防卫"制度的实践运用提供了规范依据。在刑事司法实践中，也能时常看到正当防卫制度运用的典型案例，如"昆山龙哥反杀案"，当事人于某某以正当防卫免责。

2024年3月8日在第十四届全国人民代表大会第二次会议上，最高人民法院工作报告显示，2021—2023年，人民法院对77名被告人以正当防卫宣告无罪。报告明确提出，"法不能向不法让步"不是口号，属于正当防卫的行为人不负刑事责任。《刑法》第二十条、《民法典》第一百八十一条分别对正当防卫进行了规定，本次修订《治安管理处罚法》，把正当防卫予以明确，是对特殊情况下自力救济在行政法层面的一次确认。自此，正当防卫制度在刑事领域、民事领域和行政领域得以全面确立。

> 适用要点

结合正当防卫理论和该条规定,按照理论界通说,正当防卫只有在同时具备下列五个要件才能成立。

1. 起因条件

需要有不法侵害现实存在,这是实施正当防卫的前提条件。"不法"一般指现行法律法规和规章所不允许的,其侵害行为构成违反相关法律要求的行为,对于精神病人、智力残疾人所为的侵害行为,一般认为可实施正当防卫。

2. 时间条件

不法侵害正在进行,才能对合法权益造成威胁性和紧迫性,因此,才可以使防卫行为具有合法性。不法侵害的开始时间,一般认为以不法侵害人开始着手实施侵害行为时为准;当存在诸多迹象表明侵害行为即将发生时,亦可进行正当防卫。

3. 主观条件

正当防卫要求防卫人具有防卫认识和防卫意志,前者是指防卫人认识到不法侵害正在进行;后者是指防卫人出于保护合法权益的动机。防卫挑拨、相互斗殴和偶然防卫等都是不具有防卫意识的行为。

4. 对象条件

正当防卫只能针对侵害人本人实施。即使在共同违法的情况下,也只能对正在进行不法侵害的人进行正当防卫,也可以对侵害人同伙实施,而不能对没有实行侵害行为的同伙进行正当防卫。

5. 限度条件

需要没有明显超过必要限度,未造成较大损害。正当防卫必须在必要合理的限度内进行,否则就构成防卫过当。因为从《治安管理处罚法》所规范的行为来看,其危害程度通常没有达到"严重危及人身安全"的程度,防卫行为实施过程中,尤其要注意限度的把握。

> 第二十条 【从轻、减轻或者不予处罚情形】违反治安管理有下列情形之一的,从轻、减轻或者不予处罚:
> (一)情节轻微的;
> (二)主动消除或者减轻违法后果的;
> (三)取得被侵害人谅解的;
> (四)出于他人胁迫或者诱骗的;
> (五)主动投案,向公安机关如实陈述自己的违法行为的;
> (六)有立功表现的。

新旧对照

2012 年《治安管理处罚法》	2025 年《治安管理处罚法》
第十九条 违反治安管理有下列情形之一的,减轻处罚或者不予处罚: (一)情节特别轻微的; (二)主动消除或者减轻违法后果,并取得被侵害人谅解的; (三)出于他人胁迫或者诱骗的; (四)主动投案,向公安机关如实陈述自己的违法行为的; (五)有立功表现的。	第二十条 违反治安管理有下列情形之一的,**从轻**、减轻或者不予处罚: (一)情节轻微的; (二)主动消除或者减轻违法后果的; (三)取得被侵害人谅解的; (四)出于他人胁迫或者诱骗的; (五)主动投案,向公安机关如实陈述自己的违法行为的; (六)有立功表现的。

重点解读

本次修订,新增从轻处罚,与《行政处罚法》第三十二条和第三十三条相衔接。本法第十二条、第十三条和第十四条分别从违法行为人年龄、生理和精神状态不同特点角度,规定了从轻、减轻或者不予处罚的情形,体现人文关怀理念。本条规定的从轻、减轻处罚或者不予处罚的情形,主要是考虑到行为人的主观态度、情节特征、行为后果和社会危害等因素,体现了教育与处罚相结合的原则。

> 适用要点

1. 情节轻微的情形

本次修订将原来规定"情节特别轻微的"修改为"情节轻微的",删掉了"特别"一词。实践中,"特别"作为一个程度副词,不好衡量和把握。违反治安管理的情节轻微,主要指违反治安管理的手段、行为和过程轻微,没有造成危害后果或者危害后果较小等。

2. 主动消除或者减轻违法后果的情形

违法行为一般都会有危害后果,主要表现为造成被侵害对象的人身、财产,甚至精神损害,或是扰乱公共秩序和妨害公共安全等。违法后果越严重,社会危害性就越大,应予以严惩。如果行为人能够采取实际行动,主动消除或者减轻违法后果,相应会减少对社会的现实危害,表明违法行为人主观的积极纠错悔改态度。本次修改,将原来"(二)主动消除或者减轻违法后果,并取得被侵害人谅解的"内容分拆,把"主动消除或者减轻违法后果的"情形单独列为一项从轻、减轻或不予处罚情形,有助于鼓励违法行为人积极主动纠错并采取切实行动消除或减轻违法后果,降低违法行为的社会危害性。

3. 取得被侵害人谅解的情形

如上所述,本次修改将此单独列为一项从轻、减轻或不予处罚的情形。违法行为造成的直接后果就是给被侵害人造成人身、财物损害和心理、精神伤害等,如果能够取得被侵害人的谅解,将有利于实质性化解矛盾纠纷。实践中,公安机关办理治安案件过程中加强调解,注重教育和疏导,或行为人积极认错、赔礼道歉、主动赔偿以及弥补损失等,都是取得被侵害人谅解的基础条件。实践中被侵害人谅解情形也较为常见。

实践中,取得被侵害人谅解的需要形成书面形式,如谅解书,其在形式和内容上应当具备一定的要求,被侵害人与侵害人应当清晰明了地表达出谅解意愿,在谅解书上自愿签名或按指印。如果被侵害人是法人,其出具的谅解书应当加盖法人印章,同时法定代表人或负责人应当签字。

此外,侵害对象的不同,谅解行为对违法行为的后续影响也不同。如果侵害对象是警察等国家执法人员,那么这种情况下,虽然取得被侵害人的谅解,通常最终处罚的作出还要受到行为严重性限制(伤情情况等)、法益平衡限制(不得因个人谅解弱化对国家执法权威的保护)、程序正当性限制(赔偿与谅解需真实、自愿,不得规避刑事责任)。在中国法律框架下,袭警行为人主动赔偿受害民警并取得其个人谅解的,可以作为从宽处罚的酌定情节,但需结合具体案情综合判断,不能一概而论。司法实践中,法院通常会在维护执法权威与修复社会关系之间寻求平衡。[1]

4.出于他人胁迫或者诱骗的情形

本条第四项和第十七条规定相关联,其中的"胁迫"和"诱骗"与第十七条规定的定义相同。本项规定是从被胁迫和被诱骗者角度出发,考量给予相应处罚。受到他人的胁迫或者诱骗而违反治安管理的行为人,本身不是出于主观故意,而是在精神受威胁或受骗上当导致身不由己或认知错误情况下实施的违法行为,虽有过错应负责任,但主观恶性相对较小,应从轻、减轻或者不予处罚。

5.主动投案,向公安机关如实陈述自己的违法行为的情形

本条第五项规定涉及两个方面:(1)违法行为人主动投案。主动投案就是违法行为人到公安机关承认违法行为并自愿接受处理,是行为人的主观思想认识和主动行为的相结合,这既能表明违法行为人的主动认错受罚态度,也有利于公安机关节省执法办案资源,提高办案效率。鉴于此,主动投案应该有一定的时间限制。一般而言,违法行为人在以下情况下主动投案可视为符合时间限制:违法行为尚未被公安机关发现;违法行

---

[1] 参见《袭警行为人主动赔偿受害民警并取得其个人谅解的,可以作为从宽处罚的酌定情节,法院通常会在维护执法权威与修复社会关系之间寻求平衡》,载微信公众号"学法小札记"2025年2月18日,https://mp.weixin.qq.com/s/vrn5EORZgcNcIn_S5f_ZSw。

为被公安机关发现但不知道违法行为人;已掌握违法事实和行为人但公安机关尚未追查到。主动投案原因可以有多种,如违法行为人受政策宣传感召、害怕受罚、懊悔或被亲友教育启发等,无论何种原因并不影响主动投案的认定。实践中,主动投案可以有多种方式,如违法行为人在异地向当地公安机关投案的;委托亲朋或他人代为投案的;在未暴露或公安机关未掌握其违法行为时,受到盘查主动交代的;等等。

(2)违法行为人要向公安机关如实陈述自己的违法行为。如果说主动投案是形式,那么向公安机关如实陈述自己的违法行为才是实质。违法行为人如实陈述其违法行为,包括违法行为实施的时间、地点、作案动机、当事人、作案工具以及手段等。实践中,违法行为人可能对于有些违法细节事实记不清楚,但只要能够将其知道的基本事实和主要情节进行客观叙述就可以认定为是如实陈述了违法行为。如果是故意隐瞒或者选择性供述部分违法事实,避重就轻,企图蒙混过关,或者推卸责任,就不属于如实供述,也就不属于主动投案。

6.有立功表现的情形

立功,主要是指违法行为人有揭发其他违法犯罪事实、阻止他人违法犯罪活动以及其他突出贡献等情况,本质上是违法行为人改过自新、贡献社会的行为,有利于打击其他各类违法犯罪活动。《行政处罚法》第三十二条规定,对于配合行政机关查处违法行为有立功表现的,应当从轻或者减轻处罚。《刑法》也规定,对于有立功表现的犯罪分子,可以从轻或是减轻处罚;有重大立功表现的,可以减轻或者免除处罚。由此可见,法律对于违法人员立功表现持积极鼓励的正面态度,本项规定亦如此。

除此之外,还有一些从轻处罚、减轻处罚或者不予处罚的情形,根据《公安机关执行〈中华人民共和国治安管理处罚法〉有关问题的解释(二)》的规定:行为人为实施违反治安管理行为准备工具、制造条件的,不予处罚。行为人自动放弃实施违反治安管理行为或者自动有效地防止违反治安管理行为结果发生,没有造成损害的,不予处罚;造成损害的,应当减轻处罚。行为人已经着手实施违反治安管理行为,但由于本人意志以外的原因而未得逞的,应当从轻处罚、减轻处罚或者不予处罚。

另外,关于减轻处罚的理解和适用,根据《公安机关执行〈中华人民共和国治安管理处罚法〉有关问题的解释(二)》相关规定,违反治安管理行为人具有《治安管理处罚法》第十二条、第十四条、第十九条减轻处罚情节的,按下列规定适用:

(1)法定处罚种类只有一种,在该法定处罚种类的幅度以下减轻处罚;

(2)法定处罚种类只有一种,在该法定处罚种类的幅度以下无法再减轻处罚的,不予处罚;

(3)规定拘留并处罚款的,在法定处罚幅度以下单独或者同时减轻拘留和罚款,或者在法定处罚幅度内单处拘留;

(4)规定拘留可以并处罚款的,在拘留的法定处罚幅度以下减轻处罚;在拘留的法定处罚幅度以下无法再减轻处罚的,不予处罚。

第二十一条 【自愿认罚从宽制度】违反治安管理行为人自愿向公安机关如实陈述自己的违法行为,承认违法事实,愿意接受处罚的,可以依法从宽处理。

新旧对照

2012 年《治安管理处罚法》	2025 年《治安管理处罚法》
无	第二十一条 违反治安管理行为人自愿向公安机关如实陈述自己的违法行为,承认违法事实,愿意接受处罚的,可以依法从宽处理。

重点解读

从宽制度的设置旨在发挥法律的正向感召和激励引导功能,促使违法行为人主动认错纠错,改过自新,体现法律的教育和引导功能,减少社会矛盾;有利于公安机关及时查办治安案件,提高执法效率,符合违法惩罚经济性原则。本规定与刑事诉讼中认罪认罚从宽制度类似。

适用要点

1.自愿如实陈述

这里强调陈述的主动性和真实性,表明其对自己的违法行为的悔过态度。实践中,可以是在违法行为事实被公安机关发觉之前,也可以是在违法事实被公安机关发觉之后。

2.承认违法事实

违法事实,是公安机关对案件处罚的依据。行为人不能抵赖或狡辩,即供认不讳。违法行为人可能不一定完整、准确陈述违法事实,但只要陈述了主要违法事实行为,不存在避重就轻、故意隐瞒或推卸责任情形即可。

3.愿意接受处罚

表明行为人认可公安机关根据其违法事实作出的相应处罚,愿意承担法律后果。

从行为人主观上的自愿主动,到如实陈述的客观行为,再到愿意接受处罚的配合态度,三者呈递进关系,缺一不可,是主客观相统一的综合表现。如果任一条件不满足就不能受到从宽处理,如自愿向公安机关如实陈述自己的违法行为,但不承认违法事实,或者承认违法事实,但不愿意接受处罚等。在满足以上条件时,是"可以"依法从宽处理,而不是"应当",公安机关要结合具体治安案件性质等情况进行综合考量是否从宽处理。

公安机关在办理认错认罚案件时,应以事实为根据、以法律为准绳,全面收集、固定、审查和认定证据,确保做到违法事实清楚,证据确实、充分,防止因违法行为人认错而降低证据要求和证明标准。对违法行为人认错认罚的,但其他证据不足,也不能认定其有违法行为。

在具体从宽处理的方式上,本书认为,可以适用从轻、减轻,甚至不予处罚。如包括减少罚款数额、缩短拘留天数,或在应受处罚种类基础上给予更轻种类的处罚,甚至在情节轻微的情况下不予处罚。本法第十二条、第十三条和第十四条以及第二十条都属于从宽处罚条款,规定了具体适用情形,如根据行为人年龄、生理和精神状态,以及违法事实发生后的客观行为及结果、补救措施、悔错表现等。相较而言,第二十一条更加侧重于考虑行为人的主观认识态度和配合公安机关的积极作为,且适用范围较为宽泛,只要符合上述三个条件,无论具体违法情形如何,原则上都可以依法从宽处理。

> 第二十二条 【从重处罚情形】违反治安管理有下列情形之一的,从重处罚:
> (一)有较严重后果的;
> (二)教唆、胁迫、诱骗他人违反治安管理的;
> (三)对报案人、控告人、举报人、证人打击报复的;
> (四)一年以内曾受过治安管理处罚的。

新旧对照

2012年《治安管理处罚法》	2025年《治安管理处罚法》
第二十条 违反治安管理有下列情形之一的,从重处罚: (一)有较严重后果的; (二)教唆、胁迫、诱骗他人违反治安管理的; (三)对报案人、控告人、举报人、证人打击报复的; (四)**六个月**内曾受过治安管理处罚的。	第二十二条 违反治安管理有下列情形之一的,从重处罚: (一)有较严重后果的; (二)教唆、胁迫、诱骗他人违反治安管理的; (三)对报案人、控告人、举报人、证人打击报复的; (四)**一年**以内曾受过治安管理处罚的。

重点解读

从重处罚,是指公安机关在本法规定的处罚种类和处罚幅度内,对违反治安管理行为人在数种处罚种类中选择适用较重的处罚,或者在同一种处罚方式下选择较大处罚幅度进行处罚。它表明应受处罚的行为是严重的,只有对行为人进行较重的处罚,通过加重行为人的责任,才能确保治安处罚与违法行为的性质和情节相适应。从重处罚实施必须以"从重处罚情节"为依据,本条列举的四项就属于从重处罚的情节。

适用要点

1.有较严重后果的情形

一般来说,违法行为后果的轻或重决定社会危害的严重性,是确定违法性质和如何惩罚的重要依据。后果的严重程度对于有些违法行为是区分罪与非罪的标准,如故意伤害他人身体的行为,若后果是造成他人轻伤或者重伤,甚至死亡,就涉嫌故意伤害罪;若后果是造成他人轻微伤,不构成犯罪,而构成违反治安管理行为。违法行为后果可以是有形的,也可以是无形的,如财产损失、人身伤害,或名誉、精神损害等,甚至可能是扰乱公共秩序和妨害公共安全等。违法后果越严重,社会危害性也就越大,应当从重惩处。

2.教唆、胁迫、诱骗他人违反治安管理的情形

本条第二项的教唆、胁迫、诱骗与本法第十七条的定义一样。教唆、胁迫、诱骗他人违反治安管理的人,其使本无违法意图的人实施了违反治安管理行为,其主观恶性较大,应当从重处罚。

3.对报案人、控告人、举报人、证人打击报复的情形

公民的报案、控告、举报和作证,是同违纪违法行为作斗争的具体方式,也是公民履行公民权利、保护自身权益的正当行为,有助于维护社会公共利益,有益于国家法治建设。对报案人、控告人、举报人和证人打击报复,不仅侵犯了他们的合法权益,而且扰乱了国家机关正常的办案工作

秩序,甚至可能影响其他公民报案、控告、举报和作证的积极性。对这种违法行为从重处罚,有利于鼓励和提升人民群众同违法行为作斗争的主动性。

4.一年以内曾受过治安管理处罚的情形

一年以内再次实施违反治安管理行为,属于一定期限内重复违法,说明其违法行为屡犯,屡教不改,悔过态度不彻底,主观恶性较大。从重处罚有助于提升治安管理违法行为人的警觉性。

第二十三条 【行政拘留的免除执行及例外规定】违反治安管理行为人有下列情形之一,依照本法应当给予行政拘留处罚的,不执行行政拘留处罚:

(一)已满十四周岁不满十六周岁的;

(二)已满十六周岁不满十八周岁,初次违反治安管理的;

(三)七十周岁以上的;

(四)怀孕或者哺乳自己不满一周岁婴儿的。

前款第一项、第二项、第三项规定的行为人违反治安管理情节严重、影响恶劣的,或者第一项、第三项规定的行为人在一年以内二次以上违反治安管理的,不受前款规定的限制。

新旧对照

2012年《治安管理处罚法》	2025年《治安管理处罚法》
第二十一条 违反治安管理行为人有下列情形之一,依照本法应当给予行政拘留处罚的,不执行行政拘留处罚: (一)已满十四周岁不满十六周岁的;	第二十三条 违反治安管理行为人有下列情形之一,依照本法应当给予行政拘留处罚的,不执行行政拘留处罚: (一)已满十四周岁不满十六周岁的;

续表

2012年《治安管理处罚法》	2025年《治安管理处罚法》
（二）已满十六周岁不满十八周岁，初次违反治安管理的； （三）七十周岁以上的； （四）怀孕或者哺乳自己不满一周岁婴儿的。	（二）已满十六周岁不满十八周岁，初次违反治安管理的； （三）七十周岁以上的； （四）怀孕或者哺乳自己不满一周岁婴儿的。 前款第一项、第二项、第三项规定的行为人违反治安管理情节严重、影响恶劣的，或者第一项、第三项规定的行为人在一年以内二次以上违反治安管理的，不受前款规定的限制。

重点解读

行政拘留属于人身自由罚，是最严厉的行政处罚种类，适用要慎重。本条第一款对于行政拘留执行的适用对象作了消极性排除，即对于符合某些特定情形的人员，不执行行政拘留，这与《未成年人保护法》《老年人权益保障法》《妇女权益保障法》有关原则精神相衔接，体现了以人为本理念和扶老恤幼的人文关怀精神。本条第二款对可以执行行政拘留处罚作出了附加性规定，除了从违法行为的情节严重影响恶劣的后果外，主要是为了避免有些人滥用法律给予他们的人文关怀措施而重复违法。这说明不执行行政拘留属于宽容而不是纵容，特别是避免年龄成为"护身符"，不能形成一味以年龄为准绳，放纵部分人"目无法纪"的错误行为，体现法律宽中有严、宽严有度。本条在规定"宽"的尺度的同时，有效发挥"宽""严"的警示教育作用，体现宽严相济的惩治政策与教育功能的融合。

适用要点

1. 年龄计算标准

本条中关于年龄计算标准采用了"周岁"的表述。《最高人民法院关于审理未成年人刑事案件具体应用法律若干问题的解释》第二条规定，《刑法》第十七条规定的"周岁"，按照公历的年、月、日计算，从周岁生日的第二天起算。

2. 已满十四周岁不满十六周岁的未成年人

未成年人是指未满十八周岁的公民，而已满十四周岁不满十六周岁的未成年人心智尚未成熟，正处在身心健康发展的关键时期，一般处在父母照顾下的上学阶段，他们尚未能够完整、清晰地预知、辨识自己行为的社会危害性。因此，对他们违反治安管理的行为，应坚持教育为主、处罚为辅的原则，不宜通过剥夺他们的人身自由进行惩罚，故原则上不应执行行政拘留处罚。《未成年人保护法》规定，保护未成年人，应当坚持最有利于未成年人的原则，如优先保护，实行教育、感化、挽救的方针，坚持教育为主、惩罚为辅的原则。

3. 已满十六周岁不满十八周岁，初次违反治安管理的未成年人

本条第一款第二项是附条件的"首违不拘"情形。相对已满十四周岁不满十六周岁的人而言，虽然同属未成年人，但是已满十六周岁不满十八周岁的未成年人对行为性质及其后果的认识和控制能力有所提高，在心智方面有些成熟，但与成年人相比还是有差距的。如上所述，应实行教育、感化、挽救的方针，坚持教育为主、处罚为辅的原则，因此，本年龄段的未成年人初次违反治安管理，原则上应避免执行行政拘留处罚。

根据《公安机关执行〈中华人民共和国治安管理处罚法〉有关问题的解释（二）》第五条"关于'初次违反治安管理'的认定问题"规定："《治安管理处罚法》第二十一条第二项规定的'初次违反治安管理'，是指行为人的违反治安管理行为第一次被公安机关发现或者查处。但具有下列情形之一的，不属于'初次违反治安管理'：（一）曾违反治安管理，虽未被公安机关发现或者查处，但仍在法定追究时效内的；（二）曾因不满十六周岁违反治安管理，不执行行政拘留的；（三）曾违反治安管理，经公安机关调解结案的；（四）曾被收容教养、劳动教养的；（五）曾因实施扰乱公共秩序，妨害公共安全，侵犯人身权利、财产权利，妨害社会管理的行为被人民

法院判处刑罚或者免除刑事处罚的。"

4. 七十周岁以上的老年人

老年人是指六十周岁以上的公民。[1] 按照生理规律,七十周岁以上的老年人身体机能退化,行动不便,处于衰老阶段,在生活和身体健康方面,需要家人和社会的关心、帮助与照顾。从尊重和关爱老年人的角度,该条体现了国家对老年人的人文关怀。

5. 怀孕或者哺乳自己不满一周岁婴儿的妇女

《妇女权益保障法》第三十条第二款规定,国家采取必要措施,开展经期、孕期、产期、哺乳期和更年期的健康知识普及、卫生保健和疾病防治,保障妇女特殊生理时期的健康需求,为有需要的妇女提供心理健康服务支持。由于腹中胎儿影响和婴儿的哺乳需要,怀孕的妇女和哺乳自己不满一周岁婴儿的妇女在行动和生活上需要特殊照顾,因此,对违反治安管理的这类人员不执行行政拘留处罚。

> 第二十四条 【矫治教育措施】对依照本法第十二条规定不予处罚或者依照本法第二十三条规定不执行行政拘留处罚的未成年人,公安机关依照《中华人民共和国预防未成年人犯罪法》的规定采取相应矫治教育等措施。

新旧对照

2012年《治安管理处罚法》	2025年《治安管理处罚法》
无	第二十四条 对依照本法第十二条规定不予处罚或者依照本法第二十三条规定不执行行政拘留处罚的未成

---

[1] 参见《老年人权益保障法》第二条。

续表

2012年《治安管理处罚法》	2025年《治安管理处罚法》
	年人,公安机关依照《中华人民共和国预防未成年人犯罪法》的规定采取相应矫治教育等措施。

重点解读

本条赋予公安机关对于不予处罚和不执行行政拘留处罚的未成年人采取矫治教育等措施。本条规定的对象具有特定性,就是针对不予处罚或者不执行行政拘留处罚的未成年人。结合本法第十二条和第二十三条规定,本条所指的未成年人包括三类,即不予处罚的违反治安管理的不满十四周岁的人;应给予行政拘留处罚而不执行行政拘留处罚的已满十四周岁不满十六周岁的人;应给予行政拘留处罚而不执行行政拘留处罚已满十六周岁不满十八周岁,且初次违反治安管理的人。本着人道主义关怀和教育感化以及有益于未成年人成长发展的原则,基于"挽救"目标,对这三类未成年人不予处罚或者不执行行政拘留,由相关部门对他们采取相应矫治教育等措施,避免"一罚了之"或"不罚不管",致力于从教育上促使未成年人反省错误、痛改前非,让他们正确、健康成长,重新回归社会,充分彰显了法律的温度与智慧。

适用要点

根据《预防未成年人犯罪法》的规定,矫治教育措施适合于有严重不良行为的未成年人。该法第三十八条规定了未成年人的九种严重不良行为,基本上都是违法或涉嫌犯罪的严重危害社会的行为。该法第四十一条规定:"对有严重不良行为的未成年人,公安机关可以根据具体情况,采取以下矫治教育措施:(一)予以训诫;(二)责令赔礼道歉、赔偿损失;(三)责令具结悔过;(四)责令定期报告活动情况;(五)责令遵守特定的行为规范,不得实施特定行为、接触特定人员或者进入特定场所;(六)责令接受心理辅导、行为矫治;(七)责令参加社会服务活动;(八)责令接受社会观护,由社会组织、有关机构在适当场所对未成年人进行教育、监督和管束;(九)其他适当的矫治教育措施。"该法第四十二条至第四十五条专门规定了公安机关如何实施矫治教育措施,或送入专门学校接受专门教育。

> 第二十五条 【追责时效及计算标准】违反治安管理行为在六个月以内没有被公安机关发现的,不再处罚。
> 前款规定的期限,从违反治安管理行为发生之日起计算;违反治安管理行为有连续或者继续状态的,从行为终了之日起计算。

新旧对照

2012 年《治安管理处罚法》	2025 年《治安管理处罚法》
第二十二条 违反治安管理行为在六个月内没有被公安机关发现的,不再处罚。 前款规定的期限,从违反治安管理行为发生之日起计算;违反治安管理行为有连续或者继续状态的,从行为终了之日起计算。	第二十五条 违反治安管理行为在六个月**以**内没有被公安机关发现的,不再处罚。 前款规定的期限,从违反治安管理行为发生之日起计算;违反治安管理行为有连续或者继续状态的,从行为终了之日起计算。

重点解读

"法律不保护在权利上睡觉的人",此法谚表达出了权利时效的意义和价值,一旦原告长期漠视、怠于行使权利,法律对其权利不再予以保护。对打击违法犯罪而言,同样也存在追责时效的问题。治安管理追责时效是公安机关追究违反治安管理行为人违法行为责任的有效期限。追责时效兼具维护法的安定性、限制公安机关权力、提升公安机关行政效能等功能。追究违反治安管理行为人法律责任应在本条规定的六个月时限内,公安机关超过该追责期限才发现违法行为的,不再给予处罚。

《行政处罚法》第三十六条第一款规定:违法行为在二年内未被发现的,不再给予行政处罚;涉及公民生命健康安全、金融安全且有危害后果的,上述期限延长至五年。法律另有规定的除外。本法与《行政处罚法》是特别法和一般法的关系,治安管理追责时效适用本法规定。

适用要点

违反治安管理行为的连续状态,是指违反治安管理行为人基于同一个违法故意,连续实施数个独立的违反治安管理行为,并触犯同一个治安处罚规定的情形。违反治安管理行为的继续状态,是指违反治安管理行为自实施后,该违法行为或违法状态具有时间上的不间断性,处于延续状态。连续状态的违反治安管理行为,以最后一个违反治安管理行为终了之日起计算追责时效。继续状态的违反治安管理行为,以继续的违反治安管理行为终了之日起计算追责时效。

"被公安机关发现",包括的情形有:被公安机关及其民警在工作中发现;公民、法人等其他组织向公安机关报案、控告、举报;违反治安管理行为人主动投案;其他国家机关移送的违反治安管理案件。

第三章　违反治安管理的行为和处罚

第一节　扰乱公共秩序的行为和处罚

第二十六条　【对扰乱单位、公共场所、公共交通和选举秩序行为的处罚】有下列行为之一的,处警告或者五百元以下罚款;情节较重的,处五日以上十日以下拘留,可以并处一千元以下罚款:

(一)扰乱机关、团体、企业、事业单位秩序,致使工作、生产、营业、医疗、教学、科研不能正常进行,尚未造成严重损失的;

(二)扰乱车站、港口、码头、机场、商场、公园、展览馆或者其他公共场所秩序的;

(三)扰乱公共汽车、电车、城市轨道交通车辆、火车、船舶、航空器或者其他公共交通工具上的秩序的;

(四)非法拦截或者强登、扒乘机动车、船舶、航空器以及其他交通工具,影响交通工具正常行驶的;

(五)破坏依法进行的选举秩序的。

聚众实施前款行为的,对首要分子处十日以上十五日以下拘留,可以并处二千元以下罚款。

新旧对照

2012年《治安管理处罚法》	2025年《治安管理处罚法》
第二十三条 有下列行为之一的,处警告或者**二百元**以下罚款;情节较重的,处五日以上十日以下拘留,可以并处**五百元**以下罚款: (一)扰乱机关、团体、企业、事业单位秩序,致使工作、生产、营业、医疗、教学、科研不能正常进行,尚未造成严重损失的; (二)扰乱车站、港口、码头、机场、商场、公园、展览馆或者其他公共场所秩序的; (三)扰乱公共汽车、电车、火车、船舶、航空器或者其他公共交通工具上的秩序的; (四)非法拦截或者强登、扒乘机动车、船舶、航空器以及其他交通工具,影响交通工具正常行驶的; (五)破坏依法进行的选举秩序。 聚众实施前款行为的,对首要分子处十日以上十五日以下拘留,可以并处**一千元**以下罚款。	第二十六条 有下列行为之一的,处警告或者**五百元**以下罚款;情节较重的,处五日以上十日以下拘留,可以并处**一千元**以下罚款: (一)扰乱机关、团体、企业、事业单位秩序,致使工作、生产、营业、医疗、教学、科研不能正常进行,尚未造成严重损失的; (二)扰乱车站、港口、码头、机场、商场、公园、展览馆或者其他公共场所秩序的; (三)扰乱公共汽车、电车、**城市轨道交通车辆**、火车、船舶、航空器或者其他公共交通工具上的秩序的; (四)非法拦截或者强登、扒乘机动车、船舶、航空器以及其他交通工具,影响交通工具正常行驶的; (五)破坏依法进行的选举秩序。 聚众实施前款行为的,对首要分子处十日以上十五日以下拘留,可以并处**二千元**以下罚款。

重点解读

秩序的原意是指有条理、不混乱的状态,与"无序"相对。从法律角度看,秩序属于典型的不确定法律概念,其和"公共"一词常搭配使用,如公共秩序。所谓公共秩序,是指政治、经济、文化等领域的基本秩序和根本理念,是与国家和社会整体利益相关的基础性原则、价值和秩序,也称为社会公共利益,在英美法系中也被称为公共政策。一般而言,秩序可分为自然秩序和社会秩序。自然秩序由自然规律所支配;社会秩序是指人们在长期社会交往过程中形成相对稳定的关系模式和状态,由社会规则所构建和维系。法律规则代表了一种秩序和利益,违反法律代表着违背了相应的秩序要求,侵害了法律所保护的利益,当然这其中有程度轻重之别。公共秩序是维护社会公共生活正常进行所必需的状态,自觉遵守是每位公民的基本义务。本条中涉及的公共秩序主要包括单位秩序、公共场所秩序、公共交通工具上秩序和公共交通工具运行秩序以及选举秩序。

本条第二款中的"聚众",一般是组织、纠集三人以上。首要分子,是指起组织、策划和指挥作用的主要人员。

适用要点

1.扰乱机关、团体、企业、事业单位秩序,致使工作、生产、营业、医疗、教学、科研不能正常进行,尚未造成严重损失的情形

扰乱,即骚扰、打乱,破坏秩序的有序性,造成混乱。具体形式可以是暴力性的,或是非暴力性的,前者如在机关、团体、企业、事业单位门前、院内等所辖范围喊口号,强占或者堵塞办公室、会议室、生产和营业场所等,或者辱骂、诋毁、威胁、阻拦、纠缠甚至殴打负责人和其他工作人员等;后者如静坐、下跪、拉横幅、撒传单和烧纸焚香等。

良好的秩序关系到工作、生产的正常开展和运行,一些行业性法律法规对维护本行业单位正常秩序进行了规定,如《邮政法》第三十八条、《教育法》第七十二条。在传统意义上,扰乱单位秩序行为需要涉及单位的工作、生产、营业、医疗、教学、科研场所范围,一般指院内、楼里或室内等具体有形空间。随着目前无人驾驶航空器的广泛应用,利用无人驾驶航空器在单位管辖范围内的上空违规飞行,也可能扰乱单位秩序,《无人驾驶航空器飞行管理暂行条例》第三十四条规定,禁止利用无人驾驶航空器扰乱机关、团体、企业、事业单位工作秩序或者公共场所秩序。随着微信等即时通讯手段的广泛应用,扰乱秩序对象除了具体的空间秩序外,还包括虚拟抽象的空间秩序,如微信群。

本项行为应达到一定后果，即致使工作、生产、营业、医疗、教学、科研不能正常进行，具体表现为致使单位秩序受阻或中断，如机关无法正常办公，企业生产停滞，营业场所暂停营业、被迫关闭，医疗机构诊疗服务暂停，教学科研活动中断等。如果达不到"不能正常进行"的标准，就不能按照该条进行处罚，属于情节轻微，应当严格按照本法第六条、第二十条进行处罚，确保过罚相当。

2.扰乱车站、港口、码头、机场、商场、公园、展览馆或者其他公共场所秩序的情形

公共场所可以供不特定人员自由出入、停留和使用，具有公共性、自由性、功能性和人员聚集性的特点，与私人场所相对。公共场所的秩序必须保持一定的稳定状态，以满足人们工作、学习和生活及娱乐等社会性需要。一般在公共场所有相应的遵守秩序告示。如果公共场所的秩序受到扰乱破坏，出现混乱，就会限制公共场所正常功能的发挥，影响多数人或者不特定人的正常活动，甚至安全。不同类别的公共场所有不同的秩序行为准则要求，如2024年12月10日凌晨，卞××窜至湖州市区，将招嫖小广告贴在××小区路面私家车上，造成较大社会影响。[1]

3.扰乱公共汽车、电车、城市轨道交通车辆、火车、船舶、航空器或者其他公共交通工具上的秩序的情形

公共交通工具按照核定的线路、站点、时间、票价等运营，为公众提供基本出行服务，具有服务公共性、空间封闭性和人员流动性的特点。公共交通工具上的良好秩序是确保公共交通工具服务正常、安全运行的重要条件，也是广大乘客享有的合法权益，特别是对于高铁、飞机等高速运行的公共交通工具尤为重要。公共交通工具上秩序的维护需要工作人员切实履行工作职责，也离不开广大乘客的自觉遵守。

扰乱公共交通工具上的秩序，侵害的是公共交通工具运行安全和公共交通工具上的空间稳定状态。具体表现形式，如不遵守交通工具上乘

---

[1] 参见湖吴公(飞)行罚决字[2024]02685号案例。

坐规则、抢占座位、大声喧哗、携带危险物品乘车、强行进入驾驶舱、驾驶座等区域、在公共交通工具上叫嚣、辱骂等，拒不服从工作人员管理、劝阻等。这里所说的公共交通工具，是指正在运营中的公共汽车、电车、城市轨道交通车辆、火车、船舶、地铁和飞机等公共交通工具，停止运营的公共交通工具则不在此列。相关法律法规对维护公共交通工具上秩序进行了规定，如《城市公共交通条例》《民用航空安全保卫条例》《铁路法》都有相关规定。需要注意的是，本项行为应不包括本法第四十条中妨害航空器飞行安全和妨碍其他公共交通工具驾驶的有关行为。

4.非法拦截或者强登、扒乘机动车、船舶、航空器以及其他交通工具，影响交通工具正常行驶的情形

非法拦截或强登、扒乘的行为，妨碍、影响交通工具的安全、正常行驶，甚至会造成交通工具、财物损坏，或者人身伤害。这里的交通工具不仅指公共交通工具，还包括私人交通工具。相关法律法规对非法拦截或强登、扒乘交通工具的行为作了规定，如《城市公共交通条例》第三十六条，《铁路法》第五十条、第五十三条，《铁路安全管理条例》第七十七条，《民用航空安全保卫条例》第十六条，《沿海船舶边防治安管理规定》第十九条。

所谓非法拦截，是指没有合法理由和合法依据随意拦截机动车等，阻碍其正常行驶的行为。常见的拦截行为，如执法机关在履行职务时对相关机动车的拦截，公安民警追捕违法人员进行的拦截。需要注意的是，这里强调"非法"，主要是强调没有合法依据的拦截或者强登、扒乘。总体来看，应受处罚的行为还应当达到影响交通工具的正常行驶，所以，构成该条中应受处罚的情形应当同时具备两个要件：（1）没有合法依据理由拦截、强登、扒乘；（2）影响交通工具的正常行驶。在适用过程中，注意该条中对拦截行为的影响程度要求，如造成车辆相撞、影响道路交通通行、船舶航行或航空器飞行等。

具体违法情形认定中，需要重点把握没有合法理由和合法依据拦截、强登、扒乘的界定，同时注意该行为与自力救济的区别。《民法典》第一千

一百七十七条规定了民事自助行为,其构成条件包括:"首先,行为必须出于保护自身合法权益,任何为他人利益或非正当目的实施的类似行为均不被认可。其次,法定自助情形是关键,如本案中王某面临侵权人不明且设备可能转移致权利无法保障的情况,符合不立即采取措施将使其权益受到难以弥补的损害的条件。再者,情况紧迫要求权利人确实无法实施及时请求法院保全等公力救济的手段。同时,自助行为的限度必须严格把控,手段合法、适度,仅针对侵害人或债务人,且扣押财产价值应与债权相当。最后,及时请求国家机关处置是不可或缺的环节,自助行为只是临时应急,最终纠纷解决仍需依靠公力救济。"[1]

5.破坏选举秩序的情形

选举权和被选举权是公民的重要政治权利,不容任何人破坏。《宪法》第三十四条规定:中华人民共和国年满十八周岁的公民,不分民族、种族、性别、职业、家庭出身、宗教信仰、教育程度、财产状况、居住期限,都有选举权和被选举权;但是依照法律被剥夺政治权利的人除外。《全国人民代表大会和地方各级人民代表大会选举法》《城市居民委员会组织法》《村民委员会组织法》《工会法》等都有相应规定。

破坏选举秩序,是指对选举的程序性工作造成破坏的行为,使选举无法正常进行或影响正常的选举结果。选举的正常秩序,包括从选民登记、提出候选人、投票、选举、补选和罢免等整个选举环节过程。实践中,破坏选举的方式多种多样,主要有以金钱或者其他财物贿赂选民或者代表,妨害选民和代表自由行使选举权和被选举权的;以暴力、威胁、欺骗或者其他非法手段妨害选民和代表自由行使选举权和被选举权的;伪造选举文件、虚报选举票数或者有其他违法行为的;对于控告、检举选举中违法行为的人,或者对于提出要求罢免代表的人进行压制、报复的。有些人利用网络渠道从事上述破坏行为,如利用网络散布关于选举的谣言等。

按照《公安机关执行〈中华人民共和国治安管理处罚法〉有关问题的

---

[1] 参见鲁法案例〔2025〕042号。

解释(二)》,对扰乱居(村)民委员会秩序的行为,应当根据其具体表现形式,如侮辱、诽谤、殴打他人、故意伤害、故意损毁财物等,依照《治安管理处罚法》的相关规定予以处罚。对破坏居(村)民委员会选举秩序的行为,应当依照《治安管理处罚法》第二十六条第一款第五项的规定予以处罚。

第二十七条 【对扰乱国家考试秩序行为的处罚】在法律、行政法规规定的国家考试中,有下列行为之一,扰乱考试秩序的,处违法所得一倍以上五倍以下罚款,没有违法所得或者违法所得不足一千元的,处一千元以上三千元以下罚款;情节较重的,处五日以上十五日以下拘留:

(一)组织作弊的;

(二)为他人组织作弊提供作弊器材或者其他帮助的;

(三)为实施考试作弊行为,向他人非法出售、提供考试试题、答案的;

(四)代替他人或者让他人代替自己参加考试的。

新旧对照

2012年《治安管理处罚法》	2025年《治安管理处罚法》
无	第二十七条　在法律、行政法规规定的国家考试中,有下列行为之一,扰乱考试秩序的,处违法所得一倍以上五倍以下罚款,没有违法所得或者违法所得不足一千元的,处一千元以上三千元以下罚款;情节较重的,处五日以上十五日以下拘留: (一)组织作弊的; (二)为他人组织作弊提供作弊器

续表

2012年《治安管理处罚法》	2025年《治安管理处罚法》
	材或者其他帮助的； （三）为实施考试作弊行为，向他人非法出售、提供考试试题、答案的； （四）代替他人或者让他人代替自己参加考试的。

重点解读

考试是发现、评价、选拔以及培养人才的重要方式，良好的考试秩序是考试得以进行的外部环境条件，是该条所保护的法益。"法律、行政法规规定的国家考试"，是指由全国人大及其常委会颁布的法律和国务院颁布的行政法规规定的，经国家相关主管部门确定实施，面向社会公众进行的各类考试。如中考、高考、研究生入学考试等教育学业类考试，法律职业资格等资格证书类考试，以及公务员招录等选拔类考试等。上述考试在相关法律、行政法规中规定，如《高等教育法》《注册会计师法》《高等教育自学考试暂行条例》等。

考试作弊行为损害国家的考试管理秩序和他人平等参与的权利。本条规定的具体违法行为主要包括以下四类，即组织作弊行为、为他人组织作弊提供帮助行为、非法出售或者提供考试试题与答案的行为、代替他人或者让他人代替自己参加考试的行为。组织，是指制订计划，牵头发起、负责指挥和安排人员分工等行为。作弊，是指违反规则，以欺骗的方法做不合规的行为过程。本条中组织的对象包括联系考生、家长和监考工作人员等。实践中，作弊一般包括"传出试题"和"传入答案"两个主要环节。鉴于考试的严格性，作弊日益呈现团伙化、专业化、流程化和科技化特点，团伙成员分工明确，使用偷录密拍设备窃取考题，通过包括互联网、无线电技术等手段将答案传入场内。作弊行为严重扰乱考试活动的正常进行，损害考试的公平正义，社会危害性严重，应予惩罚。

> 适用要点

适用本条时应注意本条与相关法律条款的适用关系。本法此次修订前，对涉及考试作弊行为的管理、处罚也由公安机关进行，其处理依据通常有以下两种情形：

（1）依据本法修订前原第二十三条（扰乱单位正常考试工作秩序）[1]、第二十九条（危害计算机信息系统管理）[2]等条款处理。

（2）依据相关领域法律进行处理。如根据《教育法》第八十条处罚：邵某伙同他人作弊，后被公安机关根据《教育法》第八十条第一项、《公安机关办理刑事案件程序规定》第一百六十三条之规定予以处罚。[3]

本次修订新增该条款，是针对上述情形在本法上的专门规定，在处罚决定作出时，就应该选择本条实施处罚，而不应再按照扰乱单位秩序和危害计算机信息系统管理行为处理。

在涉及该条与相关领域立法中类似条款的适用关系处理问题，尤其是在处罚结果的选择上，将来是按照"特别法优于一般法"适用《教育法》，还是按照"后法优于前法"适用《治安管理处罚法》，抑或有待《教育法》等作出与《治安管理处罚法》相一致的修订，[4]有待观察。

第二十八条 【对扰乱体育、文化等大型群众性活动秩序行为的处罚】有下列行为之一，扰乱体育、文化等大型群众性活动秩序的，处警告或者五百元以下罚款；情节严重的，处五日以上十日以

---

[1] 参见徒公（谷）行罚决字〔2022〕734号案例，对应2025年《治安管理处罚法》第二十六条。
[2] 参见太公（璜泾）行罚决字〔2022〕1434号案例，大公（经）行罚决字〔2019〕36号案例，大公（经）行罚决字〔2019〕37号案例，黄州公（禹）行罚决字〔2025〕116号案例，对应2025年《治安管理处罚法》第三十三条。
[3] 参见滨公（雪）行罚决字〔2023〕1584号案例。
[4] 参见《教育法》第八十条。

下拘留,可以并处一千元以下罚款:
（一）强行进入场内的;
（二）违反规定,在场内燃放烟花爆竹或者其他物品的;
（三）展示侮辱性标语、条幅等物品的;
（四）围攻裁判员、运动员或者其他工作人员的;
（五）向场内投掷杂物,不听制止的;
（六）扰乱大型群众性活动秩序的其他行为。
因扰乱体育比赛、文艺演出活动秩序被处以拘留处罚的,可以同时责令其六个月至一年以内不得进入体育场馆、演出场馆观看同类比赛、演出;违反规定进入体育场馆、演出场馆的,强行带离现场,可以处五日以下拘留或者一千元以下罚款。

新旧对照

2012年《治安管理处罚法》	2025年《治安管理处罚法》
第二十四条　有下列行为之一,扰乱**文化**、**体育**等大型群众性活动秩序的,处警告或者**二百元**以下罚款;情节严重的,处五日以上十日以下拘留,可以并处**五百元**以下罚款: （一）强行进入场内的; （二）违反规定,在场内燃放烟花爆竹或者其他物品的; （三）展示侮辱性标语、条幅等物品的; （四）围攻裁判员、运动员或者其他工作人员的; （五）向场内投掷杂物,不听制止的; （六）扰乱大型群众性活动秩序的其他行为。	第二十八条　有下列行为之一,扰乱**体育**、**文化**等大型群众性活动秩序的,处警告或者**五百元**以下罚款;情节严重的,处五日以上十日以下拘留,可以并处**一千元**以下罚款: （一）强行进入场内的; （二）违反规定,在场内燃放烟花爆竹或者其他物品的; （三）展示侮辱性标语、条幅等物品的; （四）围攻裁判员、运动员或者其他工作人员的; （五）向场内投掷杂物,不听制止的; （六）扰乱大型群众性活动秩序的其他行为。

第三章 违反治安管理的行为和处罚

续表

2012 年《治安管理处罚法》	2025 年《治安管理处罚法》
因扰乱体育比赛秩序被处以拘留处罚的,可以同时责令其**十二个月内不得进入体育场馆观看同类比赛**;违反规定进入体育场馆的,强行带离现场。	因扰乱体育比赛、**文艺演出活动**秩序被处以拘留处罚的,可以同时责令其**六个月至一年以内**不得进入体育场馆、**演出场馆**观看同类比赛、**演出**;违反规定进入体育场馆、**演出场馆**的,强行带离现场,**可以处五日以下拘留或者一千元以下罚款**。

重点解读

《大型群众性活动安全管理条例》第二条规定:"本条例所称大型群众性活动,是指法人或者其他组织面向社会公众举办的每场次预计参加人数达到 1000 人以上的下列活动:(一)体育比赛活动;(二)演唱会、音乐会等文艺演出活动;(三)展览、展销等活动;(四)游园、灯会、庙会、花会、焰火晚会等活动;(五)人才招聘会、现场开奖的彩票销售等活动。影剧院、音乐厅、公园、娱乐场所等在其日常业务范围内举办的活动,不适用本条例的规定。"大型群众性活动的安全管理应当遵循安全第一、预防为主的方针,坚持承办者负责、政府监管的原则。文化、体育等大型群众性活动具有参加人数多、场地设置复杂和社会影响大的特点,一旦出现秩序安全问题,易发生人员拥挤踩踏等安全事故。另外,也需要给裁判员、运动员和评委等工作人员创造稳定有序的工作环境。

本条第一款采用列举+概括的方式,针对一些扰乱大型群众性活动秩序的典型行为进行规定。第二款规定针对扰乱体育比赛和文艺演出活动秩序的违法行为人的预防性限制措施,具有失信惩戒的特征。

适用要点

1. 强行进入场内的情形

《大型群众性活动安全管理条例》第六条第二款规定："大型群众性活动安全工作方案包括下列内容……（四）活动场所可容纳的人员数量以及活动预计参加人数……（六）入场人员的票证查验和安全检查措施……"大型群众性活动一般在封闭活动场所内进行，便于安全、有序管理，主办方会设定一定的入场条件，如接受安检、出示参观票证等。强行，是以强力或强制手段实施某种行为，不顾外界因素的阻止或限制。"强行进入场内"，是指不符合入场许可条件而强行进入的情形，如无票证的人员企图蒙混强行进入场内的，携带不符合要求的有关物品强行进入的，持有票证的人员拒不接受安全检查措施强行进入场内的，以及迟到的观众着急强闯进入场内，还有如使用暴力手段强行进入场内等[1]。强行进入场内的行为，扰乱了大型群众性活动正常秩序，带来安全风险。

2. 违反规定，在场内燃放烟花爆竹或者其他物品的情形

《烟花爆竹安全管理条例》第二条第二款规定："本条例所称烟花爆竹，是指烟花爆竹制品和用于生产烟花爆竹的民用黑火药、烟火药、引火线等物品。"第二十八条规定："燃放烟花爆竹，应当遵守有关法律、法规和规章的规定。县级以上地方人民政府可以根据本行政区域的实际情况，确定限制或者禁止燃放烟花爆竹的时间、地点和种类。"烟花爆竹属于易燃易爆物品，在人员密集的活动场内燃放，污染环境、产生噪声，可能使人员受伤，甚至引发火灾，导致活动秩序混乱，危及公共安全。实践中，有些观众出于情绪激动或者起哄闹事，会借机燃放烟花爆竹或者其他有关物品。

需要注意的是，如果是举办焰火晚会以及其他大型焰火燃放活动，应当按照《烟花爆竹安全管理条例》的有关规定进行，不属于本项调整范围。

---

[1] 参见娄星公（水）决字〔2018〕第 0456 号案例。

3.展示侮辱性标语、条幅等物品的情形

侮辱是指故意以暴力或其他方式贬损他人人格,毁损他人名誉。侮辱内容一般与他人的能力、德性、身份和身体情况等相关,即使行为人所表示的内容是公开的,但只要该内容属于有损他人名誉的事实,也构成侮辱。侮辱方式包括暴力、言语和文字等,本项中的侮辱性标语、条幅等物品属于文字类型侮辱。

在体育、文化等大型群众性活动中,有的观众为表达感情、活跃气氛,会在活动现场悬挂鼓舞士气的标语、条幅等物品,是热情、文明观赛的表现。但在一些对抗激烈的体育比赛活动中,有些观众出于对比赛成绩、个别运动员表现或者对裁判结果有意见,可能会展示出含有侮辱性内容的标语、条幅等物品,涉及人格侮辱和人身攻击,会引发不同观众间或者比赛双方的情绪激烈对立,导致现场混乱,因此应被严格禁止。《大型群众性活动安全管理条例》第九条规定,"参加大型群众性活动的人员应当遵守下列规定……(三)服从安全管理,不得展示侮辱性标语、条幅等物品,不得围攻裁判员、运动员或者其他工作人员,不得投掷杂物"。

4.围攻裁判员、运动员或者其他工作人员的情形

实践中,部分观众因为比赛成绩输赢、裁判公平公正等,情绪激动,进而归责于裁判员、运动员或者其他工作人员,并进行围攻,特别是在一些对抗激烈的体育比赛活动中尤为明显。围攻,指多人或多方合力围困攻击,且伴有争吵、辱骂甚至推拉纠缠方式。围攻裁判员、运动员或者其他工作人员会直接导致活动无法正常进行,严重扰乱活动现场秩序,甚至会造成人身伤害,因此,应受处罚。

5.向场内投掷杂物,不听制止的情形

实践中,当比赛进行到激烈阶段时,观众可能出于情绪激动或宣泄不满向比赛场地内投掷物品,这不仅会干扰正在进行中的体育、文化等活动,也违背文明观赛的道德要求。对于此种情形,活动现场工作人员要及时制止,如果不听工作人员制止,公安机关应给予处罚。

6.扰乱大型群众性活动秩序的其他行为的情形

本项属于兜底性条款,即除上述列举的行为情形外,其他扰乱大型群众性活动秩序的行为,如起哄闹事、打架斗殴、教唆他人扰乱现场秩序等行为。

本条第二款赋予公安机关可以采取两种行政措施,即禁止进入特定场所观看同类比赛和强行带离现场,在适用时应注意以下问题:

其一,适用的条件一是扰乱体育比赛、文艺演出活动秩序且被处以拘留处罚。如果是扰乱体育比赛和文艺演出活动以外的其他活动秩序而被处行政拘留,则不适用禁止观看比赛预防性限制措施;或者扰乱体育比赛和文艺演出活动秩序,未受到拘留处罚的,也不适用禁止观看同类比赛的预防性限制措施。

其二,是"可以",而不是"应当"。这一规定赋予公安机关一定自由裁量权,根据行为人的主观恶性或违法行为情节严重程度,裁量是否责令其六个月至一年以内不得进入体育场馆、演出场馆观看同类比赛、演出。实践中,如果要责令禁止观看同类比赛,应与行政拘留处罚同时作出。

其三,设置禁令制度,禁止观看的是同类比赛、演出。关于禁令制度,如《民法典》上设置有人格权侵害禁令制度,责令停止侵权行为。本条中的禁令,属于针对个体的行为规范,禁止其在一定期限内进入特定区域、场所,从事特定活动,具有命令强制性。需要注意的是,如果违法行为人因扰乱排球比赛秩序而被行政拘留处罚,只能责令其六个月至一年以内不得进入体育场馆观看排球比赛,行为人可以进入体育场馆观看散打、艺术体操等其他比赛。对于违反禁令的行为人,公安机关可以将其强行带离现场,并予以处罚,体现禁令的严肃性。

第二十九条 【对故意散布谣言等扰乱公共秩序行为的处罚】 有下列行为之一的,处五日以上十日以下拘留,可以并处一千元以下罚款;情节较轻的,处五日以下拘留或者一千元以下罚款:

> （一）故意散布谣言,谎报险情、疫情、灾情、警情或者以其他方法故意扰乱公共秩序的;
> （二）投放虚假的爆炸性、毒害性、放射性、腐蚀性物质或者传染病病原体等危险物质扰乱公共秩序的;
> （三）扬言实施放火、爆炸、投放危险物质等危害公共安全犯罪行为扰乱公共秩序的。

新旧对照

2012年《治安管理处罚法》	2025年《治安管理处罚法》
第二十五条 有下列行为之一的,处五日以上十日以下拘留,可以并处**五百元**以下罚款;情节较轻的,处五日以下拘留或者**五百元**以下罚款: （一）散布谣言,谎报险情、疫情、警情或者以其他方法故意扰乱公共秩序的; （二）投放虚假的爆炸性、毒害性、放射性、腐蚀性物质或者传染病病原体等危险物质扰乱公共秩序的; （三）扬言实施放火、爆炸、投放危险物质扰乱公共秩序的。	第二十九条 有下列行为之一的,处五日以上十日以下拘留,可以并处**一千元**以下罚款;情节较轻的,处五日以下拘留或者**一千元**以下罚款: （一）**故意**散布谣言,谎报险情、疫情、**灾情**、警情或者以其他方法故意扰乱公共秩序的; （二）投放虚假的爆炸性、毒害性、放射性、腐蚀性物质或者传染病病原体等危险物质扰乱公共秩序的; （三）扬言实施放火、爆炸、投放危险物质**等危害公共安全犯罪行为**扰乱公共秩序的。

重点解读

正常的社会运行需要良好的秩序保障,秩序是法的价值依归之一,也是法追求的价值目标和受保护的法益。秩序,特别是公共秩序尤为重要,其和善良风俗一道构成民法的基本原则。公共秩序主要包括生产、工作、交通和公共场所等秩序。遵守公共秩序规则是公民的基本义务之一,维护公共秩序依靠个人道德自觉,也需要法律规则的硬约束。本条规定的三种行为都属于严重不道德的扰乱公共秩序行为,可能引发社会大众恐慌,甚至有关国家机关和企事业单位为此会启动相应的突发事件应急处置预案,严重干扰国家机关以及其他单位的正常工作。《突发事件应对法》《反恐怖主义法》《药品管理法》《消防法》《网络安全法》《网络信息内容生态治理规定》等对禁止散布谣言,禁止谎报险情、疫情、灾情、警情等有明确规定。

适用要点

1.故意散布谣言,谎报险情、疫情、灾情、警情或者以其他方法故意扰乱公共秩序的情形

谣言,是指捏造没有事实根据的谎言、虚假信息,从而掩盖真相蒙蔽他人。谣言往往带有负面的影响,可能导致误解、恐慌或伤害个人或组织的声誉。谣言应与现实客观有关联,而不是神话、迷信、文学故事,以及显然不可能的事情。[1] 谣言往往集中在社会热点事件、公共安全、政策制度、旅游出行等领域。从内容类型角度看,常见的谣言类型主要有政治类谣言、社会安全类谣言、天灾人祸类谣言、恐怖活动类谣言、违法犯罪类谣言、食品及产品安全类谣言等。随着互联网发展,网络谣言日益增多,有些网民,包括网络水军,在网上故意制造、散布谣言,其具有来源模糊、隐蔽性强的特点,通常以图片或视频片段,并辅之夸张或隐晦的特定文字进行展示,借助网络渠道传播速度快特性"博眼球""吸""粉",扩大影响力,从而牟取非法利益。网民往往难以洞察谣言本质,易受误导并被煽动情绪,扰乱网络空间秩序和社会秩序,甚至诱发网络暴力,容易激化社会矛盾。针对网络谣言,《网络安全法》《互联网上网服务营业场所管理条例》《互联网信息服务管理办法》《互联网直播服务管理规定》等对网络使用者、

---

[1] 参见《2025年"复活秦始皇"谣言始末:一场流量狂欢背后的警示》,载百家号"小白 de 日常分享"2025年2月8日,https://baijiahao.baidu.com/s?id=1823498355303053532&wfr=spider&for=pc。

上网服务营业场所经营单位、互联网信息服务提供者、互联网直播服务提供者和互联网直播服务使用者以及互联网直播发布者的网上职责义务作了相应规定。

在此背景下，究竟该如何认定谣言，不无分歧。结合该条来看，其特别强调了散布谣言的客观行为、扰乱公共秩序的危害后果和主观故意，其并没有界定何为谣言。在界定谣言的时候，我们应注意与公共言论和私人言论[1]的区分："涉及公共言论的网络谣言以捏造或者歪曲事实作为认定标准，涉及私人言论的网络谣言可扩大解释为包括未经证实"的消息。在危害后果的司法认定方面，应将公共秩序解释为以公众生活的平稳与安宁为核心内容的现实公共场所秩序，并引入比例原则的审查。在主观故意的司法认定方面，对于涉及公共言论的故意的认定，可采用实质恶意原则，即只有在行为人明知其将作出虚假言论或者对于信息的真假辨认存在严重的过错时，才能认定其为故意；对于涉及私人言论的故意的认定，可参照刑法上故意的认定标准。[2]

网络空间虽然是虚拟的，但会对现实社会运行形成强烈的辐射干扰效应，因此"网络空间秩序"属于"公共秩序"的规范领域。所以，谣言扰乱对象既包括具体的空间秩序，还包括虚拟抽象的空间秩序，前者实践中类似例子有很多，后者是随着微信等即时通讯手段的广泛应用新出现的一种扰乱秩序的情形。故意散布谣言，就是主观上明知或应当明知是谣言，专门扩散或向不特定的人告知，希望或者放任干扰公共秩序这一危害后果的产生。

本次修订增加"故意"一词，旨在规范谣言治理过程中合理规制公共秩序与言论自由保护二者之间实现平衡，避免出现不合理限制公民言论

---

[1] 参见曾永红、曹伟：《"在省级机关工作，收入35万到40万"相亲视频系摆拍已下架，律师：面临处罚》，载微信公众号"潇湘晨报"2025年3月11日，https://mp.weixin.qq.com/s/6v__S9LLlIEozMra9dJTLg。

[2] 参见孟凡壮：《网络谣言扰乱公共秩序的认定——以我国〈治安管理处罚法〉第25条第1项的适用为中心》，载《政治与法律》2020年第4期。

自由的问题。公安机关在作出处罚决定时一定要特别考虑行为人的主观状态。谎报险情、疫情、灾情、警情，是指编造火灾、水灾、传染病、地质灾害以及其他危险情况，或者明知是虚假的而向有关部门报告的行为。道听途说信以为真而传播的，或由于思想认识上判断不清晰，而向有关部门误报险情、疫情、灾情或者警情的，则不属于违反治安管理的行为。

从行为人动机角度看，或为了制造社会混乱，或为了寻求个人刺激，或出于狭隘心理，给他人或单位施加压力等。无论行为人的动机如何，都不影响本行为的构成。客观上，上述行为都会引起不特定群体的惶恐或不安，造成社会秩序混乱。如2023年4月30日，赵某某醉酒，自称乌海市海勃湾区某某水果饭店着火，但实际并未发生火情，报假警虚构事实扰乱公共秩序。[1]

2. 投放虚假的爆炸性、毒害性、放射性、腐蚀性物质或者传染病病原体等危险物质扰乱公共秩序的情形

本项行为要求"明知"，即行为人明知爆炸性、毒害性、放射性、腐蚀性物质或者传染病病原体等危险物质是虚假的，而故意将其投放给他人、单位和公共场所的行为。具体投放方式如邮寄、亲自放置和让别人投放等。虽然投放的危险物质是虚假的，不会真正发生爆炸、毒害、放射、腐蚀以及传染性疾病等真实后果，但也会使公众真假难辨，从而造成公众精神、心理上的恐慌，扰乱社会正常公共秩序，具有社会危害性，应受处罚。

3. 扬言实施放火、爆炸、投放危险物质等危害公共安全犯罪行为扰乱公共秩序的情形

扬言，是指主观上故意公开对外宣扬或散布某种言论，夸大其词使人相信或感受到威胁，引起恐慌。本行为是指行为人故意对外宣扬或散布要实施放火、爆炸、投放危险物质等危害公共安全犯罪行为的言论，并未真正实施，但造成扰乱公共秩序的后果。这里的"危险物质"，如爆炸性、毒害性、放射性、腐蚀性物质或者传染病病原体等危险物质。

---

[1] 参见海公（新华）行罚决字〔2023〕475号案例。

具体扬言的方式,或口头的,或书面的,或通过电子邮件、网络媒体等渠道。在该情形的认定上应当注意与寻衅滋事的区分,二者的区别主要有以下方面:

(1)内涵界定。寻衅滋事,是指在公共场所无事生非、起哄闹事,扰乱公共秩序的行为,通常表现为随意殴打、追逐、辱骂他人,或强拿硬要、损毁财物等。扬言实施放火、爆炸、投放危险物质等危害公共安全犯罪行为,是指通过言语、文字等方式威胁实施危害公共安全犯罪行为,旨在制造恐慌,扰乱公共秩序。

(2)行为方式。寻衅滋事多为实际行为,如殴打、辱骂、损毁财物等。扬言实施危险行为主要是通过言语或文字威胁,不一定有实际行为。

(3)主观意图。寻衅滋事行为人通常出于挑衅、发泄等目的,意图扰乱公共秩序。扬言实施危害公共安全犯罪行为的行为人通过威胁制造恐慌,意图扰乱公共秩序或达到其他目的。

(4)法律后果。寻衅滋事依据《治安管理处罚法》第三十条处罚,扬言实施危害公共安全犯罪行为依据《治安管理处罚法》第二十九条处罚。

(5)社会危害性。寻衅滋事直接扰乱公共秩序,可能造成人身伤害或财产损失。扬言实施危害公共安全犯罪行为通过威胁制造恐慌,虽不一定有实际损害,但可能引发社会不安。

不难发现,寻衅滋事有实际行为,直接扰乱公共秩序。而扬言实施危害公共安全犯罪行为通常以言语威胁等方式,制造恐慌,扰乱公共秩序。两者在行为方式、主观意图和法律后果上存在明显差异。

第三十条 【对寻衅滋事行为的处罚】有下列行为之一的,处五日以上十日以下拘留或者一千元以下罚款;情节较重的,处十日以上十五日以下拘留,可以并处二千元以下罚款:

(一)结伙斗殴或者随意殴打他人的;

(二)追逐、拦截他人的;

（三）强拿硬要或者任意损毁、占用公私财物的；
（四）其他无故侵扰他人、扰乱社会秩序的寻衅滋事行为。

新旧对照

2012 年《治安管理处罚法》	2025 年《治安管理处罚法》
第二十六条 有下列行为之一的，处五日以上十日以下拘留，**可以并处五百元**以下罚款；情节较重的，处十日以上十五日以下拘留，可以并处一千元以下罚款： （一）结伙斗殴的； （二）追逐、拦截他人的； （三）强拿硬要或者任意损毁、占用公私财物的； （四）其他寻衅滋事行为。	第三十条 有下列行为之一的，处五日以上十日以下拘留**或者一千元**以下罚款；情节较重的，处十日以上十五日以下拘留，可以并处**二千元**以下罚款： （一）结伙斗殴**或者随意殴打他人**的； （二）追逐、拦截他人的； （三）强拿硬要或者任意损毁、占用公私财物的； （四）其他**无故侵扰他人、扰乱社会秩序的**寻衅滋事行为。

重点解读

寻衅滋事，是指行为人在公共场所无事生非、起哄取闹、逞强耍狠、肆意挑衅，破坏社会公共秩序的行为。寻衅滋事由流氓行为演变而来，出于寻求刺激、发泄情绪和耍威风等不良动机。行为实施可以是个人，或由数人结伙，如果结伙，按照共同违法进行责任认定和处罚。因无事生非、起哄取闹、逞强耍狠、肆意挑衅之主观故意利用网络等渠道实施辱骂、恐吓他人的行为也属于寻衅滋事的范畴。

本条列举的四种寻衅滋事行为，分别涉及人身健康权、行为自由、人格权、财产权和公共场所秩序。四种行为有两个共同点：一是都具有主观故意，这个"主观故意"都是无理取闹、借故生非的故意。二是行为既破坏社会公共秩序,又侵犯他人人身、精神和财产等多项权利。扰乱公共秩序,是判定行为是否属于寻衅滋事的重要标准,如在公共场所的殴打行为,行为人不是因为无事生非,而是因蓄意殴打他人,也不构成寻衅滋事违法行为。行为人因婚恋、家庭、邻里、债务等纠纷,实施结伙斗殴,追逐、拦截他人,强拿硬要或者任意损毁、占用公私财物等行为也不宜被认定为寻衅滋事。

适用要点

1. 结伙斗殴或者随意殴打他人的情形

结伙斗殴的行为人主观为故意,双方均有互殴、互斗的预谋和合意。其动机是私人仇怨,或为寻求非法利益,蔑视社会公共秩序。本行为在侵犯公共秩序的同时,也侵犯了他人的人身权利。实践中,结伙斗殴不一定有明确的组织者、策划者,可能是几个人临时起意就可以。

随意殴打他人,是指无缘无故、无事生非殴打他人,属于地痞流氓性质。实践中,即使殴打他人是事出有因,也应分清是法律上的"真因"还是"假因"。人们之间在日常生活中因为婚恋、邻里或者债权债务等方面存在小矛盾纠纷的现象具有普遍性,应当以合理合法途径方式寻求解决,行为人如果因为所谓的小矛盾和小纠纷而动手打人,就属于"借故生非""小题大做",不能因为所谓"事出有因"否定行为人殴打他人的随意性,这里的"因"就是"假因",属于寻衅滋事违法行为。认定"随意殴打他人"应同时符合三个标准:殴打对象选择随意性,不是特定的;殴打地点在公共场所;行为人主观上具有无事生非、逞强耍横的流氓动机。如果行为人主观上不具有流氓动机,或被殴打的是特定的人,或发生在非公共场所,也就不会破坏社会公共秩序,因而不构成寻衅滋事。

近年来一些具有相当关注度的案件最后以"互殴"收尾,引发社会关注,部分案件的处理还引起了公众的关注,如"高铁掌掴案"。这也凸显出,在该情形下,如果一方基于寻衅滋事殴打他人,他人基于正当防卫还手,不宜被认定为互殴。所以,该情形应当仔细辨别加害人的行为动机,在认定寻衅滋事的过程中,注意甄别受害人的还击行为是否属于正当防卫。[1]

2. 追逐、拦截他人的情形

这里的追逐、拦截,是指无正当合理原因、理由的追赶、拦挡、纠缠行为,一般出于个人寻乐或寻求精神刺激等不良动机。两种行为都干扰或滋扰他人正常生活,使他人心理、精神上感到恐慌、畏惧。实践中多为追逐、拦截妇女,追逐与拦截行为中可能伴有暴力、威胁等方式,如推搡,言语上侮辱、谩骂和恐吓。在这种情况下,侮辱、谩骂和恐吓有可能会涉及其他违法情形,如辱骂他人,在适用过程中要结合具体情况进行分析认定。

3. 强拿硬要或者任意损毁、占用公私财物的情形

强拿硬要,是指以不讲理的手段,强行拿走、索要他人的财物,具有强迫性特点。这里的"强硬",包括有形或无形胁迫的手段,也包括以暴力直接强硬夺取的方式。

任意,是指随心所欲,没有拘束和限制,表现为随机的、偶然的,不具有"针对性",这是与故意毁坏财物行为的重要区别。行为人因日常生活中的偶发矛盾纠纷,借故生非,任意毁坏、占用公私财物的,也属于寻衅滋事。任意毁坏、占用公私财物,客观上使不特定的财物处于不安全的状态之下,既侵犯了公私财产所有权,也破坏了社会公共秩序。

4. 其他无故侵扰他人、扰乱社会秩序的寻衅滋事行为

本项是兜底性内容,是指除上述三项外的其他寻衅滋事行为。如在网络上无事生非,辱骂、恐吓他人,基于特殊癖好专门抢女子袜子[2]。

需要注意的是,根据《预防未成年人犯罪法》第三十八条,未成年人实

---

[1] 参见石聚航:《寻衅滋事类案件中正当防卫的司法认定与规则重构》,载《法律方法》2020年第4期。

[2] 参见《笑翻了!男子深夜扑倒女子抢袜子获刑6个月?民警:他有特殊癖好》,载网易网 2024年12月26日,https://c.m.163.com/news/a/JKB9QAL805566N8U.html。

施结伙斗殴、追逐、拦截他人，强拿硬要或者任意损毁、占用公私财物等寻衅滋事行为，属于严重不良行为。如果是依照本法第十二条不予处罚或者依照本法第二十三条不执行行政拘留处罚的未成年人，根据第二十四条规定，公安机关应依照《预防未成年人犯罪法》的规定采取相应矫治教育等措施。

第三十一条 【利用邪教、会道门、封建迷信进行非法活动的处罚】有下列行为之一的，处十日以上十五日以下拘留，可以并处二千元以下罚款；情节较轻的，处五日以上十日以下拘留，可以并处一千元以下罚款：

（一）组织、教唆、胁迫、诱骗、煽动他人从事邪教活动、会道门活动、非法的宗教活动或者利用邪教组织、会道门、迷信活动，扰乱社会秩序、损害他人身体健康的；

（二）冒用宗教、气功名义进行扰乱社会秩序、损害他人身体健康活动的；

（三）制作、传播宣扬邪教、会道门内容的物品、信息、资料的。

新旧对照

2012年《治安管理处罚法》	2025年《治安管理处罚法》
第二十七条 有下列行为之一的，处十日以上十五日以下拘留，可以并处**一千元**以下罚款；情节较轻的，处五日以上十日以下拘留，可以并处**五百元**以下罚款： （一）组织、教唆、胁迫、诱骗、煽动他人从事邪教、会道门活动或者利用邪教、会道门、迷信活动，扰乱社会秩序、损害他人身体健康的；	第三十一条 有下列行为之一的，处十日以上十五日以下拘留，可以并处**二千元**以下罚款；情节较轻的，处五日以上十日以下拘留，可以并处**一千元**以下罚款： （一）组织、教唆、胁迫、诱骗、煽动他人从事邪教**活动**、会道门活动、**非法的宗教活动**或者利用邪教**组织**、会道门、迷信活动，扰乱社会秩序、损害他

续表

2012年《治安管理处罚法》	2025年《治安管理处罚法》
（二）冒用宗教、气功名义进行扰乱社会秩序、损害他人身体健康活动的。	人身体健康的； （二）冒用宗教、气功名义进行扰乱社会秩序、损害他人身体健康活动的； （三）制作、传播宣扬邪教、会道门内容的物品、信息、资料的。

重点解读

邪教是指冒用宗教、气功或者以其他名义建立、神化、鼓吹首要分子，利用制造、散布迷信邪说等手段蛊惑、蒙骗他人，发展、控制成员，危害社会的非法组织。[1] 据初步统计，我国已经确认为邪教的组织大概有24种，如"法轮功""观音法门""全能神"等，这些邪教组织反人类、反科学、反社会、反政府。

会道门，也称道会门、会门道、帮会道门等，是指以宗教异端信仰为特征的民间秘密结社组织，因多以会、道、门取名而简称会道门。有些会道门、邪教组织将本组织的教义视为某一宗教或某几种宗教的派生或支系，但实际上其"教义"与正常的社会秩序规则相悖，这些均与社会主义核心价值观和现代社会文明相违背，不受宪法和法律的保护。

迷信活动无正式组织形式、仪规、戒律和信条经典，以及固定的活动场所，其信仰对象基本上是臆想的鬼神或神话中的人物等，具有欺骗性、随意性特点。通常表现为神汉巫婆看风水、看面手相、算命和求签卜卦，实质上是以妖言惑众、装神附体方式骗取钱财，甚至伤害生命，危害社会秩序和人们的身心健康。对于封建迷信活动，我国一贯的政策是坚决打击和取缔。

宗教是一种社会意识形态，是历史的产物。它一般由宗教组织、信仰

---

[1] 参见《最高人民法院、最高人民检察院关于办理组织、利用邪教组织破坏法律实施等刑事案件适用法律若干问题的解释》。

和观念、道德规范、宗教仪式、戒律、经典等基本要素构成。我国主要有道教、佛教、基督教、天主教、伊斯兰教,这些宗教经过长期的发展、演变,与我国民族的传统文化和风俗习惯融合在一起,多种宗教教义教规,引导人心向善,互帮互助,其积极作用不言而喻,这也成为我国民族社会生活、精神生活的组成部分,并成为重要的社会力量。宗教活动有固定不变的经典、信条、场所以及信仰对象等表现形式和活动内容,具有传承性。正常的宗教活动所产生的行为结果,对社会生活不会构成现实的直接危害。宗教信仰是公民个人自由选择的私事,尊重公民的宗教信仰权利,保护正常的宗教活动,是我国党和政府一贯的政策。但宗教极端主义,是打着宗教旗号煽动宗教狂热、控制信教群众,大肆歪曲篡改宗教教义,编造各种异端邪说,实施暴恐活动,破坏民族团结,制造民族分裂,具有极端性、欺骗性、政治性和暴力性等特征,其本质是反社会、反科学、反人类。

国家保护正常的宗教活动。[1] 为了保障公民宗教信仰自由、维护宗教和睦与社会和谐、规范宗教事务管理,我国制定了《宗教事务条例》。非法宗教活动,就是指违背国家宪法、法律法规和政策等宗教活动。国家对于邪教持严惩态度,《全国人民代表大会常务委员会关于取缔邪教组织、防范和惩治邪教活动的决定》和《最高人民法院、最高人民检察院关于办理组织、利用邪教组织破坏法律实施等刑事案件适用法律若干问题的解释》对依法惩治邪教活动有明确规定。

适用要点

1.组织、教唆、胁迫、诱骗、煽动他人从事邪教活动、会道门活动、非法的宗教活动或者利用邪教组织、会道门、迷信活动,扰乱社会秩序、损害他人身体健康的情形

"组织",是指策动、招募和召集他人的行为。"教唆",是指劝说、利

---

[1] 参见《宪法》第三十六条第三款。

诱或怂恿等行为。"胁迫",是指用暴力或精神威逼、强制的方法迫使他人从事某活动的行为。"诱骗",是指通过物质或者非物质的利益等方式引诱、欺骗他人,使其上当受骗的行为。"煽动",是指以语言、文字、图像等方式对他人进行鼓动、迷惑,意图使他人信以为真的行为。行为人实施上述行为的主观出于故意,目的就是使他人主动或被动参加、从事邪教活动、会道门活动、非法的宗教活动。利用邪教组织、会道门、迷信活动扰乱社会秩序、损害他人身体健康的行为,如利用会道门、邪教和迷信活动散布谣言,蛊惑人心。如"地球即将爆炸""死后升入天堂"等;鼓动他人消极厌世;污蔑国家政策法律,对抗或干扰国家执法司法活动等;利用占卜、看手相等为人"治病"等。需要注意的是,本项行为侧重造成一定后果,需要造成扰乱社会秩序、损害他人身体健康的后果。

2. 冒用宗教、气功名义进行扰乱社会秩序、损害他人身体健康活动的情形

所谓气功,是以呼吸、意识、身体动作互相配合为手段,是一种传统的养生保健、强身健体的行为活动。冒用,指冒名顶替、替代。冒用宗教、气功名义,是指行为人打着宗教、气功组织的旗号,实质上是进行邪教、迷信或其他非法活动,如以进行"心灵疗愈""激发潜能"培训学习形式,传播迷信邪说或反动思想,攻击国家政治制度;迷惑群众放弃正常工作、学习等社会活动;蒙骗他人消极厌世、绝食、自残甚至自杀等;以"发功"名义治病或阻止病人就医治疗。本项行为不仅破坏了合法的宗教、气功组织的声誉,而且扰乱社会秩序,损害他人身体健康,应受惩罚。

3. 制作、传播宣扬邪教、会道门内容的物品、信息、资料的情形

本项属于新增内容。"制作",是指编写、印刷、复制、绘画、出版、摄录、剪辑和洗印等行为。"传播",是指传发、邮寄、张贴、播放、通过网络上传下载、发送电子邮件及电子信息等行为。"物品、信息、资料",如传单、旗帜、标语、图片、书籍、报刊、标志物、录音录像带、光盘、U盘、存储卡和电子图片等网上信息。只要实施了制作、传播任一行为,就构成违法。《电信条例》《广播电视管理条例》《互联网上网服务营业场所管理条

例》《音像制品管理条例》《出版管理条例》《互联网信息服务管理办法》《网络信息内容生态治理规定》等对禁止宣扬邪教和封建迷信进行了规定。

第三十二条 【对干扰无线电管理秩序行为的处罚】违反国家规定,有下列行为之一的,处五日以上十日以下拘留;情节严重的,处十日以上十五日以下拘留:

(一)故意干扰无线电业务正常进行的;

(二)对正常运行的无线电台(站)产生有害干扰,经有关主管部门指出后,拒不采取有效措施消除的;

(三)未经批准设置无线电广播电台、通信基站等无线电台(站)的,或者非法使用、占用无线电频率,从事违法活动的。

新旧对照

2012 年《治安管理处罚法》	2025 年《治安管理处罚法》
第二十八条 违反国家规定,故意干扰无线电业务正常进行的,**或者**对正常运行的无线电台(站)产生有害干扰,经有关主管部门指出后,拒不采取有效措施消除的,处五日以上十日以下拘留;情节严重的,处十日以上十五日以下拘留。	第三十二条 违反国家规定,**有下列行为之一的**,处五日以上十日以下拘留;情节严重的,处十日以上十五日以下拘留: (一)故意干扰无线电业务正常进行的; (二)对正常运行的无线电台(站)产生有害干扰,经有关主管部门指出后,拒不采取有效措施消除的; (三)未经批准设置无线电广播电台、通信基站等无线电台(站)的,或者非法使用、占用无线电频率,从事违法活动的。

重点解读

无线电通信是利用无线电波在一定空间范围内传输信息,发射和接受无线电波。无线电业务广泛应用于广播、电视、通信、铁路、航空、航天、气象、科研、抢险救灾、新闻媒体以及公安、武警、军队等各部门、各行业,可以说无线电与社会生产生活息息相关。在一些重点行业领域,无线电业务正常与否影响公共安全,如航空无线电频率一旦受到有害干扰,将直接影响飞机飞行,可能导致返航、备降和复飞,甚至造成飞机失联等严重安全事故。国家对航空、铁路、卫星导航、天气雷达站等无线电业务安全畅通有特别保护规定。违反国家规定,是指违反法律、行政法规等有关无线电管理的规定,如《民用航空法》《军事设施保护法》《海上交通安全法》《无线电管理条例》《铁路安全管理条例》等。

适用要点

1. 故意干扰无线电业务正常进行的情形

《无线电频率划分规定》(工业和信息化部令第62号)第1.3条规定,无线电业务包括无线电通信业务、固定业务、卫星固定业务、航空固定业务、卫星间业务、空间操作业务等43种。《无线电管理条例》从管理机构及其职责、频率管理、无线电台(站)管理、无线电发射设备管理、涉外无线电管理和无线电监测和电波秩序维护方面进行了规定,以保证各种无线电业务的正常进行。特殊情况下,根据维护国家安全、保障国家重大任务、处置重大突发事件等需要,国家可以实施无线电管制,《无线电管制规定》对无线电管制进行了规定。

本行为的主体包括单位和个人,主观方面表现为故意,具体干扰行为没有行为实施方式限制,凡对正常无线电业务产生了干扰,即可构成本行为。实践中,主要表现为对政府、军队通信系统的干扰;对铁路、电信、民航等无线电系统的干扰等,如广播电视信号、电信信号受大功率无绳电话和"伪基站"的干扰等。

需要注意的是,《军事设施保护法》第六十一条规定援引《治安管理处罚法》本条处罚。根据《军事设施保护法》第六十一条规定:"违反国家规定,故意干扰军用无线电设施正常工作的,或者对军用无线电设施产生有害干扰,拒不按照有关主管部门的要求改正的,依照《中华人民共和国治安管理处罚法》第二十八条[1]的规定处罚。"

2.对正常运行的无线电台(站)产生有害干扰,经有关主管部门指出后,拒不采取有效措施消除的情形

无线电台(站),是指为开展地面无线电业务在某一地点或者地域设置、使用的一个或者多个发信机、收信机,或者发信机与收信机的组合。各项无线电业务的正常开展离不开无线电台(站)的设置和无线电频率的使用,是无线电业务开展的基础性保障。

所谓有害干扰,表现为使正常运行的无线电台(站)的无线电通信系统的接收性能下降、误解或信息遗漏,甚至阻碍或一再阻断无线电信号。实践中,有害干扰的来源非常广泛,一般由于非法使用无线电发射设备或者使用违规产品造成的。例如,不合理使用对讲机、不合格的无线电监控摄像头、有线电视放大器、私设电台等对正常运行的无线电台(站)产生有害干扰,或研制、生产、销售和维修大功率无线电发射设备,私设 GPS 信号屏蔽器,也可能对无线电台(站)产生有害干扰;有的单位或者个人不合理使用无线电台(站),或者无线电台(站)性能指标不符合国家标准,也会对其他依法设置、使用的无线电台(站)产生有害干扰。有的高大建筑也会对无线电台(站)产生有害干扰,如机场、已建射电天文台、气象雷达站和卫星测控(导航)站周边区域的高大建筑也可能对其产生有害干扰,根据《无线电管理条例》的规定,无线电管理机构应当会同城乡规划主管部门和其他有关部门制定具体的保护措施并向社会公布。

有关主管部门,主要是指国家各级无线电管理机构部门等。本违法行为有前置性条件,经有关主管部门指出后已采取有效措施消除有害干

---

[1] 对应 2025 年《治安管理处罚法》第三十二条。

扰的,不构成本违法行为。行为人先前的干扰行为可能是过失,但经有关主管部门指出后,且拒不采取有效措施消除有害干扰的话,就成了故意。

实践中,类似事件屡有发生,"山西省无线电管理局收到太原市气象局干扰投诉,称从1月10日起位于太原东山的新型多普勒天气雷达站受到不明信号干扰,严重影响气象观测工作正常进行"。[1]

3.未经批准设置无线电广播电台、通信基站等无线电台(站)的,或者非法使用、占用无线电频率,从事违法活动的情形

(1)未经批准设置无线电广播电台、通信基站等无线电台(站)的情形。

无线电台(站)设置属于行政许可事项。根据《无线电管理条例》规定,设置、使用有固定台址的无线电台(站),由无线电台(站)所在地的省、自治区、直辖市无线电管理机构实施许可。设置、使用没有固定台址的无线电台,由申请人住所地的省、自治区、直辖市无线电管理机构实施许可。设置、使用空间无线电台、卫星测控(导航)站、卫星关口站、卫星国际专线地球站、15瓦以上的短波无线电台(站)以及涉及国家主权、安全的其他重要无线电台(站),由国家无线电管理机构实施许可。该条例第二十七条至第三十六条规定了无线电台(站)设置批准的要求,应当符合的条件等。

无线电台(站)在使用时需要发射信号占用无线电频率,而无线电频谱资源在一定的时间空间内,使用频率相对有限,任一设备对某一频段的占用将排斥其他设备对该频段的占用。擅自设置无线电广播电台、通信基站等会扰乱空中电波秩序,甚至干扰到航空导航、水上遇险呼救、公安、应急等重要无线电通信业务,使电磁环境受到影响。例外情形,在符合一定条件下无线电台(站)可以不经批准设置。《无线电管理条例》第三十

---

[1]《山西省无线电监测中心快速排查一起气象雷达干扰》,载工业和信息化部网2025年1月23日,https://www.miit.gov.cn/jgsj/wgj/dfjx/art/2025/art_1b966b55800949f1aaacc9619f44895e.html。

七条规定,遇有危及国家安全、公共安全、生命财产安全的紧急情况或者为了保障重大社会活动的特殊需要,可以不经批准临时设置、使用无线电台(站),但是应当及时向无线电台(站)所在地无线电管理机构报告,并在紧急情况消除或者重大社会活动结束后及时关闭。

(2)非法使用、占用无线电频率,从事违法活动的情形。

无线电频谱资源属于国家所有。国家对无线电频谱资源实行统一规划、合理开发、有偿使用的原则。《无线电管理条例》第三章专门对频率管理进行了规定。第十八条规定,无线电频率使用许可由国家无线电管理机构实施。国家无线电管理机构确定范围内的无线电频率使用许可,由省、自治区、直辖市无线电管理机构实施。如果违反上述规定擅自使用无线电频率的话,应当接受处罚。工业和信息化部《无线电频率划分规定》对无线电频率的划分使用进行规定。《无线电管理条例》第六条规定,任何单位或者个人不得擅自使用无线电频率,不得对依法开展的无线电业务造成有害干扰,不得利用无线电台(站)进行违法犯罪活动。

随着无线电技术发展,有些人非法使用无线电频率作为工具、手段,从事违法活动,如利用无线电技术传出或传入试题答案,用于考试作弊;有些不法分子利用"GOIP"虚拟拨号设备从事电信诈骗等类似的违法活动,还有从事诈骗、赌博、招嫖、钓鱼网站等违法活动。

第三十三条 【对侵害计算机信息系统安全行为的处罚】有下列行为之一,造成危害的,处五日以下拘留;情节较重的,处五日以上十五日以下拘留:

(一)违反国家规定,侵入计算机信息系统或者采用其他技术手段,获取计算机信息系统中存储、处理或者传输的数据,或者对计算机信息系统实施非法控制的;

(二)违反国家规定,对计算机信息系统功能进行删除、修改、增加、干扰的;

(三)违反国家规定,对计算机信息系统中存储、处理、传输的数据和应用程序进行删除、修改、增加的;

(四)故意制作、传播计算机病毒等破坏性程序的;

(五)提供专门用于侵入、非法控制计算机信息系统的程序、工具,或者明知他人实施侵入、非法控制计算机信息系统的违法犯罪行为而为其提供程序、工具的。

新旧对照

2012年《治安管理处罚法》	2025年《治安管理处罚法》
第二十九条 有下列行为之一的,处五日以下拘留;情节较重的,处五日以上十日以下拘留: (一)违反国家规定,侵入计算机信息系统,造成危害的; (二)违反国家规定,对计算机信息系统功能进行删除、修改、增加、干扰,造成计算机信息系统不能正常运行的; (三)违反国家规定,对计算机信息系统中存储、处理、传输的数据和应用程序进行删除、修改、增加的; (四)故意制作、传播计算机病毒等破坏性程序,影响计算机信息系统正常运行的。	第三十三条 有下列行为之一,造成危害的,处五日以下拘留;情节较重的,处五日以上十五日以下拘留: (一)违反国家规定,侵入计算机信息系统或者采用其他技术手段,获取计算机信息系统中存储、处理或者传输的数据,或者对计算机信息系统实施非法控制的; (二)违反国家规定,对计算机信息系统功能进行删除、修改、增加、干扰的; (三)违反国家规定,对计算机信息系统中存储、处理、传输的数据和应用程序进行删除、修改、增加的; (四)故意制作、传播计算机病毒等破坏性程序的; (五)提供专门用于侵入、非法控制计算机信息系统的程序、工具,或者明知他人实施侵入、非法控制计算机信息系统的违法犯罪行为而为其提供程序、工具的。

第三章　违反治安管理的行为和处罚

重点解读

计算机信息系统在经济、国防和尖端科学技术等重要行业领域中发挥着重要作用,而计算机信息系统安全问题日益凸显。关键信息基础设施,如公共通信和信息服务、能源、交通、水利、金融、公共服务、电子政务、国防科技工业等重要行业和领域计算机信息系统一旦遭到破坏、丧失功能或者数据泄露,可能严重危害国家安全、国计民生、公共利益等。

计算机信息系统,是指由计算机及其相关的和配套的设备、设施(含网络)构成的,按照一定的应用目标和规则对信息进行采集、加工、存储、传输、检索等处理的人机系统。计算机信息系统的安全保护,应当保障计算机及其相关的和配套的设备、设施(含网络)的安全,运行环境的安全,保障信息的安全,保障计算机功能的正常发挥,以维护计算机信息系统的安全运行。关于计算机信息系统安全保护有关法律法规,如《网络安全法》《计算机信息系统安全保护条例》《计算机信息网络国际联网安全保护管理办法》《关键信息基础设施安全保护条例》等。

适用要点

1.违反国家规定,侵入计算机信息系统或者采用其他技术手段,获取计算机信息系统中存储、处理或者传输的数据,或者对计算机信息系统实施非法控制的情形

本法所称数据,是指任何以电子或者其他方式对信息的记录。数据处理,包括数据的收集、存储、使用、加工、传输、提供、公开等。数据安全,是指采取必要措施,确保数据处于有效保护和合法利用的状态,以及具备保障持续安全状态的能力。《数据安全法》第二十一条、第三十二条,《网络数据安全管理条例》第八条对数据安全使用进行了规定。

鉴于计算机在人们工作、生活中的广泛应用,计算机信息系统中会存储大量的工作和个人信息数据,如利用网络购物等消费活动,直接涉及个人网上银行账户信息,一旦被非法获取,会造成个人身份信息、银行账号

和电子邮箱等信息通过计算机信息系统被泄露。实践中,行为人未经允许将自己的计算机与他人的计算机信息系统联网非法获取数据,或通过非法手段获取口令或者许可证明后侵入别人计算机信息系统,或发送带有"木马"的电子邮件、链接和程序等,对他人的计算机信息系统进行非法控制,从而非法获取别人的数据。

本行为需造成危害,也就是行为人利用非法获取的数据或者非法控制别人的计算机信息系统获得了利益,计算机信息系统用户或数据拥有者受到损害,才能构成违法行为。

2. 违反国家规定,对计算机信息系统功能进行删除、修改、增加、干扰的情形

计算机信息系统功能主要是输入、存储、处理、输出和控制五个方面,这些功能使计算机信息系统按照一定的应用目标和规则对信息进行采集、加工、存储、传输、检索等处理,从而保障人们正常使用计算机工作和生活。如果对计算机信息系统功能进行删除、修改、增加、干扰,将会损毁计算机信息系统功能或使其受限,不能正常发挥其应有的作用。本行为须造成危害后果,如使计算机信息系统不能正常使用,给工作和生活带来影响。

3. 违反国家规定,对计算机信息系统中存储、处理、传输的数据和应用程序进行删除、修改、增加的情形

计算机信息系统对数据高效、便捷的存储、处理和传输,是人们使用计算机的重要原因,也是计算机信息系统功能作用的具体体现。应用程序保障这些功能作用得到实现。如果将计算机信息系统中存储、处理、传输的数据和应用程序删除、修改、增加,会造成计算机信息系统不能正常运行,给用户造成损失,造成危害,应受处罚。

4. 故意制作、传播计算机病毒等破坏性程序的情形

破坏性程序,是指隐藏在计算机信息系统中的数据文件、执行程序里的能够在计算机内部运行,对其功能进行干扰、影响的程序。计算机病毒,是指编制或者在计算机程序中插入的破坏计算机功能或者毁坏数据,

影响计算机使用,并能自我复制的一组计算机指令或者程序代码,是破坏性程序的典型。计算机病毒具有传染性、破坏性、可触发性的特点,难发觉、难预防、难处理,能够通过自我复制迅速传播,严重的可能导致计算机系统网络瘫痪。2007年我国警方破获的首例计算机病毒大案,其病毒"熊猫烧香",是一款拥有自动传播、自动感染硬盘能力和强大的破坏能力的病毒。此外,计算机病毒还可能窃取用户隐私、文件和有关账号信息等。

5.提供专门用于侵入、非法控制计算机信息系统的程序、工具,或者明知他人实施侵入、非法控制计算机信息系统的违法犯罪行为而为其提供程序、工具的情形

本项行为属于新增内容。根据《最高人民法院、最高人民检察院关于办理危害计算机信息系统安全刑事案件应用法律若干问题的解释》,专门用于侵入、非法控制计算机信息系统的程序、工具有以下特点:具有避开或者突破计算机信息系统安全保护措施,未经授权或者超越授权获取计算机信息系统数据的功能的;具有避开或者突破计算机信息系统安全保护措施,未经授权或者超越授权对计算机信息系统实施控制的功能的;其他专门设计用于侵入、非法控制计算机信息系统、非法获取计算机信息系统数据的程序、工具。这类程序、工具,如专门用于非法获取他人登录网络应用服务、计算机系统的账号、口令、密码和数字证书等认证信息、认证工具,绕过计算机信息系统或者相关设备的防护措施的计算机程序、工具。据此上述的程序、工具排除了合法使用的可能性。

明知他人实施侵入、非法控制计算机信息系统的违法犯罪行为而为其提供程序、工具的行为。这里强调"明知",如被提供者主动告诉提供者的,或按照常理,提供者知道或者应当知道的。实践中,一般有电子邮件、短信、微信聊天记录等证实提供人明知被提供人实施违法犯罪活动。

本项两种违法行为有区别:第一种行为强调的是提供专门的程序、工具;第二种行为强调"明知",但未强调程序、工具的用途。两种行为都要求造成危害的,才能构成违法。

> 第三十四条 【对传销行为的处罚】组织、领导传销活动的,处十日以上十五日以下拘留;情节较轻的,处五日以上十日以下拘留。
>
> 胁迫、诱骗他人参加传销活动的,处五日以上十日以下拘留;情节较重的,处十日以上十五日以下拘留。

新旧对照

2012 年《治安管理处罚法》	2025 年《治安管理处罚法》
无	第三十四条 组织、领导传销活动的,处十日以上十五日以下拘留;情节较轻的,处五日以上十日以下拘留。胁迫、诱骗他人参加传销活动的,处五日以上十日以下拘留;情节较重的,处十日以上十五日以下拘留。

重点解读

传销,是指组织者或者经营者发展人员,通过对被发展人员以其直接或者间接发展的人员数量或者销售业绩为依据计算和给付报酬,或者要求被发展人员以交纳一定费用为条件取得加入资格等方式牟取非法利益,扰乱经济秩序,影响社会稳定的行为。根据《禁止传销条例》第七条,传销行为形式包括:(1)组织者或者经营者通过发展人员,要求被发展人员发展其他人员加入,对发展的人员以其直接或者间接滚动发展的人员数量为依据计算和给付报酬(包括物质奖励和其他经济利益),牟取非法利益的;(2)组织者或者经营者通过发展人员,要求被发展人员交纳费用或者以认购商品等方式变相交纳费用,取得加入或者发展其他人员加入的资格,牟取非法利益的;(3)组织者或者经营者通过发展人员,要求被发展人员发展其他人员加入,形成上下线关系,并以下线的销售业绩为依据计算和给付上线报酬,牟取非法利益的。实质上,传销就是通过编造歪曲国家政策,虚构经营投资项目或夸大盈利预期,掩饰计酬、返利真实来源或者其他欺诈手段的行为。常见的传销类型有假借"互助理财"等名目的金融类传销,假借"网上直销"的互联网络类传销,打着"国家扶持"旗号的工程项目类传销,打着"公益慈善"的"爱心互助"类传销以及"消费养老"类传销等。

适用要点

1. 组织、领导传销活动的情形

组织、领导传销活动,主要表现为在传销活动中承担发起、策划、召集和操纵等管理职责,对传销组织的设立、扩大和具体实施传销活动等起重要作用。基于传销活动中的上下线之间关系,对传销活动的组织者、领导者应予以处罚,这也体现了首恶必办、胁从不问的处罚理念。[1]

2. 胁迫、诱骗他人参加传销活动的情形

胁迫,是指用威逼、强制的方法迫使他人参加传销活动的,包括如殴打的暴力胁迫或精神控制的非暴力胁迫方式。诱骗,是指用引诱、欺骗的方法使他人不明真相参加传销活动。在胁迫过程中,不排除采取一些殴打他人的手段,伤害被胁迫方,有可能会触及殴打他人的违法情形,在这种情况下,殴打行为与胁迫他人参加传销构成牵连关系,在处罚时应当注意。在处罚时,注意处罚依据的选择适用,本法第一百四十一条规定,针对本条违法行为,由相关主管部门依照相应规定处罚;需要给予行政拘留处罚的,由公安机关依照本法规定处理。《禁止传销条例》第二十四条对该款违法行为有规定:"有本条例第七条规定的行为,组织策划传销的,由工商行政管理部门没收非法财物,没收违法所得,处50万元以上200万元以下的罚款;构成犯罪的,依法追究刑事责任。有本条例第七条规定的

---

[1] 参见灌公(经)行罚决字〔2023〕713号案例。

行为,介绍、诱骗、胁迫他人参加传销的,由工商行政管理部门责令停止违法行为,没收非法财物,没收违法所得,处10万元以上50万元以下的罚款;构成犯罪的,依法追究刑事责任。有本条例第七条规定的行为,参加传销的,由工商行政管理部门责令停止违法行为,可以处2000元以下的罚款。"

3. 传销与直销的区别

2005年8月,国务院同时颁布《直销管理条例》和《禁止传销条例》,结合这两部立法来看,传销和直销最根本的区分判断标准在于"拉人头""入会费""计酬方式"这三个方面。直销是符合国家规定的合法行为。《直销管理条例》对直销企业及其分支机构的设立和变更、直销员的招募和培训、直销活动和监督管理等方面进行了专门规定。该条例第三条规定:"本条例所称直销,是指直销企业招募直销员,由直销员在固定营业场所之外直接向最终消费者(以下简称消费者)推销产品的经销方式。本条例所称直销企业,是指依照本条例规定经批准采取直销方式销售产品的企业。本条例所称直销员,是指在固定营业场所之外将产品直接推销给消费者的人员。"该条例第五十二条规定:"违反本条例的违法行为同时违反《禁止传销条例》的,依照《禁止传销条例》有关规定予以处罚。"

4. 传销查处认定及协作配合

《国务院办公厅对〈禁止传销条例〉中传销查处认定部门解释的函》中明确指出:《禁止传销条例》确立了工商部门和公安机关共同查处传销行为的机制,并明确了工商部门和公安机关都有受理举报和向社会公开发布警示的职责,同时还规定了案件移送制度。依照《禁止传销条例》规定,工商部门和公安机关在各自的职责范围内都应当对传销行为进行查处,并依照各自职责分别依法对传销行为予以认定。工商部门查处传销行为,对涉嫌犯罪的,应当依法移送公安机关立案侦查;公安机关立案侦查的涉嫌犯罪的传销案件,对经侦查认定不构成犯罪的,应当依法移交工商部门查处。

第三十五条 【对扰乱重要活动秩序、有辱英烈及历史尊严行为的处罚】有下列行为之一的,处五日以上十日以下拘留或者一千元以上三千元以下罚款;情节较重的,处十日以上十五日以下拘留,可以并处五千元以下罚款:

(一)在国家举行庆祝、纪念、缅怀、公祭等重要活动的场所及周边管控区域,故意从事与活动主题和氛围相违背的行为,不听劝阻,造成不良社会影响的;

(二)在英雄烈士纪念设施保护范围内从事有损纪念英雄烈士环境和氛围的活动,不听劝阻的,或者侵占、破坏、污损英雄烈士纪念设施的;

(三)以侮辱、诽谤或者其他方式侵害英雄烈士的姓名、肖像、名誉、荣誉,损害社会公共利益的;

(四)亵渎、否定英雄烈士事迹和精神,或者制作、传播、散布宣扬、美化侵略战争、侵略行为的言论或者图片、音视频等物品,扰乱公共秩序的;

(五)在公共场所或者强制他人在公共场所穿着、佩戴宣扬、美化侵略战争、侵略行为的服饰、标志,不听劝阻,造成不良社会影响的。

新旧对照

2012 年《治安管理处罚法》	2025 年《治安管理处罚法》
无	第三十五条 有下列行为之一的,处五日以上十日以下拘留或者一千元以上三千元以下罚款;情节较重的,处十日以上十五日以下拘留,可以并处五千元以下罚款:

续表

2012年《治安管理处罚法》	2025年《治安管理处罚法》
	（一）在国家举行庆祝、纪念、缅怀、公祭等重要活动的场所及周边管控区域，故意从事与活动主题和氛围相违背的行为，不听劝阻，造成不良社会影响的； （二）在英雄烈士纪念设施保护范围内从事有损纪念英雄烈士环境和氛围的活动，不听劝阻的，或者侵占、破坏、污损英雄烈士纪念设施的； （三）以侮辱、诽谤或者其他方式侵害英雄烈士的姓名、肖像、名誉、荣誉，损害社会公共利益的； （四）亵渎、否定英雄烈士事迹和精神，或者制作、传播、散布宣扬、美化侵略战争、侵略行为的言论或者图片、音视频等物品，扰乱公共秩序的； （五）在公共场所或者强制他人在公共场所穿着、佩戴宣扬、美化侵略战争、侵略行为的服饰、标志，不听劝阻，造成不良社会影响的。

重点解读

英雄烈士的事迹和精神是中华民族的共同历史记忆，全社会都应当崇尚、学习、捍卫，英雄烈士和先进模范人物的事迹及体现的民族精神、时代精神，是爱国主义教育的主要内容。国家通过举行庆祝、纪念、缅怀、公祭和建立英雄烈士纪念设施对英雄烈士予以褒扬、纪念，加强对英雄烈士事迹和精神的宣传、教育，维护英雄烈士尊严和合法权益。《爱国主义教育法》第二十八条规定，在中国人民抗日战争胜利纪念日、烈士纪念日、南京大屠杀死难者国家公祭日和其他重要纪念日，县级以上人民政府应当组织开展纪念活动，举行敬献花篮、瞻仰纪念设施、祭扫烈士墓、公祭等纪

第三章 违反治安管理的行为和处罚

念仪式。第三十七条对歪曲、丑化、亵渎、否定英雄烈士事迹和精神,宣扬、美化、否认侵略战争、侵略行为和屠杀惨案,侵占、破坏、污损爱国主义教育设施作了禁止性规定,该法第三十八条规定了教育、文化和旅游、退役军人事务等部门的及时制止和处罚职责。《民法典》第一百八十五条规定,侵害英雄烈士等的姓名、肖像、名誉、荣誉,损害社会公共利益的,应当承担民事责任。《英雄烈士保护法》从立法角度将保护英雄烈士作为一种公共秩序来对待,对英雄烈士的保护就是维护社会公共利益,旗帜鲜明地维护广大人民群众对英烈事迹和英烈光辉形象的情感认同,引导全社会传承和弘扬英烈精神、爱国主义精神。

适用要点

1.在国家举行庆祝、纪念、缅怀、公祭等重要活动的场所及周边管控区域,故意从事与活动主题和氛围相违背的行为,不听劝阻,造成不良社会影响的情形

国家举行庆祝、纪念、缅怀、公祭等重要活动,展示国家形象、凝聚民心,承载着重要的政治、文化和历史意义,具有政治性、庄重性、规格高特点,如国庆节庆祝活动,象征意义重大,是对国家精神和价值观的弘扬。《英雄烈士保护法》第五条规定:"每年9月30日为烈士纪念日,国家在首都北京天安门广场人民英雄纪念碑前举行纪念仪式,缅怀英雄烈士。县级以上地方人民政府、军队有关部门应当在烈士纪念日举行纪念活动。举行英雄烈士纪念活动,邀请英雄烈士遗属代表参加。"第六条规定:"在清明节和重要纪念日,机关、团体、乡村、社区、学校、企业事业单位和军队有关单位根据实际情况,组织开展英雄烈士纪念活动。"

"违背",指行为与规定或期望相悖,不符合正常的预期或要求。常指违背法律制度、道义准则等情形。本项行为,如在本项所述重要活动举行的场所及周边管控区域嬉闹寻乐、开展健身活动等,与庆祝、纪念、缅怀、公祭等活动的庄严、肃穆、清静的氛围相违背。出现以上行为,有关工作

人员会劝阻，不听劝阻，造成不良社会影响的，给予处罚。实践中，在国家举行上述有关活动时，一般会提前发布公告，告知活动时间和地点、区域及相关要求。

2.在英雄烈士纪念设施保护范围内从事有损纪念英雄烈士环境和氛围的活动，不听劝阻的，或者侵占、破坏、污损英雄烈士纪念设施的情形

英雄烈士纪念设施供公众瞻仰、悼念英雄烈士，开展纪念教育活动，告慰先烈英灵，更是为了传承英烈精神，弘扬爱国主义、集体主义精神和社会主义道德风尚。"在英雄烈士纪念设施保护范围内从事有损纪念英雄烈士环境和氛围的活动"，主要是指对纪念英雄烈士庄严、肃穆、清净的环境和氛围有破坏、有损害，如跳舞、高声唱歌或者摆摊设点等。实践中有些所谓的"网红"为了吸"粉"赚取流量人气，故意在英雄烈士纪念设施保护范围内进行直播带货等活动，扩大影响力。"侵占、破坏、污损英雄烈士纪念设施"，主要指非法占据、摧毁、毁坏英雄烈士纪念设施，使英雄烈士纪念设施污脏。本项属选择性行为，行为人只要实施侵占、破坏、污损中任一种行为，即构成违法。行为人实施其中两种以上行为的，应综合考虑行为之间是否存在牵连或吸收关系，若存在，仅按照其中一个行为进行处罚，不实行并罚。本项规定与《英雄烈士保护法》第十条、第二十七条和第二十八条相衔接。

3.以侮辱、诽谤或者其他方式侵害英雄烈士的姓名、肖像、名誉、荣誉，损害社会公共利益的情形

本项行为与《英雄烈士保护法》第二十二条、第二十三条、第二十五条和第二十六条相衔接。侮辱是指使用语言、肢体动作或者以其他方法，公然贬低、损害他人的人格，破坏他人的名誉的行为。诽谤是指故意捏造并散布虚构的事实，足以贬损他人人格、破坏他人名誉的行为。英雄烈士是为国家、民族作出贡献、牺牲的公众人物，侵害英雄烈士的姓名、肖像、名誉和荣誉，也就是损害社会公共利益，应受惩罚。《英雄烈士保护法》规定，任何组织和个人发现本项违法行为的，都可以向负责英雄烈士保护工作的部门、网信、公安等有关部门举报，接到举报的部门应当依法及时处

理。英雄烈士的近亲属、检察机关可以依法向人民法院提起诉讼,负责英雄烈士保护工作的部门和其他有关部门在履行职责过程中发现侵害英雄烈士的姓名、肖像、名誉、荣誉的行为,需要检察机关提起诉讼的,应当向检察机关报告。《网络信息内容生态治理规定》第六条规定,网络信息内容生产者不得制作、复制、发布含有下列内容的违法信息:……歪曲、丑化、亵渎、否定英雄烈士事迹和精神,以侮辱、诽谤或者其他方式侵害英雄烈士的姓名、肖像、名誉、荣誉的……

4.亵渎、否定英雄烈士事迹和精神,或者制作、传播、散布宣扬、美化侵略战争、侵略行为的言论或者图片、音视频等物品,扰乱公共秩序的情形

亵渎,就是严重不敬,包括行为或言辞,通常被视为极其不道德的行为,违背社会的道德准则。否定,就是不承认事物的存在或事物的真实性。本项行为,是历史虚无主义错误思潮的表现,暴露出行为人思想和心理上存在民族身份认知错乱、价值观扭曲,拿民族伤痕开玩笑,伤害社会公众感情,社会影响恶劣,应受惩处。本项属选择性行为,行为人只要实施了亵渎、否定行为中的任一种,以及制作、传播、散布中的任一种,即成立违法行为。行为人实施其中两种以上行为的,应将所实施的行为并列为一个违法行为,不实行并罚。

实践中,或出于故意,或出于寻求刺激、发泄情绪等,有些"网红明星"打着"复原历史""真相揭秘"等幌子,歪曲、否定历史,诬蔑、诋毁英烈,美化侵略战争和侵略行为,实则是为了赚取流量和人气,牟取非法利益,无论动机如何,都不影响本违法行为的构成。

5.在公共场所或者强制他人在公共场所穿着、佩戴宣扬、美化侵略战争、侵略行为的服饰、标志,不听劝阻,造成不良社会影响的情形

公共场所,与私人场所相对,是指不特定人员可以自由出入、停留和使用的场所,如宾馆、商场、银行、车站、娱乐场所等,用以满足工作、学习和生活以及娱乐等社会公共性需要,具有自由性、功能性和人员聚集性的特点,也是反映一个国家、民族物质文明和精神文明的窗口。

本项行为需注意五点：一是行为发生的空间是在公共场所。如果不是在公共场所，如在自己家里，则不构成本违法行为。二是行为的具体表现方式是穿着、佩戴。即可被在公共场所活动的人们直观看见和发现，装在包里或者不容易被发现的，也不属于本项规定。三是服饰、标志的内涵是宣扬、美化侵略战争、侵略行为。如"二战"时期日本军服、法西斯党徽和纳粹标志等。四是不听劝阻。表明行为人的主观态度。实践中，有些人对此类服饰、标志所代表的含义不知情。五是造成不良社会影响。纳粹党徽、标志和国旗代表着纳粹主义、反人类、战争和人类文明的毁灭性灾难，在公共场所穿着、佩戴"二战"时期日本军服、法西斯党徽和纳粹标志等行为，无论出于何种动机，都涉嫌为帝国主义、种族主义、法西斯主义公然摇旗呐喊，不利于正向价值观的引导。同样，强制他人在公共场所穿着、佩戴这类服饰、标志的行为，也应受到处罚。根据本项的规定，处罚对象是在公共场所自己主动穿着佩戴的行为人，如果被强制的话，处罚强制者，被强制的人不用接受处罚。

第二节　妨害公共安全的行为和处罚

> **第三十六条**　【对违反危险物质管理规定行为的处罚】违反国家规定，制造、买卖、储存、运输、邮寄、携带、使用、提供、处置爆炸性、毒害性、放射性、腐蚀性物质或者传染病病原体等危险物质的，处十日以上十五日以下拘留；情节较轻的，处五日以上十日以下拘留。

新旧对照

2012年《治安管理处罚法》	2025年《治安管理处罚法》
第三十条　违反国家规定,制造、买卖、储存、运输、邮寄、携带、使用、提供、处置爆炸性、毒害性、放射性、腐蚀性物质或者传染病病原体等危险物质的,处十日以上十五日以下拘留;情节较轻的,处五日以上十日以下拘留。	第三十六条　违反国家规定,制造、买卖、储存、运输、邮寄、携带、使用、提供、处置爆炸性、毒害性、放射性、腐蚀性物质或者传染病病原体等危险物质的,处十日以上十五日以下拘留;情节较轻的,处五日以上十日以下拘留。

重点解读

爆炸性、毒害性、放射性、腐蚀性或者传染病病原体等危险物质,对人身、财产和环境存在潜在的公共安全危险,一旦发生事故,将会对国家和人民的生命财产安全造成重大损害,因此需要从制造到处置的各个环节对危险物质实行规范管理,确保与危险物质相关生产经营活动安全、顺利进行,保障公共安全。危险物质涉及的行业领域较多,许多法律、法规和标准对危险物质均有规定,如《枪支管理法》《传染病防治法》《民用爆炸物品安全管理条例》《烟花爆竹安全管理条例》《易制毒化学品管理条例》《危险化学品安全管理条例》《放射性同位素与射线装置安全和防护条例》《铁路法》《民用航空法》《邮政法实施细则》《病原微生物实验室生物安全管理条例》《放射性药品管理办法》等。

适用要点

根据现代汉语词典关于易爆的解释,易爆是指物质在受热、撞击或摩擦时可能发生急剧的化学反应,瞬间释放大量能量(爆炸),如炸药、雷管、某些压缩气体等。制造,是指行为人按照相关流程方法生产爆炸性、毒害性、放射性、腐蚀性物质或者传染病病原体等危险物质的行为;买卖,是指行为人购入或者卖出上述危险物质的行为;储存,是指行为人将上述危险物质存放在库房或其他场所的行为;运输,是指行为人使用交通工具将上述危险物质运送的行为;邮寄,是指行为人通过邮政、快递或者物流方式,把上述危险物质从某地寄往异地的行为;携带,是指行为人将上述危险物质从某地带到另一地的行为;使用,是指行为人在生产、工作或者生活中利用上述危险物质的行为;提供,是指行为人将上述危险物质出借或给予他人或单位的行为;处置,是指行为人销毁或者以其他方式处理上述危险物质的行为。

相关法律法规[1]对各类危险物质的制造、买卖、储存、运输、邮寄、携带、使用、提供、处置都有相应规定。违反国家规定,主要指有关法律行政法规中关于危险物质的制造、买卖、储存、运输、邮寄、携带、使用、提供、处置的规定。本条属选择性行为,行为人只要实施了其中任一行为,即构成违法。行为人实施其中两种以上行为的,一般按照其中一个违法行为处罚,其他行为为该行为所吸收,不实行并罚。比如购买行为吸收储存、使用,制造行为吸收储存行为等。若购买之后,再次销售,那就应当被视为两个行为[2],二者应当单独评价,不应存在彼此间的吸收关系。[3]

该条在适用过程中还应注意,在买卖的情况下,其与"未取得烟花爆竹零售经营许可证经营的行为"之间的关系问题。[4]《治安管理处罚法》主要调整的是自然人之间"制造、买卖、储存、运输、邮寄、携带、使用、提供、处置爆炸性、毒害性、放射性、腐蚀性物质或者传染病病原体等危险物质的"行为,该条适用范围更广,爆炸性危险物质显然不限于烟花爆竹。

---

〔1〕《民用爆炸物品安全管理条例》第三条,《危险化学品安全管理条例》第六条、第四十三条,《城市公共交通条例》第三十五条,《邮政法实施细则》第三十三条,《旅馆业治安管理办法》第十一条。

〔2〕参见《从外地购入烟花爆竹后加价转卖,行拘!》,载微信公众号"上海松江"2022年1月28日,https://mp.weixin.qq.com/s?__biz=MzAxMTg1NDUzOA==&mid=2247810684&idx=6&sn=0f79a3a8953f421bab1af5fc1f3015f3&chksm=9bb4c9d9acc340cf6b5fe3df15e5a2d17d72d50611d5d549f57f21e46df9485d175f1afe5f13&scene=27。

〔3〕参见嘉公(马村)快行罚决字〔2022〕11239号案例。

〔4〕参见瑞综执罚决字〔2024〕第001959号案例。

《烟花爆竹安全管理条例》调整的不仅包括自然人之间,还包括法人之间的各类关系。

> **第三十七条　【对危险物质被盗、被抢、丢失不报行为的处罚】** 爆炸性、毒害性、放射性、腐蚀性物质或者传染病病原体等危险物质被盗、被抢或者丢失,未按规定报告的,处五日以下拘留;故意隐瞒不报的,处五日以上十日以下拘留。

新旧对照

2012年《治安管理处罚法》	2025年《治安管理处罚法》
第三十一条　爆炸性、毒害性、放射性、腐蚀性物质或者传染病病原体等危险物质被盗、被抢或者丢失,未按规定报告的,处五日以下拘留;故意隐瞒不报的,处五日以上十日以下拘留。	第三十七条　爆炸性、毒害性、放射性、腐蚀性物质或者传染病病原体等危险物质被盗、被抢或者丢失,未按规定报告的,处五日以下拘留;故意隐瞒不报的,处五日以上十日以下拘留。

重点解读

爆炸性、毒害性、放射性、腐蚀性物质或者传染病病原体等危险物质发生被盗抢或丢失的,会给自身、他人的生命健康和公共安全带来危险。[1] 我国在对爆炸性、毒害性、放射性、腐蚀性物质和传染病病原体等危险物质严格规范管理的同时,还要求上述危险物质被盗抢或者丢失后,有关单位或者个人必须及时按照规定向有关部门报告,以便采取相关的应急追查措施,降低和避免危险性。在《反恐怖主义法》《传染病防治法》《放射性污染防治法》《枪支管理法》《危险化学品安全管理条例》《易制毒

---

[1]　参见《一条"小链子"改变人生轨迹　中国首例核辐射案受害者离世》,载百家号网2019年4月27日,https://baijiahao.baidu.com/s?id=1631932299021356612&wfr=spider&for=pc.

化学品管理条例》等都有对相关危险物质被盗、被抢或者丢失后及时报告的规定。

适用要点

1. 未按规定报告危险物质被盗、被抢或者丢失的情形

未按规定报告,是指对上述危险物质负有管理责任义务的有关单位或者个人,未按照规定的时间或程序及时向本单位、主管部门或者公安机关报告危险物质被盗、被抢或者丢失的行为。本行为主观上是过失。这里的"规定"是广义的,包括法律、法规、规章和规范性文件等。如《危险化学品安全管理条例》第二十三条、《民用爆炸物品安全管理条例》第四十一条、《烟花爆竹安全管理条例》第十五条。

2. 故意隐瞒不报危险物质被盗、被抢或者丢失的情形

故意隐瞒不报的行为,可能是行为人想通过自己的努力追回危险物质或者怕负责任而不敢报告,无论动机如何,都不影响本行为的构成。相比未按规定报告的行为,故意隐瞒不报的行为不仅违反了相关危险物质的管理规定,而且使本单位、上级主管部门或公安机关失去了及时追查和应急处置的有利时机,导致人身、财产或环境等受到更大的危害,应受严厉处罚。

第三十八条 【对非法携带枪支、弹药、管制器具行为的处罚】 非法携带枪支、弹药或者弩、匕首等国家规定的管制器具的,处五日以下拘留,可以并处一千元以下罚款;情节较轻的,处警告或者五百元以下罚款。

非法携带枪支、弹药或者弩、匕首等国家规定的管制器具进入公共场所或者公共交通工具的,处五日以上十日以下拘留,可以并处一千元以下罚款。

第三章　违反治安管理的行为和处罚

新旧对照

2012年《治安管理处罚法》	2025年《治安管理处罚法》
第三十二条　非法携带枪支、弹药或者弩、匕首等国家规定的管制器具的,处五日以下拘留,可以并处**五百元**以下罚款;情节较轻的,处警告或者**二百元**以下罚款。 　　非法携带枪支、弹药或者弩、匕首等国家规定的管制器具进入公共场所或者公共交通工具的,处五日以上十日以下拘留,可以并处**五百元**以下罚款。	第三十八条　非法携带枪支、弹药或者弩、匕首等国家规定的管制器具的,处五日以下拘留,可以并处**一千元**以下罚款;情节较轻的,处警告或者**五百元**以下罚款。 　　非法携带枪支、弹药或者弩、匕首等国家规定的管制器具进入公共场所或者公共交通工具的,处五日以上十日以下拘留,可以并处**一千元**以下罚款。

重点解读

管制器具,是指由国家依法进行管制,只能由特定人员持有、使用,禁止非法生产、买卖和持有的弓、弩、匕首等器具。与管制刀具相对应,实践中更为常见常用的是日用刀具,我国颁布日常刀具管理标准,如《日用刀具分类与安全要求》(GA/T 1335—2016)。

对其进行管制,是基于危险性,防止不法分子作为凶器进行违法犯罪活动。《枪支管理法》第三条第一款规定,国家严格管制枪支。禁止任何单位或者个人违反法律规定持有、制造(包括变造、装配)、买卖、运输、出租、出借枪支。该法第四十六条规定,该法所称枪支,是指以火药或者压缩气体等为动力,利用管状器具发射金属弹丸或者其他物质,足以致人伤亡或者丧失知觉的各种枪支。该法第四十八条规定,制造、配售、运输枪支的主要零部件和用于枪支的弹药,适用该法的有关规定。弹药,是指枪弹、炮弹、手榴弹、地雷等具有杀伤能力或其他特殊作用的爆炸物品,还包括各种土制爆炸物品及爆炸装置。《公安部对部分刀具实行管制的暂行规定》第二条规定,该规定所管制的刀具是:匕首、三棱刀(包括机械加工用的三棱刮刀)、带有自锁装置的弹簧刀(跳刀)以及其他相类似的单刃、双刃、三棱尖刀。弩,又称"窝弓""十字弓",主要由弩臂、弩弓、弓弦和弩机等部分组成,是一种利用机械力量射箭的弓,属于远距离的杀伤性武器。根据《公安部关于将陶瓷类刀具纳入管制刀具管理问题的批复》,陶瓷刀也属于管制刀具。

国家对枪支、弹药或者弩、匕首等管制器具的配置以及管理、使用等作出明确规定。本条中的"携带",是指随身携带或者放入行李、包裹中托运,包括公开携带和隐藏携带,以及进出境携带。根据海关总署《关于〈中华人民共和国禁止进出境物品表〉和〈中华人民共和国限制进出境物品表〉有关问题解释》,管制刀具属于《中华人民共和国限制进出境物品表》所列海关限制进出境的其他物品,未经许可不得携带进出境。

> 适用要点

1. 非法携带枪支、弹药或者弩、匕首等国家规定的管制器具的情形

这里的"非法"主要包括没有携带枪支、弹药或者弩、匕首等国家管制器具资格的情形和虽有携带资格,但违反携带规定的情形。如《枪支管理法》第十二条。

管制刀具属于较为常见、典型的管制器具,具有较大危险性。管制刀具由刀身、刀格和刀柄组成。匕首属于管制刀具的一种。加强对管制刀具的管理,有助于预防和打击管制刀具类型的违法犯罪,维护社会安全,是公安机关的一项重要职责。《公安部对部分刀具实行管制的暂行规定》规定,佩带匕首人员如果不再从事原来的职业,应将匕首交还配发单位,非因生产、工作需要持有上述刀具的,应一律自动送交当地公安机关。公安部《管制刀具认定标准》和《管制刀具分类与安全要求》(GA 1334—2016)对刀具尺寸规格等进行分类和认定。实践中,一些类似于匕首的新型刀具在尺寸和功能上打"擦边球",给公安机关的监管执法带来了一定难度。

2.非法携带枪支、弹药或者弩、匕首等国家规定的管制器具进入公共场所或者公共交通工具的情形

公共场所，主要包括公众活动类场所，如广场、公园等；商业服务类场所，如商场等；文化体育类场所，如电影院、博物馆和体育馆等；景观类场所，如风景名胜区等；交通类场所，如车站、飞机场和港口码头等。公共交通工具，是指供公众乘坐的火车、轮船、轨道交通、公共(电)汽车和民用航空器等。无论是公共场所，还是公共交通工具，都涉及不特定多数人的公共安全，因此在公共场所和公共交通工具上非法携带枪支、弹药或者弩、匕首等国家规定的管制器具的行为更具危险性和危害性。相应的行业法律法规也有禁止性规定，如《铁路安全管理条例》第六十六条、《民用航空法》第一百零一条第三款、《人民警察法》第六条第五项、《集会游行示威法》第五条、《戒严法》第十六条、《预防未成年人犯罪法》第三十八条、《娱乐场所管理条例》第二十二条、《典当业治安管理办法》第八条等。

第三十九条 【对盗窃、损毁公共设施行为的处罚】有下列行为之一的，处十日以上十五日以下拘留；情节较轻的，处五日以下拘留：

(一)盗窃、损毁油气管道设施、电力电信设施、广播电视设施、水利工程设施、公共供水设施、公路及附属设施或者水文监测、测量、气象测报、生态环境监测、地质监测、地震监测等公共设施，危及公共安全的；

(二)移动、损毁国家边境的界碑、界桩以及其他边境标志、边境设施或者领土、领海基点标志设施的；

(三)非法进行影响国(边)界线走向的活动或者修建有碍国(边)境管理的设施的。

新旧对照

2012年《治安管理处罚法》	2025年《治安管理处罚法》
第三十三条 有下列行为之一的,处十日以上十五日以下拘留: (一)盗窃、损毁油气管道设施、电力电信设施、广播电视设施、水利防汛工程设施或者水文监测、测量、气象测报、环境监测、地质监测、地震监测等公共设施的; (二)移动、损毁国家边境的界碑、界桩以及其他边境标志、边境设施或者领土、领海标志设施的; (三)非法进行影响国(边)界线走向的活动或者修建有碍国(边)境管理的设施的。	第三十九条 有下列行为之一的,处十日以上十五日以下拘留;**情节较轻的,处五日以下拘留**: (一)盗窃、损毁油气管道设施、电力电信设施、广播电视设施、水利工程设施、**公共供水设施、公路及附属设施**或者水文监测、测量、气象测报、**生态**环境监测、地质监测、地震监测等公共设施,**危及公共安全**的; (二)移动、损毁国家边境的界碑、界桩以及其他边境标志、边境设施或者领土、领海**基点**标志设施的; (三)非法进行影响国(边)界线走向的活动或者修建有碍国(边)境管理的设施的。

重点解读

公共设施是供人们工作、学习和生活等从事社会活动时使用的各种设施,具有公共性、公益性和服务性的特点,对保障社会生产和人们生活的有序运行起到关键作用。国家边境的界碑、界桩设立在国与国边界线上或两侧,是国家边境的分界标志之一,用于明确两国的领土范围。领土、领海基点标志设施是领土、领海、毗连区、专属经济区和大陆架的起算点,是国家海洋国土主权的象征。

适用要点

1.盗窃、损毁公共设施,危及公共安全的情形

盗窃,是指以非法占有为目的,秘密窃取公私财物的行为。其秘密性

是相对于被害人而言的。损毁，是指故意或者过失致使公私财物损坏或者毁坏的行为。实践中，盗窃、损毁本项公共设施的行为，主要是为偷油偷电偷水，或将盗窃的相关设施当作废旧物品变卖牟利，不仅影响公共设施安全、稳定运行，还会给社会生产生活带来严重影响。

《石油天然气管道保护法》第三条第二款、《电信条例》第四章第一节、《水法》第四十一条、《防洪法》第三十七条、《水文条例》第二十九条第一款、《气象法》第十一条第一款和第四十一条、《城市供水条例》第二十七条、《公路法》第七条和第五十二条、《测量标志保护条例》第四条、《防震减灾法》第九十二条、《地质灾害防治条例》第十六条等分别对石油天然气管道设施、电信设施、水利设施、地震监测设施、地质灾害监测设施等作出了保护规定。

2. 移动、损毁国家边境的界碑、界桩以及其他边境标志、边境设施或者领土、领海基点标志设施的情形

国家边境的界碑、界桩，是指在国与国接壤地区设置的用以划分两国疆界线和指示边境分界及走向的标志物。领土、领海基点标志设施是领海、毗连区、专属经济区的起算点，对于巩固海防建设、维护海洋权益和加强海洋管理具有重大的战略意义。界碑、界桩或领土、领海基点涉及国与国领土范围，是国家的主权和领土完整的象征，这也是本行为与一般破坏公私财物行为的主要区别。本项中的"移动、损毁"，是指将界碑、界桩以及其他边境标志、边境设施或者领土、领海基点标志设施变更位置、砸毁、拆盗或者改变其原样等，从而使其失去原来的意义和作用的行为。本项行为不需要造成后果，只要实施了移动、损毁的行为，即构成违法。

3. 非法进行影响国（边）界线走向的活动或者修建有碍国（边）境管理设施的情形

国（边）界线走向、国（边）境设施管理关乎国家领土主权和水陆地国界安全。《陆地国界法》第四十条规定，任何组织或者个人未经有关主管部门批准不得在陆地国界附近修建永久性建筑物。本项行为，主要是指实际影响了国（边）界规定的路线或方向的行为，如在临近国（边）界线附

近挖沙取土、修建沟渠、砍伐树木、开垦种地或者建设建筑物等,从而妨碍国家对国(边)境管理的行为。

> **第四十条** 【对妨碍航空器飞行安全、妨碍公共交通安全的处罚】盗窃、损坏、擅自移动使用中的航空设施,或者强行进入航空器驾驶舱的,处十日以上十五日以下拘留。
>
> 在使用中的航空器上使用可能影响导航系统正常功能的器具、工具,不听劝阻的,处五日以下拘留或者一千元以下罚款。
>
> 盗窃、损坏、擅自移动使用中的其他公共交通工具设施、设备,或者以抢控驾驶操纵装置、拉扯、殴打驾驶人员等方式,干扰公共交通工具正常行驶的,处五日以下拘留或者一千元以下罚款;情节较重的,处五日以上十日以下拘留。

新旧对照

2012年《治安管理处罚法》	2025年《治安管理处罚法》
第三十四条 盗窃、损坏、擅自移动使用中的航空设施,或者强行进入航空器驾驶舱的,处十日以上十五日以下拘留。 在使用中的航空器上使用可能影响导航系统正常功能的器具、工具,不听劝阻的,处五日以下拘留或者**五百元**以下罚款。	第四十条 盗窃、损坏、擅自移动使用中的航空设施,或者强行进入航空器驾驶舱的,处十日以上十五日以下拘留。 在使用中的航空器上使用可能影响导航系统正常功能的器具、工具,不听劝阻的,处五日以下拘留或者**一千元**以下罚款。 盗窃、损坏、擅自移动使用中的其他公共交通工具设施、设备,或者以抢控驾驶操纵装置、拉扯、殴打驾驶人员等方式,干扰公共交通工具正常行驶的,处五日以下拘留或者一千元以下罚款;情节较重的,处五日以上十日以下拘留。

重点解读

公共交通工具,是指从事旅客运输的各种公共汽车、大(中)型出租车、火车、城市轨道交通、船只和航空器等。公共交通工具运行速度快,承载旅客人数不特定,其运营遵循安全第一的原则。干扰公共交通工具安全驾驶行为具有高度危险性,极易诱发交通事故,造成重大人身伤亡、财产损失,严重威胁公共安全。

适用要点

1.盗窃、损坏、擅自移动使用中的航空设施,或者强行进入航空器驾驶舱的情形

航空器是高速运行的交通工具,对安全性要求极高。航空设施是保障航空器飞行安全的有关设施设备,如救生设备[1]、供航空器起落的指挥系统和导航设施等。《民用航空法》第一百九十七条规定,盗窃或者故意损毁、移动使用中的航行设施,危及飞行安全,足以使民用航空器发生坠落、毁坏危险的,依照刑法有关规定追究刑事责任。盗窃、损坏、擅自移动使用中的航空设施,可能导致其功能作用发挥受限或者丧失。需要注意的是,如果行为人盗窃、损坏、擅自移动的不是使用中的航空设施,不构成本行为。

航空器驾驶舱是驾驶员操作的关键部位。为保障驾驶员专心、安全履行驾驶职责,确保航空器飞行安全,一般禁止非工作需要的人员进入。[2]强行,是指未经允许,不听劝阻、拦截的行为。行为人主观上出于故意,无论出于何种动机或目的,都不影响违法行为的成立。《公共航空旅客运输飞行中安全保卫工作规则》第二十三条规定:"机组成员应当对

---

[1] 参见《云南:男子偷拿飞机上救生衣 被拘留》,载央视网,https://news.cctv.com/2017/10/30/ARTIuBtJvvR4emVKOruc8KUF171030.shtml。

[2] 参见谢艺观等:《民航局通报桂林航空"网红进驾驶舱"事件》,载澎湃新闻网 2019 年 11 月 11 日,https://m.thepaper.cn/baijiahao_4926409。

飞行中的航空器驾驶舱采取保护措施,除下列人员外,任何人不得进入飞行中的航空器驾驶舱:(一)机组成员;(二)正在执行任务的民航局或者地区管理局的监察员或委任代表;(三)得到机长允许并且其进入驾驶舱对于安全运行是必需或者有益的人员;(四)经机长允许,并经公共航空运输企业特别批准的其他人员。"

2. 在使用中的航空器上使用可能影响导航系统正常功能的器具、工具,不听劝阻的情形

航空器飞行依靠导航系统沿着一定航线从一点运动到另一点,导航系统通过无线电或者卫星发射和接收信号实现,如果通讯受到干扰或者中断,就会影响飞行器或船舶的正常飞行和航行,使其处于危险状态。这里的"器具、工具",如能产生无线电干扰的手机、对讲机等。不听劝阻,是指在工作人员告示或者制止后,行为人仍然执意使用可能影响导航系统正常功能的器具、工具。需要注意的是,《制止危害民用航空安全的非法行为的公约》(1971年,以下简称《蒙特利尔公约》)对"使用中"有明确的界定,"使用中"是指"自地面人员或机组为特定飞行对航空器进行飞行前准备开始,直至降落后24小时结束,这段时间内,该航空器被视为在使用中。"所以,此处不包括停放在机场停机坪停止运行或者正在维修的航空器,也不包括某些游乐场、展览馆里的"航空器"。

本行为的实施不一定要有危害后果,只要行为人使用的工具、器具对航空器导航系统正常功能可能有影响即可。[1] 这体现了航空安全的极端重要性。[2]

3. 盗窃、损坏、擅自移动使用中的其他公共交通工具设施、设备,或者以抢控驾驶操纵装置、拉扯、殴打驾驶人员等方式,干扰公共交通工具正常行驶的情形

所谓公共交通设施,是指为公共交通运营服务的公共交通停车场、首

---

[1] 参见云南省昆明市中级人民法院行政判决书,(2018)云01行终36号。
[2] 参见上海市第一中级人民法院行政判决书,(2019)沪01行初221号。

末站、换乘枢纽站及其配套设施、候车亭、站台、站牌、港湾式停靠点、锁止器等站务设施，供配电设施以及智能公共交通系统等相关设施。[1] 本法第四十一条专门规定了盗窃、损毁、擅自移动铁路、城市轨道交通设施、设备的行为。因此本款的"其他公共交通工具设施、设备"，应该是除本条第一款之外的危害使用中的其他公共交通工具设施、设备，不包括铁路、城市轨道交通设施、设备。本款行为方式同第一款规定，也是盗窃、损坏、擅自移动。使用中的公共交通工具设施、设备，是指正在使用的保障公共交通工具安全运行的设施、设备，包括公共汽车站内设施、地铁轨道等。

抢控驾驶操纵装置，是指行为人对交通工具的方向盘、变速杆、加速踏板等能够影响驾驶方向、速度以及稳定性的装置强行抢控，影响驾驶人员的正常操作状态。驾驶人员正常、稳定的驾驶操纵状态关系到行驶中的公共交通工具运行安全，关系到乘客的生命财产安全，应受到保护。行为人以抢控驾驶操纵装置、拉扯、殴打驾驶人员等方式会严重干扰驾驶人员的驾驶工作，干扰公共交通工具正常行驶，给公共交通工具驾驶安全带来隐患，严重的会导致车辆失控，危及道路交通安全，从而发生人员伤亡、车辆碰撞或财产损失的现实危险。抢控驾驶操纵装置、拉扯、殴打驾驶人员等，并不需要行为人实际控制了方向盘等驾驶操纵装置，或者拉扯、殴打驾驶人达到何种严重程度，只要实施了这些行为即可。本行为发生在行驶中的公共交通工具上。《城市公共交通条例》第三十六条规定："任何单位和个人不得实施下列危害城市公共交通运营安全的行为……（七）干扰、阻碍城市公共交通车辆驾驶员安全驾驶……"

第四十一条 【对破坏铁路、城市轨道交通设施行为的处罚】有下列行为之一的，处五日以上十日以下拘留，可以并处一千元以下罚款；情节较轻的，处五日以下拘留或者一千元以下罚款：

---

[1] 参见《晋城市公共交通条例》。

（一）盗窃、损毁、擅自移动铁路、城市轨道交通设施、设备、机车车辆配件或者安全标志的；
　　（二）在铁路、城市轨道交通线路上放置障碍物，或者故意向列车投掷物品的；
　　（三）在铁路、城市轨道交通线路、桥梁、隧道、涵洞处挖掘坑穴、采石取沙的；
　　（四）在铁路、城市轨道交通线路上私设道口或者平交过道的。

新旧对照

2012年《治安管理处罚法》	2025年《治安管理处罚法》
第三十五条　有下列行为之一的，处五日以上十日以下拘留，可以并处**五百元**以下罚款；情节较轻的，处五日以下拘留或者**五百元**以下罚款： （一）盗窃、损毁或者擅自移动铁路设施、设备、机车车辆配件或者安全标志的； （二）在铁路线路上放置障碍物，或者故意向列车投掷物品的； （三）在铁路线路、桥梁、涵洞处挖掘坑穴、采石取沙的； （四）在铁路线路上私设道口或者平交过道的。	第四十一条　有下列行为之一的，处五日以上十日以下拘留，可以并处**一千元**以下罚款；情节较轻的，处五日以下拘留或者**一千元**以下罚款： （一）盗窃、损毁、擅自移动铁路、**城市轨道交通**设施、设备、机车车辆配件或者安全标志的； （二）在铁路、**城市轨道交通**线路上放置障碍物，或者故意向列车投掷物品的； （三）在铁路、**城市轨道交通**线路、桥梁、**隧道**、涵洞处挖掘坑穴、采石取沙的； （四）在铁路、**城市轨道交通**线路上私设道口或者平交过道的。

重点解读

　　铁路和城市轨道交通在生产、生活领域中占有重要的地位，具有运输能力大、运行速度快特点。高速运行的列车，一旦交通线路或设施设备运行环境出现异常,可供纠正和避免事故发生的时间短暂,可供采取的应急处置措施机会有限,极有可能造成较大财产损失、人员伤亡事故,影响公共安全。各类设施设备的完好性与线路的通畅性是保障铁路与城市轨道交通正常运行安全的关键。无论行为人动机如何,只要实施本条规定的行为,即构成违法。《铁路法》《铁路安全管理条例》《城市公共交通条例》对妨害铁路、城市轨道交通运行安全行为都有相应规定。

适用要点

1.盗窃、损毁、擅自移动铁路、城市轨道交通设施、设备、机车车辆配件或者安全标志的情形

盗窃,是指以非法占有为目的,秘密窃取的行为。损毁,是指破坏,使其失去正常的使用价值和功能。擅自移动,是指未经允许,私自移动。铁路、城市轨道交通设施、设备,如交通轨道线路、电力系统、通信信号系统、变压器和接触网等。机车车辆配件,如车轴、底架、机车轮对、受电弓、安全阀等。安全标志,主要指为提醒司机和行人注意危险,确保铁路和城市轨道交通安全的各类标志,包括安全警示标志、指令标志、信号标志和禁止标志等。这些设施设备、配件或者安全标志都是铁路、城市轨道交通运行安全的基本保障。《城市公共交通条例》第三十六条、《铁路安全管理条例》第七十七条对此均有规定。

轨道交通设施,包括轨道、路基、桥梁、隧道、车站(含出入口、通风亭和冷却塔)、主变电所、集中冷站、控制中心、车辆基地等土建工程,车辆、供电、通风空调、通信、信号、给排水、消防、防灾报警、环境设备监控、自动售检票、电梯、屏蔽门或者站台门、标志标识、乘客信息等系统设备,以及为保障轨道交通运营和为乘客提供便利服务而设置的其他相关设施。[1]

本项行为是选择性行为,行为人只要实施了盗窃、损毁、擅自移动任

---

〔1〕 参见《南京市轨道交通条例》和《晋城市公共交通条例》。

一行为即可,无须造成现实危害。行为人如果在盗窃铁路、城市轨道交通设施、设备、机车车辆配件或者安全标志的过程中,也可能伴随着损毁、移动这些设施设备的情形,在这种情况下,为盗窃而实施的损毁、移动行为只是手段,盗窃才是目的,按照盗窃处理。

2.在铁路、城市轨道交通线路上放置障碍物,或者故意向列车投掷物品的情形

铁路、城市轨道交通线路是列车高速运行安全的基础保障,在铁路线路上放置障碍物,或者故意向列车投掷物品影响列车运行,可能造成重大安全事故。《城市公共交通条例》第三十六条、《铁路安全管理条例》第七十七条、各地的轨道交通管理立法中都有相关管理规定。本项行为无须造成现实危害,只要实施了在铁路、城市轨道交通线路上放置障碍物,或者故意向列车投掷物品的行为就构成违法。[1]

3.在铁路、城市轨道交通线路、桥梁、隧道、涵洞处挖掘坑穴、采石取沙的情形

在铁路、城市轨道交通线路、桥梁、隧道、涵洞处挖掘坑穴、采石取沙,会造成交通线路、桥梁、隧道和涵洞的基础受到破坏或造成潜在隐患风险,容易导致列车倾覆危险,危及列车运行安全。《铁路法》第四十六条对在铁路线路和铁路桥梁、涵洞两侧一定距离内挖掘坑穴、采石挖砂行为作了禁止性规定。行为人动机目的不影响违法行为的构成,只要发生了在铁路、城市轨道交通线路、桥梁、隧道、涵洞处挖掘坑穴、采石取沙的行为即可。

4.在铁路、城市轨道交通线路上私设道口或者平交过道的情形

在铁路和城市轨道交通线路上设置道口和平交过道,既要保证铁路和城市轨道交通的运营安全,又要兼顾车辆和行人有序通过,方便人们正常的生活生产,否则影响铁路和城市轨道交通运行安全与来往车辆和行人的生命财产安全,因此需要有关部门合理的规划和审批。《铁路法》第

---

[1] 参见仙公(田派)行罚决字[2022]00064号案例。

第三章　违反治安管理的行为和处罚

四十条规定:铁路与道路交叉处,应当优先考虑设置立体交叉;未设立体交叉的,可以根据国家有关规定设置平交道口或者人行过道。在城市规划区内设置平交道口或者人行过道,由铁路运输企业或者建有专用铁路、铁路专用线的企业或者其他单位和城市规划主管部门共同决定。《铁路安全管理条例》第四十六条规定,设置或者拓宽铁路道口、铁路人行过道,应当征得铁路运输企业的同意。

第四十二条　【对违规侵入轨道交通危险区域的处罚】擅自进入铁路、城市轨道交通防护网或者火车、城市轨道交通列车来临时在铁路、城市轨道交通线路上行走坐卧,抢越铁路、城市轨道,影响行车安全的,处警告或者五百元以下罚款。

新旧对照

2012年《治安管理处罚法》	2025年《治安管理处罚法》
第三十六条　擅自进入铁路防护网或者火车来临时在铁路线路上行走坐卧、抢越铁路,影响行车安全的,处警告或者**二百元**以下罚款。	第四十二条　擅自进入铁路、**城市轨道交通**防护网或者火车、**城市轨道交通列车**来临时在铁路、**城市轨道交通**线路上行走坐卧,抢越铁路、**城市轨道**,影响行车安全的,处警告或者**五百元**以下罚款。

重点解读

火车和城市轨道交通列车属于公共交通工具,承载着众多的旅客。高铁、城市轨道交通列车属于高速交通工具,铁路、城市轨道交通防护网为保障铁路和城市轨道安全运行划出一定安全空间,防止人员非法闯入和动物侵扰,避免影响铁路和城市轨道交通运行安全。铁路、城市轨道交通防护网上一般都悬挂"禁止翻越"或"禁止入内"之类内容的警示牌。

> **适用要点**

行为人动机目的不影响本行为构成。只要实施了擅自进入铁路、城市轨道交通防护网行为即可，不需要发生现实危害后果。

火车、城市轨道交通列车来临时，在铁路、城市轨道交通线路上行走坐卧、抢越铁路、城市轨道，不仅对行为人自身安全有极大的安全隐患，也会导致火车、城市轨道交通列车紧急制动，严重扰乱列车运行秩序，易造成重大伤亡。《城市公共交通条例》第三十六条规定："任何单位和个人不得实施下列危害城市公共交通运营安全的行为……（三）擅自进入城市轨道交通线路、车辆基地、控制中心、列车驾驶室或者其他禁止非工作人员进入的区域……"《铁路法》第五十一条规定，禁止在铁路线路上行走、坐卧。对在铁路线路上行走、坐卧的，铁路职工有权制止。需要注意的是，本行为成立有限定性条件，即在火车和城市轨道交通列车"来临时"。

第四十三条 【对违法安装、使用电网等危害公共安全行为的处罚】有下列行为之一的，处五日以下拘留或者一千元以下罚款；情节严重的，处十日以上十五日以下拘留，可以并处一千元以下罚款：

（一）未经批准，安装、使用电网的，或者安装、使用电网不符合安全规定的；

（二）在车辆、行人通行的地方施工，对沟井坎穴不设覆盖物、防围和警示标志的，或者故意损毁、移动覆盖物、防围和警示标志的；

（三）盗窃、损毁路面井盖、照明等公共设施的；

（四）违反有关法律法规规定，升放携带明火的升空物体，有发生火灾事故危险，不听劝阻的；

（五）从建筑物或者其他高空抛掷物品，有危害他人人身安全、公私财产安全或者公共安全危险的。

新旧对照

2012年《治安管理处罚法》	2025年《治安管理处罚法》
第三十七条 有下列行为之一的，处五日以下拘留或者**五百元**以下罚款；情节严重的，处**五日以上十日**以下拘留，可以并处**五百元**以下罚款： （一）未经批准，安装、使用电网的，或者安装、使用电网不符合安全规定的； （二）在车辆、行人通行的地方施工，对沟井坎穴不设覆盖物、防围和警示标志的，或者故意损毁、移动覆盖物、防围和警示标志的； （三）盗窃、损毁路面井盖、照明等公共设施的。	第四十三条 有下列行为之一的，处五日以下拘留或者**一千元**以下罚款；情节严重的，处**十日以上十五日**以下拘留，可以并处**一千元**以下罚款： （一）未经批准，安装、使用电网的，或者安装、使用电网不符合安全规定的； （二）在车辆、行人通行的地方施工，对沟井坎穴不设覆盖物、防围和警示标志的，或者故意损毁、移动覆盖物、防围和警示标志的； （三）盗窃、损毁路面井盖、照明等公共设施的； （四）违反有关法律法规规定，升放携带明火的升空物体，有发生火灾事故危险，不听劝阻的； （五）从建筑物或者其他高空抛掷物品，有危害他人人身安全、公私财产安全或者公共安全危险的。

重点解读

本条行为均与人们日常生活和出行安全息息相关。本次修订新增升放携带明火的升空物体和从建筑物或者其他高空抛物两项行为，进一步

121

更好地维护公共安全。《民法典》第一千二百五十四条规定："禁止从建筑物中抛掷物品。从建筑物中抛掷物品或者从建筑物上坠落的物品造成他人损害的，由侵权人依法承担侵权责任；经调查难以确定具体侵权人的，除能够证明自己不是侵权人的外，由可能加害的建筑物使用人给予补偿。可能加害的建筑物使用人补偿后，有权向侵权人追偿。物业服务企业等建筑物管理人应当采取必要的安全保障措施防止前款规定情形的发生；未采取必要的安全保障措施的，应当依法承担未履行安全保障义务的侵权责任。发生本条第一款规定的情形的，公安等机关应当依法及时调查，查清责任人。"第一千二百五十八条规定："在公共场所或者道路上挖掘、修缮安装地下设施等造成他人损害，施工人不能证明已经设置明显标志和采取安全措施的，应当承担侵权责任。窨井等地下设施造成他人损害，管理人不能证明尽到管理职责的，应当承担侵权责任。"《道路交通安全法》《消防法》《公路安全保护条例》《城市道路管理条例》等分别对本条所列行为作出相应规定。

适用要点

1.未经批准，安装、使用电网的，或者安装、使用电网不符合安全规定的情形

本项中的"电网"是指通电流、用金属线连接的拦设物，可用来防攀爬、防盗和防逃，如军事设施、重要厂矿和监狱等单位安装电网。以北京市为例，按照《北京市安装使用电网安全管理规定》，申请人必须经所在地公安分、县局审核批准，向供电部门申请安装。

未经批准安装、使用电网，或者不符合安全规定的，可能会危害生命财产安全，或造成火灾事故。实践中，有的单位和个人未经批准，在自己单位院落墙上、牲畜圈舍和林地周围等地安装、使用电网，都会对公众的安全构成严重威胁，因此，对于此类行为应给予处罚。

2.在车辆、行人通行的地方施工，对沟井坎穴不设覆盖物、防围和警

示标志的,或者故意损毁、移动覆盖物、防围和警示标志的情形

道路属于公共交通基础设施,保障社会公众安全出行和交通运输有序运行。《道路交通安全法》第三十二条、《城市道路管理条例》第二十四条和第三十五条等明确了占用、挖掘道路开展相关施工等工作的申报程序、作业时间要求、事后验收以及安全警示管理等相关注意事项,如果前述程序没有履行,未尽到相应义务,还会导致相应的法律责任。《民法典》第一千二百五十八条规定:"在公共场所或者道路上挖掘、修缮安装地下设施等造成他人损害,施工人不能证明已经设置明显标志和采取安全措施的,应当承担侵权责任。窨井等地下设施造成他人损害,管理人不能证明尽到管理职责的,应当承担侵权责任。"

上述法律法规对通行道路施工安全作了相应规定。在车辆、行人通行的地方施工,对沟井坎穴不设覆盖物、防围和警示标志的,或者故意损毁、移动覆盖物、防围和警示标志的行为,可能导致行人和车辆陷入或者坠落沟井坎穴,造成人、车损失或伤亡。本行为实施人一般是施工人员或其他人员,单位也可以构成违法主体。只要实施了上述行为,就受处罚,无须发生车毁人亡的后果。

3. 盗窃、损毁路面井盖、照明等公共设施的情形

路面井盖、照明等公共设施,主要指埋在地下的电力、通信线路、自来水和污水管道等各类检查井盖,照明路灯、广场照明灯及消防栓等公共设施。这些公共设施属于保障道路交通安全的重要部分。本行为是指以非法占有为目的,秘密窃取路面各类井盖、照明等公共设施的行为;或破坏路面井盖、照明等公共设施的完好性,致使其部分或完全失去应有的功能作用。本行为不仅侵害公共财产所有权或完好性,还使行人和车辆交通安全出行存在危险性,可能造成人身、财产损害后果,影响公共安全。本项行为不需要发生行人和车辆受损的现实危害后果。

盗窃、损毁路面井盖、照明等公共设施,同时也构成一般盗窃应受处罚的情形,按照特别条款优于一般条款的原则,盗窃对象具有特定性,该法对此又有专门规定,应当按照专门规定进行认定和处罚。

4.违反有关法律法规规定,升放携带明火的升空物体,有发生火灾事故危险,不听劝阻的情形

携带明火的升空物体,如孔明灯,利用明火加热空气产生动力升空,且自重较轻,系不可控制的高空明火飘移物,一旦碰撞或坠落到草丛等易燃物品上,极易引发火灾,也会威胁高大建筑物、航空器、电力电信线路和燃气站等安全,存在较大消防安全隐患。有的城市发布通告,严禁单位和个人在城市人员密集区、文物保护区、油气站(库)、可燃物资仓库和林区以及机场净空保护区等地方销售、燃放孔明灯,亦是此目的。《长江三峡水利枢纽安全保卫条例》第二十三条规定,禁止在空域安全保卫区进行风筝、孔明灯、热气球、飞艇、动力伞、滑翔伞、三角翼、无人机、轻型直升机、航模等升放或者飞行活动。

本项行为要求有发生火灾事故危险且不听劝阻的,才受处罚。如果行为人听从有关人员劝阻后便停止升放行为,就没有发生火灾事故的危险,不受处罚。

5.从建筑物或者其他高空抛掷物品,有危害他人人身安全、公私财产安全或者公共安全危险的情形

从建筑物或者其他高空抛掷物品,特别是从高层建筑物中抛掷物品,会对地面行人或者车辆等造成人身和财物损害。为达到保护人民群众"头顶上的安全"目标,依法惩罚和预防此类行为,2019年颁布了《最高人民法院关于依法妥善审理高空抛物、坠物案件的意见》。2020年《民法典》针对高空抛物行为设专门条款加以规范。《民法典》第一千二百五十四条第一款规定:"禁止从建筑物中抛掷物品。从建筑物中抛掷物品或者从建筑物上坠落的物品造成他人损害的,由侵权人依法承担侵权责任;经调查难以确定具体侵权人的,除能够证明自己不是侵权人的外,由可能加害的建筑物使用人给予补偿。可能加害的建筑物使用人补偿后,有权向侵权人追偿。"该条第三款规定:"发生本条第一款规定的情形的,公安等机关应当依法及时调查,查清责任人。"《刑法修正案(十一)》增设了第二百九十一条之二,将"高空抛物"行为单独入罪,体现了立法机关对维护人

民群众"头顶上的安全"的高度重视。从建筑物或者其他高空抛掷物品,情节严重的,将受到一年以下有期徒刑、拘役或者管制,并处或者单处罚金的处罚。如果此类行为同时构成其他犯罪,将依照处罚较重的规定定罪处罚。

为更好地实现对高空抛物行为的针对性治理,实现过罚相当,此次《治安管理处罚法》修改对高空抛物这一危险行为(在其不构成刑事犯罪的情况下)予以相应的处罚。情节严重,主要指抛掷物品造成人员、财产受损严重,或者经提醒劝阻后仍然抛掷等。需要注意的是,抛掷行为无须造成现实危害后果,只要存在危害他人人身安全、公私财产安全或者公共安全危险即可。

> **第四十四条 【对违规举办大型群众性活动行为的处罚】**举办体育、文化等大型群众性活动,违反有关规定,有发生安全事故危险,经公安机关责令改正而拒不改正或者无法改正的,责令停止活动,立即疏散;对其直接负责的主管人员和其他直接责任人员处五日以上十日以下拘留,并处一千元以上三千元以下罚款;情节较重的,处十日以上十五日以下拘留,并处三千元以上五千元以下罚款,可以同时责令六个月至一年以内不得举办大型群众性活动。

新旧对照

2012年《治安管理处罚法》	2025年《治安管理处罚法》
第三十八条 举办**文化**、**体育**等大型群众性活动,违反有关规定,有发生安全事故危险的,责令停止活动,立即疏散;对**组织者**处五日以上十日以下拘留,并处**二百元**以上**五百元**以下罚款;情节较轻的,处五日以下拘留或者五百元以下罚款。	第四十四条 举办**体育**、**文化**等大型群众性活动,违反有关规定,有发生安全事故危险,**经公安机关责令改正而拒不改正或者无法改正**的,责令停止活动,立即疏散;对**其直接负责的主管人员和其他直接责任人员**处五日以上十日以下拘留,并处**一千元**以上

续表

2012 年《治安管理处罚法》	2025 年《治安管理处罚法》
	三千元以下罚款;情节较重的,处十日以上十五日以下拘留,并处三千元以上五千元以下罚款,可以同时责令六个月至一年以内不得举办大型群众性活动。

> 重点解读

《大型群众性活动安全管理条例》规定了大型群众性活动的种类和有关安全要求。

举办体育、文化等大型群众性活动应严格落实《大型群众性活动安全管理条例》的规定,如果涉及演出,还应遵守《营业性演出管理条例》有关要求。各地制定了相应规定,如《山西省大型群众性活动安全管理办法》。上述规定从安全责任、安全管理等方面对大型群众性活动的安全举办进行规范,以确保活动顺利、安全举行,保护公民生命和财产安全,维护社会治安秩序和公共安全。违反有关规定,如承办者擅自变更大型群众性活动的时间、地点、内容的,未落实医疗救护、灭火、应急疏散等应急救援措施的,未配备与大型群众性活动安全工作需要相适应的专业保安人员以及其他安全工作人员等,要承担相关责任。

> 适用要点

《大型群众性活动安全管理条例》第十条专门规定公安机关在大型群众性活动中的有关安全管理职责。本行为的处罚有一定前置性限制,即举办体育、文化等大型群众性活动,违反有关规定,有发生安全事故的危险,经公安机关责令改正而拒不改正或者无法改正的,才处罚,如果能够改正的话,就不用处罚。"拒不改正",主要指举办方主观上不接受公安机关指出的整改意见;"无法改正",主要是举办方从客观上无法改正,不能消除安全事故风险。

责令改正属于维护法律秩序的一种行政管理措施,具有强制性,包括停止或纠正违法行为,其法律效用是提醒、警示、教育。责令改正前置,强调"纠错性",其法律意义是授权行为人通过改正违法行为来换取免责,以拒不改正、无法改正为实施行政处罚的启动条件。责令改正不属于行政处罚,体现执法的人性化和宽容性,使执法兼备力度与温度,是教育与处罚相结合原则的落实。

实践中,责令改正主要是指公安机关通过下达整改通知书等方式,要求文化、体育等大型群众性活动的组织者和承办者遵守有关安全规定。

> 第四十五条 【对违反公众活动场所安全规定行为的处罚】旅馆、饭店、影剧院、娱乐场、体育场馆、展览馆或者其他供社会公众活动的场所违反安全规定,致使该场所有发生安全事故危险,经公安机关责令改正而拒不改正的,对其直接负责的主管人员和其他直接责任人员处五日以下拘留;情节较重的,处五日以上十日以下拘留。

新旧对照

2012年《治安管理处罚法》	2025年《治安管理处罚法》
第三十九条 旅馆、饭店、影剧院、娱乐场、**运动场**、展览馆或者其他供社会公众活动的场所的经营管理大员,违反安全规定,致使该场所有发生安全事故危险,经公安机关责令改正,拒不改正的,处五日以下拘留。	第四十五条 旅馆、饭店、影剧院、娱乐场、**体育场馆**、展览馆或者其他供社会公众活动的场所违反安全规定,致使该场所有发生安全事故危险,经公安机关责令改正**而拒不改正的,对其直接负责的主管人员和其他直接责任人员**处五日以下拘留;**情节较重的,处五日以上十日以下拘留**。

重点解读

旅馆、饭店、影剧院、娱乐场、体育场馆、展览馆或者其他供社会公众活动的场所，是供大众消费娱乐、休闲运动等社会性活动的场所，与人们的日常生活联系紧密。这些场所违反安全规定发生事故，可能会造成众多人员伤亡或者重大财产损失，因此对这些公众活动场所的安全工作应严格管理。《公共文化服务保障法》《营业性演出管理条例》《公共文化体育设施条例》《娱乐场所管理条例》《旅馆业治安管理办法》等对上述场所遵守安全规定有明确要求。

适用要点

"违反安全规定"，是指违反国家关于上述社会公众活动场所安全管理的相关法规制度，如《旅馆业治安管理办法》第三条、《娱乐场所管理条例》第十五条等。

本行为的处罚有一定前置性限制，即上述社会公众活动场所违反安全规定，致使该场所有发生安全事故的危险，经公安机关责令改正而拒不改正这三个条件同时具备，才能给予处罚。拒不改正，强调当事人主观上的抗拒，如果当事人已经积极采取措施改正，但出于客观原因等不可抗力不能完成改正，不应被视为拒不改正。

实际上，在公安机关责令改正后，上述场所直接负责的主管人员和其他直接责任人员拒不改正的，其主观上已属于"明知"的故意状态。

第四十六条 【对违规操控升空物体行为的处罚】违反有关法律法规关于飞行空域管理规定，飞行民用无人驾驶航空器、航空运动器材，或者升放无人驾驶自由气球、系留气球等升空物体，情节较重的，处五日以上十日以下拘留。

> 飞行、升放前款规定的物体非法穿越国(边)境的,处十日以上十五日以下拘留。

新旧对照

2012年《治安管理处罚法》	2025年《治安管理处罚法》
无	第四十六条　违反有关法律法规关于飞行空域管理规定,飞行民用无人驾驶航空器、航空运动器材,或者升放无人驾驶自由气球、系留气球等升空物体,情节较重的,处五日以上十日以下拘留。 飞行、升放前款规定的物体非法穿越国(边)境的,处十日以上十五日以下拘留。

重点解读

近年来,飞行民用无人驾驶航空器、航空运动器材,或者升放无人驾驶自由气球、系留气球等升空物体的活动日益广泛。开展这类升空物体的活动都需要使用一定的飞行空域,相应地,应遵守有关法律法规关于飞行空域管理规定,确保飞行安全和公民生命财产安全。《通用航空飞行管制条例》第六条规定,从事通用航空飞行活动的单位、个人使用机场飞行空域、航路、航线,应当按照国家有关规定向飞行管制部门提出申请,经批准后方可实施。第七条第一款规定,从事通用航空飞行活动的单位、个人,根据飞行活动要求,需要划设临时飞行空域的,应当向有关飞行管制部门提出划设临时飞行空域的申请。

违反有关法律法规关于飞行空域管理规定,飞行民用无人驾驶航空器、航空运动器材,或者升放无人驾驶自由气球、系留气球等升空物体,除了关系本身的飞行安全外,还会影响公共安全,如可能扰乱企事业单位工作、运行秩序;会产生噪声;可能会与高空中设施设备碰撞造成相关设施设备损坏和安全威胁;会干扰无线电频率;也有人利用无人驾驶航空器实施偷拍偷窥,侵犯他人隐私,等等。实践中,发生过因无人驾驶航空器"黑飞"侵扰空中航道,导致飞机不能正常起降,甚至迫使机场关闭,严重干扰机场正常运行的情形。

适用要点

无人驾驶航空器,是指没有机载驾驶员、自备动力系统的航空器。无人驾驶航空器按照性能指标分为微型、轻型、小型、中型和大型。《无人驾驶航空器飞行管理暂行条例》专门规范无人驾驶航空器的飞行活动。该条例明确规定,划设无人驾驶航空器飞行空域应当充分考虑飞行安全和公众利益。国家空中交通管理领导机构统一领导全国无人驾驶航空器飞行管理工作,组织协调解决无人驾驶航空器管理工作中的重大问题。各级空中交通管理机构按照职责分工负责本责任区内无人驾驶航空器飞行管理工作。负责划设无人驾驶航空器飞行空域应当明确水平、垂直范围和使用时间。根据实际情况,国家划定了管制区域,如果未经空中交通管理机构批准,在管制空域内实施无人驾驶航空器飞行活动,就构成本条规定的违法行为。该条例第十九条规定:"国家根据需要划设无人驾驶航空器管制空域(以下简称管制空域)。真高 120 米以上空域,空中禁区、空中限制区以及周边空域,军用航空超低空飞行空域,以及下列区域上方的空域应当划设为管制空域:(一)机场以及周边一定范围的区域;(二)国界线、实际控制线、边境线向我方一侧一定范围的区域;(三)军事禁区、军事管理区、监管场所等涉密单位以及周边一定范围的区域;(四)重要军工设施保护区域、核设施控制区域、易燃易爆等危险品的生产和仓储区域,以及可燃重要物资的大型仓储区域;(五)发电厂、变电站、加油(气)站、供水厂、公共交通枢纽、航电枢纽、重大水利设施、港口、高速公路、铁路电气化线路等公共基础设施以及周边一定范围的区域和饮用水水源保护区；(六)射电天文台、卫星测控(导航)站、航空无线电导航台、雷达站等需要电磁环境特殊保护的设施以及周边一定范围的区域；(七)重要革命纪念地、重要不可移动文物以及周边一定范围的区域；(八)国家空中交通管理领导机构规定的其他区域。管制空域的具体范围由各级空中交通管理机构按照国家空中交通管理领导机构的规定确定，由设区的市级以上人民政府公布，民用航空管理部门和承担相应职责的单位发布航行情报。管制空域范围以外的空域为微型、轻型、小型无人驾驶航空器的适飞空域(以下简称适飞空域)。"在一些行业性法律法规中也有相应的禁止性规定，如《民用机场管理条例》第四十九条第五项规定："禁止在民用机场净空保护区域内从事下列活动：……(五)放飞影响飞行安全的鸟类，升放无人驾驶的自由气球、系留气球和其他升空物体。"《铁路安全管理条例》第五十三条，《长江三峡水利枢纽安全保卫条例》第二十二条、第二十三条也有同样规定。

各级气象主管机构及飞行管制等部门负责管理本行政区域内的升放气球活动。无人驾驶自由气球，是指无动力驱动、无人操纵、轻于空气、总质量大于4千克自由飘移的充气物体。系留气球是指系留于地面物体上、直径大于1.8米或者体积容量大于3.2立方米、轻于空气的充气物体。前述气球不包括热气球、系留式观光气球等载人气球。《升放气球管理办法》第十七条规定，升放气球活动必须在许可机构批准的范围内进行。禁止在依法划设的机场范围内和机场净空保护区域内升放无人驾驶自由气球或者系留气球，但是国家另有规定的除外。第十八条规定了升放气球必须符合一系列安全要求。

国家体育总局主管全国范围内的航空体育运动。地方各级人民政府体育行政部门管理本行政区域内的航空体育运动。航空体育运动器材，是指开展航空体育运动使用的降落伞、滑翔伞、动力伞、牵引伞、悬挂滑翔翼、动力悬挂滑翔机、航空航天模型(无人机)等，以及飞行模拟舱(器)、牵引绞盘设备收索机等相关配套设备。《航空体育运动管理办法》第九条第二款规定,从事航空体育运动的单位和人员,还应根据开展的不同航空体育运动项目,分别接受民用航空主管部门有关通用航空的行业管理,接受空中交通管理、无线电管理等部门有关工作的业务管理。该办法第十四条规定,从事航空体育运动的单位和人员开展飞行活动,应当按照规定向空中交通管理部门申请空域,获准后方可实施飞行。

陆地国(边)境管理工作,关系到我国与陆地邻国睦邻友好和交流合作,更关系到国家主权、安全和领土完整。本条第二款与《陆地国界法》有关规定相衔接。《陆地国界法》第三条规定,陆地国界是指划分中华人民共和国与陆地邻国接壤的领陆和内水的界限。陆地国界垂直划分中华人民共和国与陆地邻国的领空和底土。中华人民共和国陆地国界内侧一定范围内的区域为边境。第三十九条第二款规定,任何组织或者个人未经有关主管机关批准不得在陆地国界附近操控无人驾驶航空器飞行。模型航空器、三角翼、无人驾驶自由气球等的飞行活动,参照无人驾驶航空器管理。

第三节 侵犯人身权利、财产权利的行为和处罚

第四十七条 【对强迫性侵害人身自由行为的处罚】有下列行为之一的,处十日以上十五日以下拘留,并处一千元以上二千元以下罚款;情节较轻的,处五日以上十日以下拘留,并处一千元以下罚款:

(一)组织、胁迫、诱骗不满十六周岁的人或者残疾人进行恐怖、残忍表演的;

(二)以暴力、威胁或者其他手段强迫他人劳动的;

(三)非法限制他人人身自由、非法侵入他人住宅或者非法搜查他人身体的。

新旧对照

2012 年《治安管理处罚法》	2025 年《治安管理处罚法》
第四十条 有下列行为之一的,处十日以上十五日以下拘留,并处**五百元**以上**一千元**以下罚款;情节较轻的,处五日以上十日以下拘留,并处二百元以上**五百元**以下罚款: (一)组织、胁迫、诱骗不满十六周岁的人或者残疾人进行恐怖、残忍表演的; (二)以暴力、威胁或者其他手段强迫他人劳动的; (三)非法限制他人人身自由、非法侵入他人住宅或者非法搜查他人身体的。	第四十七条 有下列行为之一的,处十日以上十五日以下拘留,并处**一千元**以上**二千元**以下罚款;情节较轻的,处五日以上十日以下拘留,并处**一千元**以下罚款: (一)组织、胁迫、诱骗不满十六周岁的人或者残疾人进行恐怖、残忍表演的; (二)以暴力、威胁或者其他手段强迫他人劳动的; (三)非法限制他人人身自由、非法侵入他人住宅或者非法搜查他人身体的。

重点解读

恐怖、残忍表演,是指让演出人员以恐怖、暴力方式演出,从而达到观感刺激和恐怖氛围的目的。《营业性演出管理条例》第二十五条明确规定:"营业性演出不得有下列情形……(八)表演方式恐怖、残忍,摧残演员身心健康的;(九)利用人体缺陷或者以展示人体变异等方式招徕观众的……"未成年人和残疾人属于相对弱势群体,身心发育不成熟,组织、胁迫、诱骗不满16周岁的人或者残疾人表演这类节目,会对其身心发育、健康和未来成长带来极大负面影响,还容易产生人身伤害的危险后果,违反《营业性演出管理条例》的相关规定,违背演出旨在繁荣社会主义文艺事业、促进社会主义精神文明建设的原则和精神。

《宪法》第四十三条规定,中华人民共和国劳动者有休息的权利。国家发展劳动者休息和休养的设施,规定职工的工作时间和休假制度。《劳动法》规定,禁止以暴力、威胁或者非法限制人身自由的手段强迫劳动。

《刑法》第二百四十四条规定了强迫劳动罪。

人身自由属于公民重要的基本权利。《宪法》第三十七条规定,中华人民共和国公民的人身自由不受侵犯。任何公民,非经人民检察院批准或者决定或者人民法院决定,并由公安机关执行,不受逮捕。禁止非法拘禁和以其他方法非法剥夺或者限制公民的人身自由,禁止非法搜查公民的身体。住宅是公民日常生活的场所,非法侵入会干扰他人的正常生活,侵犯安宁权和居住安全权。《宪法》第三十九条规定,中华人民共和国公民的住宅不受侵犯。禁止非法搜查或者非法侵入公民的住宅。

适用要点

1.组织、胁迫、诱骗不满十六周岁的人或者残疾人进行恐怖、残忍表演的情形

组织,是指行为人谋划、纠集、控制或招募的行为。胁迫,是指行为人以暴力、精神强制或其他损害身心健康的方式,迫使他人违背本人意愿的行为。诱骗,是指行为人以承诺、许愿等方式,诱导、欺骗的行为。恐怖、残忍表演,如表演刀砍活人、巨石砸人等。根据《未成年人保护法》,未满18周岁的人属于未成年人。《残疾人保障法》规定,残疾人是指在心理、生理、人体结构上,某种组织、功能丧失或者不正常,全部或者部分丧失以正常方式从事某种活动能力的人。残疾人包括视力残疾、听力残疾、言语残疾、肢体残疾、智力残疾、精神残疾、多重残疾和其他残疾的人。本项行为,与保护未成年人,应当坚持最有利于未成年人的原则要求相悖,与全社会应当发扬人道主义精神,理解、尊重、关心、帮助残疾人的原则相违背。

2.以暴力、威胁或者其他手段强迫他人劳动的情形

暴力,是指殴打、捆绑等行为。威胁,是指以扬言伤害等威逼、恐吓和要挟等精神强制。其他手段,是指除暴力、威胁以外的使他人产生恐惧或不敢抗拒、无法抗拒的强制手段,如将他人限制在一定空间和一定时间范

围内,例如锁在工作车间内,不准外出。上述手段的共同点就是使他人违背本人真实意愿,并按行为人要求进行劳动。实践中,对劳动工作纪律严格要求,或者劳动者自愿超时加班、超负荷工作,而行为人并未对其实施暴力、威胁或者其他手段,不属于本项调整范围。

3. 非法限制他人人身自由、非法侵入他人住宅或者非法搜查他人身体的情形

非法,就是没有合法依据。非法限制的方式有多种,如捆绑身体、关押在房子里不让外出或者限制与外界联系等,实质就是强制剥夺他人的人身自由,使他人无法按照自己的意志和利益自由行为。对于逮捕、拘留等限制他人人身自由的强制措施,我国法律规定必须由专门机关依法进行。需要注意的是,根据《刑事诉讼法》及有关法律规定,公民对正在实施违法犯罪或者违法犯罪后被及时发觉的、通缉在案的、越狱逃跑的、正在被追捕的人有权立即扭送到司法机关。这种扭送行为,包括在途中实施的捆绑、扣留等约束限制人身自由行为。《民法典》规定的自救行为,还有实行正当防卫而将违法犯罪嫌疑人暂时捆绑约束,这些都不能被认为是非法限制他人人身自由的行为。

非法侵入,主要指无合法理由进入,或虽有法律依据但不依照法定程序强行进入。无论何种方式,都违背住宅内成员的意愿,侵害了公民的人身权利和住宅自由权。侵入的方式,如破门、翻窗或强行闯入等,或冒充物业、快递等欺骗手段进入。侵入可以是公开的或秘密的。需要注意的是,如果是司法工作人员依法执行搜查、逮捕、拘留等任务而进入他人住宅,不属于非法侵入他人住宅。为紧急避险进入他人住宅,或误入他人住宅,经指出后立即退出,虽未经住宅权人同意,也不应以非法侵入住宅行为论,如为躲避追杀、火灾逃生等。

《宪法》第三十七条规定,禁止非法拘禁和以其他方法非法剥夺或者限制公民的人身自由,禁止非法搜查公民的身体。非法搜查包括两种情形:一是指无权进行搜查的情形;二是指有搜查权的侦查人员滥用职权,擅自决定搜查或者搜查的程序与手续不符合相关法律规定的情形。搜

查,是司法机关采取的一种搜集证据的措施,搜查人身旨在发现赃物或证据。根据相关法律规定,搜查、检查他人身体只能由人民检察院、公安机关、国家安全机关和监察机关的侦查人员依照法律规定的程序进行,其他任何单位和个人都无权对公民身体进行搜查、检查。《刑事诉讼法》对搜查进行了相关规定,如为了收集犯罪证据、查获犯罪人,侦查人员可以对犯罪嫌疑人的身体进行搜查。进行搜查,必须向被搜查人出示搜查证。在执行逮捕、拘留的时候,遇有紧急情况,不另用搜查证也可以进行搜查。在搜查的时候,应当有被搜查人或者他的家属、邻居或者其他见证人在场。搜查妇女的身体,应当由女性工作人员进行。《监察法》第二十七条对监察机关开展搜查进行了规定。

> **第四十八条 【对组织、胁迫未成年人有偿陪侍的处罚】**组织、胁迫未成年人在不适宜未成年人活动的经营场所从事陪酒、陪唱等有偿陪侍活动的,处十日以上十五日以下拘留,并处五千元以下罚款;情节较轻的,处五日以下拘留或者五千元以下罚款。

新旧对照

2012 年《治安管理处罚法》	2025 年《治安管理处罚法》
无	第四十八条 组织、胁迫未成年人在不适宜未成年人活动的经营场所从事陪酒、陪唱等有偿陪侍活动的,处十日以上十五日以下拘留,并处五千元以下罚款;情节较轻的,处五日以下拘留或者五千元以下罚款。

> 重点解读

保护未成年人身心健康,保障未成年人合法权益,促进未成年人德智体美劳全面发展,是我们保护未成年人的一贯原则。未成年人尚处于身体、心理和思想发育成长期,存在容易被资本主义、封建主义和其他腐朽思想的侵蚀的风险,因此,为更好保护未成年人健康成长,应净化其成长环境。

《未成年人保护法》第五十八条规定:"学校、幼儿园周边不得设置营业性娱乐场所、酒吧、互联网上网服务营业场所等不适宜未成年人活动的场所。营业性歌舞娱乐场所、酒吧、互联网上网服务营业场所等不适宜未成年人活动场所的经营者,不得允许未成年人进入;游艺娱乐场所设置的电子游戏设备,除国家法定节假日外,不得向未成年人提供。经营者应当在显著位置设置未成年人禁入、限入标志;对难以判明是否是未成年人的,应当要求其出示身份证件。"《预防未成年人犯罪法》第二十八条规定:"本法所称不良行为,是指未成年人实施的不利于其健康成长的下列行为:(一)吸烟、饮酒;(二)多次旷课、逃学;(三)无故夜不归宿、离家出走;(四)沉迷网络;(五)与社会上具有不良习性的人交往,组织或者参加实施不良行为的团伙;(六)进入法律法规规定未成年人不宜进入的场所;(七)参与赌博、变相赌博,或者参加封建迷信、邪教等活动;(八)阅览、观看或者收听宣扬淫秽、色情、暴力、恐怖、极端等内容的读物、音像制品或者网络信息等;(九)其他不利于未成年人身心健康成长的不良行为。"

实践中,一些酒吧等经营性场所出于利益驱动,或者打着演艺表演的旗号,组织未成年人进行陪酒、陪唱等有偿陪侍活动,严重影响未成年人健康成长,污染社会风气,容易诱发违法犯罪行为。

> 适用要点

不适宜未成年人活动的经营场所,主要是指营业性歌舞娱乐场所、酒吧、互联网上网服务营业场所等不适宜未成年人活动的场所。胁迫,即明知自己的行为会是他人产生恐惧心理,迫使对方违背主观真实意愿实施行为。组织者和胁迫者主观上都是出于故意。鉴于未成年人心智尚未成熟,对在上述场所开展陪唱、陪酒等有偿活动的性质认识理解不很清晰,可能出于"自愿",或者被欺骗,故应对组织者及胁迫者进行处罚。

组织、胁迫未成年人从事本条所列行为,违反了《未成年人保护法》《预防未成年人犯罪法》中"保护未成年人应当坚持最有利于未成年人的原则,处理涉及未成年人事项,应尊重未成年人人格尊严,适应未成年人身心健康发展的规律和特点"的要求,也侵害了未成年人的人身权利。

> **第四十九条 【对违法乞讨行为的处罚】**胁迫、诱骗或者利用他人乞讨的,处十日以上十五日以下拘留,可以并处二千元以下罚款。
>
> 反复纠缠、强行讨要或者以其他滋扰他人的方式乞讨的,处五日以下拘留或者警告。

新旧对照

2012年《治安管理处罚法》	2025年《治安管理处罚法》
第四十一条 胁迫、诱骗或者利用他人乞讨的,处十日以上十五日以下拘留,可以并处**一千元**以下罚款。反复纠缠、强行讨要或者以其他滋扰他人的方式乞讨的,处五日以下拘留或者警告。	第四十九条 胁迫、诱骗或者利用他人乞讨的,处十日以上十五日以下拘留,可以并处**二千元**以下罚款。反复纠缠、强行讨要或者以其他滋扰他人的方式乞讨的,处五日以下拘留或者警告。

重点解读

乞讨,是指向他人乞求讨要财物的行为。《城市生活无着的流浪乞讨人员救助管理办法》和《城市生活无着的流浪乞讨人员救助管理办法实施细则》对乞讨人员救助、保障其基本生活作了明确规定。选择乞讨是个人的自由和权利，但不得扰乱公共秩序和侵害他人权益。现实中有许多乞讨者在公共场合反复纠缠或拦截他人强行讨要、滋扰他人，侵犯了他人的安宁权和正常社会活动。还有人利用他人乞讨为自己牟利，损害了乞讨人的合法权益，并破坏社会秩序。实践中，乞讨人员增加，损害社会形象，妨害城市管理，极易诱发偷、扒、抢等违法犯罪问题。

适用要点

1. 胁迫、诱骗或者利用他人乞讨的情形

胁迫，是指以暴力或精神强制等方式威胁强迫他人的行为。诱骗，是指以承诺、欺骗等手段使他人信以为真的行为。利用他人，是指使用有关方式手段让他人按照自己的私利意图从事某种行为。无论胁迫、诱骗，还是利用他人乞讨，都是违背乞讨者意愿，其目的是将他人乞讨来的财物占为己有，谋取利益。

2. 反复纠缠、强行讨要或者以其他滋扰他人方式乞讨的情形

反复纠缠乞讨，是指遭拒绝后，仍多次拉扯、缠着他人乞讨的行为，如拽衣服、尾随、围堵等方式。强行讨要，是指以生拉硬扯、拦截、辱骂等方式向他人强要财物。其他滋扰他人的方式，是指除反复纠缠和强行讨要以外的其他方式，如以卖花、卖唱等方式乞讨。这些行为方式本身一般不会直接侵害他人的人身权和财产权，但具有冒犯性，不达乞讨目的不罢休，使他人非自愿性满足乞讨要求，甚至使他人身心受到惊吓或恐慌，影响正常的生活秩序和公共安全，应受处罚。

3. 注意本条行为与寻衅滋事行为在适用上的区别

二者之间的区别可以从以下方面加以判断：（1）行为动机。乞讨行为通常是为了获取财物或帮助，行为人可能因生活困难而采取滋扰手段。寻衅滋事的动机更为复杂，可能出于挑衅、发泄情绪或扰乱公共秩序，不直接以获取财物为目的。（2）行为方式。乞讨行为：表现为反复纠缠、强

行讨要等滋扰方式,主要针对特定个体。寻衅滋事:行为更为广泛,可能包括辱骂、殴打、破坏财物等,影响范围更大。(3)法律后果。乞讨行为:通常违反治安管理处罚法,可能面临警告、罚款或拘留。寻衅滋事:情节严重时可能构成犯罪,依据《刑法》可判处有期徒刑等更严厉处罚。(4)社会危害。乞讨行为:主要影响被滋扰的个人,社会危害相对较小。寻衅滋事:破坏公共秩序,社会危害更大,可能引发恐慌或冲突。

总之,乞讨行为以获取财物为目的,针对特定个体,法律后果较轻。寻衅滋事动机复杂,行为广泛,社会危害大,法律后果更严重。两者在动机、方式和后果上有明显差异,需根据具体情况判断和处理。

> 第五十条 【对侵犯人身权利六项行为的处罚】有下列行为之一的,处五日以下拘留或者一千元以下罚款;情节较重的,处五日以上十日以下拘留,可以并处一千元以下罚款:
> (一)写恐吓信或者以其他方法威胁他人人身安全的;
> (二)公然侮辱他人或者捏造事实诽谤他人的;
> (三)捏造事实诬告陷害他人,企图使他人受到刑事追究或者受到治安管理处罚的;
> (四)对证人及其近亲属进行威胁、侮辱、殴打或者打击报复的;
> (五)多次发送淫秽、侮辱、恐吓等信息或者采取滋扰、纠缠、跟踪等方法,干扰他人正常生活的;
> (六)偷窥、偷拍、窃听、散布他人隐私的。
> 有前款第五项规定的滋扰、纠缠、跟踪行为的,除依照前款规定给予处罚外,经公安机关负责人批准,可以责令其一定期限内禁止接触被侵害人。对违反禁止接触规定的,处五日以上十日以下拘留,可以并处一千元以下罚款。

新旧对照

2012年《治安管理处罚法》	2025年《治安管理处罚法》
第四十二条　有下列行为之一的,处五日以下拘留或者**五百元**以下罚款;情节较重的,处五日以上十日以下拘留,可以并处**五百元**以下罚款: (一)写恐吓信或者以其他方法威胁他人人身安全的; (二)公然侮辱他人或者捏造事实诽谤他人的; (三)捏造事实诬告陷害他人,企图使他人受到刑事追究或者受到治安管理处罚的; (四)对证人及其近亲属进行威胁、侮辱、殴打或者打击报复的; (五)多次发送淫秽、侮辱、恐吓**或者其他**信息,干扰他人正常生活的; (六)偷窥、偷拍、窃听、散布他人隐私的。	第五十条　有下列行为之一的,处五日以下拘留或者**一千元**以下罚款;情节较重的,处五日以上十日以下拘留,可以并处**一千元**以下罚款: (一)写恐吓信或者以其他方法威胁他人人身安全的; (二)公然侮辱他人或者捏造事实诽谤他人的; (三)捏造事实诬告陷害他人,企图使他人受到刑事追究或者受到治安管理处罚的; (四)对证人及其近亲属进行威胁、侮辱、殴打或者打击报复的; (五)多次发送淫秽、侮辱、恐吓**等**信息**或者采取滋扰、纠缠、跟踪等方法**,干扰他人正常生活的; (六)偷窥、偷拍、窃听、散布他人隐私的。 有前款第五项规定的滋扰、纠缠、跟踪行为的,除依照前款规定给予处罚外,经公安机关负责人批准,可以责令其一定期限内禁止接触被侵害人。对违反禁止接触规定的,处五日以上十日以下拘留,可以并处一千元以下罚款。

重点解读

　　人身权利,是指与人身相关的没有直接财产内容的权利。人身权包括人格权和身份权两大类,其中人格权包括生命权、身体权、健康权、姓名权、名称权、名誉权、肖像权、荣誉权、隐私权等。身份权包括亲权、配偶权、亲属权等。人身权是公民和法人的人身关系在法律上的体现和反映,人身权不直接具有财产内容,不能以金钱来衡量其价值。法律对人身权的保护,就是对人本身的尊重,防止他人对权利人的侵犯。《宪法》第三十八条规定,中华人民共和国公民的人格尊严不受侵犯。禁止用任何方法对公民进行侮辱、诽谤和诬告陷害。

随着网络应用的普及,行为人实施侵害人身权利的行为可以通过网络实施。行为人通过网络渠道以文本、图像、音频、视频等形式对个人集中发布含有侮辱谩骂、造谣诽谤、威逼胁迫、侵犯隐私,以及影响身心健康的指责嘲讽、贬低歧视等内容的违法和不良信息,这些属于网络暴力信息,侵犯他人人身权。《网络暴力信息治理规定》第十条规定,任何组织和个人不得制作、复制、发布、传播涉网络暴力违法信息,应当防范和抵制制作、复制、发布、传播涉网络暴力不良信息。任何组织和个人不得利用网络暴力事件实施蹭炒热度、推广引流等营销炒作行为,不得通过批量注册或者操纵用户账号等形式组织制作、复制、发布、传播网络暴力信息。明知他人从事涉网络暴力信息违法犯罪活动的,任何组织和个人不得为其提供数据、技术、流量、资金等支持和协助。

适用要点

1. 写恐吓信或者以其他方法威胁他人人身安全的情形

恐吓,是指通过威胁、恐怖等手段来使人害怕或屈服,以达到目的。这种行为一般以扬言将要伤害身体、自由和名誉等方式吓唬、威胁他人,使他人心理、精神上产生恐惧感。除了书面恐吓信之外,还有如以电子邮件、短信、微信、微博等多种形式。其他方法,如快递刀具、子弹,往他人单位、住所投掷异物等。威胁既可以是行为人直接威胁,也可以是由第三人转告的威胁。本行为侵害了他人日常生活的安宁权和不受他人恐吓的自由。客观上,行为人只要将威胁内容通知到他人,使被侵害人心理上害怕和精神上畏惧,即构成违法,不需要行为人真正实施恐吓信的内容或其他恐吓行为。实践中,威胁特定主体有可能构成情节较重。"原告李某波在网络上以第三人的真实姓名,公开扬言要杀了她出出胸口恶气,属于以其他方法威胁他人人身安全的情形,应受到治安处罚。司法权威不容侵犯,公然威胁法官人身安全,应认定为情节较重。"[1]

2.公然侮辱他人或者捏造事实诽谤他人的情形

(1)公然侮辱他人。

公然,即以当众或者能够使多数人听到或看到的方式,明目张胆、毫无顾忌。侮辱,是指使用语言、肢体动作行为等方法羞辱别人,损害对方人格、名誉的行为。侮辱的方法可以是暴力,如当众脱掉他人衣服,也可以是非暴力的其他方法,如以大字报形式。本行为针对特定的人明确地实施,如果不是针对特定的人,只是一般的谩骂等,则不属于本项调整的范围。公然侮辱他人,是指当众或者利用能够使多数人听到或看到的方式对他人进行侮辱,公然要件不仅要求行为具有结果意义上的公然性,亦要求行为人具有主观方面的公然性。若某甲以一对一方式通过电话或微信致电某乙,在交流过程中,言语侮弄或羞辱某乙,从我们日常使用习惯和电话、微信联络实践来看,这种"点对点"联络交流方式并不具有公然性;如果在联络过程中,某乙将电话调至免提状态或将微信聊天内容让周围人员听到、看到,在这种情况下,某甲并不知情,也不能控制,这种情形下,由于某乙的行为导致通话内容或聊天内容的公开并非某甲原因所导致,此时某甲并不具备公然侮辱的主观故意。如果行为人多次打电话以"点对点"方式辱骂他人的话,不属于"公然",可以按照本条第五项予以处罚。

(2)捏造事实诽谤他人。

捏造,是指凭空编造,伪造证据,虚构胡说,无中生有。诽谤,是指以不实之词毁人、冤枉。诽谤是指捏造、散布虚假的事实,使社会公众对被侵害人的社会评价降低的行为。其核心要点包括虚假陈述、公开传播和主观故意,也就是行为人明知虚假仍有意传播。损害后果是导致他人名

---

[1] 参见(2021)冀06行终236号案例。

誉受损。诽谤可以口头,或通过文字、图片等书面形式。实践中,诽谤行为必须针对特定的人进行,或虽然没有指名道姓,但从诽谤的内容上知道是谁或可以推断出特定的人,就构成诽谤行为。因为没有针对特定的对象,就不可能贬损具体某人的人格、名誉,也就不属于诽谤行为。如果散布的是客观存在的事实,则不属于诽谤行为,或如果只是私下谈论不真实的事实,也不属于诽谤行为。

本行为与公然侮辱一样,侵犯的是他人的人格尊严和名誉,但有区别。诽谤行为必须捏造事实,而侮辱行为不以捏造的方式进行;诽谤行为只能用语言、文字方式进行,不能用暴力进行,而侮辱行为可以使用暴力手段,也可以用语言、文字进行。

实践中,侮辱或诽谤他人未必面对面进行,可以录制含有侮辱或诽谤别人内容的录像制品进行传播,《音像制品管理条例》第三条第二款规定:"音像制品禁止载有下列内容……(八)侮辱或者诽谤他人,侵害他人合法权益的……"另外,应注意区分有关批评等行为与侮辱、诽谤行为的界限,如正常的新闻舆论监督,基于管理工作关系的上、下级间的考核评价、批评行为,向有关部门反映、举报的违纪违法和犯罪行为,对某人给予"人品差""性格暴劣"等评价。

3. 捏造事实诬告陷害他人,企图使他人受到刑事追究或者受到治安管理处罚的情形

本行为具有目的性,诬告是手段,陷害是目的,行为人意图使有关国家机关对所捏造事实进行调查,且所捏造的事实足以使他人受到刑事追究或者受到治安管理处罚。如果捏造的是一般的生活问题,则不构成本行为。如果不是有意诬告陷害,而是错告,或者检举失实,则不属于本违法行为。错告和检举失实,是行为人由于情况不明,或认识片面、差错,其认为所告发的犯罪事实或违法行为是真实的,但没有使他人受到刑事追究或者受到治安管理处罚的故意。本行为使无辜者名誉受到损害,可能导致错捕、错判,造成冤假错案,还侵害了国家机关的正常工作秩序。本行为动机多种多样,可能出于挟私报复、排除异己或嫁祸他人等,无论动

机如何,都不影响本违法行为成立。

4.对证人及其近亲属进行威胁、侮辱、殴打或者打击报复的情形

证人,是知道案件真实情况并进行作证的人。证人作证,有助于保证公安机关、人民检察院和人民法院、监察机关及时查明案件事实,打击违法犯罪。《刑事诉讼法》规定凡是知道案件情况的人,都有作证的义务。《民事诉讼法》规定凡是知道案件情况的单位和个人,都有义务出庭作证。《监察法》也有类似的规定。

为保障证人履行作证的法定义务,客观、充分地提供证据和案件的真实情况,需要保障证人及其近亲属的安全。本行为侵害的对象是证人及其近亲属。"近亲属",是指配偶、父母、子女、兄弟姐妹、祖父母、外祖父母、孙子女、外孙子女。但在行政诉讼中,近亲属还包括其他具有抚养赡养关系的亲属。

威胁,是指实施恐吓、要挟等精神强制手段使人产生畏惧,如以伤害人身、毁坏财物、损害名誉等方式;侮辱,是指公然诋毁人格,破坏其名誉;殴打,是指使用如拳脚或器具等暴力方式打人;打击报复,如利用管理职权或利益控制等方式,如降职、降薪、调离或辞退等。

5.多次发送淫秽、侮辱、恐吓等信息或者采取滋扰、纠缠、跟踪等方法,干扰他人正常生活的情形

淫秽信息,是指具体描绘性行为或者露骨宣扬色情的信息。侮辱信息,是指贬低他人人格、破坏他人名誉的恶意攻击或谩骂等信息。恐吓信息,是指使被害人心理上、精神上产生担忧、恐惧的信息。现实生活中的缠扰行为是多样化的。"从具体方式层面看,蹲点、守候、探寻住所、强行联系、肢体拉拽、跟踪滋扰、尾随盯梢、监听监视、强行闯入住宅、强行送花、强行关心或照顾等,都是实践中经常出现的缠扰方式。"[1]也包括发送虚假公告、虚假中奖、提供商品服务广告等信息等其他的方法。

---

[1] 姜敏:《"缠扰行为"刑法规制的域外实践和中国路径》,载《环球法律评论》2024年第6期。

如果是偶尔为之,情节较轻,社会危害性不大,则不认为是违反治安管理的行为,予以批评教育。本行为须造成干扰他人正常生活的后果,通常表现为行为人发送淫秽、侮辱、恐吓等信息或采取滋扰、纠缠、跟踪等行为遭到拒绝或斥责后,仍然反复、经常实施滋扰、纠缠、跟踪等行为。注意该行为与寻衅滋事的区别:

(1)行为性质的区别。干扰他人正常生活:行为针对特定个人,目的是干扰其正常生活。主要表现为发送淫秽、侮辱、恐吓信息,或通过滋扰、纠缠等方式影响他人。行为具有明确的针对性,通常不涉及公共秩序。寻衅滋事:行为具有"无事生非"或"借故生非"的特点,可能针对不特定对象。主要表现为随意殴打、追逐、辱骂他人,或在公共场所起哄闹事,破坏社会秩序。行为具有公开性和扰乱公共秩序的特征。

(2)行为对象的区别。干扰他人正常生活:针对特定个人,行为具有明确的指向性。例如,多次发送侮辱短信给前女友,或通过电话骚扰某人。寻衅滋事:行为对象可能是不特定的,或者行为发生在公共场所,影响范围更广。例如,在公共场所随意辱骂陌生人,或结伙追逐、拦截他人。

(3)社会危害性的区别。干扰他人正常生活:危害性相对较小,主要影响特定个人的生活安宁。例如,发送恐吓信息导致他人心理压力。寻衅滋事:危害性较大,直接破坏社会公共秩序。例如,在公共场所闹事,导致秩序混乱。两者的核心区别在于行为是否涉及公共秩序以及行为对象的特定性。如果行为仅针对特定个人且未扰乱公共秩序,通常认定为"干扰他人正常生活";如果行为具有公开性并扰乱公共秩序,则可能构成"寻衅滋事"。

6.偷窥、偷拍、窃听、散布他人隐私的情形

隐私是自然人的私人生活安宁和不愿为他人知晓的私密空间、私密活动、私密信息。《民法典》第一千零三十二条明确了隐私权保护,第一千零三十三条列举了侵害隐私的具体形式,第一千零三十四条对个人信息进行了界定,明确了个人信息的处理原则。

偷窥、偷拍和窃听,都是在别人不知情情况下,偷看别人、偷拍摄别人

和偷听别人讲话的行为。散布，向不特定人群广而告之传播有关信息的行为。偷窥、偷拍、窃听他人隐私，往往利用窃听、窃照器材实施，本法第七十条规定了非法使用、提供窃听、窃照专用器材的行为的法律责任。实践中偷窥偷拍现象比较常见。某地一男子凿墙偷窥女邻居，被警方拘留10日。随着公共安全视频图像信息系统的广泛运用，个人信息的"曝光率"明显增加，国家也在加强公共安全视频图像信息系统的应用管理，严禁公共安全视频图像信息系统的不当利用。如《公共安全视频图像信息系统管理条例》第八条明确规定："禁止在公共场所的下列区域、部位安装图像采集设备及相关设施……（四）安装图像采集设备后能够拍摄、窥视、窃听他人隐私的其他区域、部位……"

隐私权是公民的重要权利，受法律保护。隐私一旦公开，将会给当事人的生活、工作等带来影响和压力。偷窥、偷拍、窃听、散布他人隐私的行为，既是违反社会道德的行为，也是违法行为。[1] 但为了社会公共利益，执法机关依法调查和公开当事人的有关信息，则不属于违法行为。

本条第二款规定"责令其一定期限内禁止接触被侵害人情形"，一般是指采取滋扰、纠缠、跟踪行为，给他人带来心理精神方面的恐惧，甚至还有人身安全威胁的情况。责令其一定期限内禁止接触被侵害人，以保护被侵害人安全。[2]

> **第五十一条 【对殴打或故意伤害他人身体行为的处罚】**殴打他人的，或者故意伤害他人身体的，处五日以上十日以下拘留，并处五百元以上一千元以下罚款；情节较轻的，处五日以下拘留或者一千元以下罚款。

---

〔1〕 参见《海南一冲浪店老板偷拍女顾客洗澡，官方通报》，载凤凰网2025年2月23日，https://news.ifeng.com/c/8hCo2JC8oDU。

〔2〕 参见《男子将女同事电话写在公厕门上招嫖，被行拘》，载百家号网2025年2月22日，https://baijiahao.baidu.com/s?id=1824716347533111943&wfr=spider&for=pc。

147

> 有下列情形之一的,处十日以上十五日以下拘留,并处一千元以上二千元以下罚款:
> （一）结伙殴打、伤害他人的；
> （二）殴打、伤害残疾人、孕妇、不满十四周岁的人或者七十周岁以上的人的；
> （三）多次殴打、伤害他人或者一次殴打、伤害多人的。

新旧对照

2012年《治安管理处罚法》	2025年《治安管理处罚法》
第四十三条 殴打他人的,或者故意伤害他人身体的,处五日以上十日以下拘留,并处**二百元**以上**五百元**以下罚款；情节较轻的,处五日以下拘留或者**五百元**以下罚款。 有下列情形之一的,处十日以上十五日以下拘留,并处**五百元**以上**一千元**以下罚款： （一）结伙殴打、伤害他人的； （二）殴打、伤害残疾人、孕妇、不满十四周岁的人或者**六十**周岁以上的人的； （三）多次殴打、伤害他人或者一次殴打、伤害多人的。	第五十一条 殴打他人的,或者故意伤害他人身体的,处五日以上十日以下拘留,并处**五百元**以上**一千元**以下罚款；情节较轻的,处五日以下拘留或者**一千元**以下罚款。 有下列情形之一的,处十日以上十五日以下拘留,并处**一千元**以上**二千元**以下罚款： （一）结伙殴打、伤害他人的； （二）殴打、伤害残疾人、孕妇、不满十四周岁的人或者**七十**周岁以上的人的； （三）多次殴打、伤害他人或者一次殴打、伤害多人的。

重点解读

殴打他人,一般采用拳打脚踢或借助棍棒等器具直接作用于他人身体,伤害他人身体健康,属于侵犯公民人身权的行为。一般表现为一方为一人或数人殴打对方的一人或数人。结伙斗殴是指成群结伙、互相殴打的行为,双方均有多人参加,主要属于扰乱公共秩序。从过错责任角度看,一般而言,殴打他人只是单方的过错,应处罚打人者,而结伙斗殴的双方都有过错,对双方都要给予处罚。殴打他人属于行为犯,只要行为人实施了殴打他人的行为,不论是否造成被侵害人受伤,都应受处罚。故意伤害他人身体,是指行为人出于故意,意图使他人身体组织的完整和器官的正常功能受到破坏。

适用要点

1. 注意殴打与故意伤害的区别

所谓"殴打他人",是指行为人公然打人,是一种比较典型的以强凌弱或以大欺小的行为,行为方式主要是采用拳打脚踢,一般只是造成他人身体皮肉暂时疼痛,被打的人并不一定会受伤。殴打他人属行为犯,即只要有证据证明行为人实施了殴打他人行为,不论其是否造成被侵害人受伤,应当受处罚。所谓"故意伤害他人身体",是指以殴打以外的其他方式非法损害他人身体健康的行为。伤害他人的形式多种,包括用石头、棍棒打人,驱使动物咬人,用针扎人,用开水烫人等。这种伤害行为已经给他人的身体造成了轻微伤害,但尚不够刑事处罚。故意伤害他人身体,只要有证据证明行为人故意实施了伤害他人身体的行为,不论其是否造成被侵害人受伤,应当受处罚。

2. 结伙殴打、伤害他人的情形

根据《公安机关执行〈中华人民共和国治安管理处罚法〉有关问题的解释(二)》,《治安管理处罚法》规定的"结伙"是指两人(含两人)以上,"多次"是指三次(含三次)以上,"多人"是指三人(含三人)以上。

结伙殴打,是指二人或者二人以上对他人共同实施殴打,且需要有违法行为人的共同故意。其应具备四个要件:一是两人以上殴打伤害了他人;二是主观上有实施结伙的故意,即有纠集过程;三是双方是独立的自然人;四是客观上实施了殴打他人的行为。其中第二点是关键因素。实践中,是否构成结伙需要结合具体情况加以判断,其共同殴打的故意并不一定需要事前预谋，结伙的共同主观故意亦不能单纯以有无商量为标准，而应综合分析客观情景进行判断。结伙既包括临时起意的结伙，也包括长时间纠集成伙的结伙。[1]

结伙殴打、伤害他人属于恃强凌弱行为。实践中，未成年人结伙互殴、伤害他人事件易发、多发，因其年龄小、心智不成熟，易受周围环境和负面情绪影响的特点，面对小矛盾纠纷时不理智，互相帮助结伙，冲动互殴。根据《预防未成年人犯罪法》第三十八条，未成年人结伙斗殴、殴打、辱骂、恐吓，或者故意伤害他人身体的，属于严重不良行为，根据具体情况，可以采取相应矫治教育措施。因此，公安机关在处理未成年人结伙殴打、伤害他人案件时，要按照《未成年人保护法》《预防未成年人犯罪法》有关教育为主、惩罚为辅的原则，落实教育、感化、挽救的方针，结合本法第十二条、第二十三条、第二十四条实施处罚。

3.殴打、伤害残疾人、孕妇、不满十四周岁的人或者七十周岁以上的人的情形

残疾人是指在心理、生理、人体结构上，某种组织、功能丧失或者不正常，全部或者部分丧失以正常方式从事某种活动能力的人。残疾人、孕妇、不满十四周岁的人或者七十周岁以上的人，由于心智不成熟或者身体存在不同程度的弱点，需要社会给予特殊的保护，因此对殴打、伤害这类特殊人员的行为应予严惩。

本项规定的立法本意是保护残疾人、孕妇和不满十四周岁的人或者七十岁以上老人的合法权益。实务中，如果出现"残疾人"之间互殴、"老人"之间互殴、"孕妇"之间互殴或者不满十四周岁的未成年人互殴案件的话，不宜简单适用该条款，否则，其处罚结果不仅不利于化解矛盾，且不符合本条的立法本意。《公安机关执行〈中华人民共和国治安管理处罚法〉有关问题的解释（二）》规定，对违反《治安管理处罚法》第四十三条第二款第二项规定行为的处罚，不要求行为人主观上必须明知殴打、伤害的

---

[1] 参见山东省滨州市中级人民法院行政判决书,(2019)鲁16行终138号。

对象为残疾人、孕妇、不满十四周岁的人或者七十周岁以上的人。

4. 多次殴打、伤害他人或者一次殴打、伤害多人的情形

本项行为从数量角度说明行为人主观恶性强，或后果严重。"多次"一般是指三次以上。

5. 认定殴打他人应当注意的事项

需要区分殴打他人与正当防卫。实践中因为遭受一方殴打，被迫还手，之后被认定为互殴遭受处罚的情形屡见不鲜，如"女子地铁扇男子耳光，男子被迫还手，警方判定是互殴"[1]"高铁掌掴事件"[2]。2022年12月22日，最高人民检察院、公安部联合发布的《关于依法妥善办理轻伤害案件的指导意见》指出："准确区分正当防卫与互殴型故意伤害。人民检察院、公安机关要坚持主客观相统一的原则，综合考察案发起因、对冲突升级是否有过错、是否使用或者准备使用凶器、是否采用明显不相当的暴力、是否纠集他人参与打斗等客观情节，准确判断犯罪嫌疑人的主观意图和行为性质。因琐事发生争执，双方均不能保持克制而引发打斗，对于过错的一方先动手且手段明显过激，或者一方先动手，在对方努力避免冲突的情况下仍继续侵害，还击一方造成对方伤害的，一般应当认定为正当防卫。故意挑拨对方实施不法侵害，借机伤害对方的，一般不认定为正当防卫。"由此可见在这一问题上社会大众存在诸多疑虑。

我们界定，"互殴"即相互斗殴，是指参与者在斗殴意图、伤害故意的支配下积极实施的互相侵害行为。理论界在此基础上又对互殴进行了更为细致的分类，如真正的互殴和非真正的互殴，前者指双方事先约定的相互攻击行为，后者则非基于双方事先约定。

基于此，正当防卫与互殴的区分是司法实践中的难点，核心在于是否

---

[1] 参见《媒体评论 还手就变成互殴？须以法律撑起"正当防卫"的蓝天》，安徽卫视"超级新闻场"栏目2014年3月25日播出，http://m.app.cctv.com/vsetv/detail/C10140/59db80e7809d4295bfd9a77b0ff91d43/index.shtml#0。

[2] 参见《"高铁掌掴事件"双方都被罚！被掴女子称已申请行政复议》，载环球网2023年5月7日，https://society.huanqiu.com/article/4CnbmARQS7i?re=nextnews。

存在防卫意图和双方行为是否具有攻击性、对等性。从法律依据和实践来看，我们要准确把握正当防卫和互殴的区别：

（1）主观意图。正当防卫者出于保护自身或他人合法权益的目的，制止不法侵害。侵害方先实施单方不法侵害（如殴打、抢劫），防卫方被动反击，防卫意图明确，目的是制止侵害、保护自身或他人权益。互殴，双方都有侵害对方的意图，通常带有报复或伤害的动机。双方均有攻击意图，可能因口角、挑衅等引发，行为人主观上并非为制止侵害，而是追求斗殴结果。

（2）行为性质。正当防卫行为针对正在进行的不法侵害，具有必要性和紧迫性。防卫行为与侵害行为具有即时对应性，通常是一方攻击时另一方被动反击，防卫手段与侵害程度相当（如对方持刀威胁，防卫人使用棍棒制止）。互殴，双方互相攻击，缺乏防卫的正当性，更多是主动攻击。双方交替或同时实施攻击行为，手段往往升级（如约架后携带武器），行为具有持续性和对等性，不具有紧迫性。

（3）时间点。正当防卫必须在不法侵害正在进行时实施，不能提前或事后报复。互殴，双方攻击行为可能随时发生，不限于不法侵害的进行时段。

（4）行为限度。正当防卫行为应当适度，不能明显超过必要限度。若防卫行为明显超过必要限度（如用致命武器反击轻微侵害），可能构成防卫过当，需负刑事责任。互殴，双方攻击行为通常没有节制，可能造成严重伤害。因双方均无防卫意图，即使造成对方轻伤以上后果，通常按故意伤害罪处理，除非符合特殊防卫条件。

（5）法律后果。正当防卫者不负刑事责任，但明显过当时需承担部分责任。互殴，双方都可能承担刑事责任，视伤害程度而定。

（6）证据。正当防卫者需证明不法侵害的存在及防卫行为的必要性。互殴，需证明双方均有攻击意图和行为。

当然，也有一些比较特殊的情况，如"一方停止、另一方继续攻击"的情形，若一方已停止攻击或逃离现场，另一方仍实施攻击，此时可认定后者为新的不法侵害,前者反击可能成立正当防卫。"约架"行为的定性,双方事先约定斗殴,一般认定为互殴;若一方仅口头应战未实际参与,另一方主动攻击,未参与者可能成立正当防卫。"防卫挑拨"(假想防卫)故意挑衅对方攻击自己,再以正当防卫为由主张免责的,不构成正当防卫,可能按故意伤害罪论处。

正当防卫与互殴的区别在于主观意图、行为性质、时间点、行为限度和法律后果。正当防卫是合法的自我保护,而互殴则涉及双方的责任。正当防卫的核心在于被动性和必要性,而互殴体现主动性和对等性。司法机关在认定时会综合考察:双方关系及冲突升级过程,行为人是否携带武器或事先准备工具,伤害后果与侵害行为的匹配度等。

6. 关于学校教师对学生体罚等惩戒行为可能涉及殴打、伤害的情形

当学生存在违反规定的行为时,教师对其实施惩戒,是教育法律规范赋予教师的职责,是教师履行教师职务的行为。教师对学生违规行为实施惩戒,应当在法律法规规定的方式和幅度范围内实施,不得超出界限。[1]

《教师法》第三十七条规定:"教师有下列情形之一的,由所在学校、其他教育机构或者教育行政部门给予行政处分或者解聘……(二)体罚学生,经教育不改的;(三)品行不良、侮辱学生,影响恶劣的。教师有前款第(二)项、第(三)项所列情形之一,情节严重,构成犯罪的,依法追究刑事责任。"实践中,教师为维护正常教学秩序,有可能对学生实施严厉的惩戒措施,属于职务行为。如果没有明显的殴打、伤害故意,即使惩戒过度,一般不属于《治安管理处罚法》的调整范畴,应按照《教师法》《未成年人保护法》的有关规定处理。若明显超出正常教育惩戒的幅度,造成学生身体或精神上严重伤害后果,可能构成殴打、侮辱违法行为,公安机关应予处罚。判定是否构成治安违法行为,是否超出正常教育惩戒幅度,应综合考虑教师的主观故意、行为方式、造成的后果严重性等综合因素。

---

[1] 参见(2020)黔0321行初193号案例。

第五十二条 【对猥亵及公然裸露身体隐私部位行为的处罚】猥亵他人的,处五日以上十日以下拘留;猥亵精神病人、智力残疾人、不满十四周岁的人或者有其他严重情节的,处十日以上十五日以下拘留。

在公共场所故意裸露身体隐私部位的,处警告或者五百元以下罚款;情节恶劣的,处五日以上十日以下拘留。

新旧对照

2012 年《治安管理处罚法》	2025 年《治安管理处罚法》
第四十四条 猥亵他人的,或者在公共场所故意裸露身体,情节恶劣的,处五日以上十日以下拘留;猥亵智力残疾人、精神病人、不满十四周岁的人或者有其他严重情节的,处十日以上十五日以下拘留。	第五十二条 猥亵他人的,处五日以上十日以下拘留;猥亵精神病人、智力残疾人、不满十四周岁的人或者有其他严重情节的,处十日以上十五日以下拘留。 在公共场所故意裸露身体**隐私部位的,处警告或者五百元以下罚款**;情节恶劣的,处五日以上十日以下拘留。

重点解读

从传统视角来看,猥亵多以性刺激或满足性欲为目的,用性交以外方法对他人实施的淫秽行为,如抠摸、搂抱、吸吮、手淫等。随着网络科技的发展,猥亵形式也更加多样化,如"隔空猥亵",形式上虽有变化,但是其危害程度却毫无二致,甚至有增无减。隔空猥亵虽有别于传统通过身体接触的方式,但是随着科技的发展,由于即时通讯手段的便捷性和私密性,其呈现出更强隐蔽性、更广危害性的特点。"虽然没有直接与被害儿童进行身体接触,但利用网络强迫 14 岁以下未成年人发送隐私部位的照片、视频、裸聊甚至发送侮辱淫秽的语言,都是对儿童人格尊严和心理健康的严重侵害,与实际接触儿童身体的猥亵行为具有相同的社会危害性。"[1]《最高人民法院、最高人民检察院关于办理强奸、猥亵未成年人刑事案件适用法律若干问题的解释》第九条第一款规定:"胁迫、诱骗未成年人通过网络视频聊天或者发送视频、照片等方式,暴露身体隐私部位或者实施淫秽行为,符合刑法第二百三十七条规定的,以强制猥亵罪或者猥亵儿童罪定罪处罚。"

适用要点

1. 猥亵他人的情形

被猥亵的对象可以是女性,也可以是男性,既可以是对同性的猥亵,也可以是对异性的猥亵。行为人的目的是寻求刺激、满足自己的性欲,违背对方意愿,即使在对方不甚明了意图和没有违抗乃至顺从的情况下,也被视为猥亵。如果双方出于自愿,则属于违反社会道德的行为。猥亵行为直接危害被侵害人的身心健康,违背公序良俗,应受惩罚。鉴于猥亵属于比较严重侵犯他人人身权利的行为,构成本行为直接受拘留处罚。

2. 严重情节的认定

精神病人、智力残疾人、不满14周岁的人身心发育尚未成熟,或存在身体上客观障碍,缺乏准确辨别、完整表达和进行反抗的能力,属于弱势群体,应当受到社会的特别保护。基于受保护对象,本法明确规定猥亵精神病人、智力残疾人、不满14周岁的人的行为属于严重情节的行为,应从重处罚。这也是落实《精神卫生法》《未成年人保护法》《残疾人保障法》有关保护原则的体现。需要注意的是,残疾人包括视力残疾、听力残疾、言语残疾、肢体残疾、智力残疾、精神残疾、多重残疾和其他残疾的人,本行为特指智力残疾人。

---

[1] 刘丹:《隔空猥亵也是"性侵"》,载百家号网 2023 年 2 月 24 日,https://baijiahao.baidu.com/s? id = 1758666192100643607&wfr = spider&for = pc。

3.在公共场所故意裸露身体隐私部位的情形

公共场所,是指不特定人员可以自由往来、停留使用或者购票就可以自由出入进行各类公共性活动的场所,如车站、港口、民用飞机场、影剧院、歌舞厅、饭店、公园、体育场和集贸市场等。公共场所具有人员相对集中、相互接触频繁和流动性大的特点,人们在公共场所的言行举止是社会精神文明的重要体现。各地都以地方性立法加强对公共场所的治安管理。在公共场所故意裸露身体隐私部位的,有伤风化,有学者认为"公序良俗原则由具有不同宪法地位的'公共秩序原则'、'公领域善良风俗原则'以及'私领域的善良风俗原则'三部分组成"[1]。可以说,本行为违背了公领域善良风俗原则,严重影响公共场所秩序,应受惩罚。所以,公序良俗有助于弥补法律禁止性规定的不足。

本行为需要符合公共场所、故意和裸露身体隐私部位三个要素,分别属于发生的空间、主观态度和具体行为。身体隐私部位通常指根据社会习俗、文明礼仪和有关法律规定应受保护的敏感区域。不同社会和文化对隐私部位的界定有所不同,通常包括如胸部、臀部、生殖器官和肛门,以及大腿等部位。故意,是指行为人明知处在公共场所,仍然要裸露身体隐私部位。此处对公共场所并没有关于裸露身体时是否有旁观者的限制。[2]

第五十三条 【对虐待家庭成员、监护对象及遗弃被扶养人行为的处罚】有下列行为之一的,处五日以下拘留或者警告;情节较重的,处五日以上十日以下拘留,可以并处一千元以下罚款:

(一)虐待家庭成员,被虐待人或者其监护人要求处理的;

(二)对未成年人、老年人、患病的人、残疾人等负有监护、看护

---

[1] 李想:《论宪法视角下公序良俗的规范性认定》,载《环球法律评论》2025年第1期。
[2] 参见京公朝行罚决字〔2024〕52296号案例。

职责的人虐待被监护、看护的人的；
（三）遗弃没有独立生活能力的被扶养人的。

新旧对照

2012年《治安管理处罚法》	2025年《治安管理处罚法》
第四十五条　有下列行为之一的，处五日以下拘留或者警告： （一）虐待家庭成员，被虐待人要求处理的； （二）遗弃没有独立生活能力的被扶养人的。	第五十三条　有下列行为之一的，处五日以下拘留或者警告；**情节较重的，处五日以上十日以下拘留，可以并处一千元以下罚款**： （一）虐待家庭成员，被虐待人**或者其监护人**要求处理的； （二）**对未成年人、老年人、患病的人、残疾人等负有监护、看护职责的人虐待被监护、看护的人的**； （三）遗弃没有独立生活能力的被扶养人的。

重点解读

家庭成员，是指共同生活在一起的、相互之间具有一定亲属或者抚养、赡养、扶助关系的同一家庭的成员，一般有血亲关系、婚姻关系和收养关系等。血亲关系，是指因生育而自然形成的血缘亲属关系，如父母、子女和在一起生活的兄弟姐妹等；婚姻关系，是指因结婚而形成的夫妻关系；收养关系，是指因收留他人当作自己的子女来抚养而形成的收养关系。《民法典》第一千零四十五条第三款规定，配偶、父母、子女和其他共同生活的近亲属为家庭成员。据此，家庭成员判断标准有近亲属关系与共同生活两要素，但配偶、父母、子女不以共同生活为必要。实践中，也存在所谓类家庭成员的提法，《反家庭暴力法》第三十七条规定："家庭成员以外共同生活的人之间实施的暴力行为，参照本法规定执行。"其说明该法规制的主体或保护对象分为家庭成员与家庭成员以外共同生活的人（简称类家庭成员）两类[1]，对这种分类，在适用过程应当注意。本条规定虐待的对象仅限于共同生活的家庭成员，虐待家中的保姆和来家临时居住的亲属等不构成本行为。

未成年人、老年人、患病的人、残疾人等属于弱势群体，应得到关爱保护。负有监护、看护职责的人属于日常性、"近距离"接触的人，有义务履行好监护、看护职责。《未成年人保护法》《老年人权益保障法》《残疾人保障法》都对禁止虐待未成年人、老年人和残疾人进行了相应规定。《民法典》规定，禁止家庭成员间的虐待和遗弃，并对家庭成员之间应履行的扶养义务作了规定。

适用要点

1. 虐待家庭成员，被虐待人或者其监护人要求处理的情形

本项中的"虐待"，是指打骂、冻饿和强迫劳动或精神恐吓等，使共同生活的家庭成员遭受肉体上、精神上的摧残和折磨。虐待与我们常说的家庭暴力在体现形式上有一定的交叉。虐待更侧重于有形的侵害，而家庭暴力不但包括有形的身体损害，还包括无形的"冷暴力"。《反家庭暴力法》第二条规定，该法所称家庭暴力，是指家庭成员之间以殴打、捆绑、残害、限制人身自由以及经常性谩骂、恐吓等方式实施的身体、精神等侵害行为。虐待行为一般是在一定时间内多次发生的，具有经常性、连续性的特点。现实中，家庭成员间，如夫妻之间矛盾争吵，一时冲动动手打人，不能被认定为虐待家庭成员，或家长出于教育子女目的，偶有打骂或者轻体罚行为的，也不属于虐待行为。虐待的动机有多种，不论动机如何，不影响本行为的认定。非家庭成员间的虐待行为，不构成本行为。关于家庭成员的范围，《民法典》第一千零四十五条对此进行了界定，具体包括配

---

[1] 参见孔忠愿：《虐待罪中"家庭成员"的规范判断》，载中国法院网 2022 年 8 月 18 日，https://www.chinacourt.org/article/detail/2022/08/id/6860032.shtml。

偶、父母、子女和其他共同生活的近亲属。

本行为遵循"不告不理"原则,只有被虐待人或者其监护人要求处理,公安机关才处理。这主要考虑到这种行为发生的环境、当事人之间关系等特点,公权力的强制介入无疑会增加当事人间的隔阂,增加家庭关系修复的难度,所以,《反家庭暴力法》第五条规定,反家庭暴力工作遵循预防为主,教育、矫治与惩处相结合原则。第十六条规定,家庭暴力情节较轻,依法不给予治安管理处罚的,由公安机关对加害人给予批评教育或者出具告诫书。《关于加强家庭暴力告诫制度贯彻实施的意见》旨在进一步发挥家庭暴力告诫制度作用,积极干预化解家庭、婚恋矛盾纠纷,有效预防和制止家庭暴力,促进家庭和谐、社会稳定。

2. 对未成年人、老年人、患病的人、残疾人等负有监护、看护职责的人虐待被监护、看护的人的情形

这种情形主要强调了负有监护、看护职责的主体对被监护、看护人的虐待,这类虐待是基于监护与被监护、看护与被看护的关系,所以,相关立法对这种关系中负有监护、看护职责的主体提出了明确的要求。如《民法典》第二十七条提到的对未成年子女负有监护职责的主体范围,并且本着对未成年子女有利的原则选择监护主体,确定了选择顺序。《未成年人保护法》第十七条明确了监护人的履职要求,《老年人权益保障法》第二十六条规定了老年人监护主体的选择程序。《残疾人保障法》第九条规定了残疾人监护责任主体的选择程序。在幼儿园、养老院等特定环境下,幼儿园老师和养老院工作人员负有看护职责,虐待事件也时常出现,需要立法加以规制。

3. 遗弃没有独立生活能力的被扶养人的情形

公民的扶养义务是基于抚养与被抚养、扶养与被扶养以及赡养与被赡养这三种家庭成员之间不同的权利义务关系而产生的。据此,这里的"扶养",包括长辈对晚辈的抚养、晚辈对长辈的赡养,以及夫妻等平辈之间的扶养。行为人是否有能力负担,主要从经济能力方面考察,结合收入、开销情况具体认定。根据《民法典》,扶养义务主要包括:夫妻间有互

相扶养的义务;父母对未成年子女有抚养教育的义务;成年子女对父母有赡养、扶助的义务;父母子女之间的关系,不因父母离婚而消除,离婚后父母对子女仍有抚养教育的义务;养父母与养子女、继父母与继子女之间的权利义务均与生父母与其子女之间的抚养、赡养义务相同,但是养子女和生父母间的权利和义务,因收养关系的成立而消除;非婚生子女享有与婚生子女同等的权利,其生父母应负担子女必要的生活费和教育费的一部或者全部,直到子女能独立生活为止;有负担能力的祖父母、外祖父母,对于父母已经死亡的未成年的孙子女、外孙子女,有抚养的义务;有负担能力的孙子女、外孙子女对于子女已经死亡的祖父母、外祖父母,有赡养的义务;兄姐对于父母已经死亡或者无力扶养的未成年弟妹,有扶养的义务。

遗弃,是指负有法律上的扶养义务而且具有扶养能力的人,对没有独立生活能力的被扶养人拒绝扶养,不履行其应尽义务的行为。如父母不抚养未成年子女,成年子女不赡养无劳动能力或生活困难的父母,配偶不扶养对方等。遗弃以不作为方式体现,是应为而不为。如不给生活费、财物等经济性供给,对于生活不能自理者不给予必需的生活照料性供应等。

实践中,一般都是基于遗弃行为人自私自利的狭隘思想动机,如有的把老人视为累赘负担而遗弃,有的借口已离婚对亲生子女不予抚养等。

第五十四条 【对强迫交易行为的处罚】强买强卖商品,强迫他人提供服务或者强迫他人接受服务的,处五日以上十日以下拘留,并处三千元以上五千元以下罚款;情节较轻的,处五日以下拘留或者一千元以下罚款。

第三章 违反治安管理的行为和处罚

> 新旧对照

2012 年《治安管理处罚法》	2025 年《治安管理处罚法》
第四十六条 强买强卖商品,强迫他人提供服务或者强迫他人接受服务的,处五日以上十日以下拘留,并处**二百元**以上**五百元**以下罚款;情节较轻的,处五日以下拘留或者**五百元**以下罚款。	**第五十四条** 强买强卖商品,强迫他人提供服务或者强迫他人接受服务的,处五日以上十日以下拘留,并处**三千元**以上**五千元**以下罚款;情节较轻的,处五日以下拘留或者**一千元**以下罚款。

> 重点解读

民事主体之间商品交易遵循自愿和公平基本原则,交易主体地位平等。强买强卖、强迫他人提供服务或者强迫他人接受服务的行为直接侵犯了消费者、经营者的选择自由权和平等交易权,破坏正常的市场交易秩序。强迫过程中往往伴随有暴力、威胁、纠缠等手段,侵犯了公民的人身安全。《消费者权益保护法》第四条规定,经营者与消费者进行交易,应当遵循自愿、平等、公平、诚实信用的原则。《消费者权益保护法实施条例》第十一条规定,消费者享有自主选择商品或者服务的权利。经营者不得以暴力、胁迫、限制人身自由等方式或者利用技术手段,强制或者变相强制消费者购买商品或者接受服务,或者排除、限制消费者选择其他经营者提供的商品或者服务。

> 适用要点

强买强卖,以暴力、威胁等手段强迫他人购买或出售商品、提供或接受服务,或强迫他人以不合理价格交易。一般围绕经济利益,前者一般是行为人以低价强行买入,后者一般是行为人以高价强行卖出。行为人强迫交易是否达到目的,不影响本行为的成立。[1]

本条与《消费者权益保护法》相关联,本行为应限定于商品经营者和消费者之间,如果不是发生在商品经营者与消费者交易活动过程中,如某人无合理理由,强迫别人购买他的东西,可能构成寻衅滋事。实践中,较为常见的是在大街上有人采取拦截、追逐等方式向别人推销物品,或者纠缠着提供某种服务等。所以,总体来看,虽然强买强卖行为违背交易方的主观意愿,但是在内容体现上存在货币或其他形式的对价支付,而不是免费。当然,这里面也存在所支付的价格与货物实际价值有所出入的情况,如果不付钱或者货价相差悬殊,此时按照抢劫或抢夺予以考量则比较妥当。

> 第五十五条 【对煽动民族仇恨、民族歧视行为的处罚】煽动民族仇恨、民族歧视,或者在出版物、信息网络中刊载民族歧视、侮辱内容的,处十日以上十五日以下拘留,可以并处三千元以下罚款;情节较轻的,处五日以下拘留或者三千元以下罚款。

新旧对照

2012年《治安管理处罚法》	2025年《治安管理处罚法》
第四十七条 煽动民族仇恨、民族歧视,或者在出版物、计算机信息网络中刊载民族歧视、侮辱内容的,处十日以上十五日以下拘留,可以并处一千元以下罚款。	第五十五条 煽动民族仇恨、民族歧视,或者在出版物、信息网络中刊载民族歧视、侮辱内容的,处十日以上十五日以下拘留,可以并处**三千元以下罚款**;**情节较轻的,处五日以下拘留或者三千元以下罚款**。

---

[1] 参见绍虞公(曹)行罚决字〔2023〕00824号案例。

> **重点解读**

民族仇恨,是指民族间互相不满、痛恨,甚至互相敌对的心理和情绪。民族歧视,是指以不平等、不公正的态度和行为对待某个民族。我国是一个多民族的国家,民族问题关系到国家、民族的统一和团结。煽动民族仇恨、民族歧视危害的是国家的统一、民族的团结、社会的稳定和边防的巩固。《宪法》第四条第一款规定,中华人民共和国各民族一律平等。国家保障各少数民族的合法的权利和利益,维护和发展各民族的平等团结互助和谐关系。禁止对任何民族的歧视和压迫,禁止破坏民族团结和制造民族分裂的行为。《民族区域自治法》《反恐怖主义法》《出版管理条例》等明确规定禁止煽动民族仇恨和歧视的行为。

> **适用要点**

1.煽动民族仇恨、民族歧视的情形

煽动,是指以语言、文字等方式进行煽惑、鼓动。随着时代的发展,煽动的含义也在原有的基础上不断拓展,具体指行为人通过张贴或者散发传单或者利用互联网、电话、微信等通信工具,或者采取串联的方式,鼓动和发动他人参加非法的集会活动的行为。[1] 煽动民族仇恨、民族歧视,是指以激起民族间的仇恨、民族间的互相歧视为目的,利用各民族的历史和风俗禁忌等,煽惑民族间互相对立、排斥的仇视,损害民族平等地位的行为。行为人主观出于故意。煽动的方式,包括文字和口头言语两种,前者如书写、张贴、散发有关民族仇恨、民族歧视内容的传单、标语、书刊等,后者如发表含有民族仇恨、民族歧视内容的演讲、口号和谣言等。一般来说,行为人动机、手段比较卑劣,如为了掩盖自己的违法犯罪行为而煽动民族仇恨、民族歧视的,使用侮辱、诽谤、故意造谣等方式煽动的,且广泛散布,旨在达到激起民族间仇恨和歧视的严重后果。

---

[1] 参见(2020)吉24行终11号案例;(2018)陕07行终56号案例。

2. 在出版物、信息网络中刊载民族歧视、侮辱内容的情形

民族歧视、侮辱内容不利于民族团结，以出版物、音像制品形式加以传播危害尤甚。出版物，是指报纸、期刊、图书、音像制品、电子出版物等。出版物、信息网络，受众范围广，传播更及时，其中刊载民族歧视、侮辱的内容会有更快、更广泛的宣传危害后果。《出版管理条例》第二十五条、《音像制品管理条例》第三条第二款、《网络安全法》第十二条第二款和《网络信息内容生态治理规定》第六条都明确规定，不得含有煽动民族仇恨、民族歧视，破坏民族团结，或者侵害民族风俗、习惯的内容。实践中，可能出于嬉笑逗乐，诸如丑化少数民族的风俗习惯的言论，不正确评价少数民族的禁忌习俗、服饰穿戴等，丑化少数民族礼节、样貌等，歪曲民族的来源、历史、文化等，都有可能违反本条规定。

第五十六条　【对侵犯公民个人信息行为的处罚】违反国家有关规定，向他人出售或者提供个人信息的，处十日以上十五日以下拘留；情节较轻的，处五日以下拘留。

窃取或者以其他方法非法获取个人信息的，依照前款的规定处罚。

新旧对照

2012年《治安管理处罚法》	2025年《治安管理处罚法》
无	第五十六条　违反国家有关规定，向他人出售或者提供个人信息的，处十日以上十五日以下拘留；情节较轻的，处五日以下拘留。 窃取或者以其他方法非法获取个人信息的，依照前款的规定处罚。

重点解读

随着社会的发展,个人信息的重要性日益凸显,甚至成为商业利益资源,公民对个人信息和隐私权的保护意识越来越强。《民法典》第一千零三十四条规定,自然人的个人信息受法律保护。个人信息是以电子或者其他方式记录的能够单独或者与其他信息结合识别特定自然人的各种信息,包括自然人的姓名、出生日期、身份证件号码、生物识别信息、住址、电话号码、电子邮箱、健康信息、行踪信息等。个人信息中的私密信息,适用有关隐私权的规定;没有规定的,适用有关个人信息保护的规定。第一千零三十五条规定:"处理个人信息的,应当遵循合法、正当、必要原则,不得过度处理,并符合下列条件:(一)征得该自然人或者其监护人同意,但是法律、行政法规另有规定的除外;(二)公开处理信息的规则;(三)明示处理信息的目的、方式和范围;(四)不违反法律、行政法规的规定和双方的约定。个人信息的处理包括个人信息的收集、存储、使用、加工、传输、提供、公开等。"为了保护个人信息权益,规范个人信息处理活动,促进个人信息合理利用,我国专门制定《个人信息保护法》。

并非与公民相关的任何信息都属于"公民个人信息",也并非仅指个人身份信息,而且有些个人信息还涉及个人隐私。我国许多法律法规都有对个人信息保护的规定,如《消费者权益保护法》第二十九条、《居民身份证法》第十三条、《铁路安全管理条例》第六十四条等。本条中的个人信息,包括死者的个人信息。死者个人信息作为死者人格利益的一部分,应受法律保护。《个人信息保护法》第四十九条对死者个人信息保护作了规定。

适用要点

本条中的"出售",是指将知悉的别人的个人信息出卖给他人,进而牟利。"提供",是指将自己掌握的别人的个人信息提供给他人的行为,如个人向银行提供本人身份证号码办理银行业务,银行只能使用其办理有关银行业务,如果银行工作人员将公民个人身份证号码提供给他人,则属于违规提供。窃取,即偷取,以不正当手段取得。窃取个人信息方式有多种,典型的就是通过网络窃取,如在公共场所,个人用手机等电子产品链接不明的 WiFi,其可能是不法分子植入病毒后投放到公共场所的"钓鱼"WiFi,导致个人信息泄露并被窃取;不法分子通过短信或网页弹窗传播钓鱼网站链接,引诱用户输入个人账户信息,从而窃取个人信息;非法植入插件广告、木马程序等方式盗取,如清粉。另外,通过丢弃的快递物流单、刷卡购物的纸质对账单等窃取个人信息。个人信息被泄露、非法使用,会对公民人身权、财产权和名誉权带来负面影响,也可能会使个人有被污名化的潜在风险。

关于个人信息泄露、窃取的常见情形。实践中,政府行政管理和金融、电信、交通、医疗、宾馆、网购平台及快递等公共服务业,收集和储存了大量的公民个人信息,为提高行政管理和相关公共服务的质量和效率提供了便利。有的组织或者个人,违反职业道德和法律规定的保密义务,将公民个人信息资料出售或者泄露给他人,获取非法利益,甚至一些犯罪分子利用个人信息实施诈骗活动。《个人信息保护合规审计管理办法》规定了对个人信息处理者的个人信息处理活动情况审查和评价办法。另外,在一些常用服务产品和常见生活场景中,如 App(含小程序、公众号)、智能终端,自动售卖、扫码点餐、出行乘车等线下消费场景,存在违法违规收集个人信息,然后向他人出售或者提供个人信息的行为。

《公共安全视频图像信息系统管理条例》规定,公共安全视频系统管理单位使用视频图像信息,应依法保护个人隐私和个人信息,不得非法对外提供或公开传播,不得滥用、泄露。关键信息基础设施信息系统也会储存大量个人信息。《关键信息基础设施安全保护条例》第十五条、第三十条、第四十六条等对个人信息保护作出了更为细致的规定。

日常生活中刷脸支付大量应用,在提供便利性的同时,也增加了个人敏感信息暴露的风险,如刷脸支付需要对用户面部特征进行数据采集和存储,不法分子窃取用户人脸面部特征信息并复制或者伪造,可以冒用他人身份实施违法犯罪行为,给用户的人格尊严或人身财产安全造成损害。《人脸识别技术应用安全管理办法》对人脸信息的收集、使用、管理提出了要求。

> **第五十七条** 【对侵犯公民通信自由行为的处罚】冒领、隐匿、毁弃、倒卖、私自开拆或者非法检查他人邮件、快件的,处警告或者一千元以下罚款;情节较重的,处五日以上十日以下拘留。

新旧对照

2012年《治安管理处罚法》	2025年《治安管理处罚法》
第四十八条 冒领、隐匿、毁弃、私自开拆或者非法检查他人邮件的,处**五日**以下拘留或者**五百元**以下罚款。	第五十七条 冒领、隐匿、毁弃、**倒卖**、私自开拆或者非法检查他人邮件、**快件**的,处**警告**或者**一千元**以下罚款;情节较重的,处五日以上十日以下拘留。

重点解读

邮件、快件涉及公民的通信自由和通信秘密,是公民的重要基本权利。邮件,是指邮政企业寄递的信件、包裹、汇款通知、报刊和其他印刷品等。快件,是指快递企业递送的信件、包裹、印刷品等。《宪法》第四十条规定,中华人民共和国公民的通信自由和通信秘密受法律的保护。除因国家安全或者追查刑事犯罪的需要,由公安机关或者检察机关依照法律规定的程序对通信进行检查外,任何组织或者个人不得以任何理由侵犯公民的通信自由和通信秘密。《邮政法》第三十五条规定,任何单位和个人不得私自开拆、隐匿、毁弃他人邮件。除法律另有规定外,邮政企业及其从业人员不得向任何单位或者个人泄露用户使用邮政服务的信息。第三十六条规定,因国家安全或者追查刑事犯罪的需要,公安机关、国家安全机关或者检察机关可以依法检查、扣留有关邮件,并可以要求邮政企业提供相关用户使用邮政服务的信息。邮政企业和有关单位应当配合,并对有关情况予以保密。第七十一条规定,冒领、私自开拆、隐匿、毁弃或者非法检查他人邮件、快件,尚不构成犯罪的,依法给予治安管理处罚。《邮政法实施细则》《快递暂行条例》也有相应的规定。

> 适用要点

冒领,是指冒充他人的姓名、身份名义领取的行为。隐匿,是指隐藏、隐蔽或者不显露出来。毁弃,是撕毁或者丢弃的行为。倒卖,是指将他人的物品卖出牟利的行为。私自开拆,是指无法律依据或未经他人同意,擅自拆开他人物品的行为。非法检查,是指无合法依据和程序,扣留查验他人物品的行为。《刑事诉讼法》第一百四十三条规定,侦查人员认为需要扣押犯罪嫌疑人的邮件、电报的时候,经公安机关或者人民检察院批准,即可通知邮电机关将有关的邮件、电报检交扣押。不需要继续扣押的时候,应即通知邮电机关。因此,其他任何单位或者个人不得以任何理由检查、扣留他人邮件、快件。行为人可能出于好奇,或泄私愤,或集邮需要等动机,无论何种动机,都不影响本行为的成立。[1]

第五十八条 【对盗窃、诈骗、哄抢、抢夺、敲诈勒索行为的处罚】 盗窃、诈骗、哄抢、抢夺或者敲诈勒索的,处五日以上十日以下拘留或者二千元以下罚款;情节较重的,处十日以上十五日以下拘留,可以并处三千元以下罚款。

---

[1] 参见昆公(长江)行罚决字[2019]9704号案例。

新旧对照

2012 年《治安管理处罚法》	2025 年《治安管理处罚法》
第四十九条 盗窃、诈骗、哄抢、抢夺、敲诈勒索或者故意损毁公私财物的，处五日以上十日以下拘留，**可以并处五百元**以下罚款；情节较重的，处十日以上十五日以下拘留，可以并处**一千元**以下罚款。	**第五十八条** 盗窃、诈骗、哄抢、抢夺**或者**敲诈勒索的，处五日以上十日以下拘留**或者二千元**以下罚款；情节较重的，处十日以上十五日以下拘留，可以并处**三千元**以下罚款。

重点解读

盗窃、诈骗、哄抢、抢夺、敲诈勒索，均属于取得财产型违法行为，行为人具有非法占有目的，主观上都出于故意，即行为人希望排斥他人对财产的占有，使财物由本人控制并利用、处分，非法牟利。行为侵害对象都是公私财物。本条中各行为的区别主要在于行为的具体手段和表现形式方面。关于公私财产定义范围同本法第五十九条。为打击利用电信网络技术手段实施诈骗违法活动，国家专门制定了《反电信网络诈骗法》。

适用要点

盗窃，是指以非法占有为目的，秘密窃取公私财物的行为。盗窃行为的特征：一是目的性。行为人具有非法占有的目的。将他人的财物误认为是自己的而占用的，或者将他人财物用后立即归还的，不属于盗窃行为。二是秘密性。行为人采取了自认为不易被财物所有人、保管人或者其他人发现的方法，如潜入别人室内窃取财物等。三是盗窃对象是公私财物。实践中，盗窃自己家里或者近亲属的财物，一般可不按盗窃处理。

此外，这里的公私财物是否包括数据？本书认为，数据具有很强的财产属性，也可以成为盗窃的对象，但是本法第三十三条对"侵入计算机信息系统或者采用其他技术手段,获取计算机信息系统中存储、处理或者传输的数据"行为进行了专门规定,按照特殊条款优于一般条款,本书认为,应当按照本法第三十三条进行处罚。刑法也针对盗窃数据行为程度比较严重规定了非法获取计算机信息系统数据罪[1]这一罪名,对其与一般的盗窃罪进行区分。

诈骗,是指以非法占有为目的,用虚构事实或者隐瞒真相的方法,骗取公私财物的行为。目前诈骗形式多种多样,尤其是借助现代网络科技,网络诈骗越来越多。电信网络诈骗,是指以非法占有为目的,利用电信网络技术手段,通过远程、非接触等方式,诈骗公私财物的行为。不管形式如何,共同点都是虚构事实,编造不存在的事实,骗取被侵害人的信任。隐瞒真相,是指掩盖客观存在的事实,以此欺骗被侵害人,使其交出财物。诈骗的对象是国家、集体和个人的财物。诈骗是用虚构事实或者隐瞒真相的方法,使财物所有人、持有人或者管理人陷入错误认识,而"自觉"地交出财物,这是诈骗与盗窃、敲诈勒索、抢劫等行为的主要区别。被侵害人基于错误认识处分财物,实质上是违背其真实意愿的。诈骗的形式、手段主要有伪造、变造单据骗取财物;伪造公文、证明文件骗取财物;以结婚、介绍工作或提供信息等名义为"诱饵",骗取财物;假冒特定身份骗取财物等。实践中,要注意诈骗行为与债务纠纷的区别,二者都涉及财物,债务纠纷是一方主观不具有非法占有的目的,出于客观原因一时无法偿还;诈骗行为是基于非法占有的目的,主观上根本不愿意偿还。在认定诈骗时,需要注意,有些人员并不见得躬身入局参与实施诈骗,但是基于其地位和社会影响力,其对诈骗行为的实施也会起到引流辅助作用,在这种情况下,我们需要充分考量这些主体的主观态度,是否认识到行为人在实施诈骗行为。[2]

---

〔1〕 参见《偷取商家交易信息,检察机关精准打击新型数据犯罪》,载南通市人民检察院,http://nt.jsjc.gov.cn/tslm_8051/yashf/202401/t20240109_1585444.shtml。

〔2〕 参见《国家邮政局依法对上海韵达货运有限公司立案调查》,载百家号"界面新闻"2025年3月19日,https://baijiahao.baidu.com/s?id=1827015620462218979。

哄抢,是指多人采取起哄、制造混乱或滋扰等手段,趁乱或者在紧急状态下公然抢走公私财物的行为。本行为特点:一是人数较多(3人以上),利用人多势众趁乱公然抢走公私财物,这是哄抢行为与抢夺行为的主要区别。二是本行为侵害了公私财物所有权和社会正常管理秩序。三是行为侵害对象是动产类的公私财物。不动产不能成为本行为侵犯的对象,但不动产上的能够分离的附着物可以成为侵犯的对象,如房屋的门窗、土地上生长的庄稼等。需要注意的是,如果行为人使用暴力、威胁或者其他手段使当事人不敢、不能反抗,则构成抢劫。

抢夺,是指以非法占有为目的,乘人不备,突然夺取公私财物的行为。本行为特点:一是侵犯的是公私财产所有权。二是公然夺取。即乘其不备,公开夺取公私财物所有人或者持有人的财物。

敲诈勒索,是指行为人以非法占有为目的,以威胁或者要挟的手段,迫使被害人违背本人意愿交出公私财物的行为。本行为特点:一是以非法占有他人财物为目的;二是本行为既侵犯了公私财物的所有权,还侵犯了他人的人身权利或者其他权益;三是行为人采用威胁、要挟的方法,造成被侵害人精神恐惧。具体方法有暴力型威胁、声誉型威胁和趁机型威胁等,如以对被侵害人或其亲属实施伤害相威胁,或以曝光被侵害人的隐私进而损坏名誉相要挟,或利用被侵害人所处的困境相要挟等。敲诈勒索的方式,或口头的,或书面的,或通过第三人转告,或通过微信等网络渠道。实践中,在债务纠纷中,如果债权人为了催促债务人加快偿还债务,对债务人使用威胁类话语,不具有非法占有财物目的,不构成敲诈勒索行为。

第五十九条 【对故意损毁公私财物行为的处罚】故意损毁公私财物的,处五日以下拘留或者一千元以下罚款;情节较重的,处五日以上十日以下拘留,可以并处三千元以下罚款。

新旧对照

2012年《治安管理处罚法》	2025年《治安管理处罚法》
第四十九条　盗窃、诈骗、哄抢、抢夺、敲诈勒索或者故意损毁公私财物的,处五日**以上十日以下**拘留,**可以****并处五百元**以下罚款;情节较重的,处十日以上十五日以下拘留,可以并处**一千元**以下罚款。	第五十九条　故意损毁公私财物的,处五日以下拘留**或者一千元**以下罚款;情节较重的,处五日以上十日以下拘留,可以并处**三千元**以下罚款。

重点解读

公私财物,是指公共和私人财物。公共财产是指下列财产:(1)国有财产;(2)劳动群众集体所有的财产;(3)用于扶贫和其他公益事业的社会捐助或者专项基金的财产。在国家机关、国有公司、企业、集体企业和人民团体管理、使用或者运输中的私人财产,以公共财产论。公民私人所有的财产,是指下列财产:(1)公民的合法收入、储蓄、房屋和其他生活资料;(2)依法归个人、家庭所有的生产资料;(3)个体户和私营企业的合法财产;(4)依法归个人所有的股份、股票、债券和其他财产。《宪法》第十二条、第十三条分别对公共财产和私人财产的保护作出了明确规定。

公私财物受法律保护。如有的道路附近的修车店为了增加修车业务,故意损坏停在附近的车辆轮胎,属于故意损坏他人财物的行为。本条中的公私财物也包括数据。

适用要点

1. 关于本条行为人主观状态的特殊要求

治安违法行为一般不考虑行为的主观状态,以过错推定原则为主,除非法律对治安违法行为人的主观状态有特别的要求。本条就属于有特别要求的情形之一。在损毁公私财物类的案件中,要特别考虑行为人的主观心理状态，只有故意才能处罚，不包括过失。所谓故意，在法律领域，特别是在刑法中，是指行为人明知自己的行为会发生危害社会的结果，并且希望或者放任这种结果发生的一种心理态度。它是犯罪构成主观方面的必备要件之一，根据行为人对危害结果所持的心理态度不同，可以分为直接故意和间接故意。

直接故意，是指行为人明知自己的行为必然或者可能发生危害社会的结果，并且希望这种结果发生的心理态度。例如，甲想杀死乙，于是持刀捅刺乙的心脏部位，甲明知自己的行为必然会导致乙死亡，并且积极追求乙死亡结果的发生，这就是直接故意。间接故意，是指行为人明知自己的行为可能发生危害社会的结果，并且放任这种结果发生的心理态度。"放任"意味着行为人对危害结果的发生，既不积极追求，也不设法避免，而是听之任之，任凭其发生与否。例如，甲为了报复乙，在乙家附近的树林里放置了一枚炸弹，甲明知炸弹爆炸可能会误伤周围的居民，但为了达到报复乙的目的，甲对可能误伤居民的结果持放任态度，最终炸弹爆炸造成了居民伤亡，甲对于居民伤亡的结果就是间接故意。

过失，是指行为人应当预见自己的行为可能发生危害社会的结果，因为疏忽大意而没有预见，或者已经预见而轻信能够避免的心理态度。故意与过失的主要区别在于行为人是否明知自己的行为会发生危害结果以及是否希望或放任这种结果发生。例如，在医疗事故中，医生因疏忽大意没有按照操作规程进行手术，导致患者死亡，这种情况下医生是过失犯罪；如果医生明知某种药物会对患者造成严重伤害，但为了谋取私利仍然给患者使用，导致患者死亡，这就是故意犯罪。

2. 损毁的形式

本条中的损毁形式，既包括有形的损毁破坏，[1]也包括使财物形态发生改变，丧失相应的使用价值，如把金首饰熔化成金块。同时还包括无形的损坏，当今数据已经成为重要的资产，如果把一些装有关键数据信息

---

〔1〕 参见平公（茅）行罚决字〔2022〕0301号案例。

的移动硬盘予以格式化,同样也构成对财产的损害。

3.损毁的具体方式

损毁的具体方式,包括行为人亲自利用身体、手脚等进行损毁,也包括利用外在力量进行损毁,如电击、刀劈斧砍、指示动物撕咬破坏、驾车冲撞、格式化销毁电脑中存储的数据[1]等。

> **第六十条 【学生欺凌行为的处罚及学校责任】**以殴打、侮辱、恐吓等方式实施学生欺凌,违反治安管理的,公安机关应当依照本法、《中华人民共和国预防未成年人犯罪法》的规定,给予治安管理处罚、采取相应矫治教育等措施。
>
> 学校违反有关法律法规规定,明知发生严重的学生欺凌或者明知发生其他侵害未成年学生的犯罪,不按规定报告或者处置的,责令改正,对其直接负责的主管人员和其他直接责任人员,建议有关部门依法予以处分。

新旧对照

2012年《治安管理处罚法》	2025年《治安管理处罚法》
无	第六十条 以殴打、侮辱、恐吓等方式实施学生欺凌,违反治安管理的,公安机关应当依照本法、《中华人民共和国预防未成年人犯罪法》的规定,给予治安管理处罚、采取相应矫治教育等措施。 学校违反有关法律法规规定,明知发生严重的学生欺凌或者明知发生

---

[1] 参见《修电脑把重要数据"修"没了!如何赔偿?》,载大庆市萨尔图区法院网2023年11月2日,http://dqset.hljcourt.gov.cn/public/detail.php?id=23198。

续表

2012年《治安管理处罚法》	2025年《治安管理处罚法》
	其他侵害未成年学生的犯罪,不按规定报告或者处置的,责令改正,对其直接负责的主管人员和其他直接责任人员,建议有关部门依法予以处分。

重点解读

近年来校园欺凌现象日益突出,根据2017年联合国教科文组织发布的《校园暴力与欺凌:全球现状报告》:全球每年有2.46亿儿童遭受校园霸凌。[1] 为减少乃至消除学校欺凌现象,本条规定从治安管理角度赋予公安机关处罚的职责,从管理责任角度对涉事学校提出要求,规定其依法履行报告和处置义务。这是针对近年来频发的校园欺凌恶性事件,在立法层面作出的针对性应对。

1. 校园欺凌[2]

学生欺凌,也称校园欺凌、校园霸凌,是指发生在校园内外、以学生为参与主体,在学生之间,一方蓄意或者恶意通过肢体、语言及网络等手段实施欺压、侮辱,造成另一方人身伤害、财产损失或者精神损害的行为。主要包括:(1)身体欺凌;(2)语言欺凌;(3)社交欺凌;(4)网络欺凌。校园欺凌危害极大,不但影响正常的教学秩序,也会给受害的学生带来严重的身心伤害。如不加管控,也会导致一些孩子走向犯罪道路。联合国教科文组织发布的《校园暴力与欺凌:全球现状报告》指出,许多校园暴力与欺凌的受害者不会把他们的经历告诉任何人,其理由包括不信任成年人、

---

[1] 参见《联合国报告:全球每年有2.46亿儿童遭受校园霸凌》,载联合国网2017年1月17日,https://news.un.org/zh/story/2017/01/269362。

[2] 参见《什么是校园欺凌?校园欺凌的危害有哪些?该如何预防校园欺凌?》,载微信公众号"文明汝南"2024年9月20日,https://mp.weixin.qq.com/s?__biz=MzU5MDc5MjYxNQ==&mid=2247515286&idx=3&sn=5f82475f04ef33b4681e793f3121ccdc&chksm=ff27b43e886e49c7731246cb22422ae11b28ea0d79d5592db22a372935cb5b0851c9fb9eb9eb&scene=27。

害怕产生不良影响或遭报复、负罪感、耻辱感或困惑、担心不会被认真对待或者不知道去哪里寻求帮助等。

2.有关规定

根据《预防未成年人犯罪法》第三十八条规定,学生欺凌属于未成年人严重不良行为。公安机关接到举报或者发现未成年人有严重不良行为的,应当及时制止,依法调查处理,并可以责令其父母或者其他监护人消除或者减轻违法后果,采取措施严加管教。该法第四十一条规定,公安机关可以对有严重不良行为的未成年人采取予以训诫、责令赔礼道歉、赔偿损失和责令具结悔过等矫治教育措施。

基于学校对学生承担的教育保护职责,且学校管理的相对封闭性,因此学校理应对学生欺凌行为或侵害未成年学生犯罪负有防范、制止和及时报告义务。《未成年人保护法》第三十九条第一款、第三款分别规定,学校应当建立学生欺凌防控工作制度,对教职员工、学生等开展防治学生欺凌的教育和培训。对实施欺凌的未成年学生,学校应当根据欺凌行为的性质和程度,依法加强管教。对严重的欺凌行为,学校不得隐瞒,应当及时向公安机关、教育行政部门报告,并配合相关部门依法处理。《未成年人学校保护规定》具体规定了学校对校园欺凌开展调查、对实施或者参与欺凌行为的学生给予教育惩戒或者纪律处分,以及向公安机关、教育行政部门的报告制度。

适用要点

1.责令改正与行政处罚

责令改正,是行政机关针对当事人违法行为的纠正和恢复,旨在预防或制止正在发生或可能发生的违法行为、危险状态以及不利后果,具有强制性与命令性特征,一般认为,责令改正属于行政命令,不属于行政处罚。责令改正与行政处罚存在区别。从性质上看,责令改正系行政管理措施,是行政机关对违法行为人发出的一种行政命令;而行政处罚是对违反行政管理秩序的行为依法给予的制裁。从内容上看,责令改正要求违法行为人履行法定义务,停止违法行为,消除不良后果;行政处罚是对违法行为人的财产权利、人身自由等的限制和剥夺。从规制角度看,责令改正是命令违法行为人履行应有的法定义务,纠正违法,未减损权益或增加义务,无惩戒性;行政处罚是对行政相对人科处新的义务,具有惩罚性。从形式上看,因各类具体违法行为不同,责令改正的表现形式也不尽相同,如停止违法行为、责令退还、责令赔偿、限期拆除等形式;行政处罚种类具有法定性,具体包括警告、通报批评,罚款、没收违法所得、没收非法财物,暂扣许可证件、降低资质等级、吊销许可证件,限制开展生产经营活动、责令停产停业、责令关闭、限制从业和行政拘留等。

2.行政处罚和建议行政处分

本条中的责令改正,主要是指公安机关通过下达整改通知书等方式,要求涉事学校采取措施完善报告制度或者按照相关规定予以处置。在责令改正的同时,并对其直接负责的主管人员和其他直接责任人员处警告,建议有关部门依法予以处分。这也是本法中唯一一条关于公安机关在实施治安处罚的同时建议给予有关责任人员处分的规定。

第四节　妨害社会管理的行为和处罚

第六十一条 【对拒不执行紧急状态决定、命令及阻碍执行公务行为的处罚】有下列行为之一,处警告或者五百元以下罚款;情节严重的,处五日以上十日以下拘留,可以并处一千元以下罚款:

(一)拒不执行人民政府在紧急状态情况下依法发布的决定、命令的;

(二)阻碍国家机关工作人员依法执行职务的;

（三）阻碍执行紧急任务的消防车、救护车、工程抢险车、警车或者执行上述紧急任务的专用船舶通行的；

（四）强行冲闯公安机关设置的警戒带、警戒区或者检查点的。

阻碍人民警察依法执行职务的，从重处罚。

新旧对照

2012年《治安管理处罚法》	2025年《治安管理处罚法》
第五十条　有下列行为之一的，处警告或者**二百元**以下罚款；情节严重的，处五日以上十日以下拘留，可以并处**五百元**以下罚款： （一）拒不执行人民政府在紧急状态情况下依法发布的决定、命令的； （二）阻碍国家机关工作人员依法执行职务的； （三）阻碍执行紧急任务的消防车、救护车、工程抢险车、警车**等车辆**通行的； （四）强行冲闯公安机关设置的警戒带、警戒区的。 阻碍人民警察依法执行职务的，从重处罚。	第六十一条　有下列行为之一的，处警告或者**五百元**以下罚款；情节严重的，处五日以上十日以下拘留，可以并处**一千元**以下罚款： （一）拒不执行人民政府在紧急状态情况下依法发布的决定、命令的； （二）阻碍国家机关工作人员依法执行职务的； （三）阻碍执行紧急任务的消防车、救护车、工程抢险车、警车**或者执行上述紧急任务的专用船舶**通行的； （四）强行冲闯公安机关设置的警戒带、警戒区**或者检查点**的。 阻碍人民警察依法执行职务的，从重处罚。

重点解读

本条规定的行为都与政府公务类活动有关。公务类活动承载行使国家权力、管理公共事务的重任，体现国家的意志，为维护国家和社会的根本利益，为社会生产、生活的正常运行与稳定发展提供坚实的支撑。公务活动的开展依赖国家机关及其工作人员依法履职、行使权力过程中的各种行为，需要公民、法人和其他组织的有效配合。这不仅关乎工作效率的提高,也是对法律权威和公民权益的维护,在紧急状态下,更是如此。

> 适用要点

1.拒不执行人民政府在紧急状态情况下依法发布的决定、命令的情形

紧急状态,是指突然发生,或者即将发生的造成或者可能对国家安全、人民生命财产安全、公共安全、环境安全或者社会秩序构成重大威胁的情势,必须采取应急处置措施予以应对。为了控制、消除紧急状态所带来的社会危害和威胁、维护公共安全与社会稳定,有关国家机关按照宪法、法律规定的权限,行使紧急权力决定并采取临时性措施。人民政府在紧急状态情况下依法发布的决定、命令,旨在强化国家行政权力、依法适量限制或中止公民的部分权利,避免出现应急无序的状态,社会成员也有义务配合落实有关决定、命令措施。目前,我国没有专门的《紧急状态法》。《宪法》第六十七条、第八十九条规定了紧急状态的发布主体。有关单行法规定了各类情形下的紧急状态及应对措施,如《国家安全法》《突发事件应对法》《传染病防治法》《防洪法》《防震减灾法》《突发公共卫生事件应急条例》等。

拒不执行,一般表现为经过劝说、警告后仍不履行法定义务的行为,包括积极作为或消极不作为的方式,本行为主要表现为不作为,如在防洪抢险和地震时,不服从安全转移的命令;在发生重大传染性疾病时,不服从人民政府关于隔离、强制检疫的决定和命令等。

2.阻碍国家机关工作人员依法执行职务的情形

本条第一款第二项的立法目的主要是保障国家机关工作人员依法执行职务,维护执法秩序,行政相对人负有配合执法的义务。国家机关工作人员,是指在国家权力机关、行政机关、司法机关、军事机关和监察机关中从事公务的人员,以及在依法行使国家职权的组织中从事公务的人员,或者在受国家机关委托代表国家机关行使职权的组织中从事公务的人员,

或者不属于国家机关编制,但在国家机关中从事公务的人员,在代表国家机关行使职权时,也被视为国家机关工作人员。依法执行职务,是指国家机关工作人员依照法律法规有关规定,在法定权限范围内从事的职责类活动,如市场监管人员对商品的监督管理等。行为人的动机,如出于私利,或私人恩怨,或偏袒某人等。无论行为人动机如何,都不影响本行为的成立。阻碍的目的是迫使国家机关工作人员不能顺利或放弃执行职务,或者拖延一定时间。本项对阻碍的具体行为方式没有作出限定,不要求以暴力、威胁方法为条件,可以是以吵闹、谩骂、侮辱、威胁、围堵或拦截等多种方式阻拦、妨碍。[1] 除前述外,在一些特定情形下,如查酒驾,阻碍的具体方式更加多样化,拒绝打开车门车窗、大量饮水或者大量饮酒等行为对违法行为认定结果产生影响的,也应认定为阻碍。[2]

实践中,要避免对"阻碍"认定的泛化,如有的行为人因为不理解简单不配合,同国家机关工作人员抱怨发牢骚,或吵闹,或因沟通交流不畅而发生言语冲突,这些涉及劝说、教育释法的问题,不应简单以违法论处。

3. 阻碍执行紧急任务的交通工具的优先通行的情形

行政机关享有行政优益权,具体包括行政优先权和行政受益权,前者指国家为保障行政主体有效地行使行政职权而赋予行政主体许多职务上的优先条件,即行政权与其他社会组织及公民个人的权利在同一领域或同一范围内相遇时,行政权具有优先行使和实现的效力。本项主要为了保障行政优先权而设置。本行为侵害的是执行紧急任务的交通工具的优先通行权,还侵害了公共安全,《消防法》第四十七条第一款,《道路交通安全法》第十五条、第五十三条第一款都有明确规定。

此处的交通工具必须是执行紧急任务,如抢险救灾、抢救他人生命等;交通工具类型不限,如消防车、救护车、工程抢险车、警车、执法专用船舶等。

---

[1] 参见杭公临平(特)行罚决字〔2023〕00126号案例。
[2] 参见陈东、蒋欣妍:《公安机关办理醉酒危险驾驶刑事案件从重情形的理解与适用》,载《中国应用法学》2024年第3期。

本条中的"阻碍",是指能够避让却故意不避让,或以挖沟、设置路障等人为方法影响妨碍特种交通工具通行。需要注意的是,本行为必须发生在上述交通工具在执行紧急任务的过程中,阻碍非执行紧急任务的交通工具,不构成本行为。

4. 强行冲闯公安机关设置的警戒带、警戒区或者检查点的情形

公安机关设置的警戒带、警戒区或者检查点,旨在保护重大事故、违法犯罪活动现场,或为维持特定区域的公共秩序。强行冲闯公安机关设置的警戒带、警戒区或者检查点的行为,破坏了警戒现场的秩序,影响了公安机关正常履职工作。

强行,即强制进行。强行冲闯,即行为人无视现场设置的有关警示标志或不听人民警察的劝阻,强行进入、跨越警戒带、警戒区和检查点。行为人可能是出于围观看热闹目的,或为了起哄等,动机不影响本行为的成立。《人民警察使用警械和武器条例》第七条规定,对于强行冲越人民警察为履行职责设置的警戒线的,人民警察经警告无效的,可以使用警棍、催泪弹、高压水枪、特种防暴枪等驱逐性、制服性警械。需要注意的是,这里的警戒带、警戒区和检查点,是公安机关设置的,如果是某些单位自行设置的所谓"警戒带、警戒区和检查点",不属于本条第一款第四项规定的行为。

5. 阻碍人民警察依法执行职务的情形

人民警察肩负着打击违法犯罪、维护社会稳定的重要职责,代表国家行使执法权。阻碍人民警察依法执行职务,不仅危害民警人身安全,更损害国家法律权威、破坏国家正常管理秩序。针对阻碍人民警察依法执行职务的,从重处罚。实践中,注意与袭警行为区分。袭警,即乘其不备、突然打击,本身即带有暴力性、主动性和攻击性,如"实施撕咬、掌掴、踢打、抱摔、投掷物品等行为;实施打砸、毁坏、抢夺人民警察乘坐的车辆、使用的警械等行为"。[1] 阻碍,侧重于妨害、阻拦。袭警的暴力程度明显大于

---

〔1〕 参见《最高人民法院、最高人民检察院关于办理袭警刑事案件适用法律若干问题的解释》(高检发释字〔2025〕1号)。

阻碍的暴力程度。

6. 因为决定命令等存在瑕疵而被拒绝执行的违法认定

行政行为具有公定力、确定力、执行力和拘束力。公定力，按照学界通说，指行政行为一经作出或一旦成立，即使其内容存在瑕疵，也具有被推定为合法有效的形式效力。那么，行政行为一旦实施，相对人就必须遵守，配合执行。即便是行政行为存在轻微瑕疵，也不能成为不予配合执行的借口。本条对阻碍国家机关工作人员依法执行职务的行为予以惩罚，其立法目的在于保障国家机关工作人员依法执行职务，维护执法秩序，进而保护人民群众合法权益。因此，行政相对人负有配合执法的义务。这既是促进行政目标实现的应有之义，也是维护行政行为公定力的必然要求。

无效行政行为是否具有公定力，目前存在分歧。有学者认为，无效行政行为具有公定力，行政相对人应当予以遵守服从。也有学者认为，无效行政行为不具有公定力。按照目前司法裁判实践，无效行政行为是指该行为存在"重大且明显"的违法情形。"重大"一般是指行政行为的实施将给公民、法人或者其他组织的合法权益带来重大影响，而"明显"一般是指行政行为的违法性已经明显到任何有理智的人都能够作出判断的程度。行政行为只有同时存在"重大且明显"违法的情形，该行为才能被认定为无效。[1] 所以，通常认为行政行为存在重大且明显的违法情形时，才能认定相对人不予配合方能获得支持。如作为执行依据的文书未加盖公章。[2] 如果没有达到重大且明显的程度，不宜认定其无效，"一名身着制服的城管执法人员在执法现场已经表明了身份及来意，其他三人未着制服。从一般认知考虑现场情景，并不足以产生对对方执行职务行为性

---

[1] 参见西安铁路运输法院行政判决书，(2024)陕7102行初2455号；河南省开封市中级人民法院行政判决书，(2024)豫02行终145号；湖北省恩施土家族苗族自治州中级人民法院行政判决书，(2024)鄂28行终108号；新疆维吾尔自治区巴音郭楞蒙古自治州中级人民法院行政裁定书，(2024)新28行终61号；吉林省长春铁路运输中级法院行政判决书，(2024)吉71行终247号。

[2] 参见李爱伟：《无效行政行为的认定标准》，载中国法院网2008年8月28日，https://www.chinacourt.org/article/detail/2008/08/id/320051.shtml。

质的严重怀疑,上诉人采取打落手机的方式予以回应显然超过必要限度,构成对执行职务行为的阻碍。因此,被诉处罚决定定性正确,上诉人的该项上诉主张缺乏事实根据,本院不予支持。至于城管队员行为本身合法性的问题,结合前述分析,并非认定上诉人是否构成阻碍执行职务行为的前提,上诉人对此有异议,可通过其他途径解决。"[1]

7. 执法存在过错与行为人违法行为的认定

执法行为是一项严肃的公权力行为,当执法存在过错时,也会影响执法行为的公信力和公众的接受度。在这种情况下,对执法行为有一些形式和内容上的严格要求。根据《最高人民法院、最高人民检察院关于办理袭警刑事案件适用法律若干问题的解释》第四条,对于人民警察执法活动存在过错,在认定行为人暴力袭击行为是否构成袭警罪时,应当综合考虑行为人的暴力程度、危害后果及执法过错程度等因素,依法妥当处理。人民警察执法活动存在严重过错的,对行为人一般不作为犯罪处理。执法过错较大,袭击行为暴力程度较轻、危害不大的,可以不作为犯罪处理。袭击行为造成严重后果,确需追究刑事责任的,应当依法从宽处理。

> **第六十二条 【对招摇撞骗行为的处罚】**冒充国家机关工作人员招摇撞骗的,处十日以上十五日以下拘留,可以并处一千元以下罚款;情节较轻的,处五日以上十日以下拘留。
>
> 冒充军警人员招摇撞骗的,从重处罚。
>
> 盗用、冒用个人、组织的身份、名义或者以其他虚假身份招摇撞骗的,处五日以下拘留或者一千元以下罚款;情节较重的,处五日以上十日以下拘留,可以并处一千元以下罚款。

---

[1] 北京市第一中级人民法院行政判决书,(2020)京01行终474号。

新旧对照

2012年《治安管理处罚法》	2025年《治安管理处罚法》
第五十一条　冒充国家机关工作人员或者以其他虚假身份招摇撞骗的，处五日以上十日以下拘留，可以并处五百元以下罚款；情节较轻的，处五日以下拘留或者五百元以下罚款。 冒充军警人员招摇撞骗的，从重处罚。	第六十二条　冒充国家机关工作人员招摇撞骗的，处十日以上十五日以下拘留，可以并处一千元以下罚款；情节较轻的，处五日以上十日以下拘留。 冒充军警人员招摇撞骗的，从重处罚。 盗用、冒用个人、组织的身份、名义或者以其他虚假身份招摇撞骗的，处五日以下拘留或者一千元以下罚款；情节较重的，处五日以上十日以下拘留，可以并处一千元以下罚款。

重点解读

招摇撞骗，是指假借名义，到处炫耀，进行欺诈蒙骗牟取非法利益。本条分别规定了冒充国家机关工作人员招摇撞骗的情形，冒充军警人员招摇撞骗的情形和盗用、冒用个人、组织的身份、名义或者以其他虚假身份招摇撞骗的情形。

国家机关是依据宪法和法律设立的，是依法承担国家和社会一定的公共事务管理职能和享有一定权力的组织，包括国家各级权力机关、行政机关、审判机关、检察机关、监察机关和军事机关等。冒充国家机关工作人员、冒充军警人员招摇撞骗行为破坏了国家机关的威信，扰乱了社会公共秩序，应受惩罚。

适用要点

1. 冒充国家机关工作人员招摇撞骗的情形

本项中的"国家机关工作人员"同第六十一条的定义。本行为适用上需注意:其一,"冒充国家机关工作人员",是指非国家机关工作人员假冒国家机关工作人员的身份、地位,或者此类国家机关工作人员冒用其他类国家机关工作人员的身份、地位的行为,一般是冒充比本人职位或者身份更高或更重要的国家机关工作人员,这样骗取他人信任的概率大些。其二,行为人必须实施了招摇撞骗行为并获得非法利益。非法利益,包括物质利益,也包括非物质利益,如待遇、荣誉、爱情和职位等。如果行为人只是出于虚荣心,冒充国家机关工作人员身份,但没有骗取非法利益,不构成本行为。

2.冒充军警人员进行招摇撞骗的情形

人民警察和军人承担着维护社会治安秩序和国家安全的重要职责。冒充人民警察或军人招摇撞骗,严重损害人民警察和军人的形象与威信,破坏国家正常管理秩序,而且容易利用群众对人民警察和军人的信任而使这种行为得逞,社会危害性更大。本项对冒充军警人员招摇撞骗的行为给予从重处罚,是对人民警察和军人的形象与威信加以特别保护。实践中,冒充军警人员,一般会穿着从非法渠道获得的军警人员服装,或者伪造的警察证、军官证等。

3.盗用、冒用个人、组织的身份、名义或者以其他虚假身份招摇撞骗的情形

盗用、冒用个人、组织的身份、名义或者以其他虚假身份,是指假冒除国家机关工作人员和军警人员以外的人员身份、名义,行为人实施招摇撞骗的行为,如冒充革命将领的后人,冒充记者、教授、企业家、社会名流及僧人等。[1]

> **第六十三条** 【对伪造、变造、出租、出借、买卖公文、证件、票证行为的处罚】有下列行为之一的,处十日以上十五日以下拘留,

---

[1] 参见滦公(新)行罚决字〔2022〕0131号案例。

可以并处五千元以下罚款;情节较轻的,处五日以上十日以下拘留,可以并处三千元以下罚款:

(一)伪造、变造或者买卖国家机关、人民团体、企业、事业单位或者其他组织的公文、证件、证明文件、印章的;

(二)出租、出借国家机关、人民团体、企业、事业单位或者其他组织的公文、证件、证明文件、印章供他人非法使用的;

(三)买卖或者使用伪造、变造的国家机关、人民团体、企业、事业单位或者其他组织的公文、证件、证明文件、印章的;

(四)伪造、变造或者倒卖车票、船票、航空客票、文艺演出票、体育比赛入场券或者其他有价票证、凭证的;

(五)伪造、变造船舶户牌,买卖或者使用伪造、变造的船舶户牌,或者涂改船舶发动机号码的。

新旧对照

2012年《治安管理处罚法》	2025年《治安管理处罚法》
第五十二条 有下列行为之一的,处十日以上十五日以下拘留,可以并处**一千元**以下罚款;情节较轻的,处五日以上十日以下拘留,可以并处**五百元**以下罚款: (一)伪造、变造或者买卖国家机关、人民团体、企业、事业单位或者其他组织的公文、证件、证明文件、印章的; (二)买卖或者使用伪造、变造的国家机关、人民团体、企业、事业单位或者其他组织的公文、证件、证明文件的; (三)伪造、变造、倒卖车票、船票、	第六十三条 有下列行为之一的,处十日以上十五日以下拘留,可以并处**五千元**以下罚款;情节较轻的,处五日以上十日以下拘留,可以并处**三千元**以下罚款: (一)伪造、变造或者买卖国家机关、人民团体、企业、事业单位或者其他组织的公文、证件、证明文件、印章的; (二)**出租、出借国家机关、人民团体、企业、事业单位或者其他组织的公文、证件、证明文件、印章供他人非法使用的;** (三)买卖或者使用伪造、变造的

续表

2012年《治安管理处罚法》	2025年《治安管理处罚法》
航空客票、文艺演出票、体育比赛入场券或者其他有价票证、凭证的； （四）伪造、变造船舶户牌，买卖或者使用伪造、变造的船舶户牌，或者涂改船舶发动机号码的。	国家机关、人民团体、企业、事业单位或者其他组织的公文、证件、证明文件、**印章**的； （四）伪造、变造**或者**倒卖车票、船票、航空客票、文艺演出票、体育比赛入场券或者其他有价票证、凭证的； （五）伪造、变造船舶户牌，买卖或者使用伪造、变造的船舶户牌，或者涂改船舶发动机号码的。

> 重点解读

国家机关包括国家权力机关、国家行政机关、监察机关、审判机关和检察机关；人民团体，如工会、共青团、妇联和工商联等全国性组织，是中国人民政治协商会议的组成单位。其他组织，包括依照《社会团体登记管理条例》规定成立的社会组织，民办非企业单位，村民委员会等组织。

公文、证件、证明文件、印章是国家机关管理社会与公务活动的重要外观形式载体与评价认证的重要依据，主体具有特定性和程序流转具有严格性，其制作与使用的合法性直接关涉国家机关的公信力以及社会公众的合理信赖，国家通过立法加以保护，也是维护这种公信力和合理信赖的具体体现。公文，具有传达政策法令、指导计划工作、报告和商洽工作情况的作用，如通知和函电等。证件，用来证明身份、资格和权利义务关系的凭证，如毕业证、工作证和驾驶证等。证明文件，是指颁发的证明某项事实的文件，如违法犯罪记录证明、房产证明等。印章，是指具有一定规格标准、含有文字与图形的公章或专用章，一般用于代表本单位对外工作时表示鉴定或签署的作用。国家机关、人民团体、企业、事业单位或者其他组织的公文、证件、证明文件和印章，具有严肃性、组织性、规范性和专用性特征，代表一定权利义务，体现单位的正常管理。《印铸刻字业暂行管理规则》《国务院关于国家行政机关和企业事业单位社会团体印章管理的规定》对印铸刻字业与国家行政机关和企业事业单位社会团体的印章管理进行了规定。

车票、船票、航空客票、文艺演出票、体育比赛入场券或者其他有价票证、凭证，是乘客乘车、船和飞机或者观看演出与比赛的凭证，具有一定的票面价格，可以作为某种权利义务的证明。伪造、变造营业性演出门票或者倒卖伪造、变造的营业性演出门票，扰乱了营业性演出的管理秩序。《营业性演出管理条例》第三十一条，《印刷业管理条例》第三十一条第二款、第三十三条、第三十五条对此作出相应的规定。

适用要点

1.伪造、变造或买卖国家机关、人民团体、企业、事业单位或者其他组织的公文、证件、证明文件、印章的情形

伪造，是指编造、制作假的、不存在的事物。变造，是指采取涂改、拼接等方式改变原样、歪曲真相的行为。买卖，是指购买和出卖。这里买卖的公文、证件、证明文件、印章是真的，而不是伪造[1]、变造的。本行为给国家机关、人民团体、企业、事业单位或者其他组织的正常管理活动秩序和声誉造成损害，行为人实施任一行为，就构成违法。

2.出租、出借国家机关、人民团体、企业、事业单位或者其他组织的公文、证件、证明文件、印章供他人非法使用的情形

一般出租是有偿行为，出借是无偿行为。实践中，行为人一般是国家机关、人民团体、企业、事业单位或者其他组织的公文、证件、证明文件、印章的管理人员等。本行为是选择性的，行为人实施任一行为，就构成违法。

---

[1] 参见桃公(治)决字[2024]第 0447 号案例。

3. 买卖或者使用伪造、变造的国家机关、人民团体、企业、事业单位或者其他组织的公文、证件、证明文件、印章的情形

使用,是指实际运用。本行为是选择性的,行为人只要实施任一行为,就构成违法。"2023年12月18日11时00分,接呼和浩特市公安局刑侦支队下发线索,我辖区有人涉嫌买卖或者使用伪造、变造的国家机关、人民团体、企业、事业单位或者其他组织的公文、证件、证明文件、印章。"[1]

4. 伪造、变造或者倒卖车票、船票、航空客票、文艺演出票、体育比赛入场券或者其他有价票证、凭证的情形

本项中的伪造和变造含义同上。倒卖,是低买高卖赚取差额利润的行为。其他有价票证、凭证,如邮票、游览门票、彩票和其他纪念性票证等。伪造、变造、倒卖本项有关票证、凭证的行为,扰乱市场管理秩序。倒卖票证的人,俗称"黄牛""票贩子",指通过正当或不正当手段获取有价票证等并囤积票源,然后加价出售获利的人。倒卖票证本质上是一种恶意垄断的抬价行为,侵害消费者合法权益,破坏公平购买的市场秩序。情节严重的,可能涉嫌非法经营罪。有些"黄牛"利用抢号软件非法抢占号/票源,妨害网络购票管理秩序,属于"技术性黄牛",情节严重的,可能涉嫌破坏计算机信息系统罪或提供侵入、非法控制计算机信息系统程序、工具罪。有的"黄牛"谎称有低价票、内部票或优惠票,预收受害人定金、票款后失联而未提供相应票券,涉嫌诈骗。

本行为是选择性的,行为人只要实施任一行为,就构成违法。一般这类票证都是有价票证,行为人动机一般是牟利,但是否从中实际获利,不影响本行为的成立。

5. 伪造、变造船舶户牌,买卖或者使用伪造、变造的船舶户牌,或者涂改船舶发动机号码的情形

船舶户牌,是指船舶登记管理机关依法发给船舶的载有名称、编号等内容的牌证。伪造,即假造的行为。变造,是指改变真实内容。涂改,是

---

[1] 参见呼公回(通)行罚决字[2024]8号案例。

指通过涂擦等手段改变原样的行为。《沿海船舶边防治安管理规定》第十一条规定：各类船舶应当依照船舶主管部门的规定编刷船名、船号；未编刷船名、船号或者船名、船号模糊不清的，禁止出海。船名、船号不得擅自拆换、遮盖、涂改、伪造。禁止悬挂活动船牌号。本项行为扰乱主管部门对船舶的正常管理秩序，应受处罚。

> **第六十四条** 【对船舶擅进禁止、限入水域或岛屿行为的处罚】船舶擅自进入、停靠国家禁止、限制进入的水域或者岛屿的，对船舶负责人及有关责任人员处一千元以上二千元以下罚款；情节严重的，处五日以下拘留，可以并处二千元以下罚款。

新旧对照

2012年《治安管理处罚法》	2025年《治安管理处罚法》
第五十三条 船舶擅自进入、停靠国家禁止、限制进入的水域或者岛屿的，对船舶负责人及有关责任人员处**五百元**以上**一千元**以下罚款；情节严重的，处五日以下拘留，并处**五百元以上一千元**以下罚款。	第六十四条 船舶擅自进入、停靠国家禁止、限制进入的水域或者岛屿的，对船舶负责人及有关责任人员处**一千元**以上**二千元**以下罚款；情节严重的，处五日以下拘留，**可以**并处**二千元**以下罚款。

重点解读

本条规定的船舶，是指在我国领海海域内或者内水水域停泊、航行和从事生产作业的各类船舶，但我国军用船舶、公务执法船舶及国家另有规定的除外。国家禁止或者限制进入的水域或岛屿，主要指涉及军事性质的目标、隔离区，以及未开放的水域、港口等，或者其他专门用途的水域和岛屿。国家对这些水域、岛屿有专门的管理规定。公安部《沿海船舶边防治安管理规定》第十七条规定,出海船舶和人员不得擅自进入国家禁止或者限制进入的海域或岛屿,不得擅自搭靠外国籍或者香港特别行政区、澳门特别行政区以及台湾地区的船舶。因避险及其他不可抗力的原因发生前款情形的,应当在原因消除后立即离开,抵港后及时向公安边防部门报告。

适用要点

擅自,即未获得批准或许可而自作主张。限制进入,是指符合一定条件的可以进入,如对船舶吨位和类型的限制,或在一定期限后才能进入的,如禁渔期,或海上军事训练、航天活动期间的限制水域、岛屿范围等。根据《沿海船舶边防治安管理规定》第十三条的规定,各类船舶进出港口时,除依照规定向渔港监督或者各级海事行政主管部门办理进出港签证手续外,还应当办理进出港边防签证手续。进出非本船籍港时,必须到当地公安边防部门或者其授权的船舶签证点,办理边防签证手续,接受检查。[1]

本行为的例外情形。《沿海船舶边防治安管理规定》第十七条第二款规定,因避险及其他不可抗力的原因而进入或者停靠禁止、限制进入的水域或者岛屿,在原因消除后立即离开,抵港后及时向公安边防部门报告的,不构成本行为。

第六十五条 【对非法社会组织活动及未获许可擅自经营行为的处罚】有下列行为之一的,处十日以上十五日以下拘留,可以并处五千元以下罚款;情节较轻的,处五日以上十日以下拘留或者一千元以上三千元以下罚款:

---

〔1〕 参见启公(吕)行罚决字〔2018〕31号案例。

（一）违反国家规定,未经注册登记,以社会团体、基金会、社会服务机构等社会组织名义进行活动,被取缔后,仍进行活动的;

　　（二）被依法撤销登记或者吊销登记证书的社会团体、基金会、社会服务机构等社会组织,仍以原社会组织名义进行活动的;

　　（三）未经许可,擅自经营按照国家规定需要由公安机关许可的行业的。

　　有前款第三项行为的,予以取缔。被取缔一年以内又实施的,处十日以上十五日以下拘留,并处三千元以上五千元以下罚款。

　　取得公安机关许可的经营者,违反国家有关管理规定,情节严重的,公安机关可以吊销许可证件。

新旧对照

2012年《治安管理处罚法》	2025年《治安管理处罚法》
第五十四条　有下列行为之一的,处十日以上十五日以下拘留,并处五百元以上一千元以下罚款;情节较轻的,处五日以下拘留或者五百元以下罚款: （一）违反国家规定,未经注册登记,以社会团体名义进行活动,被取缔后,仍进行活动的; （二）被依法撤销登记的社会团体,仍以**社会团体**名义进行活动的; （三）未经许可,擅自经营按照国家规定需要由公安机关许可的行业的。 有前款第三项行为的,予以取缔。 取得公安机关许可的经营者,违反国家有关管理规定,情节严重的,公安机关可以吊销许可证。	第六十五条　有下列行为之一的,处十日以上十五日以下拘留,**可以**并处**五千元**以下罚款;情节较轻的,处五日**以上十日以下**拘留或者**一千元以上三千元**以下罚款: （一）违反国家规定,未经注册登记,以社会团体、**基金会**、**社会服务机构**等社会组织名义进行活动,被取缔后,仍进行活动的; （二）被依法撤销登记**或者吊销登记证书**的社会团体、**基金会**、**社会服务机构**等社会组织,仍以**原社会组织**名义进行活动的; （三）未经许可,擅自经营按照国家规定需要由公安机关许可的行业的。 有前款第三项行为的,予以取缔。

续表

2012 年《治安管理处罚法》	2025 年《治安管理处罚法》
	被取缔一年以内又实施的,处十日以上十五日以下拘留,并处三千元以上五千元以下罚款。 取得公安机关许可的经营者,违反国家有关管理规定,情节严重的,公安机关可以吊销许可证件。

重点解读

结社自由,是指公民为了实现某种合法的宗旨,依法、自愿结成某种社会团体,是公民重要的基本政治权利和自由,受宪法保护。社会团体、基金会和社会服务机构都是基于某种目的,由一定人员组成的社会组织,具有广泛性、代表性特点,在促进社会事业发展、提供公共服务和繁荣经济等方面发挥着重要作用。《社会团体登记管理条例》第二条规定,该条例所称社会团体,是指中国公民自愿组成,为实现会员共同意愿,按照其章程开展活动的非营利性社会组织。国家机关以外的组织可以作为单位会员加入社会团体。《基金会管理条例》第二条规定,本条例所称基金会,是指利用自然人、法人或者其他组织捐赠的财产,以从事公益事业为目的,按照本条例的规定成立的非营利性法人。《社会服务机构自身建设指南》第3.1条规定,社会服务机构(social service agency),是指企业、事业单位、社会团体和其他社会力量以及公民个人为了公益目的,利用非国有资产捐助举办,按照其章程从事社会服务活动的非营利法人。《民办非企业单位登记管理暂行条例》第二条规定,本条例所称民办非企业单位,是指企业事业单位、社会团体和其他社会力量以及公民个人利用非国有资产举办的,从事非营利性社会服务活动的社会组织。上述规定分别对社会团体、基金会和社会服务机构的设立、变更、注销、监督管理等方面进行了规范。

适用要点

1. 违反国家规定,未经注册登记,以社会团体、基金会、社会服务机构等社会组织名义进行活动,被取缔后,仍进行活动的情形

违反国家规定,未经注册登记,是指一些组织未按照国家关于社会团体、基金会、社会服务机构等社会组织的注册登记要求进行合法注册登记,而以社会团体、基金会、社会服务机构等名义进行活动的行为,妨害了社会管理秩序。《社会团体登记管理条例》第三条规定,成立社会团体,应当经其业务主管单位审查同意,并依照本条例的规定进行登记。社会团体应当具备法人条件。第七条规定,全国性的社会团体,由国务院的登记管理机关负责登记管理;地方性的社会团体,由所在地人民政府的登记管理机关负责登记管理;跨行政区域的社会团体,由所跨行政区域的共同上一级人民政府的登记管理机关负责登记管理。第九条规定,申请成立社会团体,应当经其业务主管单位审查同意,由发起人向登记管理机关申请登记。筹备期间不得开展筹备以外的活动。《基金会管理条例》《民办非企业单位登记管理暂行条例》《社会服务机构自身建设指南》分别对基金会、社会服务机构规定相应的注册登记要求。

取缔是一种行政措施,即明令取消、关闭、禁止,旨在纠正违法行为,恢复正常的行政管理秩序,可能包含行政命令、行政指导等。《社会团体登记管理条例》第三十二条规定,筹备期间开展筹备以外的活动,或者未经登记,擅自以社会团体名义进行活动,以及被撤销登记的社会团体继续以社会团体名义进行活动的,由登记管理机关予以取缔,没收非法财产;构成犯罪的,依法追究刑事责任;尚不构成犯罪的,依法给予治安管理处罚。《基金会管理条例》第四十条规定,未经登记或者被撤销登记后以基金会、基金会分支机构、基金会代表机构或者境外基金会代表机构名义开展活动的,由登记管理机关予以取缔,没收非法财产并向社会公告。《民办非企业单位登记管理暂行条例》第二十七条规定,未经登记,擅自以民办非企业单位名义进行活动的,或者被撤销登记的民办非企业单位继续

以民办非企业单位名义进行活动的,由登记管理机关予以取缔,没收非法财产;构成犯罪的,依法追究刑事责任;尚不构成犯罪的,依法给予治安管理处罚。《取缔非法社会组织办法》对取缔非法社会组织的措施程序进行了规定。

社会团体、基金会、社会服务机构等社会组织被取缔后,仍进行活动的,[1]表明不接受有关行政机关的监督管理,具有一定的主观恶性,也会侵害涉及这些组织的利害关系人合法权益。

2. 被依法撤销登记或者吊销登记证书的社会团体、基金会、社会服务机构等社会组织,仍以原社会组织名义进行活动的情形

撤销登记,是行政管理机关撤回已完成的登记,其法律后果是社会团体、基金会和社会服务机构的法律主体资格消灭。本项和上一项有所区别,上一项规定是社会团体、基金会和社会服务机构未经注册登记的情形,本项针对的是已经登记后出现的情形。

《社会团体登记管理条例》第三十条、第三十一条,《基金会管理条例》第四十一条、第四十二条,《民办非企业单位登记管理暂行条例》第二十四条、第二十五条分别规定了对社会团体、基金会、社会服务机构等社会组织撤销登记的情形。

撤销是一种对行政许可的法律收回行为,具有剥夺性。吊销,属于《行政处罚法》第九条第三项中"吊销许可证件"的行政处罚措施,具有强制性和制裁性,其后果是相关主体丧失了已获批准的从事特定活动的权利。被吊销处罚的原因一般是具有较严重的违法行为。社会团体、基金会和社会服务机构等组织被主管部门撤销登记后或者吊销登记证书后,仍以原社会组织名义进行活动的,属于非法活动,应受惩罚。

3. 未经许可,擅自经营按照国家规定需要由公安机关许可的行业的情形

《人民警察法》第六条规定:"公安机关的人民警察按照职责分工,依

---

[1] 参见鼓公(王)行罚决字[2021]1号案例。

法履行下列职责……（六）对法律、法规规定的特种行业进行管理……"
"需要由公安机关许可的行业"，是指在经营活动中容易被利用进行违法犯罪活动，按照有关法律、行政法规和国务院决定，需要由公安机关许可的旅馆业、保安服务业等行业，并对其实施特殊的治安管理。这类行业禁止一般人从事，只有具备一定条件和资格，经公安机关审查批准才能从事，对于符合条件的颁发行业许可证。未经公安机关许可擅自经营的，扰乱了安全管理秩序，应受处罚。

《旅馆业治安管理办法》第四条规定，申请开办旅馆，应取得市场监管部门核发的营业执照，向当地公安机关申领特种行业许可证后，方准开业。经批准开业的旅馆，如有歇业、转业、合并、迁移、改变名称等情况，应当在市场监管部门办理变更登记后3日内，向当地的县、市公安局、公安分局备案。《保安服务管理条例》第九条规定，申请设立保安服务公司，应当向所在地设区的市级人民政府公安机关提交申请书以及能够证明其符合本条例第八条规定条件的材料。受理的公安机关应当自收到申请材料之日起15日内进行审核，并将审核意见报所在地的省、自治区、直辖市人民政府公安机关。省、自治区、直辖市人民政府公安机关应当自收到审核意见之日起15日内作出决定，对符合条件的，核发保安服务许可证；对不符合条件的，书面通知申请人并说明理由。

本条第二款规定，是针对未经许可，擅自经营按照国家规定需要由公安机关许可的行为，在被给予治安处罚后，予以取缔。被取缔一年内又经营按照国家规定需要由公安机关许可的行业的，给予严厉处罚。取缔应当由违反治安管理行为发生地的县级以上公安机关作出决定，同时，应依法收缴非法财物、追缴违法所得等。

针对取得公安机关许可的经营者违反国家有关管理规定情节严重的情形，本条第三款规定公安机关可以吊销许可证件。吊销许可证件属于比较严重的处罚种类，在实践中要从严把握，一般只对多次违反管理规定或存在严重安全隐患的才给予吊销许可证件处罚。根据本法第一百一十七条规定，应告知当事人有要求举行听证的权利。

第六十六条 【对煽动、策划非法集会、游行、示威行为的处罚】煽动、策划非法集会、游行、示威，不听劝阻的，处十日以上十五日以下拘留。

重点解读

集会、游行、示威，是《宪法》赋予公民的一项重要权利。为了保障公民依法行使集会、游行、示威的权利，维护社会安定和公共秩序，根据宪法，我国专门制定了《集会游行示威法》，该法对集会游行示威的申请和许可等作出规定。该法第四条规定，公民行使集会、游行、示威的权利的时候，必须遵守宪法和法律，不得反对宪法所确定的基本原则，不得损害国家的、社会的、集体的利益和其他公民的合法的自由和权利。

适用要点

本法所称的集会，是指聚集于露天公共场所，发表意见、表达意愿的活动。本法所称的游行，是指在公共道路、露天公共场所列队行进、表达共同意愿的活动。本法所称的示威，是指在露天公共场所或者公共道路上以集会、游行、静坐等方式，表达要求、抗议或者支持、声援等共同意愿的活动。实践中，集会、游行和示威往往相关联。文娱、体育活动，正常的宗教活动，传统的民间习俗活动，也可能发生在露天公共广场，但与集会、游行和示威有明显区别。为了保障公民依法行使集会、游行、示威的权利，维护社会安定和公共秩序，《集会游行示威法》第二章和第三章分别规定了集会游行示威的申请和许可、举行等要求。

煽动，是指煽惑、鼓动。策划，是积极主动地制定策略、规划。实践中，行为人使用过激的语言、文字等方式怂恿、鼓动不明真相的群众参加，或为组织非法集会、游行、示威活动而积极出谋划策。煽动和策划，包括现实中通过互联网进行煽动、策划。非法集会、游行、示威，是指未依法申请或者申请后未获许可,或者未按照主管机关许可的时间、地点、路线而进行的集会、游行、示威活动等。需要注意的是,只有经过公安机关或有关部门、人员劝阻后,仍然煽动、策划非法集会、游行、示威,才构成本行为。实践中,行为人一般出于某种动机,如向政府或有关单位施加压力,为了造成一定社会影响或受到国内外反动势力鼓动等。如微信群内散布谣言。[1]

> **第六十七条 【对旅馆业违反住宿登记管理及安全监管义务行为的处罚】**从事旅馆业经营活动不按规定登记住宿人员姓名、有效身份证件种类和号码等信息的,或者为身份不明、拒绝登记身份信息的人提供住宿服务的,对其直接负责的主管人员和其他直接责任人员处五百元以上一千元以下罚款;情节较轻的,处警告或者五百元以下罚款。
>
> 实施前款行为,妨害反恐怖主义工作进行,违反《中华人民共和国反恐怖主义法》规定的,依照其规定处罚。
>
> 从事旅馆业经营活动有下列行为之一的,对其直接负责的主管人员和其他直接责任人员处一千元以上三千元以下罚款;情节严重的,处五日以下拘留,可以并处三千元以上五千元以下罚款:
>
> (一)明知住宿人员违反规定将危险物质带入住宿区域,不予制止的;
>
> (二)明知住宿人员是犯罪嫌疑人员或者被公安机关通缉的人员,不向公安机关报告的;
>
> (三)明知住宿人员利用旅馆实施犯罪活动,不向公安机关报告的。

---

[1] 参见京公怀(雁)行罚决字〔2020〕50009号案例。

第三章 违反治安管理的行为和处罚

新旧对照

2012年《治安管理处罚法》	2025年《治安管理处罚法》
第五十六条　旅馆业的工作人员对住宿的旅客不按规定登记姓名、身份证件种类和号码的，或者明知住宿的旅客将危险物质带入旅馆，不予制止的，处二百元以上五百元以下罚款。 旅馆业的工作人员明知住宿的旅客是犯罪嫌疑人员或者被公安机关通缉的人员，不向公安机关报告的，处二百元以上五百元以下罚款；情节严重的，处五日以下拘留，可以并处五百元以下罚款。	第六十七条　从事旅馆业经营活动不按规定登记住宿人员姓名、有效身份证件种类和号码等信息的，或者为身份不明、拒绝登记身份信息的人提供住宿服务的，对其直接负责的主管人员和其他直接责任人员处五百元以上一千元以下罚款；情节较轻的，处警告或者五百元以下罚款。 实施前款行为，妨害反恐怖主义工作进行，违反《中华人民共和国反恐怖主义法》规定的，依照其规定处罚。 从事旅馆业经营活动有下列行为之一的，对其直接负责的主管人员和其他直接责任人员处一千元以上三千元以下罚款；情节严重的，处五日以下拘留，可以并处三千元以上五千元以下罚款： （一）明知住宿人员违反规定将危险物质带入住宿区域，不予制止的； （二）明知住宿人员是犯罪嫌疑人员或者被公安机关通缉的人员，不向公安机关报告的； （三）明知住宿人员利用旅馆实施犯罪活动，不向公安机关报告的。

重点解读

　　旅馆业属于特种行业，具有人员聚集性和流动性特点，强化旅馆业治安管理责任的落实，有助于提高预防和查控违法犯罪的能力，保障旅馆业的正常经营和旅客的生命财产安全，维护社会治安秩序稳定。《旅馆业治安管理办法》第二条规定，凡经营接待旅客住宿的旅馆、饭店、宾馆、招待所、客货栈、车马店、浴池等，不论是国营、集体经营，还是合伙经营、个体

199

经营、外商投资经营，不论是专营还是兼营，不论是常年经营，还是季节性经营，都必须遵守该办法。

适用要点

1.从事旅馆业经营活动不按规定登记住宿人员姓名、有效身份证件种类和号码等信息的，或者为身份不明、拒绝登记身份信息的人提供住宿服务的情形

"有效身份证件种类"，一般是指有效期内的居民身份证、户口簿，军官证、护照、港澳居民来往内地通行证、中华人民共和国往来港澳通行证、台湾居民来往大陆通行证、大陆居民往来台湾通行证、外国人永久居留身份证等证件。《户口登记条例》第二十条规定："有下列情形之一的，根据情节轻重，依法给予治安管理处罚或者追究刑事责任……（五）旅店管理人不按照规定办理旅客登记的。"《旅馆业治安管理办法》第六条规定，旅馆接待旅客住宿必须登记。登记时，应当查验旅客的身份证件，按规定的项目如实登记。[1] 接待境外旅客住宿，还应当在24小时内向当地公安机关报送住宿登记表。

本项两类行为分别属于"应作为而不为""应不作为而为之"的行为，按照有关规定对住宿人员进行登记，既是旅馆业经营活动的职责要求，也是承担社会治安管理义务的表现，特别有利于发现和预防拐卖妇女儿童违法犯罪行为。如果存在本项两类行为，极有可能使违法犯罪分子逃避公安司法机关的查缉，不利于预防和打击违法犯罪活动。

恐怖主义，事关国家安全、公共安全和人民生命财产安全。登记住宿人员姓名、有效身份证件种类，也是反恐怖工作的需要。《反恐怖主义法》规定，任何单位和个人都有协助、配合有关部门开展反恐怖主义工作的义务，发现恐怖活动嫌疑或者恐怖活动嫌疑人员的，应当及时向公安机关或

---

[1] 参见济公任（任）快行罚决字〔2023〕54号案例。

者有关部门报告。《反恐怖主义法》第二十一条规定："电信、互联网、金融、住宿、长途客运、机动车租赁等业务经营者、服务提供者，应当对客户身份进行查验。对身份不明或者拒绝身份查验的，不得提供服务。"第八十六条规定："电信、互联网、金融业务经营者、服务提供者未按规定对客户身份进行查验，或者对身份不明、拒绝身份查验的客户提供服务的，主管部门应当责令改正；拒不改正的，处二十万元以上五十万元以下罚款，并对其直接负责的主管人员和其他直接责任人员处十万元以下罚款；情节严重的，处五十万元以上罚款，并对其直接负责的主管人员和其他直接责任人员，处十万元以上五十万元以下罚款。住宿、长途客运、机动车租赁等业务经营者、服务提供者有前款规定情形的，由主管部门处十万元以上五十万元以下罚款，并对其直接负责的主管人员和其他直接责任人员处十万元以下罚款。"

2. 明知住宿人员违反规定将危险物质带入住宿区域，不予制止的情形

危险物质是指受各类制度规定制约管理的物质，如爆炸性、毒害性、放射性、腐蚀性或传染病病原体等危险物质，如果保管和使用不当，会对人体或环境等公共安全造成危害，因此，国家对危险物质的管理非常严格。本法第三十六条、第三十七条针对危险物质进行专门规定。

《旅馆业治安管理办法》第十一条规定，严禁旅客将易燃、易爆、剧毒、腐蚀性和放射性等危险物品带入旅馆。在有关危险物质的管理规定中也有禁止违规携带危险物质进入公共场所的规定。如《民用爆炸物品安全管理条例》第三十条规定，禁止携带民用爆炸物品搭乘公共交通工具或者进入公共场所。

这里的"明知"，即明确知道。在实践中，或住宿人员向旅馆工作人员自述携带的是危险物质，或旅馆工作人员从物品外观，如包装上的文字或图形，很明显就能判断出是危险物质。如果住宿人员将危险物质隐藏在行李或物品里，旅馆工作人员无法发现的话，则不构成本行为，因为法律没有赋予旅馆业经营活动中查验住宿人员携带行李物品的权利。本项规

定赋予旅馆业工作人员"制止权",也是旅馆业经营活动中履行治安管理义务的体现。如,明确告知客人不能携带,或者客人不听劝阻的,应当及时报告有关部门等。

3.明知住宿人员是犯罪嫌疑人员或者被公安机关通缉的人员,不向公安机关报告的情形

举报违法犯罪活动是任何单位和公民的义务。《刑事诉讼法》第一百一十条第一款规定,任何单位和个人发现有犯罪事实或者犯罪嫌疑人,有权利也有义务向公安机关、人民检察院或者人民法院报案或者举报。鉴于旅馆业经营活动中人员聚集性和流动性的特点,旅馆工作人员在办理登记等服务过程中,有机会和条件发现实施违法犯罪活动的不法分子,发现后应向公安机关及时报告,这是旅馆业的法定义务。

这里的"明知"同上。如对客人观察,发现与公安机关发布的通缉令上人员一样。目前在旅客入住登记过程中都会采用技术设备查验客人的有效身份证件或采取人脸识别等技术,为旅馆工作人员"明知"提供了便利条件。如果工作人员不是明确知道的话,不构成本行为。

4.明知住宿人员利用旅馆实施犯罪活动,不向公安机关报告的情形

有的不法分子利用旅馆实施聚众赌博、吸毒和贩毒等犯罪活动,使旅馆成为犯罪的"窝点"或"中转站",严重危害住宿人员的人身财产安全和公共安全。住宿人员利用旅馆实施犯罪活动,与一些旅馆经营者追求经济利益、忽视治安防范有密切关系。《旅馆业治安管理办法》第十二条规定,旅馆内,严禁卖淫、嫖宿、赌博、吸毒、传播淫秽物品等违法犯罪活动。

这里的"明知"同上。实践中,鉴于犯罪活动的隐蔽性,旅馆工作人员如果不是明知的话,不构成本行为。

第六十八条 【对违法出租房屋行为的处罚】房屋出租人将房屋出租给身份不明、拒绝登记身份信息的人的,或者不按规定登记承租人姓名、有效身份证件种类和号码等信息的,处五百元以上一

第三章 违反治安管理的行为和处罚

千元以下罚款;情节较轻的,处警告或者五百元以下罚款。

房屋出租人明知承租人利用出租房屋实施犯罪活动,不向公安机关报告的,处一千元以上三千元以下罚款;情节严重的,处五日以下拘留,可以并处三千元以上五千元以下罚款。

新旧对照

2012年《治安管理处罚法》	2025年《治安管理处罚法》
第五十七条　房屋出租人将房屋出租给**无身份证件的人**居住的,或者不按规定登记承租人姓名、身份证件种类和号码的,处**二百元**以上**五百元**以下罚款。 房屋出租人明知承租人利用出租房屋**进行**犯罪活动,不向公安机关报告的,处**二百元**以上**五百元**以下罚款;情节严重的,处五日以下拘留,可以并处**五百元**以下罚款。	第六十八条　房屋出租人将房屋出租给**身份不明、拒绝登记身份信息的人**的,或者不按规定登记承租人姓名、**有效**身份证件种类和号码**等信息**的,处**五百元**以上**一千元**以下罚款;情节较轻的,处警告或者五百元以下罚款。 房屋出租人明知承租人利用出租房屋**实施**犯罪活动,不向公安机关报告的,处**一千元**以上**三千元**以下罚款;情节严重的,处五日以下拘留,可以并处**三千元**以上**五千元**以下罚款。

重点解读

房屋租赁,是指出租人将房屋出租给承租人使用,承租人向出租人支付租金的行为。出租人一般为房屋所有权人或管理人。一些不法分子利用出租房屋从事违法犯罪活动时有发生,危害社会治安管理秩序。有的地方颁布关于租赁房屋管理的地方性规定,加强对房屋租赁的治安管理,如《西宁市租赁房屋治安管理办法》《中山市租赁房屋治安管理办法》《沈阳市城市房屋租赁管理条例》等。

适用要点

1.房屋出租人将房屋出租给身份不明、拒绝登记身份信息的人的,或者不按规定登记承租人姓名、有效身份证件种类和号码等信息的情形

从民事合同角度看,出租人和承租人作为合同主体应当确定身份信息,有助于确保合同履行,防范租赁合同履行风险;同时从行业监管角度看,为了从规范形成良好的租赁市场秩序,明确承租人身份也十分重要。所以,房屋出租人作为受益人,认真查验承租人的身份证件,了解承租人基本情况;承租人如实向出租人提供姓名、有效身份证件种类和号码等信息供登记,是承租人的法定义务。如《沈阳市城市房屋租赁管理条例》第十五条规定:"房屋出租人应当遵守下列规定:(一)不得将城市房屋出租给无合法有效证件的承租人……"第十六条规定:"房屋承租人应当遵守下列规定:(一)如实向出租人提供合法有效证件,属于外来人员的,及时办理居住登记……"

本行为主观方面可能是故意,也可能是过失,一般是出租人因为利益驱动将房屋出租给身份信息不明的人。

2.房屋出租人明知承租人利用出租房屋实施犯罪活动,不向公安机关报告的情形

有的不法分子利用出租房屋进行犯罪活动,如在出租房屋进行伪造国家机关公文、证件,制、贩毒等。房屋的出租方和承租方是房屋租赁合同的当事人,特别是以营利为目的的房屋出租人应承担一定社会责任。如《沈阳市城市房屋租赁管理条例》第十五条规定:"房屋出租人应当遵守下列规定……(二)发现承租人有违法犯罪活动或者有违法犯罪嫌疑的,应当及时向公安机关报告……"

需要注意的是:其一,出租人主观上必须是明知。如果出租人对承租人利用出租房屋进行犯罪活动根本不知道,则不属于本款规定的行为。其二,承租人实施犯罪活动必须是利用了所租房屋。如在承租的房屋中开设诈骗公司、开办赌场进行诈骗、赌博等犯罪活动。如果承租人不在其

承租的房屋里实施犯罪活动,只是回去休息睡觉等,则不属于本款规定的行为。其三,房屋出租人未向公安机关报告。出租人明知并向公安机关报告承租人利用出租房屋实施犯罪活动,是作为租赁受益人承担社会责任的表现。

> 第六十九条 【对特定行业经营者不依法登记信息行为的处罚】娱乐场所和公章刻制、机动车修理、报废机动车回收行业经营者违反法律法规关于要求登记信息的规定,不登记信息的,处警告;拒不改正或者造成后果的,对其直接负责的主管人员和其他直接责任人员处五日以下拘留或者三千元以下罚款。

■ 新旧对照

2012 年《治安管理处罚法》	2025 年《治安管理处罚法》
无	第六十九条 娱乐场所和公章刻制、机动车修理、报废机动车回收行业经营者违反法律法规关于要求登记信息的规定,不登记信息的,处警告;拒不改正或者造成后果的,对其直接负责的主管人员和其他直接责任人员处五日以下拘留或者三千元以下罚款。

■ 重点解读

娱乐场所和公章刻制、机动车修理、报废机动车回收行业与人们日常生活息息相关,因经营业务的内容和性质而易被犯罪分子利用,借以伪造变造证件、公章或用作藏匿、销赃的场所和渠道,对治安管理有更高要求。娱乐场所和公章刻制、机动车修理、报废动机车回收行业经营者按规定登记信息,是维护行业经营安全秩序的必要措施,也是维护消费者合法权益的客观需要,更是配合公安机关加强治安管理、保障公共安全的法定义务。

适用要点

《娱乐场所管理条例》第二条规定,本条例所称娱乐场所,是指以营利为目的,并向公众开放、消费者自娱自乐的歌舞、游艺等场所。《娱乐场所管理办法》对娱乐场所进一步明确,该办法第二条第一款规定:"《条例》所称娱乐场所,是指以营利为目的,向公众开放、消费者自娱自乐的歌舞、游艺等场所。歌舞娱乐场所是指提供伴奏音乐、歌曲点播服务或者提供舞蹈音乐、跳舞场地服务的经营场所;游艺娱乐场所是指通过游戏游艺设备提供游戏游艺服务的经营场所。"《娱乐场所管理条例》第二十五条规定,娱乐场所应当与从业人员签订文明服务责任书,并建立从业人员名簿;从业人员名簿应当包括从业人员的真实姓名、居民身份证复印件、外国人就业许可证复印件等内容。娱乐场所应当建立营业日志,记载营业期间从业人员的工作职责、工作时间、工作地点;营业日志不得删改,并应当留存60日备查。

《印铸刻字业暂行管理规则》明确规定,公章刻制经营者取得市场监管部门核发的营业执照后,应当在5日内向所在地公安机关备案,并就备案具体内容作出了明确规定。第五条第一、二项规定:"凡经营印铸刻字业者,均须遵守下列事项:(一)公章刻制经营者应当核验刻制公章的证明材料,采集用章单位、公章刻制申请人的基本信息,并应当在刻制公章后1日内,将用章单位、公章刻制申请人等基本信息及印模、刻制公章的证明材料报所在地县级人民政府公安机关备案。(二)凡经营印铸刻字业者,均需备制营业登记簿,以备查验。属本条第一项规定之各印制品,承制者一律不准留样,不准仿制,或私自翻印。"

《报废机动车回收管理办法》第十条第一款规定:"报废机动车回收企业对回收的报废机动车,应当逐车登记机动车的型号、号牌号码、发动机号码、车辆识别代号等信息；发现回收的报废机动车疑似赃物或者用于盗窃、抢劫等犯罪活动的犯罪工具的，应当及时向公安机关报告。"第十三条规定："国务院负责报废机动车回收管理的部门应当建立报废机动车回收信息系统。报废机动车回收企业应当如实记录本企业回收的报废机动车'五大总成'等主要部件的数量、型号、流向等信息，并上传至报废机动车回收信息系统。负责报废机动车回收管理的部门、公安机关应当通过政务信息系统实现信息共享。"

《机动车修理业、报废机动车回收业治安管理办法》第六条规定："机动车修理企业和个体工商户、报废机动车回收企业，必须建立承修登记、查验制度，并接受公安机关的检查。"第七条规定："机动车修理企业和个体工商户承修机动车应如实登记下列项目：（一）按照机动车行驶证项目登记送修车辆的号牌、车型、发动机号码、车架号码、厂牌型号、车身颜色；（二）车主名称或姓名、送修人姓名和居民身份证号码或驾驶证号码；（三）修理项目（事故车辆应详细登记修理部位）；（四）送修时间、收车人姓名。"第八条规定："报废机动车回收企业回收报废机动车应如实登记下列项目：（一）报废机动车车主名称或姓名、送车人姓名、居民身份证号码；（二）按照公安交通管理部门出具的机动车报废证明登记报废车车牌号码、车型、发动机号码、车架号码、车身颜色；（三）收车人姓名。"

第七十条 【对非法安装、使用、提供窃听、窃照专用器材行为的处罚】非法安装、使用、提供窃听、窃照专用器材的，处五日以下拘留或者一千元以上三千元以下罚款；情节较重的，处五日以上十日以下拘留，并处三千元以上五千元以下罚款。

新旧对照

2012年《治安管理处罚法》	2025年《治安管理处罚法》
无	第七十条 非法安装、使用、提供窃听、窃照专用器材的,处五日以下拘留或者一千元以上三千元以下罚款;情节较重的,处五日以上十日以下拘留,并处三千元以上五千元以下罚款。

重点解读

非法安装、使用、提供窃听、窃照专用器材可能侵犯公民隐私、企业商业经营信息秘密,危害公共安全,甚至国家安全。所以,窃听、窃照专用器材属于国家严格管理的物品,《禁止非法生产销售使用窃听窃照专用器材和"伪基站"设备的规定》对此有明确规定,禁止自然人、法人及其他组织生产、销售、使用窃听窃照专用器材和"伪基站"设备。《民法典》规定,除法律另有规定或者权利人明确同意外,进入、拍摄、窥视他人的住宅、宾馆房间等私密空间或者拍摄、窥视、窃听、公开他人的私密活动,或拍摄、窥视他人身体的私密部位,构成对他人隐私权的侵害。

实践中,利用窃听、窃照设备偷拍盗摄事件时有发生,如有的不法分子在酒店、宾馆或民宿等场所安装窃听、窃照设备窥探他人隐私,或者将偷拍盗摄内容制成图片、音视频进行贩卖、传播,甚至上传互联网供他人实时观看;有的利用窃听、窃照设备非法调查,非法获取他人的企业经营信息,有的甚至利用偷拍盗摄的信息内容实施敲诈勒索、作弊诈赌等违法犯罪活动,严重侵犯公民个人信息安全与隐私,扰乱社会管理秩序。加大对非法安装、使用、提供窃听、窃照专用器材的打击力度,从源头上铲除偷拍盗摄滋生蔓延的土壤。本法第五十条第一款第六项偷窥、偷拍、窃听他人隐私的违法行为就可能使用窃听、窃照专用器材。

适用要点

1. 窃听、窃照

窃听,如行为人亲自或利用有关工具偷听、偷录。窃照,是指行为人用具有摄录功能器材偷拍、偷摄。窃听、窃照内容,如私人谈话、电话、日常生活和工作、会议等。窃听、窃照都是未经别人同意的行为,关乎公民个人工作、私生活自由权,或者干扰企事业单位自主经营活动,因而除有权机关依法进行,均为非法。

2. 关于窃听、窃照专用器材的相关规定

需要注意的是,本条中所称的"器材"是专用器材,不是一般普通的器材。行为人亲自偷听,或者用一般器材偷拍、偷照的,危害不会太大,不属于本条调整范围,但可能构成行政或者民事违法,应承担相应行政责任或民事责任。

窃听、窃照专用器材,是指能够用来进行秘密监听、录音和摄录影像功能的专用工具。根据国家安全法和其他法律、法规的规定,任何组织和个人均不得非法持有、使用窃听、窃照等专用器材,因此窃听、窃照专用器材是一般禁止持有、使用的物品,除非法律特别授权,持有、使用即为非法。根据国家安全有关法律规定,国家安全机关因侦查危害国家安全行为的需要,根据有关规定,经过严格的批准手续,可以采取技术侦查措施,其具体使用程序也有严格的限制。《禁止非法生产销售使用窃听窃照专用器材和"伪基站"设备的规定》第二条规定,禁止自然人、法人及其他组织生产、销售、使用窃听窃照专用器材和"伪基站"设备。第三条规定:"本规定所称窃听专用器材,是指以伪装或者隐蔽方式使用,经公安机关依法进行技术检测后作出认定性结论,有以下情形之一的:(一)具有无线发射、接收语音信号功能的发射、接收器材;(二)微型语音信号拾取或者录制设备;(三)能够获取无线通信信息的电子接收器材;(四)利用搭接、感应等方式获取通讯线路信息的器材;(五)利用固体传声、光纤、微波、激光、红外线等技术获取语音信息的器材;(六)可遥控语音接收器件或者电子设备中的语音接收功能,获取相关语音信息,且无明显提示的器材(含软件);(七)其他具有窃听功能的器材。"其中有些器材可能涉及专用间谍器材。《反间谍法实施细则》第十八条第一款规定:"《反间谍法》第二十五条所称'专用间谍器材',是指进行间谍活动特殊需要的下列器材:(一)暗藏式窃听、窃照器材;(二)突发式收发报机、一次性密码本、密写工具;(三)用于获取情报的电子监听、截收器材;(四)其他专用间谍器材。"

行为人只要实施了非法安装、使用、提供窃听、窃照等专用器材的行为,就构成违法。

第七十一条 【对违法典当、收购行为的处罚】有下列行为之一的,处一千元以上三千元以下罚款;情节严重的,处五日以上十日以下拘留,并处一千元以上三千元以下罚款:

(一)典当业工作人员承接典当的物品,不查验有关证明、不履行登记手续的,或者违反国家规定对明知是违法犯罪嫌疑人、赃物而不向公安机关报告的;

(二)违反国家规定,收购铁路、油田、供电、电信、矿山、水利、测量和城市公用设施等废旧专用器材的;

(三)收购公安机关通报寻查的赃物或者有赃物嫌疑的物品的;

(四)收购国家禁止收购的其他物品的。

新旧对照

2012年《治安管理处罚法》	2025年《治安管理处罚法》
第五十九条 有下列行为之一的,处**五百元以上一千元以下罚款**;情	第七十一条 有下列行为之一的,处**一千元以上三千元以下罚款**;情

续表

2012年《治安管理处罚法》	2025年《治安管理处罚法》
节严重的,处五日以上十日以下拘留,并处**五百元**以上**一千元**以下罚款: （一）典当业工作人员承接典当的物品,不查验有关证明、不履行登记手续,或者明知是违法犯罪嫌疑人、赃物,不向公安机关报告的; （二）违反国家规定,收购铁路、油田、供电、电信、矿山、水利、测量和城市公用设施等废旧专用器材的; （三）收购公安机关通报寻查的赃物或者有赃物嫌疑的物品的; （四）收购国家禁止收购的其他物品的。	节严重的,处五日以上十日以下拘留,并处**一千元**以上**三千元**以下罚款: （一）典当业工作人员承接典当的物品,不查验有关证明、不履行登记手续**的,或者违反国家规定对**明知是违法犯罪嫌疑人、赃物**而**不向公安机关报告的; （二）违反国家规定,收购铁路、油田、供电、电信、矿山、水利、测量和城市公用设施等废旧专用器材的; （三）收购公安机关通报寻查的赃物或者有赃物嫌疑的物品的; （四）收购国家禁止收购的其他物品的。

重点解读

典当行属于非银行性金融机构,以物品占有权转移的方式为企业、个人提供临时性质押贷款的特殊金融企业,有"第二银行"之称。根据《典当管理办法》,典当,是指当户将其动产、财产权利作为当物质押或者将其房地产作为当物抵押给典当行,交付一定比例费用,取得当金,并在约定期限内支付当金利息、偿还当金、赎回当物的行为。典当行,是指依照本办法设立的专门从事典当活动的企业法人,其组织形式与组织机构适用《公司法》的有关规定。由于典当业容易被违法犯罪分子利用进行销赃等活动,为了加强治安管理,保护群众的利益和典当行的合法经营,商务主管部门对典当业实施监督管理,公安机关对典当业进行治安管理。

铁路、油田、供电、电信、矿山、水利、测量和城市公用设施等关乎国计民生和社会公共利益,其废旧专用器材价值高,容易成为不法分子偷盗贩卖的对象。本行为从"收购"端进行限制,有助于预防和打击对此类废旧专用器材的盗窃和破坏行为。

适用要点

1.典当业工作人员承接典当的物品,不查验有关证明、不履行登记手续的,或者违反国家规定对明知是违法犯罪嫌疑人、赃物而不向公安机关报告的情形

本项规定典当行依法查验当物权属合法的义务。查验证件(照)制度是典当行对当户的主体资格、对当物的合法来源以及当户与当物的所有权关系进行审查,确保典当物品的合法性,防范典当风险。《典当管理办法》第九条规定:"典当行应当建立、健全以下安全制度:(一)收当、续当、赎当查验证件(照)制度;(二)当物查验、保管制度;(三)通缉协查核对制度;(四)可疑情况报告制度;(五)配备保安人员制度。"第二十七条明确规定了典当行不得收当赃物。《典当管理办法》第五十二条规定,典当行发现公安机关通报协查的人员或者赃物以及本办法第二十七条所列其他财物的,应当立即向公安机关报告有关情况。第五十三条规定,对属于赃物或者有赃物嫌疑的当物,公安机关应当依法予以扣押,并依照国家有关规定处理。本项规定"明知",即行为人知道或者应当知道,如果行为人不明知是违法犯罪嫌疑人、赃物而未向公安机关报告,则不属于本行为,不受处罚。

2.违反国家规定,收购铁路、油田、供电、电信、矿山、水利、测量和城市公用设施等废旧专用器材的情形

这里的"国家规定",主要指《再生资源回收管理办法》和《废旧金属收购业治安管理办法》规定的收购废旧专用器材和生产性废旧金属时必须遵守的程序。《再生资源回收管理办法》第九条、第十条,《废旧金属收购业治安管理办法》第二条、第三条分别明确了废旧专用器材的类型、范围以及特定企业收购制度。收购废旧金属的其他企业和个体工商户只能收购非生产性废旧金属,不得收购生产性废旧金属。《废旧金属收购业治安管理办法》第八条规定:"收购废旧金属的企业和个体工商户不得收购下列金属物品……(三)铁路、油田、供电、电信通讯、矿山、水利、测量和城

市公用设施等专用器材……"

3. 收购公安机关通报查寻的赃物或者有赃物嫌疑的物品的情形

赃物,是违法犯罪分子通过非法手段获取的物品,属于调查案件的重要证据。收购公安机关通报寻查的赃物或者有赃物嫌疑的物品,会给公安机关调查侦破案件造成困难,也侵害物品所有人或使用人的合法权益。本行为主体可以是个人或单位组织,特别是典当业、废旧金属收购企业、再生资源回收经营者和个体工商户等,容易成为违法犯罪分子销赃获利的渠道。收购,一般指以金钱购买的方式,也包括"以物易物"的方式。"公安机关通报寻查的赃物",是指丢失物品的个人或者单位向公安机关报案后,公安机关经过侦查确认并发出查找通报的赃物。"收购有赃物嫌疑的物品"是该物品有属于赃物的嫌疑,如在非法交易场所或以明显低于市场价格交易的,或没有合法票据、证件等证明该物品合法性的。

《再生资源回收管理办法》第十条规定,再生资源回收经营者发现赃物时应当立即报告公安机关。《废旧金属收购业治安管理办法》第八条规定,收购废旧金属的企业和个体工商户不得收购赃物或者有赃物嫌疑的物品。第九条规定,收购废旧金属的企业和个体工商户发现有出售公安机关通报寻查的赃物或者有赃物嫌疑的物品的,应当立即报告公安机关。《典当管理办法》第五十二条规定,典当行发现公安机关通报协查的人员或者赃物以及本办法第二十七条所列其他财物的,应当立即向公安机关报告有关情况。第五十三条规定,对属于赃物或者有赃物嫌疑的当物,公安机关应当依法予以扣押,并依照国家有关规定处理。

4. 收购国家禁止收购的其他物品的情形

本项规定属于兜底性条款,是指除第二项、第三项外的国家禁止收购的其他物品。《废旧金属收购业治安管理办法》第八条规定:"收购废旧金属的企业和个体工商户不得收购下列金属物品:(一)枪支、弹药和爆炸物品;(二)剧毒、放射性物品及其容器……"

第七十二条 【对妨害行政执法及司法秩序行为的处罚】有下列行为之一的,处五日以上十日以下拘留,可以并处一千元以下罚款;情节较轻的,处警告或者一千元以下罚款:

（一）隐藏、转移、变卖、擅自使用或者损毁行政执法机关依法扣押、查封、冻结、扣留、先行登记保存的财物的;

（二）伪造、隐匿、毁灭证据或者提供虚假证言、谎报案情,影响行政执法机关依法办案的;

（三）明知是赃物而窝藏、转移或者代为销售的;

（四）被依法执行管制、剥夺政治权利或者在缓刑、暂予监外执行中的罪犯或者被依法采取刑事强制措施的人,有违反法律、行政法规或者国务院有关部门的监督管理规定的行为的。

新旧对照

2005 年《治安管理处罚法》	2012 年《治安管理处罚法》	2025 年《治安管理处罚法》
第六十条 有下列行为之一的,处五日以上十日以下拘留,并处二百元以上五百元以下罚款: （一）隐藏、转移、变卖或者损毁行政执法机关依法扣押、查封、冻结的财物的; （二）伪造、隐匿、毁灭证据或者提供虚假证言、谎报案情,影响行政执法机关依法办案的; （三）明知是赃物而窝藏、转移或者代为销售的;	第六十条 有下列行为之一的,处五日以上十日以下拘留,并处二百元以上五百元以下罚款: （一）隐藏、转移、变卖或者损毁行政执法机关依法扣押、查封、冻结的财物的; （二）伪造、隐匿、毁灭证据或者提供虚假证言、谎报案情,影响行政执法机关依法办案的; （三）明知是赃物而窝藏、转移或者代为销售的;	第七十二条 有下列行为之一的,处五日以上十日以下拘留,**可以并处一千元以下罚款**;**情节较轻的,处警告或者一千元以下罚款:** （一）隐藏、转移、变卖、**擅自使用**或者损毁行政执法机关依法扣押、查封、冻结、**扣留、先行登记保存**的财物的; （二）伪造、隐匿、毁灭证据或者提供虚假证言、谎报案情,影响行政执法机关依法办案的;

续表

2005年 《治安管理处罚法》	2012年 《治安管理处罚法》	2025年 《治安管理处罚法》
（四）被依法执行管制、剥夺政治权利或者在缓刑、保外就医等监外执行中的罪犯或者被依法采取刑事强制措施的人，有违反法律、行政法规和国务院公安部门有关监督管理规定的行为。	（四）被依法执行管制、剥夺政治权利或者在缓刑、**暂予**监外执行中的罪犯或者被依法采取刑事强制措施的人，有违反法律、行政法规**或者**国务院**有关**部门**的**监督管理规定的行为。	（三）明知是赃物而窝藏、转移或者代为销售的； （四）被依法执行管制、剥夺政治权利或者在缓刑、暂予监外执行中的罪犯或者被依法采取刑事强制措施的人，有违反法律、行政法规或者国务院有关部门的监督管理规定的行为**的**。

重点解读

行政执法机关依法采取的扣押、查封、冻结、扣留、先行登记保存措施，属于行政强制措施，旨在制止违法，避免危害发生、控制危险扩大，保证行政决定的有效作出和执行。证据，是指证明案件真实情况的一切事实，包括书证、物证、视听资料、证人证言、当事人陈述、鉴定结论、勘验笔录和现场笔录等。赃物是违法犯罪人员所追求的财物，也是证明违法犯罪的主要证据之一，及时、有效查获赃物是证实违法犯罪，揭露、打击违法犯罪人员的重要手段。违反法律、行政法规或者国务院有关部门的监督管理规定的行为，妨碍公安、司法机关的监督管理或者侦查、审判活动。本条规定的行为均属于妨碍行政执法和司法活动，损害法律的严肃性。与本条相关的立法还有《社区矫正法》。

1. 隐藏、转移、变卖、擅自使用或者损毁行政执法机关依法扣押、查封、冻结、扣留、先行登记保存的财物的情形

扣押，是指行政机关将涉案的财物转移至行政机关控制之下的行为。查封，是指行政机关将涉案的财物贴封条加以封存的行为，禁止该财物被

使用和处理。冻结,是指行政机关禁止与案件有关的存款或汇款被支取或转移的措施。扣留,是指行政机关为防止涉案证据可能丢失或者以后难以取得,对有关财物证据当场登记予以封存的行为。先行登记保存是指经行政机关有关负责人批准,对可能丢失或者以后难以取得的证据,对需要保全的物证当场登记造册,暂时先予封存固定,责令当事人妥为保管,不得销毁或者转移。隐藏、转移、变卖、擅自使用或者损毁行为,妨害行政执法秩序。本项中的行政执法机关包括公安机关、市场监督管理、税务等具有行政执法权的单位部门。本项是选择性行为,行为人只要实施任一行为,即构成违法。

2. 伪造、隐匿、毁灭证据或者提供虚假证言、谎报案情,影响行政执法机关依法办案的情形

伪造,是指无中生有,造假。伪造证据就是编造、捏造出与案件有关的书证、物证等证据材料。隐匿证据,是指将案件的证据隐藏起来,致使行政执法机关未能发现和获取的行为。毁灭证据,是指使证据销毁、灭失的行为。虚假证言,是指与案件事实不符或不实的言词。谎报案情,是指向行政执法机关检举、投诉不真实的违法事实。例如,张某驾驶车辆与王某驾驶车辆发生交通事故,王某驾车离开事故现场,在民警询问调查过程中,张某做了不实陈述。张某的行为妨害行政执法机关的调查取证工作秩序,影响对案件及时查清,甚至可能导致冤假错案发生等严重后果。行为人的动机,可能是陷害、报复他人,或是协助他人逃脱法律惩罚等。

3. 明知是赃物而窝藏、转移或者代为销售的情形

赃物,是违法犯罪人员通过盗窃等违法方式非法获取的公私财物,是证明违法犯罪活动的主要证据,如金钱、物品等。窝藏,是指隐匿,不被别人发现。转移,是指使其变换地点位置的行为。代为销售,是指受他人委托,帮助销售的行为。这些行为会妨害行政、司法机关及时、有效地查获赃物,影响案件办理。

明知,是指知道或应当知道。知道,如行为人亲眼看到该物品是违法

犯罪人员非法获取的,或者亲耳听到违法犯罪人员叙述其取得物品的经过,或有其他确切证据能够证明物品是赃物的等。应当知道,是指根据正常的分析判断和推理,理应知道该物品是赃物的,如应该具有有关证件手续的却没有,或以明显低于市场的价格出售的等。

4.被依法执行管制、剥夺政治权利或者在缓刑、暂予监外执行中的罪犯或者被依法采取刑事强制措施的人,有违反法律、行政法规或者国务院有关部门的监督管理规定的行为的情形

被依法采取刑事强制措施的人,是指根据刑事诉讼法的有关规定,被拘传、取保候审、监视居住、拘留和逮捕的人。上述人员违反法律、行政法规或者国务院有关部门的监督管理规定,妨碍公安、司法机关的监督管理或者侦查、审判活动,损害法律的严肃性。

《刑法》第三十九条第一款规定:"被判处管制的犯罪分子,在执行期间,应当遵守下列规定:(一)遵守法律、行政法规,服从监督;(二)未经执行机关批准,不得行使言论、出版、集会、结社、游行、示威自由的权利;(三)按照执行机关规定报告自己的活动情况;(四)遵守执行机关关于会客的规定;(五)离开所居住的市、县或者迁居,应当报经执行机关批准。"第五十四条规定:"剥夺政治权利是剥夺下列权利:(一)选举权和被选举权;(二)言论、出版、集会、结社、游行、示威自由的权利;(三)担任国家机关职务的权利;(四)担任国有公司、企业、事业单位和人民团体领导职务的权利。"第七十五条规定:"被宣告缓刑的犯罪分子,应当遵守下列规定:(一)遵守法律、行政法规,服从监督;(二)按照考察机关的规定报告自己的活动情况;(三)遵守考察机关关于会客的规定;(四)离开所居住的市、县或者迁居,应当报经考察机关批准。"《暂予监外执行规定》规定,暂予监外执行中的罪犯,不得擅自离开居住的市、县或者变更居住地,应遵守法律和有关规定。

《刑事诉讼法》第七十一条规定:"被取保候审的犯罪嫌疑人、被告人应当遵守以下规定:(一)未经执行机关批准不得离开所居住的市、县;(二)住址、工作单位和联系方式发生变动的,在二十四小时以内向执行机

关报告;(三)在传讯的时候及时到案;(四)不得以任何形式干扰证人作证;(五)不得毁灭、伪造证据或者串供。人民法院、人民检察院和公安机关可以根据案件情况,责令被取保候审的犯罪嫌疑人、被告人遵守以下一项或者多项规定:(一)不得进入特定的场所;(二)不得与特定的人员会见或者通信;(三)不得从事特定的活动;(四)将护照等出入境证件、驾驶证件交执行机关保存……"第七十七条第一款规定:"被监视居住的犯罪嫌疑人、被告人应当遵守以下规定:(一)未经执行机关批准不得离开执行监视居住的处所;(二)未经执行机关批准不得会见他人或者通信;(三)在传讯的时候及时到案;(四)不得以任何形式干扰证人作证;(五)不得毁灭、伪造证据或者串供;(六)将护照等出入境证件、身份证件、驾驶证件交执行机关保存。"

《社区矫正法》第二条第一款规定,对被判处管制、宣告缓刑、假释和暂予监外执行的罪犯,依法实行社区矫正。第十九条规定,社区矫正决定机关判处管制、宣告缓刑、裁定假释、决定或者批准暂予监外执行,应当按照刑法、刑事诉讼法等法律规定的条件和程序进行。社区矫正决定机关应当对社区矫正对象进行教育,告知其在社区矫正期间应当遵守的规定以及违反规定的法律后果,责令其按时报到。第二十三条规定,社区矫正对象在社区矫正期间应当遵守法律、行政法规,履行判决、裁定、暂予监外执行决定等法律文书确定的义务,遵守国务院司法行政部门关于报告、会客、外出、迁居、保外就医等监督管理规定,服从社区矫正机构的管理。第二十八条规定,社区矫正机构根据社区矫正对象的表现,依照有关规定对其实施考核奖惩。社区矫正对象认罪悔罪、遵守法律法规、服从监督管理、接受教育表现突出的,应当给予表扬。社区矫正对象违反法律法规或者监督管理规定的,应当视情节依法给予训诫、警告、提请公安机关予以治安管理处罚,或者依法提请撤销缓刑、撤销假释、对暂予监外执行的收监执行。

第七十三条 【对违反禁止令等行为的处罚】有下列行为之一的,处警告或者一千元以下罚款;情节较重的,处五日以上十日以下拘留,可以并处一千元以下罚款:

(一)违反人民法院刑事判决中的禁止令或者职业禁止决定的;

(二)拒不执行公安机关依照《中华人民共和国反家庭暴力法》、《中华人民共和国妇女权益保障法》出具的禁止家庭暴力告诫书、禁止性骚扰告诫书的;

(三)违反监察机关在监察工作中、司法机关在刑事诉讼中依法采取的禁止接触证人、鉴定人、被害人及其近亲属保护措施的。

新旧对照

2012年《治安管理处罚法》	2025年《治安管理处罚法》
无	第七十三条 有下列行为之一的,处警告或者一千元以下罚款;情节较重的,处五日以上十日以下拘留,可以并处一千元以下罚款: (一)违反人民法院刑事判决中的禁止令或者职业禁止决定的; (二)拒不执行公安机关依照《中华人民共和国反家庭暴力法》、《中华人民共和国妇女权益保障法》出具的禁止家庭暴力告诫书、禁止性骚扰告诫书的; (三)违反监察机关在监察工作中、司法机关在刑事诉讼中依法采取的禁止接触证人、鉴定人、被害人及其近亲属保护措施的。

重点解读

禁止令、职业禁止决定、禁止家庭暴力告诫书、禁止性骚扰告诫书和禁止接触特定人等禁止性管理措施，是有关国家机关为了防止有可能发生的危险，而对特定人课予一定的义务，其目的是保护特定人的利益，或者维护国家机关工作秩序，以便公安机关、监察机关、司法机关客观公正调查案件，因此具有预防性和惩治性双重作用。

适用要点

1. 违反人民法院刑事判决中的禁止令或者职业禁止决定的情形

禁止令与职业禁止决定都不属于新的刑罚，既不是主刑，也不是附加刑，而是两种非刑罚措施。禁止令是指法院对判处管制或者宣告缓刑的犯罪分子，可以结合犯罪情况，同时禁止其在管制执行期间或者缓刑考验期限内从事特定活动，进入特定区域、场所和接触特定的人。职业禁止，是针对利用职业便利实施犯罪，或者实施违背职业要求的特定义务的犯罪分子，禁止其在刑罚执行完毕后一定期限内从事有关职业的限制。

《刑法》第三十八条规定："管制的期限，为三个月以上二年以下。判处管制，可以根据犯罪情况，同时禁止犯罪分子在执行期间从事特定活动，进入特定区域、场所，接触特定的人。对判处管制的犯罪分子，依法实行社区矫正。违反第二款规定的禁止令的，由公安机关依照《中华人民共和国治安管理处罚法》的规定处罚。"第七十二条第二款规定，宣告缓刑，可以根据犯罪情况，同时禁止犯罪分子在缓刑考验期限内从事特定活动，进入特定区域、场所，接触特定的人。《刑法》第三十七条之一规定，因利用职业便利实施犯罪，或者实施违背职业要求的特定义务的犯罪被判处刑罚的，人民法院可以根据犯罪情况和预防再犯罪的需要，禁止其自刑罚执行完毕之日或者假释之日起从事相关职业，期限为三年至五年。被禁止从事相关职业的人违反人民法院依照前款规定作出的决定的，由公安机关依法给予处罚；情节严重的，依照本法第三百一十三条的规定定罪处罚。其他法律、行政法规对其从事相关职业另有禁止或者限制性规定的，从其规定。《关于对判处管制、宣告缓刑的犯罪分子适用禁止令有关问题的规定（试行）》详细规定了禁止接触的人员、严禁出入的地方以及严禁从事的职业。

2. 拒不执行公安机关依照《反家庭暴力法》《妇女权益保障法》出具的禁止家庭暴力告诫书，禁止性骚扰告诫书的情形

《反家庭暴力法》第十五条第一款规定，公安机关接到家庭暴力报案后应当及时出警，制止家庭暴力，按照有关规定调查取证，协助受害人就医、鉴定伤情。第十六条规定，家庭暴力情节较轻，依法不给予治安管理处罚的，由公安机关对加害人给予批评教育或者出具告诫书。告诫书应当包括加害人的身份信息、家庭暴力的事实陈述、禁止加害人实施家庭暴力等内容。第十七条规定，公安机关应当将告诫书送交加害人、受害人，并通知居民委员会、村民委员会。居民委员会、村民委员会、公安派出所应当对收到告诫书的加害人、受害人进行查访，监督加害人不再实施家庭暴力。《妇女权益保障法》第八十条第一款规定，违反本法规定，对妇女实施性骚扰的，由公安机关给予批评教育或者出具告诫书，并由所在单位依法给予处分。

禁止家庭暴力告诫书和禁止性骚扰告诫书是公安机关为督促加害人改正、不再实施家庭暴力和性骚扰而作出的书面告知文件，旨在防范暴力和性骚扰升级，及时纠正不法行为，保护受害人。告诫属于行政指导行为，具有避免小错演变大祸的预防功能，发挥"警示灯""缓冲阀"作用。告诫书作为一种法定证据形式，是受害人依法保护自身的证据，因此告诫书具有预防性与惩治性双重作用，是公安机关在反家庭暴力和反性骚扰工作中实施主动警务、预防警务的重要体现。《关于加强家庭暴力告诫制度贯彻实施的意见》对告诫制度的实体和程序规范、告诫制度与相关制度的衔接、告诫制度的具体实施等作出明确规定。

3. 违反监察机关在监察工作中、司法机关在刑事诉讼中依法采取的禁止接触证人、鉴定人、被害人及其近亲属保护措施的情形

监察机关、司法机关分别在监察工作、刑事诉讼中采取禁止类的管理

措施，既有确保监察工作和刑事调查、诉讼等工作顺利进行的需要，也有保护证人、鉴定人、被害人及其近亲属相关人员人身安全利益的目的。如在刑事侦查阶段，《刑事诉讼法》第六十三条第一款规定："人民法院、人民检察院和公安机关应当保障证人及其近亲属的安全。"证人和近亲属可以向前述机关提出采取相关保护措施，相关人员违背这些保护措施，即构成本行为。

在监察工作和刑事诉讼活动中，证据的作用至关重要。证据主要分为人证和物证。证人作为对违法犯罪行为的证明人，是通过其证言具体表现出来的，根据我国法律规定，证人作证是其应履行的义务，同时法律对证人也会给予充分的保护，我国证人保护制度中，被保护的主体为证人、鉴定人、被害人及其近亲属。《刑事诉讼法》和《监察法实施条例》都对这几类人员的保护作了明确规定。《反恐怖主义法》第七十六条对在报告和制止恐怖活动，在恐怖活动犯罪案件中作证，或者从事反恐怖主义工作的本人或者其近亲属也有相应的保护措施要求。

《刑事诉讼法》第六十四条规定："对于危害国家安全犯罪、恐怖活动犯罪、黑社会性质的组织犯罪、毒品犯罪等案件，证人、鉴定人、被害人因在诉讼中作证，本人或者其近亲属的人身安全面临危险的，人民法院、人民检察院和公安机关应当采取以下一项或者多项保护措施：（一）不公开真实姓名、住址和工作单位等个人信息；（二）采取不暴露外貌、真实声音等出庭作证措施；（三）禁止特定的人员接触证人、鉴定人、被害人及其近亲属；（四）对人身和住宅采取专门性保护措施；（五）其他必要的保护措施。证人、鉴定人、被害人认为因在诉讼中作证，本人或者其近亲属的人身安全面临危险的，可以向人民法院、人民检察院、公安机关请求予以保护。人民法院、人民检察院、公安机关依法采取保护措施，有关单位和个人应当配合。"《监察法实施条例》第九十七条规定："证人、鉴定人、被害人因作证，本人或者近亲属人身安全面临危险，向监察机关请求保护的，监察机关应当受理并及时进行审查；对于确实存在人身安全危险的，监察机关应当采取必要的保护措施。监察机关发现存在上述情形的，应当主

第三章 违反治安管理的行为和处罚

动采取保护措施。监察机关可以采取下列一项或者多项保护措施:(一)不公开真实姓名、住址和工作单位等个人信息;(二)禁止特定的人员接触证人、鉴定人、被害人及其近亲属;(三)对人身和住宅采取专门性保护措施;(四)其他必要的保护措施。依法决定不公开证人、鉴定人、被害人的真实姓名、住址和工作单位等个人信息的,可以在询问笔录等法律文书、证据材料中使用化名。但是应当另行书面说明使用化名的情况并标明密级,单独成卷。监察机关采取保护措施需要协助的,可以提请公安机关等有关单位和要求有关个人依法予以协助。"

本项行为是指违反了上述已经采取的有关保护措施,如公开证人、鉴定人、被害人及其近亲属的真实姓名、住址和工作单位等个人信息;允许特定的人员接触证人、鉴定人、被害人及其近亲属等,行为人可以是人民法院、人民检察院、公安机关和监察机关的有关工作人员或其他人员。

> **第七十四条 【对被关押违法行为人脱逃的处罚】**依法被关押的违法行为人脱逃的,处十日以上十五日以下拘留;情节较轻的,处五日以上十日以下拘留。

新旧对照

2012 年《治安管理处罚法》	2025 年《治安管理处罚法》
无	第七十四条 依法被关押的违法行为人脱逃的,处十日以上十五日以下拘留;情节较轻的,处五日以上十日以下拘留。

重点解读

本行为是特殊主体,即必须是被关押的违法行为人。被关押的违法行为人,是指依照《刑法》与《刑事诉讼法》被关押的罪犯、被告人、犯罪嫌疑人,以及被行政拘留的人。如果给予刑罚或者行政拘留,但未实际关押的话,不属于本条调整范围,如被给予行政拘留处罚,但符合一定条件并未执行的违法人员,暂予监外执行的犯罪人员。依法被关押的违法行为人脱逃,违背了行为人必须遵守的法律义务,直接破坏了公安司法机关的监管秩序,妨害了司法活动。《刑法》第三百一十六条规定了脱逃罪。该罪的主体是特殊主体,即必须是被关押的罪犯、被告人、犯罪嫌疑人,不包括被行政拘留的违法行为人。

适用要点

本行为的"脱逃",表现为逃离关押的场所,如监狱、拘留所。押送违法行为人的路途中,也应被视为关押场所范围。例如,被行政拘留的违法行为人在被押送至拘留所途中脱身逃跑的,也属于脱逃行为。行为人实施脱逃行为的目的是逃离羁押场所,逃避关押。行为人可以使用暴力行为,或非暴力行为,前者如行为人对看管工作人员施以殴打、捆绑等暴力行为,或者威胁、恐吓等胁迫行为;后者如行为人寻找机会,创造条件,趁工作人员疏忽而脱逃。无论采取什么形式,都不影响本行为的成立。脱逃行为是否得逞,主要看行为人是否逃出了羁押场所,是否摆脱了看管人员的控制等。

> **第七十五条** 【对妨害文物管理行为的处罚】有下列行为之一的,处警告或者五百元以下罚款;情节较重的,处五日以上十日以下拘留,并处五百元以上一千元以下罚款:
> (一)刻划、涂污或者以其他方式故意损坏国家保护的文物、名胜古迹的;
> (二)违反国家规定,在文物保护单位附近进行爆破、钻探、挖掘等活动,危及文物安全的。

新旧对照

2012年《治安管理处罚法》	2025年《治安管理处罚法》
第六十三条　有下列行为之一的,处警告或者**二百元**以下罚款;情节较重的,处五日以上十日以下拘留,并处**二百元**以上**五百元**以下罚款: (一)刻划、涂污或者以其他方式故意损坏国家保护的文物、名胜古迹的; (二)违反国家规定,在文物保护单位附近进行爆破、挖掘等活动,危及文物安全的。	第七十五条　有下列行为之一的,处警告或者**五百元**以下罚款;情节较重的,处五日以上十日以下拘留,并处**五百元**以上**一千元**以下罚款: (一)刻划、涂污或者以其他方式故意损坏国家保护的文物、名胜古迹的; (二)违反国家规定,在文物保护单位附近进行爆破、**钻探**、挖掘等活动,危及文物安全的。

重点解读

文物具有不可再生的特点,一切组织和个人都有依法保护文物的义务。加强对文物的保护,有利于继承中华民族优秀的历史文化遗产,有助于进行爱国主义和革命传统教育,促进社会主义精神文明和物质文明建设。

《文物保护法》第二条第一款规定:"文物受国家保护。本法所称文物,是指人类创造的或者与人类活动有关的,具有历史、艺术、科学价值的下列物质遗存:(一)古文化遗址、古墓葬、古建筑、石窟寺和古石刻、古壁画;(二)与重大历史事件、革命运动或者著名人物有关的以及具有重要纪念意义、教育意义或者史料价值的近代现代重要史迹、实物、代表性建筑;(三)历史上各时代珍贵的艺术品、工艺美术品;(四)历史上各时代重要的文献资料、手稿和图书资料等;(五)反映历史上各时代、各民族社会制度、社会生产、社会生活的代表性实物。"文物,也包括水下的文物,我国专门制定《水下文物保护管理条例》,加强对水下文物保护工作的管理。同时,国家对于一些国家重点文物保护单位,专门制定相应的保护性法规,如《甘肃敦煌莫高窟保护条例》《太原市晋阳古城遗址保护管理条例》等。

"名胜古迹",是指可供人们游览的著名风景区以及虽未被人民政府核定公布为文物保护单位但具有一定历史意义的古建筑、雕塑、石刻等历史陈迹。根据《最高人民法院、最高人民检察院关于办理妨害文物管理等刑事案件适用法律若干问题的解释》第四条的规定,风景名胜区的核心景区以及未被确定为全国重点文物保护单位、省级文物保护单位的古文化遗址、古墓葬、石窟寺、石刻、壁画、近代现代重要史迹和代表性建筑等不可移动文物的本体,应当被认定为"国家保护的名胜古迹"。

适用要点

1. 刻划、涂污或者以其他方式故意损坏国家保护的文物、名胜古迹的情形

刻划,是指刻字和写划等行为。涂污,是指使用油漆、颜料等可黏附的物质涂抹、玷污。以其他方式,如砸敲、拆除等行为。这些行为直接破坏文物和名胜古迹本身的外观和整体形象,影响文物的历史、艺术和科学价值以及观赏性,也破坏了国家对文物和名胜古迹的正常管理秩序。实践中,文物和名胜古迹单位一般会设立告示标志,明确告知人们文物和名胜古迹的具体情况以及参观保护规则等。

2. 违反国家规定,在文物保护单位附近进行爆破、钻探、挖掘等活动,危及文物安全的情形

《文物保护法》第二十六条规定:"各级文物保护单位,分别由省、自治区、直辖市人民政府和设区的市级、县级人民政府划定公布必要的保护范围,作出标志说明,建立记录档案,并区别情况分别设置专门机构或者专人负责管理。全国重点文物保护单位的保护范围和记录档案,由省、自治区、直辖市人民政府文物行政部门报国务院文物行政部门备案。未定级不可移动文物,由县级人民政府文物行政部门作出标志说明,建立记录档案,明确管理责任人。县级以上地方人民政府文物行政部门应当根据不同文物的保护需要,制定文物保护单位和未定级不可移动文物的具体

保护措施，向本级人民政府报告，并公告施行。文物行政部门应当指导、鼓励基层群众性自治组织、志愿者等参与不可移动文物保护工作。"第二十八条规定："在文物保护单位的保护范围内不得进行文物保护工程以外的其他建设工程或者爆破、钻探、挖掘等作业；因特殊情况需要进行的，必须保证文物保护单位的安全。因特殊情况需要在省级或者设区的市级、县级文物保护单位的保护范围内进行前款规定的建设工程或者作业的，必须经核定公布该文物保护单位的人民政府批准，在批准前应当征得上一级人民政府文物行政部门同意；在全国重点文物保护单位的保护范围内进行前款规定的建设工程或者作业的，必须经省、自治区、直辖市人民政府批准，在批准前应当征得国务院文物行政部门同意。"《水下文物保护管理条例》也有类似的规定。

行为人违反国家规定在文物保护单位附近进行爆破、钻探、挖掘等活动，破坏文物周围环境整体风貌，产生震动，影响文物周围地基安全，可能导致损坏、坍塌等情形发生。

> **第七十六条 【对非法驾驶交通工具行为的处罚】**有下列行为之一的，处一千元以上二千元以下罚款；情节严重的，处十日以上十五日以下拘留，可以并处二千元以下罚款：
> （一）偷开他人机动车的；
> （二）未取得驾驶证驾驶或者偷开他人航空器、机动船舶的。

新旧对照

2012年《治安管理处罚法》	2025年《治安管理处罚法》
第六十四条 有下列行为之一的，处**五百元以上一千元以下**罚款；情节严重的，处十日以上十五日以下拘	第七十六条 有下列行为之一的，处**一千元以上二千元以下**罚款；情节严重的，处十日以上十五日以下拘

续表

2012年《治安管理处罚法》	2025年《治安管理处罚法》
留,并处五百元以上**一千元**以下罚款: (一)偷开他人机动车的; (二)未取得驾驶证驾驶或者偷开他人航空器、机动船舶的。	留,**可以**并处**二千元**以下罚款: (一)偷开他人机动车的; (二)未取得驾驶证驾驶或者偷开他人航空器、机动船舶的。

重点解读

无论是机动车、航空器,还是机动船舶,对驾驶人要有相应类别的驾驶资质要求,也对道路通行条件、空域或航道有严格的规范要求。《道路交通安全法》第十九条规定,驾驶机动车,应当依法取得机动车驾驶证。申请机动车驾驶证,应当符合国务院公安部门规定的驾驶许可条件;经考试合格后,由公安机关交通管理部门发给相应类别的机动车驾驶证。《民用航空法》第四十条第一款规定,航空人员应当接受专门训练,经考核合格,取得国务院民用航空主管部门颁发的执照,方可担任其执照载明的工作。《船员条例》第五条第一款规定,船员应当依照本条例的规定取得相应的船员适任证书。《内河交通安全管理条例》第九条第一款规定,船员经水上交通安全专业培训,其中客船和载运危险货物船舶的船员还应当经相应的特殊培训,并经海事管理机构考试合格,取得相应的适任证书或者其他适任证件,方可担任船员职务。严禁未取得适任证书或者其他适任证件的船员上岗。《沿海船舶边防治安管理规定》第十九条规定,任何船舶或者人员不准非法拦截、强行靠登、冲撞或者偷开他人船舶。

适用要点

1. 偷开他人机动车的情形

偷开他人机动车,是指在未经机动车的所有人、管理人或驾驶人允许,且他们不知情的情形下,擅自秘密驾驶他人的机动车的行为。本行为妨碍了他人对机动车辆的管理权,对道路交通安全秩序构成了潜在危害,因为行为人未必有机动车驾驶证。行为人的动机可能是出于取乐或炫耀等,但不具有非法占有目的,是暂时使用,这也是与盗窃的主要区别。[1]

需要注意的是,偷开他人非机动车的,不构成本行为。日常生活中有人先开走他人的机动车,而后告知的,不算偷开。《道路交通安全法》第一百一十九条第三、四项规定,机动车,是指以动力装置驱动或者牵引,上道路行驶的供人员乘用或者用于运送物品以及进行工程专项作业的轮式车辆;非机动车,是指以人力或者畜力驱动,上道路行驶的交通工具,以及虽有动力装置驱动但设计最高时速、空车质量、外形尺寸符合有关国家标准的残疾人机动轮椅车、电动自行车等交通工具。

2. 未取得驾驶证驾驶或者偷开他人航空器、机动船舶的行为

未取得驾驶证驾驶,是指没有经过有关主管部门的考试取得航空器、机动船舶的驾驶资格而擅自驾驶的行为。本项中的"偷开"同上,针对的对象是他人的航空器和机动船舶。航空器,是指依靠空气的反作用力而获得空气动力升空飞行的机器,如气球、飞艇、飞机、滑翔机、旋翼机、直升机等,包括无人驾驶航空器,飞机是常见的航空器。船舶,是指各类排水或者非排水的船、艇、筏等。

第七十七条 【对破坏他人坟墓、毁坏尸骨和非法停放尸体行为的处罚】有下列行为之一的,处五日以上十日以下拘留;情节严重的,处十日以上十五日以下拘留,可以并处二千元以下罚款:

(一)故意破坏、污损他人坟墓或者毁坏、丢弃他人尸骨、骨灰的;

(二)在公共场所停放尸体或者因停放尸体影响他人正常生活、工作秩序,不听劝阻的。

---

[1] 参见京公西行罚决字〔2023〕53240号案例。

新旧对照

2012年《治安管理处罚法》	2025年《治安管理处罚法》
第六十五条　有下列行为之一的,处五日以上十日以下拘留;情节严重的,处十日以上十五日以下拘留,可以并处**一千元**以下罚款: （一）故意破坏、污损他人坟墓或者毁坏、丢弃他人尸骨、骨灰的; （二）在公共场所停放尸体或者因停放尸体影响他人正常生活、工作秩序,不听劝阻的。	第七十七条　有下列行为之一的,处五日以上十日以下拘留;情节严重的,处十日以上十五日以下拘留,可以并处**二千元**以下罚款: （一）故意破坏、污损他人坟墓或者毁坏、丢弃他人尸骨、骨灰的; （二）在公共场所停放尸体或者因停放尸体影响他人正常生活、工作秩序,不听劝阻的。

重点解读

为死者建坟立碑是传统习俗,以示对死者的纪念和哀悼。"法律维护死者的人格利益,就在于一个一生无可指责的人,死后也应当受到尊重。他的后代和后继者,不管是他的亲属或不相识的人都有资格去维护他的好名声,好像维护自己的权利一样,对死者人格利益的保护还涉及社会利益、死者近亲属的利益等。"[1]《民法典》第九百九十四条规定,死者的姓名、肖像、名誉、荣誉、隐私、遗体等受到侵害的,其配偶、子女、父母有权依法请求行为人承担民事责任;死者没有配偶、子女且父母已经死亡的,其他近亲属有权依法请求行为人承担民事责任。《殡葬管理条例》第十四条规定,办理丧事活动,不得妨害公共秩序、危害公共安全,不得侵害他人的合法权益。

---

[1]　最高人民法院民法典贯彻实施工作领导小组主编:《中华人民共和国民法典人格权编理解与适用》,人民法院出版社2020年版,第65页。

> **适用要点**

1. 故意破坏、污损他人坟墓或者毁坏、丢弃他人尸骨、骨灰的情形

本行为对死者是一种侮辱,严重伤害死者亲友的感情。行为人的动机,如为盗取墓里的财物,或为了报复泄愤等,无论动机如何,都不影响本行为的成立。本行为主观出于故意,如果是过失,不属于本项调整范围,但是也要承担相应民事责任。情节严重的,可能构成盗窃、侮辱、故意毁坏尸体罪。

2. 在公共场所停放尸体或者因停放尸体影响他人正常生活、工作秩序,不听劝阻的情形

公共场所具有人员聚集量大、流动性强的特征,在公共场所停放尸体,扰乱公共场所秩序,或扰乱单位的工作秩序,严重的可能导致骚乱。停放尸体影响他人正常生活、工作秩序,不听劝阻的,应受处罚。不听劝阻,说明行为人主观上执意、强行实施有关行为,这样可能从原来的过失变为故意。

实践中,有的因为打架斗殴等致人死亡,死者一方将尸体停放在公共场所或者当事人处所进行高额赔偿要挟;有的人受煽动,携带尸体进入公共场所制造事端,达到扩大社会影响目的;有的故意破坏政府形象等。这些行为都是过激的妨害社会秩序行为,危害公共安全。

第七十八条 【对卖淫、嫖娼行为的处罚】卖淫、嫖娼的,处十日以上十五日以下拘留,可以并处五千元以下罚款;情节较轻的,处五日以下拘留或者一千元以下罚款。

在公共场所拉客招嫖的,处五日以下拘留或者一千元以下罚款。

新旧对照

2012 年《治安管理处罚法》	2025 年《治安管理处罚法》
第六十六条　卖淫、嫖娼的,处十日以上十五日以下拘留,可以并处五千元以下罚款;情节较轻的,处五日以下拘留或者**五百元**以下罚款。 在公共场所拉客招嫖的,处五日以下拘留或者**五百元**以下罚款。	第七十八条　卖淫、嫖娼的,处十日以上十五日以下拘留,可以并处五千元以下罚款;情节较轻的,处五日以下拘留或者**一千元**以下罚款。 在公共场所拉客招嫖的,处五日以下拘留或者**一千元**以下罚款。

重点解读

卖淫、嫖娼是一种丑恶的社会现象,败坏社会风气,有悖于社会主义精神文明建设,且易传播性病、艾滋病等严重疾病,严重危害人们的生命健康。《全国人民代表大会常务委员会关于严禁卖淫嫖娼的决定》对卖淫、嫖娼行为进行专门规定,以对其严厉打击惩罚。

卖淫,是指行为人为获取钱财与不特定的他人发生性关系的行为。嫖娼,是指行为人支付钱财以换取与不特定他人发生性关系的行为。卖淫、嫖娼可在不特定的异性之间、同性以及如男扮女而产生的同性之间发生,具体表现包括手淫、口淫、鸡奸以及打飞机等行为。

适用要点

1. 注意和一般色情活动的区别

如一些饮食服务业、文化娱乐业和商场等为了招揽顾客,组织女子或男子表演一些不雅、下流的举动和行为,但没有发生性关系,这类行为属于道德范畴,不应按卖淫、嫖娼行为处理。

2. 卖淫嫖娼未遂的情形

行为主体之间主观上已经就卖淫嫖娼达成一致,已经谈好价格或者已经给付金钱、财物,并且已经着手实施,但由于其本人主观意志以外的原因,尚未发生性关系的;或者已经发生性关系,但尚未给付金钱、财物的,都可以按卖淫嫖娼行为依法处理。对前一种行为,应当从轻处罚。开设充气娃娃体验店的行为,与充气娃娃之间发生性关系,并不构成卖淫。

3. 在公共场所拉客招嫖的情形

本行为可以是男性,也可以是女性,也有男扮女的情形。拉客招嫖,是指通过言语、动作等方式拉拢、引诱挑逗他人,意图招引嫖娼、卖淫的行为。公共场所、拉客和招嫖分别代表本行为的发生空间、具体行为和目的性,也是构成本行为的关键要素。公共场所,如街道、车站、港口、飞机场、商场、公园、宾馆和饭店等供不特定多数人随时出入、使用的场所。

> **第七十九条 【对引诱、容留、介绍他人卖淫行为的处罚】** 引诱、容留、介绍他人卖淫的,处十日以上十五日以下拘留,可以并处五千元以下罚款;情节较轻的,处五日以下拘留或者一千元以上二千元以下罚款。

新旧对照

2012年《治安管理处罚法》	2025年《治安管理处罚法》
第六十七条 引诱、容留、介绍他人卖淫的,处十日以上十五日以下拘留,可以并处五千元以下罚款;情节较轻的,处五日以下拘留或者**五百元**以下罚款。	第七十九条 引诱、容留、介绍他人卖淫的,处十日以上十五日以下拘留,可以并处五千元以下罚款;情节较轻的,处五日以下拘留或者**一千元以上二千元**以下罚款。

重点解读

《全国人民代表大会常务委员会关于严禁卖淫嫖娼的决定》第三条规定:"引诱、容留、介绍他人卖淫的,处五年以下有期徒刑或者拘役,并处五千元以下罚金;情节严重的,处五年以上有期徒刑,并处一万元以下罚金;情节较轻的,依照《中华人民共和国治安管理处罚法》的规定处罚。引诱不满十四岁的幼女卖淫的,依照本决定第二条关于强迫不满十四岁的幼女卖淫的规定处罚。"《娱乐场所管理条例》第十四条规定:"娱乐场所及其从业人员不得实施下列行为,不得为进入娱乐场所的人员实施下列行为提供条件……(二)组织、强迫、引诱、容留、介绍他人卖淫、嫖娼……"《旅馆业治安管理办法》第十二条规定,旅馆内,严禁卖淫、嫖宿、赌博、吸毒、传播淫秽物品等违法犯罪活动。

▍适用要点

引诱,是指以金钱、物质或其他利益诱导、劝导;容留,指容纳、收留、收容;介绍,即引荐、牵线搭桥,介绍他人卖淫,俗称"拉皮条"。本项规定是选择性行为,只要实施任一行为,即可处罚。如果行为人兼有三个行为,且有牵连关系,如引诱、容留并介绍他人卖淫并为其提供场所容留卖淫行为,前一行为被后一行为吸收,不实行并罚。

第八十条 【对传播淫秽信息行为的处罚】制作、运输、复制、出售、出租淫秽的书刊、图片、影片、音像制品等淫秽物品或者利用信息网络、电话以及其他通讯工具传播淫秽信息的,处十日以上十五日以下拘留,可以并处五千元以下罚款;情节较轻的,处五日以下拘留或者一千元以上三千元以下罚款。

前款规定的淫秽物品或者淫秽信息中涉及未成年人的,从重处罚。

第三章　违反治安管理的行为和处罚

> 新旧对照

2012 年《治安管理处罚法》	2025 年《治安管理处罚法》
第六十八条　制作、运输、复制、出售、出租淫秽的书刊、图片、影片、音像制品等淫秽物品或者利用计算机信息网络、电话以及其他通讯工具传播淫秽信息的，处十日以上十五日以下拘留，可以并处**三千元**以下罚款；情节较轻的，处五日以下拘留或者**五百元**以下罚款。	第八十条　制作、运输、复制、出售、出租淫秽的书刊、图片、影片、音像制品等淫秽物品或者利用信息网络、电话以及其他通讯工具传播淫秽信息的，处十日以上十五日以下拘留，可以并处**五千元**以下罚款；情节较轻的，处五日以下拘留或者**一千元以上三千元**以下罚款。 **前款规定的淫秽物品或者淫秽信息中涉及未成年人的，从重处罚。**

> 重点解读

　　《全国人民代表大会常务委员会关于惩治走私、制作、贩卖、传播淫秽物品的犯罪分子的决定》规定，淫秽物品，是指具体描绘性行为或者露骨宣扬色情的诲淫性的书刊、影片、录像带、录音带、图片及其他淫秽物品。但有关人体生理、医学知识的科学著作不是淫秽物品。包含有色情内容的有艺术价值的文学、艺术作品也不能被视为淫秽物品。淫秽信息，是指具体描绘性行为或者露骨宣扬色情的诲淫性的音视频文件、电子类书刊、图片、文章和短信息等以及声讯台语音信息等。淫秽物品和淫秽信息损害社会道德风尚，有悖于社会主义精神文明建设。

　　本条第二款针对淫秽物品或者淫秽信息中涉及未成年人的从重处罚规定，体现对未成年人的重点保护。《未成年人保护法》第五十条规定，禁止制作、复制、出版、发布、传播含有宣扬淫秽、色情、暴力、邪教、迷信、赌博、引诱自杀、恐怖主义、分裂主义、极端主义等危害未成年人身心健康内容的图书、报刊、电影、广播电视节目、舞台艺术作品、音像制品、电子出版物和网络信息等。第五十二条规定，禁止制作、复制、发布、传播或者持有有关未成年人的淫秽色情物品和网络信息。《未成年人网络保护条例》第

235

二十二条规定,任何组织和个人不得制作、复制、发布、传播含有宣扬淫秽、色情、暴力、邪教、迷信、赌博、引诱自残自杀、恐怖主义、分裂主义、极端主义等危害未成年人身心健康内容的网络信息。任何组织和个人不得制作、复制、发布、传播或者持有有关未成年人的淫秽色情网络信息。

> 适用要点

　　书刊、图片、影片、音像制品等可以成为淫秽信息的实物性载体。制作,是指制造、创作;运输,是指从一个地点运送到另一地点;复制,是指仿制、复印;出售,是指以金钱交易方式售卖;出租,是指租给他人牟利。本项是选择性行为,行为人实施任一行为,即构成违法。《音像制品管理条例》第三条第二款规定:"音像制品禁止载有下列内容……(七)宣扬淫秽、赌博、暴力或者教唆犯罪的……"《出版管理条例》第二十五条规定:"任何出版物不得含有下列内容……(七)宣扬淫秽、赌博、暴力或者教唆犯罪的……"《印刷业管理条例》第三条第二款规定,禁止印刷含有反动、淫秽、迷信内容和国家明令禁止印刷的其他内容的出版物、包装装潢印刷品和其他印刷品。《邮政法》第三十七条规定:"任何单位和个人不得利用邮件寄递含有下列内容的物品……(六)散布淫秽、赌博、恐怖信息或者教唆犯罪的。"《邮政法实施细则》第三十三条规定:"禁止寄递或者在邮件内夹带下列物品……(二)反动报刊书籍、宣传品或者淫秽物品……"

　　随着互联网技术的普及和应用,利用信息网络等其他通讯工具传播淫秽信息,具有传播速度快、影响范围广的特点,易诱发违法犯罪活动,社会危害性大。利用信息网络传播淫秽信息,如利用聊天室、短视频、微信等即时通讯软件和电子邮件等方式传播淫秽信息的违法行为。利用电话传播淫秽信息,是指利用移动通讯终端,如利用智能手机发送淫秽彩铃、淫秽彩信等淫秽信息。其他通讯工具传播淫秽信息,如利用声讯台传播。《电信条例》第五十六条规定:"任何组织或者个人不得利用电信网络制作、复制、发布、传播含有下列内容的信息……(七)散布淫秽、色情、赌博、暴力、凶杀、恐怖或者教唆犯罪的……"《网络安全法》规定,任何个人和组织不得使用网络宣扬淫秽色情信息。《互联网信息服务管理办法》第十五条规定:"互联网信息服务提供者不得制作、复制、发布、传播含有下列内容的信息……(七)散布淫秽、色情、赌博、暴力、凶杀、恐怖或者教唆犯罪的……"第十六条规定,互联网信息服务提供者发现其网站传输的信息明显属于本办法第十五条所列内容之一的,应当立即停止传输,保存有关记录,并向国家有关机关报告。《互联网直播服务管理规定》第九条规定,互联网直播服务提供者以及互联网直播服务使用者不得利用互联网直播服务从事危害国家安全、破坏社会稳定、扰乱社会秩序、侵犯他人合法权益、传播淫秽色情等法律法规禁止的活动,不得利用互联网直播服务制作、复制、发布、传播法律法规禁止的信息内容。《网络信息内容生态治理规定》第六条规定:"网络信息内容生产者不得制作、复制、发布含有下列内容的违法信息……(九)散布淫秽、色情、赌博、暴力、凶杀、恐怖或者教唆犯罪的……"

实践中,利用信息网络传播淫秽信息的违法行为较为突出,传播范围广、危害性大。如有的将淫秽作品上传到互联网上,供公众浏览、使用或下载;有的通过互联网渠道售卖淫秽信息牟利,如付费播放、在线观看或下载;有的为了提高点击关注度,如在微信群、视频号或抖音里发布淫秽文章、图片等。具有实时互动特点的网络直播发展迅速,有些直播平台利用裸露、性暗示、低俗语言等色情内容吸引观众付费牟利。网络色情直播可能构成传播淫秽物品、组织淫秽表演或聚众淫乱违法行为。《互联网直播服务管理规定》明确要求互联网直播服务提供者应当建立直播内容审核制度,对直播内容进行实时审核,发现违法违规内容的,应当立即停止传输该内容并采取必要措施消除影响。

第八十一条 【对组织、参与淫秽活动行为的处罚】有下列行为之一的,处十日以上十五日以下拘留,并处一千元以上二千元以下罚款：

（一）组织播放淫秽音像的；

（二）组织或者进行淫秽表演的；

（三）参与聚众淫乱活动的。

明知他人从事前款活动，为其提供条件的，依照前款的规定处罚。

组织未成年人从事第一款活动的，从重处罚。

新旧对照

2012 年《治安管理处罚法》	2025 年《治安管理处罚法》
第六十九条 有下列行为之一的，处十日以上十五日以下拘留，并处**五百元**以上**一千元**以下罚款： （一）组织播放淫秽音像的； （二）组织或者进行淫秽表演的； （三）参与聚众淫乱活动的。 明知他人从事前款活动，为其提供条件的，依照前款的规定处罚。	第八十一条 有下列行为之一的，处十日以上十五日以下拘留，并处**一千元**以上**二千元**以下罚款： （一）组织播放淫秽音像的； （二）组织或者进行淫秽表演的； （三）参与聚众淫乱活动的。 明知他人从事前款活动，为其提供条件的，依照前款的规定处罚。 **组织未成年人从事第一款活动的，从重处罚。**

重点解读

音像制品，是指录有内容的录音带、录像带、唱片、激光唱盘和激光视盘等载体。《音像制品管理条例》第三条第二款规定："音像制品禁止载有下列内容……（七）宣扬淫秽、赌博、暴力或者教唆犯罪的……""组织"，是指招募人员、安排计划或选择地点等行为。组织播放淫秽音像，是指召集人员，使用放映机、投影仪等器具播放含有淫秽内容和信息的电影、视频、录像、幻灯片和录音带等载体的行为。需要注意的是，公民个人播放淫秽音像给自己看，而没有组织他人观看的，不构成本行为。本行为要追究的是组织播放者，而不是观看的人。

淫秽表演，是指色情淫荡、挑动人们性欲的表演，一般会裸体并附加有关挑逗、激发性欲的言语、动作、形态等。这里的淫秽表演应为自然人的行为、动作的外在即时展示，不能是动物。淫秽表演者，女人或男人均可。本行为未必出于牟利目的。只要实施了组织或者进行淫秽表演的行为即可。实践中，一些营业性演出、娱乐场所为了牟利而组织进行淫秽表演活动。《营业性演出管理条例》第二十五条规定："营业性演出不得有下列情形……（六）宣扬淫秽、色情、邪教、迷信或者渲染暴力的……"《娱乐场所管理条例》第十三条规定："国家倡导弘扬民族优秀文化，禁止娱乐场所内的娱乐活动含有下列内容……（六）宣扬淫秽、赌博、暴力以及与毒品有关的违法犯罪活动，或者教唆犯罪的……"本行为的实施主体是淫秽表演的组织者或表演者。在实践中，组织者一般是文化娱乐场所、营业性演出场所等经营者，如歌舞厅、夜总会的老板。[1]

> 适用要点

1.利用互联网直播进行淫秽表演

传统意义的"表演"，是在舞台上进行展示，但随着互联网直播的快速发展，有些网络主播利用线上直播平台，凭借穿着暴露、言语挑逗，甚至暴露性器官等形式，在直播时进行自慰或性行为表演，同时向不特定多数会员收取非法利益，其行为应被认定为淫秽表演。鉴于此，观看淫秽表演的受众也从传统舞台观众席转移至手机屏幕前，此种一"屏"之隔的状况，不影响对淫秽表演的认定。《互联网直播服务管理规定》有相应的禁止性规定。

2.参与聚众淫乱活动的情形

聚众淫乱，是指三名或者三名以上男女聚集在一起进行违反道德规

---

[1] 参见海公（治）行罚决字〔2018〕1052号案例。

范的性交行为,或其他刺激、兴奋、满足性欲的行为,如聚众从事手淫、口淫、鸡奸等。淫乱行为不限于男女异性之间。本行为处罚的对象是聚众淫乱活动的参加者。

3. 提供条件的情形

本条第二款对为组织播放淫秽音像、组织或进行淫秽表演、参与聚众淫乱活动提供条件行为的认定及处罚。这里的"条件",主要指使上述行为活动能够开展或者顺利进行的必要因素,如提供场地、播放设备等。本行为规定提供条件的人必须是明知的,如果提供条件的人不知道,则不构成本行为。至于行为人提供条件的动机是否出于牟利,不影响本行为的成立。

4. 对未成年人的保护

未成年人处于生理、心理的生长发育时期,其意志薄弱,可塑性很大,容易被犯罪分子利用、诱惑。组织未成年人从事第一款活动的,危害未成年人身心健康,有违社会道德准则,容易使未成年人成为社会的不安定因素,甚至诱发违法犯罪。本款规定与《未成年人保护法》有关原则精神相衔接。

> **第八十二条** 【对参与赌博行为的处罚】以营利为目的,为赌博提供条件的,或者参与赌博赌资较大的,处五日以下拘留或者一千元以下罚款;情节严重的,处十日以上十五日以下拘留,并处一千元以上五千元以下罚款。

新旧对照

2012 年《治安管理处罚法》	2025 年《治安管理处罚法》
第七十条 以营利为目的,为赌博提供条件的,或者参与赌博赌资较大的,处五日以下拘留或者**五百元**以下罚款;情节严重的,处十日以上十五	第八十二条 以营利为目的,为赌博提供条件的,或者参与赌博赌资较大的,处五日以下拘留或者**一千元**以下罚款;情节严重的,处十日以上十

续表

2012 年《治安管理处罚法》	2025 年《治安管理处罚法》
日以下拘留,并处**五百元**以上**三千元**以下罚款。	五日以下拘留,并处**一千元**以上**五千元**以下罚款。

重点解读

赌博危害社会秩序,影响生产、工作和生活,而且往往诱发其他违法犯罪,社会危害性大。传统赌博通过纸牌、掷骰子、打麻将等形式,以财物做赌注比输赢。有人利用体育赛事进行赌博活动。《体育法》第五十一条第三款规定,严禁任何组织和个人利用体育赛事从事赌博活动。

随着互联网的发展,网络赌博日益增多且形式多样,如登录某些网站进行网上赌博活动,或参与变相的赌博类网络游戏等。网络赌博参与人数不特定、不需要现金交易,具有即时性、隐蔽性强的特点,社会危害更严重。《互联网上网服务营业场所管理条例》第十四条规定:"互联网上网服务营业场所经营单位和上网消费者不得利用互联网上网服务营业场所制作、下载、复制、查阅、发布、传播或者以其他方式使用含有下列内容的信息……(七)宣传淫秽、赌博、暴力或者教唆犯罪的……"

适用要点

1. 为赌博提供条件的情形

提供赌博条件,是赌博活动能够顺利进行的前提。如为他人进行赌博提供赌具、场所、赌资、交通工具、放哨望风和饮食起居等便利条件。有的法律法规明确规定不得为赌博提供条件。如《娱乐场所管理条例》第十四条第一款规定:"娱乐场所及其从业人员不得实施下列行为,不得为进入娱乐场所的人员实施下列行为提供条件……(五)赌博……"需要注意的是,提供赌博条件须以营利为目的,如果不以营利为目的,不构成本行为。提供棋牌服务场所只收取正常的场所和服务费用的经营行为,不以为赌博提供条件论处,但明知他人赌博的除外。

2. 参与赌博赌资较大的情形

关于赌资较大的认定,实践中,赌资数额累计2000元以上不满5000元,一般被认定为赌资较大。如庄家起庄要2000元至10,000元,闲家根据庄家档上的钱来下注,最低下注100元。[1] 没有证据证明"用作赌注、换取筹码"的款物,不得被认定为赌资。

3. 以营利为目的

营利,是指获得经济上的利益。本条中的"以营利为目的",是指行为人以财物作赌注进行赌博,为了获取金钱和财物,或以赌博为业,而不是为了消遣、娱乐。本条强调目的性,行为人有获取钱财的主观意图,实施了提供条件行为或者参与行为,并非要求行为人一定要实际获得钱财,客观上未获得钱财,或输钱赔本,也不影响本行为的认定。

不以营利为目的,亲属之间进行带有财物输赢的打麻将、玩扑克等娱乐活动,不受处罚;亲属之外的其他人之间进行带有少量财物输赢的打麻将、玩扑克等娱乐活动,不受处罚。

第八十三条 【对涉及毒品原植物行为的处罚】有下列行为之一的,处十日以上十五日以下拘留,可以并处五千元以下罚款;情节较轻的,处五日以下拘留或者一千元以下罚款:

(一)非法种植罂粟不满五百株或者其他少量毒品原植物的;

(二)非法买卖、运输、携带、持有少量未经灭活的罂粟等毒品原植物种子或者幼苗的;

(三)非法运输、买卖、储存、使用少量罂粟壳的。

有前款第一项行为,在成熟前自行铲除的,不予处罚。

---

[1] 参见武公(白)决字[2024]第0470号案例。

新旧对照

2012年《治安管理处罚法》	2025年《治安管理处罚法》
第七十一条 有下列行为之一的,处十日以上十五日以下拘留,可以并处**三千元**以下罚款;情节较轻的,处五日以下拘留或者**五百元**以下罚款: (一)非法种植罂粟不满五百株或者其他少量毒品原植物的; (二)非法买卖、运输、携带、持有少量未经灭活的罂粟等毒品原植物种子或者幼苗的; (三)非法运输、买卖、储存、使用少量罂粟壳的。 有前款第一项行为,在成熟前自行铲除的,不予处罚。	第八十三条 有下列行为之一的,处十日以上十五日以下拘留,可以并处**五千元**以下罚款;情节较轻的,处五日以下拘留或者**一千元**以下罚款: (一)非法种植罂粟不满五百株或者其他少量毒品原植物的; (二)非法买卖、运输、携带、持有少量未经灭活的罂粟等毒品原植物种子或者幼苗的; (三)非法运输、买卖、储存、使用少量罂粟壳的。 有前款第一项行为,在成熟前自行铲除的,不予处罚。

重点解读

毒品原植物,含有能够影响人体中枢神经系统的生物碱或其他化学物质,能够用来提炼、加工鸦片、甲基苯丙胺、吗啡和可卡因等毒品,以及有关麻醉药品和精神药品,是加工毒品的初级原料。罂粟、大麻和古柯是三大毒品原植物,分别可以提炼加工成"海洛因""大麻脂""可卡因"。未经灭活的罂粟等毒品原植物种子或幼苗,仍有培育、繁殖的生长机能。罂粟壳,俗名"御米壳",含有吗啡成分,食用后可使人产生一定的快感,长期食用易造成瘾癖且有毒害作用,有些不法商贩在食品加工中添加。国家发布的《食品中可能违法添加的非食用物质和易滥用的食品添加剂名单》中包含罂粟壳。根据《麻醉药品和精神药品管理条例》,罂粟壳只能用于中药饮片和中成药的生产以及医疗配方。

适用要点

本条主要针对毒品原植物的种植、买卖、运输、携带、储存、持有和使用的规定，旨在从源头、从过程惩罚管控毒品。我国的禁毒工作实行预防为主，综合治理，禁种、禁制、禁贩、禁吸并举的方针。禁种是禁制、禁贩、禁吸的前提。国家对于罂粟以及其他毒品原植物的种植有着严格的管制措施，所谓"管制"，就是一定严格条件的限制。

所谓"非法种植"，是指违反《禁毒法》《麻醉药品和精神药品管理条例》等的有关规定，私自种植罂粟等毒品原植物的行为。《禁毒法》第十九条规定，国家对麻醉药品药用原植物种植实行管制。禁止非法种植罂粟、古柯植物、大麻植物以及国家规定管制的可以用于提炼加工毒品的其他原植物。禁止走私或者非法买卖、运输、携带、持有未经灭活的毒品原植物种子或者幼苗。地方各级人民政府发现非法种植毒品原植物的，应当立即采取措施予以制止、铲除。村民委员会、居民委员会发现非法种植毒品原植物的，应当及时予以制止、铲除，并向当地公安机关报告。为了确保麻醉药品的生产需要，国务院药品监督管理部门和国务院农业农村主管部门共同确定麻醉药品药用原植物种植企业，必须按照国家有关规定种植麻醉药品药用原植物。《麻醉药品和精神药品管理条例》对麻醉药品和精神药品药用原植物种植有明确规定。

所谓"未经灭活"，是指没有经过高温烘烤、射线辐射等物理、化学手段，消灭植物种子的繁殖和生长机能，未经灭活的毒品原植物种子或者幼苗依然有生长能力。因此对买卖、运输、携带、持有未经灭活的毒品原植物种子或者幼苗的行为进行严格管制。

本条第二款针对"非法种植罂粟不满五百株或者其他少量毒品原植物的"，在成熟前自行铲除的不予处罚的规定，主要是从主客观一致方面，表明种植人的主观悔改，客观上对种植行为的彻底纠正。无论是种植人自己铲除，还是种植人让其他人铲除都属于"自行铲除"。

第八十四条 【对涉毒违法行为的处罚】有下列行为之一的,处十日以上十五日以下拘留,可以并处三千元以下罚款;情节较轻的,处五日以下拘留或者一千元以下罚款:

（一）非法持有鸦片不满二百克、海洛因或者甲基苯丙胺不满十克或者其他少量毒品的;

（二）向他人提供毒品的;

（三）吸食、注射毒品的;

（四）胁迫、欺骗医务人员开具麻醉药品、精神药品的。

聚众、组织吸食、注射毒品的,对首要分子、组织者依照前款的规定从重处罚。

吸食、注射毒品的,可以同时责令其六个月至一年以内不得进入娱乐场所、不得擅自接触涉及毒品违法犯罪人员。违反规定的,处五日以下拘留或者一千元以下罚款。

新旧对照

2012年《治安管理处罚法》	2025年《治安管理处罚法》
第七十二条 有下列行为之一的,处十日以上十五日以下拘留,可以并处**二千元**以下罚款;情节较轻的,处五日以下拘留或者**五百元**以下罚款: （一）非法持有鸦片不满二百克、海洛因或者甲基苯丙胺不满十克或者其他少量毒品的; （二）向他人提供毒品的; （三）吸食、注射毒品的; （四）胁迫、欺骗医务人员开具麻醉药品、精神药品的。	第八十四条 有下列行为之一的,处十日以上十五日以下拘留,可以并处**三千元**以下罚款;情节较轻的,处五日以下拘留或者**一千元**以下罚款: （一）非法持有鸦片不满二百克、海洛因或者甲基苯丙胺不满十克或者其他少量毒品的; （二）向他人提供毒品的; （三）吸食、注射毒品的; （四）胁迫、欺骗医务人员开具麻醉药品、精神药品的。 聚众、组织吸食、注射毒品的,对首要分子、组织者依照前款的规定从

续表

2012年《治安管理处罚法》	2025年《治安管理处罚法》
	重处罚。 　　吸食、注射毒品的,可以同时责令其六个月至一年以内不得进入娱乐场所、不得擅自接触涉及毒品违法犯罪人员。违反规定的,处五日以下拘留或者一千元以下罚款。

重点解读

《禁毒法》第二条规定,毒品,是指鸦片、海洛因、甲基苯丙胺(冰毒)、吗啡、大麻、可卡因以及国家规定管制的其他能够使人形成瘾癖的麻醉药品和精神药品。按照所含成分,毒品可以分为:含甲基苯丙胺成分的毒品、含氯胺酮成分的毒品、含MDMA等成分的毒品、"神仙水"类毒品、大麻类毒品等。在实施处罚时应注意毒品名称的规范使用,《关于规范毒品名称表述若干问题的意见》对毒品名称的规范使用有明确规定。

截至2025年7月,我国现已列管521种麻醉品和精神物质(包括123种麻醉药品、166种精神药品、232种非药用类麻醉药品和精神药品),并整类列管芬太尼类物质、合成大麻素类物质,是世界上列管毒品最多、管制最严的国家。鸦片,俗称"大烟",其所含主要生物碱是吗啡,也可以在药物中应用,有镇咳、止泻等功效。海洛因,俗称"白粉""白面",是以吗啡生物碱作为合成起点得到的半合成毒品,其成瘾性更强,对吸食者的身心健康危害极大,是滥用最为广泛的毒品。甲基苯丙胺,即冰毒,其丸剂俗称"大力丸""摇头丸",其原料外观为纯白结晶体,晶莹剔透,是在麻黄素化学结构基础上改造而来,其毒性剧烈,小剂量吸食就有短暂的兴奋抗疲劳作用。

近年来,随着国家对传统的鸦片、海洛因等毒品打击力度持续加大,一些毒贩和瘾君子转向寻找人工化学合成的兴奋剂、致幻剂、镇静剂、麻醉剂等新精神活性物质。这些属于新型毒品,会以"奶茶""跳跳糖""咔哇潮饮""电子烟"等名称伪装,能够直接作用于人的中枢神经,使人兴奋或抑制,连续使用能使人产生依赖性。2023年9月6日国家药监局、公安部、国家卫生健康委员会发布公告,将依托咪酯列入第二类精神药品目录,属于国家规定的毒品。毒品对人身伤害极大,应该受到严格管制。《戒毒条例》对规范戒毒工作、帮助吸毒成瘾人员戒除毒瘾进行了专门规定。

适用要点

1. 非法持有少量毒品的情形

所谓"非法持有",主要有以下三个特征:一是实际的支配性。持有具体方式,如占有、携带、藏有等。这里的"持有"可以是持有人直接持有,或间接持有,不要求行为人必须对毒品具有所有权,也不要求行为人必须携带或放置家中等实际管理,只要行为人能够支配控制即可,如将毒品委托给他人存放。二是法律上无依据。行为人持有毒品不是基于法律法规的规定或允许。如果依法生产、使用和研究毒品的人持有毒品,是合法合理行为,如医生为了医疗工作的需要持有毒品的,或者根据《麻醉药品和精神药品管理条例》第四十四条,个人因为治疗疾病需要按规定携带的行为。三是状态的持续性。持有应有一定持续的时间段,如果这个时间非常短暂的话,行为人对毒品不足以具有客观支配性,则不应被认定为持有。

行为人非法持有的毒品必须是少量的,否则构成非法持有毒品罪,即行为人非法持有鸦片不满200克、海洛因或者甲基苯丙胺不满10克或者其他少量毒品,这也是区分罪与非罪的边界。

2. 向他人提供毒品的情形

本项中的"提供"属于免费提供,如果行为人通过金钱交易方式向他人提供毒品,则构成了贩卖毒品行为。本行为既违反国家规定,又危害人体健康,具有严重的社会危害性。行为主体包括一般人员,也包括依法从事生产、运输、管理、使用国家管制的麻醉药品、精神药品的人员,违反规定向吸食、注射毒品的人员提供能使人形成瘾癖的麻醉药品、精神药品。

3. 胁迫、欺骗医务人员开具麻醉药品、精神药品的情形

所谓"胁迫",是指采取暴力或者非暴力的恫吓、威胁等方法迫使医务人员开具麻醉药品、精神药品。所谓"欺骗",是指行为人隐瞒真相,编造虚假的理由,骗取医务人员的信任。如李某以他人得癌症需要药物的名义欺骗医生开具盐酸曲马多缓释片及氯硝西泮片,用于自己食用。人在连续使用麻醉药品与精神药品后,可以产生生理依赖性、易形成瘾癖,必须严格按照医嘱规范使用治疗疾病。前者如吗啡、哌替啶等,后者如安纳咖、甲喹酮等。国家规定管制的能够使人形成瘾癖的麻醉药品和精神药品是特殊的"毒品",必须按照规定严格审批,医务人员不得随意为病人提供。《麻醉药品和精神药品管理条例》第三十九条、第四十条对此有明确规定。

4. 本条第二款对聚众、组织吸食、注射毒品的规定

吸食,主要包括烟吸、烫吸、鼻嗅、口服等。所谓"聚众",一般应当是纠集三人以上。首要分子,是指起牵头、策划作用的人员。组织者,是指召集人员、安排地点、分发毒品等协调实施活动的人员。鉴于首要分子和组织者在吸食、注射毒品活动中起到重要作用,应当从重处罚。

5. 禁止令

所谓禁止令,是指对违法行为人适用的禁止其在一定期间做出一定行为的指令。吸食、注射毒品能够使人形成瘾癖,戒毒瘾需要一定时长,也有一定的困难。娱乐场所是毒品类违法犯罪行为发生危险性较高的场所,擅自接触涉及毒品违法犯罪人员的话,容易诱使违法行为人再次吸毒。本款的禁止令实质上是为吸食、注射毒品人员创造良好的戒毒环境,是国家帮助吸毒人员彻底戒除毒瘾,教育和挽救吸食、注射毒人员,落实《禁毒法》关于禁毒工作实行预防为主的方针要求。

> **第八十五条 【对引诱、教唆、欺骗或强迫他人吸食、注射毒品行为的处罚】** 引诱、教唆、欺骗或者强迫他人吸食、注射毒品的,处十日以上十五日以下拘留,并处一千元以上五千元以下罚款。
>
> 容留他人吸食、注射毒品或者介绍买卖毒品的,处十日以上十五日以下拘留,可以并处三千元以下罚款;情节较轻的,处五日以下拘留或者一千元以下罚款。

新旧对照

2012 年《治安管理处罚法》	2025 年《治安管理处罚法》
第七十三条 教唆、引诱、欺骗他人吸食、注射毒品的,处十日以上十五日以下拘留,并处**五百元**以上**二千元**以下罚款。	第八十五条 引诱、教唆、欺骗或者**强迫**他人吸食、注射毒品的,处十日以上十五日以下拘留,并处**一千元**以上**五千元**以下罚款。 容留他人吸食、注射毒品或者介绍买卖毒品的,处十日以上十五日以下拘留,可以并处三千元以下罚款;情节较轻的,处五日以下拘留或者一千元以下罚款。

重点解读

禁毒是全社会的共同责任。国家机关、社会团体、企业事业单位以及其他组织和公民,应当履行禁毒职责或者义务。禁毒工作实行预防为主,综合治理,禁种、禁制、禁贩、禁吸并举的方针。引诱、教唆、欺骗或者强迫他人吸食、注射毒品,容留他人吸食、注射毒品或者介绍买卖毒品的行为,显然与禁毒方针相悖。《禁毒法》第五十九条第六、七项规定:"有下列行为之一,构成犯罪的,依法追究刑事责任;尚不构成犯罪的,依法给予治安管理处罚……(六)强迫、引诱、教唆、欺骗他人吸食、注射毒品的;(七)向他人提供毒品的。"第六十一条规定："容留他人吸食、注射毒品或者介绍买卖毒品，构成犯罪的，依法追究刑事责任；尚不构成犯罪的，由公安机关处十日以上十五日以下拘留，可以并处三千元以下罚款；情节较轻的，处五日以下拘留或者五百元以下罚款。"

适用要点

吸食、注射毒品未必是个人主动为之，也可能是被动的。引诱，是指以金钱、物质及其他利益劝导、拉拢的行为，如讲授吸毒获得所谓的"快感"。教唆，是指以劝说、怂恿等方法，唆使、鼓动的行为。欺骗，是指隐瞒真相，使他人受骗的行为。强迫，是指施加压力强制他人违背本人意愿的行为。本行为是选择性行为，行为人只要实施任一行为，即构成违法。从结果方面看，被引诱、教唆、欺骗和强迫的人是否因此成瘾癖，不是构成本行为的必要条件；成瘾癖的话，说明危害后果较为严重，处罚时可以作为情节予以考虑。

容留，是指提供场所的行为。介绍买卖，是指行为人作为中间人，为上游与买主之间进行联络的行为。容留他人吸食、注射毒品，是指给吸毒者提供吸毒的场所，可以是有偿提供或无偿提供。场所类型，可以是自己的住所，也可以是经营性场所，如饭店、宾馆、咖啡馆、酒吧、舞厅等，或汽车等交通工具上等。

本条行为侵害他人的身心健康和国家对毒品的管制制度。行为人主观出于故意，明知教唆、引诱、欺骗、强迫或容留行为会造成他人吸食、注射毒品的后果，而希望这种结果发生。实践中，行为人动机多种，有的是为了贩卖毒品，有的是为了控制他人等，无论行为人何种动机不影响本行为的成立。

第八十六条 【对非法生产、经营、购买、运输制毒原配料行为的处罚】 违反国家规定，非法生产、经营、购买、运输用于制造毒品

第三章 违反治安管理的行为和处罚

的原料、配剂的,处十日以上十五日以下拘留;情节较轻的,处五日以上十日以下拘留。

新旧对照

2012年《治安管理处罚法》	2025年《治安管理处罚法》
无	第八十六条 违反国家规定,非法生产、经营、购买、运输用于制造毒品的原料、配剂的,处十日以上十五日以下拘留;情节较轻的,处五日以上十日以下拘留。

重点解读

本条把对制毒的原料、配剂管理与查缉毒品置于同等重要位置,对毒品制造进行源头管控,有助于预防、打击毒品类违法犯罪活动。

制造毒品的原料、配剂属于易制毒化学品范围,在毒品制造中发挥着重要作用,可以说没有易制毒化学品就没有合成毒品。在毒品制造中,易制毒化学品分为原料和配剂,原料是在制毒过程中成为制成毒品的主要成分;配剂在制毒过程中参与反应或起辅助作用,其成分不构成毒品最终产品成分。为防止被用于非法制造毒品,易制毒化学品的生产、经营、购买、运输被严格管制。《易制毒化学品管理条例》第二条规定,国家对易制毒化学品的生产、经营、购买、运输和进口、出口实行分类管理和许可制度。易制毒化学品分为三类。第一类是可以用于制毒的主要原料,第二类、第三类是可以用于制毒的化学配剂。第一类,如胡椒醛、黄樟素、黄樟油、异黄樟素等;第二类,如苯乙酸、醋酸酐、三氯甲烷、乙醚等;第三类,如甲苯、丙酮、甲基乙基酮、高锰酸钾、硫酸、盐酸。

适用要点

1. 对国家规定的理解

相关国家规定,是本条适用过程中的一个重要依据,对本条的适用产生重要影响。按照《刑法》第九十六条,国家规定主要是指"全国人民代表大会及其常务委员会制定的法律和决定,国务院制定的行政法规、规定的行政措施、发布的决定和命令"。2011年发布的《最高人民法院关于准确理解和适用刑法中"国家规定"的有关问题的通知》对"国家规定"的内涵进行了拓展,"国务院规定的行政措施"应当由国务院决定,通常以行政法规或者国务院制发文件的形式加以规定。以国务院办公厅名义制发的文件,符合以下条件的,亦应视为刑法中的"国家规定":(1)有明确的法律依据或者同相关行政法规不相抵触;(2)经国务院常务会议讨论通过或者经国务院批准;(3)在国务院公报上公开发布。对于违反地方性法规、部门规章的行为,不得认定为"违反国家规定"。

按照上述标准,该条中的国家规定具体包括:《禁毒法》《药品管理法》《危险化学品安全管理条例》《易制毒化学品管理条例》《戒毒条例》《娱乐场所管理条例》以及以国务院办公厅名义发布的符合上述要求的规定等。

2. 行为牵连关系

在处罚时应注意行为之间的牵连关系。非法生产、经营、购买、运输用于制造毒品的原料、配剂,这些行为之间通常具有牵连关系,如果一个主体生产之后经营售卖,或者购买之后运输,一般后一行为把前一行为吸收了,按照一种违法行为处理。如果存在两种独立违法行为类型,彼此之间没有任何牵连关系,按照两种违法行为处理。

3. 本条规定在适用中注意与《易制毒化学品管理条例》的定位差异

本条主要调整的是用于制造毒品的原料、配剂,而《易制毒化学品管理条例》处罚的是"未经许可或者备案擅自生产、经营、购买、运输易制毒化学品,伪造申请材料骗取易制毒化学品生产、经营、购买或者运输许可证,使用他人的或者伪造、变造、失效的许可证生产、经营、购买、运输易制毒化学品的……"行为。

> 第八十七条 【对服务行业人员通风报信行为的处罚】旅馆业、饮食服务业、文化娱乐业、出租汽车业等单位的人员,在公安机关查处吸毒、赌博、卖淫、嫖娼活动时,为违法犯罪行为人通风报信的,或者以其他方式为上述活动提供条件的,处十日以上十五日以下拘留;情节较轻的,处五日以下拘留或者一千元以上二千元以下罚款。

新旧对照

2012年《治安管理处罚法》	2025年《治安管理处罚法》
第七十四条 旅馆业、饮食服务业、文化娱乐业、出租汽车业等单位的人员,在公安机关查处吸毒、赌博、卖淫、嫖娼活动时,为违法犯罪行为人通风报信的,处十日以上十五日以下拘留。	第八十七条 旅馆业、饮食服务业、文化娱乐业、出租汽车业等单位的人员,在公安机关查处吸毒、赌博、卖淫、嫖娼活动时,为违法犯罪行为人通风报信的,**或者以其他方式为上述活动提供条件的,**处十日以上十五日以下拘留;**情节较轻的,处五日以下拘留或者一千元以上二千元以下罚款。**

重点解读

旅馆业、饮食服务业、文化娱乐业、出租汽车业等单位属于公共服务业单位,受利益的驱使,易成为容留吸毒、赌博、卖淫、嫖娼等活动的场所。《全国人民代表大会常务委员会关于严禁卖淫嫖娼的决定》对旅馆业、饮食服务业、文化娱乐业、出租汽车业等单位利用本单位条件通风报信的行为作了禁止性规定。本条不仅针对通风报信行为,还将为上述活动提供条件的行为也纳入处罚范围,更好地与《禁毒法》第二十七条、第六十五条相衔接。《娱乐场所管理条例》《旅馆业治安管理办法》也有相关的禁止。

适用要点

1. 对相关术语的认定

"公安机关查处吸毒、赌博、卖淫、嫖娼活动时",是指公安机关依法查处上述活动的全过程,包括查处的预先部署阶段和具体行动实施阶段。通风报信,即暗中传递消息。"为违法犯罪行为人通风报信",是指将公安机关的行动时间、方式等计划情况直接告知吸毒、赌博、卖淫、嫖娼的违法犯罪分子,或与这些违法犯罪分子有联系的人,由其转告给违法犯罪分子。通风报信的手段如打电话、发信息和暗号等。"以其他方式为上述活动提供条件的",是指除通风报信之外的,有助于吸毒、赌博、卖淫、嫖娼违法犯罪人员开展活动的有形或无形的便利条件,如,设置装有内锁的封闭式包厢或逃脱暗门等。通风报信或者以其他方式为上述活动提供条件的行为,给公安机关执法活动带来妨碍。

2. 注意本条与第一百三十九条第一款第十项中"通风报信"的行为人的不同

本条中"通风报信"的行为人为旅馆业、饮食服务业、文化娱乐业、出租汽车业等单位有关人员。本法第一百三十九条第一款第十项在查处违反治安管理活动时,为违法犯罪行为人通风报信的,是人民警察,或者公安机关负有责任的领导人员和直接责任人员。2021年4月5日下午,郑某某在应当明知萧山区某街道某咖啡店某包厢内有人赌博的情况下,在公安机关查处赌博活动时,为违法犯罪行为人通风报信,其行为已构成通风报信。[1]

---

[1] 参见萧公(北干)行罚决字〔2021〕03012号案例。

第八十八条 【对生活噪声持续干扰他人行为的处罚】违反关于社会生活噪声污染防治的法律法规规定,产生社会生活噪声,经基层群众性自治组织、业主委员会、物业服务人、有关部门依法劝阻、调解和处理未能制止,继续干扰他人正常生活、工作和学习的,处五日以下拘留或者一千元以下罚款;情节严重的,处五日以上十日以下拘留,可以并处一千元以下罚款。

新旧对照

2012 年《治安管理处罚法》	2025 年《治安管理处罚法》
第五十八条 违反关于社会生活噪声污染防治的法律规定,**制造噪声干扰他人正常生活的**,处警告;警告后不改正的,处二百元以上五百元以下罚款。	第八十八条 违反关于社会生活噪声污染防治的法律**法规**规定,**产生社会生活**噪声,经基层群众性自治组织、业主委员会、物业服务人、有关部门依法劝阻、调解和处理未能制止,继续干扰他人正常生活、工作和学习的,处五日以下拘留或者一千元以下罚款;情节严重的,处五日以上十日以下拘留,可以并处一千元以下罚款。

重点解读

《噪声污染防治法》第二条规定,本法所称噪声,是指在工业生产、建筑施工、交通运输和社会生活中产生的干扰周围生活环境的声音。该法对工业噪声、建筑施工噪声、交通运输噪声、社会生活噪声等四种类型的噪声进行了界定。工业噪声,是指在工业生产活动中产生的干扰周围生活环境的声音。建筑施工噪声,是指在建筑施工过程中产生的干扰周围生活环境的声音。交通运输噪声,是指机动车、铁路机车车辆、城市轨道交通车辆、机动船舶、航空器等交通运输工具在运行时产生的干扰周围生活环境的声音。社会生活噪声,是指人为活动产生的除工业噪声、建筑施工噪声和交通运输噪声之外的干扰周围生活环境的声音。结合噪声界定,不难发现,噪声具有人为制造或人力能够管控的典型特征,前者如装修发出的噪声,后者如人类饲养动物发出的噪声。如果人类无法控制的自然界或并不是由于人类饲养的动物发出的声音,不宜界定为噪声。前者如火山喷发发出的噪声,后者如自然界鸟叫声。[1]

本条中的噪声专指社会生活噪声,如商场、摊贩使用高音喇叭持续进行广告宣传,影响周围单位和小区居民工作生活的;在广场、公园等公共场所组织或者开展娱乐、健身等活动,使用音响器材产生高分贝音量,干扰他人正常生活;在住宅楼、办公楼等建筑物进行室内装修施工活动中产生的切割、砸墙等噪声,影响邻里正常休息的。无论行为人在主观上是故意或者过失,只要干扰了他人的正常生活,就构成本行为。

适用要点

1. 社会生活噪声的认定标准

关于噪声认定,生态环境部发布的认定标准,如《建筑施工场界环境噪声排放标准》(GB 12523-2011)、《社会生活环境噪声排放标准》(GB 22337-2008)、《工业企业厂界环境噪声排放标准》(GB 12348-2008)。如建筑施工厂界环境噪声排放白天不得高于70分贝,晚上不得高于55分贝。本条所称的社会生活噪声认定主要依据《社会生活环境噪声排放标准》(GB 22337-2008),该标准详细规定了不同的时间段社会生活噪声的认定标准。

2. 处罚程序

本条在处理程序上设定了前置性处理措施,即必须先经过相关部门

---

[1] 参见《深圳市民投诉鸟叫声严重影响睡眠,官方回应:不属于城市噪声管控范围,建议市民调整作息环境》,载网易网,https://c.m.163.com/news/v/VLQ5Q6C3U.html,2025年2月24日访问。

劝阻、调解和处理,以化解矛盾纠纷。如果未果的话,公安机关才介入处理,这也是公安机关接到关于此类案件的报案,立案调查时需要注意的问题。该内容的增加,与《民法典》[1]《噪声污染防治法》[2]的相关规定相衔接,也是本法第二条加强社会治安综合治理和第九条加强调解的具体实践。

本行为强调一定的危害后果,即有关部门未能制止的,持续干扰他人正常生活、工作和学习,危害后果有持续性状态。如果经过有关部门调解,不再产生干扰他人正常生活、工作和学习的社会生活噪声,不受处罚。如小区广场有人开展健身等活动,使用音响器材产生过大音量,影响附近楼房居民休息的,经小区物业部门出面劝阻,降低音量或者不再产生噪声的,即无须处罚。

> **第八十九条 【对饲养动物违法行为的处罚】**饲养动物,干扰他人正常生活的,处警告;警告后不改正的,或者放任动物恐吓他人的,处一千元以下罚款。
>
> 违反有关法律、法规、规章规定,出售、饲养烈性犬等危险动物的,处警告;警告后不改正的,或者致使动物伤害他人的,处五日以下拘留或者一千元以下罚款;情节较重的,处五日以上十日以下拘留。

---

[1]《民法典》第二百八十六条第二款规定,业主大会或者业主委员会,对任意弃置垃圾、排放污染物或者噪声、违反规定饲养动物、违章搭建、侵占通道、拒付物业费等损害他人合法权益的行为,有权依照法律、法规以及管理规约,请求行为人停止侵害、排除妨碍、消除危险、恢复原状、赔偿损失。第三款规定,业主或者其他行为人拒不履行相关义务的,有关当事人可以向有关行政主管部门报告或者投诉,有关行政主管部门应当依法处理。

[2]《噪声污染防治法》第八条第四款规定,基层群众性自治组织应当协助地方人民政府及其有关部门做好噪声污染防治工作。第八十七条规定,违反本法规定,产生社会生活噪声,经劝阻、调解和处理未能制止,持续干扰他人正常生活、工作和学习,或者有其他扰乱公共秩序、妨害社会管理等违反治安管理行为的,由公安机关依法给予治安管理处罚。违反本法规定,构成犯罪的,依法追究刑事责任。

> 未对动物采取安全措施,致使动物伤害他人的,处一千元以下罚款;情节较重的,处五日以上十日以下拘留。
>
> 驱使动物伤害他人的,依照本法第五十一条的规定处罚。

新旧对照

2012年《治安管理处罚法》	2025年《治安管理处罚法》
第七十五条 饲养动物,干扰他人正常生活的,处警告;警告后不改正的,或者放任动物恐吓他人的,处二百元以上**五百元**以下罚款。 驱使动物伤害他人的,依照本法**第四十三条第一款**的规定处罚。	第八十九条 饲养动物,干扰他人正常生活的,处警告;警告后不改正的,或者放任动物恐吓他人的,处一千元以下罚款。 **违反有关法律、法规、规章规定,出售、饲养烈性犬等危险动物的,处警告;警告后不改正的,或者致使动物伤害他人的,处五日以下拘留或者一千元以下罚款;情节较重的,处五日以上十日以下拘留。** **未对动物采取安全措施,致使动物伤害他人的,处一千元以下罚款;情节较重的,处五日以上十日以下拘留。** 驱使动物伤害他人的,依照本法**第五十一条**的规定处罚。

重点解读

现有法律对饲养动物管理确立了饲养人或者管理人的管理责任,如《民法典》第一千二百四十五条至第一千二百五十一条之规定。本次《治安管理处罚法》修改从行政管理层面对饲养动物行为进一步规范。

1. 干扰的认定标准

何谓"干扰",顾名思义,即"搅扰"。无管束的动物活动,如声音、打斗等都可能对别人构成搅扰,影响邻里关系,诱发社会矛盾纠纷。实践中,饲养的干扰他人正常生活的动物较为常见的是犬类。"干扰他人正常生活"的方式,即"搅扰"方式,最常见的有如下类型:(1)未对饲养动物进行管束,遛行干扰他人。[1] (2)未束动物链,未办动物证件,干扰他人。[2] (3)未进行登记,咬伤他人。

目前各地制定了关于养犬的相关制度,如《江西省动物防疫条例》第十七条第一、二款规定:"饲养犬只的单位和个人,应当按照规定给犬只定期免疫接种狂犬病疫苗,凭狂犬病免疫接种点出具的免疫证明向所在地养犬登记机关申请登记。设区的市人民政府应当明确并公布养犬登记机关,县级人民政府农业农村主管部门应当向社会公布狂犬病免疫接种点。鼓励对饲养的猫实施狂犬病免疫接种。在城市携带犬只出户的,应当按照规定为犬只佩戴犬牌并采取系犬绳牵引等措施,及时清除犬只粪便,防止犬只伤人、疫病传播。"第四十八条规定:"违反本条例第十七条第一款规定,未办理养犬登记的,由养犬登记机关责令限期改正;逾期不改正的,对个人处二百元以上一千元以下罚款,对单位处二千元以上五千元以下罚款。违反本条例第十七条第二款规定,在城市携带犬只出户未佩戴犬牌并采取系犬绳牵引等措施的,由养犬登记机关责令改正;拒不改正的,处二百元以上一千元以下罚款。"如2020年8月14日甲饲养的犬只将他人咬伤,且在饲养期间没有按照《北京市养犬管理规定》对所饲养的犬只进行登记、年检。[3] 2020年5月初至今,徐某饲养在金华市婺城区琅琊镇泉口村"百福堂"水塘边的一只大黄狗多次将人咬伤,徐某的行为已构成饲养动物干扰他人正常生活违法行为。[4]

从实践来看,未对动物进行管束干扰他人,此处的干扰是否包括对他人的伤害呢?本书认为,从严格意义上理解,此处的干扰不应当包括对他人的伤害,如果饲养人或管理人失于管教,导致偶发性地伤害到他人,那

---

[1] 参见衢综行(罚)决字〔2018〕5023号案例。
[2] 参见京公东(建)行罚决字〔2021〕50011号案例。
[3] 参见京公大行罚决字〔2020〕52443号案例。
[4] 参见金公婺(琅)行罚决字〔2020〕01071号案例。

么,构成饲养动物侵权,由饲养人或管理人承担责任。

但在实践中,不排除饲养人经常性地失于管教动物,既构成对他人的干扰,又放任动物恐吓他人,属于一个行为同时触犯两种处罚情形。本书认为,此时应按照放任动物恐吓他人予以处罚。如果在放任动物恐吓他人过程中,侵害到他人,其行为性质应当属于故意伤害他人身体,那么应当按照故意伤害予以处罚,本书认为这种情况下构成间接故意,与驱使动物伤害他人这种直接故意的情形存在区别。实践中也存在动物主人长时间对所饲养的动物未采取管束措施,导致动物撕咬他人动物的情形,这种情况下属于动物饲养人或管理人对所饲养动物疏于管理、侵害他人财产的情形,按照民事案件处理。若动物饲养人或管理人故意发出指令指示动物撕咬他人所饲养的动物,那就应该按照本法第五十九条故意损毁公私财物处理。

2. 关于烈性犬的种类和范围

此问题不乏争议,甚至还有一定的地域性差异。如一则案件中,原、被告双方围绕烈性犬的认定存在较大争议。"烈性犬包括罗威纳犬,主要特性为'性格暴躁、易攻击人',而'比熊犬'不属于烈性犬而属于小型犬,性格特征为'稳重活泼、温顺'。"[1]实践中,不排除一些地方通过立法把烈性犬加以详细列举,如:"烈性犬包括藏獒、纽波利顿犬、法国波尔多犬、阿根廷杜高犬、马士提夫犬、拳狮犬、杜宾犬、卡斯罗犬、高加索犬、纽芬兰犬、可蒙多犬、罗威纳犬、灵缇犬、德国牧羊犬、阿富汗猎犬、苏俄牧羊犬、沙皮犬、猎鹿犬、威玛猎犬、波音达猎犬、弗兰德牧羊犬、俄罗斯黑梗、比利时牧羊犬、比利时猎犬、牛头梗、美国斯塔福郡梗、比特犬、英国斗牛犬、土佐犬、秋田犬、日本狼青犬、加纳利犬、马犬、巴西非勒犬、中亚犬、大丹犬、阿拉斯加犬、雪达犬、蒙古细犬、法国狼犬、大白熊犬、川东猎犬、中国细

---

[1] 广东省佛山市顺德区人民法院民事判决书,(2015)佛顺法良民初字第531号。

狗、昆明犬、中华田园犬(土狗)及上述血统的杂交犬。"[1]"烈性犬包括：藏獒、比特斗牛梗、牛头梗、贝林登梗、凯丽蓝梗、阿根廷杜高、巴西非拉、日本土佐犬、中亚牧羊犬、苏俄牧羊犬、德国牧羊犬(狼狗)、川东犬、英国马士提夫、意大利卡斯罗、大丹犬、高加索、意大利扭玻利顿、斯塔福、阿富汗猎犬、波音达犬、威玛猎犬、雪达犬、寻血猎犬、巴仙吉犬、英国斗牛犬、秋田犬、纽芬兰犬、中华田园犬(土狗)等。"[2]所以，何谓烈性犬，仍然是一个有争议的话题，前述列举可供参考。

实践中犬类较为常见，但是除此之外还有一些小动物，因为饲养人管理不当进而违反该条，如蜜蜂。[3]

3.饲养人的主观态度

结合本条表述分析，饲养动物干扰他人正常生活的，更多是一种过失状态饲养动物行为客观上造成干扰他人的结果，所以，在这种情况下，处罚设置了警告；经过警告后，饲养人仍然不改正，设置了"处一千元以下罚款"的处罚。由此，处罚也是结合饲养人在对待干扰他人的主观心理状态变化作出相应调整。而放任动物恐吓他人，主观心理状态上实际上是一种间接故意，该条同时把"警告后不改正的"与"放任动物恐吓他人的"两种情形相并列，设计相同的罚则予以同等处罚。本书认为，主要是拒不改正干扰的行为与放任动物恐吓他人的行为，在饲养人主观心理状态和客观危害方面有些相同。当然，驱使动物伤害他人，此时动物实际上构成了饲养人伤害他人的手段或者工具，与饲养人伤害他人具有相同的效果。所以，按照本法第五十一条进行处罚。

---

[1]《日喀则市犬只管理条例》(2019年12月20日日喀则市第一届人民代表大会常务委员会第四十二次会议通过，2020年3月27日西藏自治区第十一届人民代表大会常务委员会第十七次会议批准)。

[2]《开封市人民政府办公室关于印发开封市集中整治规范养犬工作实施方案的通知》(汴政办〔2012〕163号)。

[3]参见黑龙江省齐齐哈尔市中级人民法院,(2020)黑02行终139号。

适用要点

1. 处罚时的注意事项

考虑到此类纠纷发生的环境、情形,多发于同一社区或乡村邻里之间。鉴于此,在对违法行为进行处理时,一般在施行处罚前都有一个口头警告、劝导程序,并不是一旦发现直接处罚,通常都是经劝导警告后,仍不改正的,才会按照本条进行处罚。如2011年以来,周某在无锡市锡山区厚桥街道大诚苑居民住宅楼内饲养各类犬只,干扰他人正常生活,经多次劝阻无效,予以处罚。[1]

2. 处罚主体

从目前来看,本行为处罚实施主体包括两大类:一类是公安机关,另一类是目前地方的城市管理综合执法局。本书认为,鉴于目前有些地方城市管理综合执法机构进行改革,对饲养动物违法行为的执法主体会统一到公安机关。

---

[1] 参见锡公(治)行罚决字〔2017〕502号案例。

第四章 处罚程序

第一节 调 查

第九十条 【立案调查及处理程序】公安机关对报案、控告、举报或者违反治安管理行为人主动投案，以及其他国家机关移送的违反治安管理案件，应当立即立案并进行调查；认为不属于违反治安管理行为的，应当告知报案人、控告人、举报人、投案人，并说明理由。

新旧对照

2012年《治安管理处罚法》	2025年《治安管理处罚法》
第七十七条 公安机关对报案、控告、举报或者违反治安管理行为人主动投案，以及其他**行政主管部门、司法机关**移送的违反治安管理案件，**应当及时受理，并进行登记。** 第七十八条 公安机关受理报案、控告、举报、投案后，认为属于违反治安管理行为的，应当立即进行调查；认为不属于违反治安管理行为的，应当告知报案人、控告人、举报人、投案人，并说明理由。	**第九十条** 公安机关对报案、控告、举报或者违反治安管理行为人主动投案，以及其他**国家机关**移送的违反治安管理案件，应当立即**立案并**进行调查；认为不属于违反治安管理行为的，应当告知报案人、控告人、举报人、投案人，并说明理由。

重点解读

行政管辖权是行政机关履行职责活动的基础和范围,是处理权的前提。行政机关执行法定任务时应遵守管辖权的界限。一般而言,公民、法人或者其他组织申请履行职责必须向有管辖权的行政机关提出。根据《公安机关接报案与立案工作规定》的规定,所谓接报案,是指公安机关接受单位或者个人反映并请求处置违法犯罪案件,或者接受其他国家机关移送违法犯罪案件。咨询、紧急求助、投诉等非案件类警情不属于该规定调整的范围。公安机关接报案与立案工作应当遵循报案必接、如实登记、依法立案、及时告知、便民高效的原则。立案是执法程序的起始环节,是当事人寻求法律保护救济的第一步。

按照《人民警察法》和本法规定,治安案件主要有四种来源:一是公安机关在日常执法执勤工作中发现违反治安管理事实或者违反治安管理行为人;二是公民、法人和其他组织的报案或者举报,被侵害人报案或者控告违反治安管理的事实或者行为人;三是违反治安管理行为人主动向公安机关投案;四是其他国家机关向公安机关移送的违反治安管理案件。本条是针对上述第二种、第三种和第四种非公安机关主动发现的案件来源所作的规定。

适用要点

1. 报案、控告、举报

报案,是指单位和自然人向公安机关报告发现的违法犯罪事实或者违法犯罪嫌疑人行为。控告,是指被侵害人或者其近亲属、代理人、监护人因被侵害人的人身、财产权利遭受侵害,而向公安机关告发的行为。举报,是指被侵害人以外的单位或个人向公安机关告发违法犯罪事实、违法犯罪嫌疑人或者提供案件线索、证据的行为。报案、控告和举报可以通过口头、来信、电子邮件、传真等方式进行。一般而言,"110"报警服务台属于报案、控告、举报的主要渠道。

2. 主动投案的认定

主动投案，是指违反治安管理行为人主动到公安机关如实交代自己的违法行为并接受调查和处罚的行为，表明行为人主观上具有认错纠错的态度。根据本法第二十条的规定，主动投案，向公安机关如实陈述自己的违法行为的，给予从轻、减轻处罚或者不予处罚。

实践中有的行为人是自己主动投案，有的行为人是在国家发布有关督促在限定期限内主动投案的通告后，受政策感召到公安机关等单位投案。例如，《最高人民法院、最高人民检察院、公安部、司法部关于敦促在逃犯罪人员投案自首的通告》规定："一、在逃犯罪人员自本通告发布之日起至2011年12月1日前向公安机关、人民检察院、人民法院、监狱或者所在单位、城乡基层组织等有关单位、组织投案自首，如实供述自己罪行的，可以依法从轻或者减轻处罚；犯罪较轻的，可以免除处罚。"《关于限令拐卖妇女儿童犯罪人员投案自首的通告》规定："被追诉前主动向公安机关报案或者向有关单位反映，愿意让被收买妇女返回原居住地，或者将被收买儿童送回其家庭，或者将被收买妇女、儿童交给公安、民政、妇联等机关、组织，没有其他严重情节的，可以依法免予刑事处罚。"

3. 其他国家机关移送的违反治安管理案件

其他国家机关，主要包括其他行政机关、司法机关和监察机关。其他行政机关，如市场监督管理、税务、邮政、海关等行政机关在执法工作中，将不属于本部门管辖权限范围，但属于公安机关管辖的违反治安管理的案件移交公安机关依法处理。例如：《邮政法》第八十条规定："有下列行为之一，尚不构成犯罪的，依法给予治安管理处罚：（一）盗窃、损毁邮政设施或者影响邮政设施正常使用的；（二）伪造邮资凭证或者倒卖伪造的邮资凭证的；（三）扰乱邮政营业场所、快递企业营业场所正常秩序的；（四）非法拦截、强登、扒乘运送邮件、快件的车辆的。"《药品管理法》第一百二十四条规定，"违反本法规定，有下列行为之一的，没收违法生产、进口、销售的药品和违法所得以及专门用于违法生产的原料、辅料、包装材料和生产设备，责令停产停业整顿，并处违法生产、进口、销售的药品货值金额十五倍以上三十倍以下的罚款;货值金额不足十万元的,按十万元计算;情节严重的,吊销药品批准证明文件直至吊销药品生产许可证、药品经营许可证或者医疗机构制剂许可证,对法定代表人、主要负责人、直接负责的主管人员和其他责任人员,没收违法行为发生期间自本单位所获收入,并处所获收入百分之三十以上三倍以下的罚款,十年直至终身禁止从事药品生产经营活动,并可以由公安机关处五日以上十五日以下的拘留"。

司法机关移送的违反治安管理案件,主要指人民法院、人民检察院在办理刑事案件过程中,根据《刑法》《刑事诉讼法》的有关规定,对尚不够刑事处罚或者免予刑事处罚的人以及被不起诉人给予治安管理处罚的,移送公安机关依法处理的案件。例如,根据《刑法》第三十七条的规定,对于犯罪情节轻微不需要判处刑罚的,可以免予刑事处罚,但是可以根据案件的不同情况,予以训诫或者责令具结悔过、赔礼道歉、赔偿损失,或者由主管部门予以行政处罚或者行政处分。又如,《刑事诉讼法》第一百七十七条第三款规定,人民检察院决定不起诉的案件,应当同时对侦查中查封、扣押、冻结的财物解除查封、扣押、冻结。对被不起诉人需要给予行政处罚、处分或者需要没收其违法所得的,人民检察院应当提出检察意见,移送有关主管机关处理。有关主管机关应当将处理结果及时通知人民检察院。

监察机关在办理案件过程中,根据《监察法》和《监察法实施条例》的有关规定,将属于公安机关管辖范围的违反治安管理的案件移交公安机关依法处理。例如,《监察法实施条例》第三百一十六条第一款规定,控告人、检举人、证人采取捏造事实、伪造材料等方式诬告陷害的,监察机关应当依法给予政务处分,或者移送有关机关处理;构成犯罪的,依法追究刑事责任。

4.立案并调查

立案是行政执法的按钮。"应当立即立案并进行调查",进一步规范了公安机关办理治安案件的首要环节和查处工作,保证公安机关严格依法履行法定职责,不得以任何理由和借口推诿、拒绝或者不作为,否则应承担相应责任。本条关于立即立案的新增内容，与《行政处罚法》相衔接。《行政处罚法》第五十四条规定："除本法第五十一条规定的可以当场作出的行政处罚外，行政机关发现公民、法人或者其他组织有依法应当给予行政处罚的行为的，必须全面、客观、公正地调查，收集有关证据；必要时，依照法律、法规的规定，可以进行检查。符合立案标准的，行政机关应当及时立案。"第七十六条第二款规定，行政机关对符合立案标准的案件不及时立案的，由上级行政机关或者有关机关责令改正，对直接负责的主管人员和其他直接责任人员依法给予处分。

本条针对报案、控告、举报或者违反治安管理行为人主动投案，以及其他国家机关移送的案件，根据不同情况区别规定。属于违反治安管理案件的，应当立即立案并进行调查，是否属于治安管理案件，公安机关应根据本法第三条和本法第三章的有关规定等进行审查判定。对不属于违反治安管理行为的，公安机关应当移送有关主管部门依法查处。例如，《食品安全法实施条例》第七十七条规定："县级以上地方人民政府食品安全监督管理等部门对有食品安全法第一百二十三条规定的违法情形且情节严重，可能需要行政拘留的，应当及时将案件及有关材料移送同级公安机关。公安机关认为需要补充材料的，食品安全监督管理等部门应当及时提供。公安机关经审查认为不符合行政拘留条件的，应当及时将案件及有关材料退回移送的食品安全监督管理等部门。"

本条中的"不属于违反治安管理行为"，主要包括属于公安机关职责范围，但不属于本单位管辖的案件情形，或者不属于公安机关职责范围管辖的情形。公安机关履行告知义务，保障了报案人、控告人、举报人、投案人的知情权和监督权，有利于保护公民合法权益，提高打击违法犯罪的积极性和主动性。

基于社会综合治理的考虑，有些行为需要有关部门前置性处理未果，公安机关才可以立案调查处理。例如，本法第八十八条规定，关于社会生活噪声干扰他人生活的行为，公安机关接到报案后，需要告知报案人先寻求基层群众性自治组织、业主委员会、物业服务人、有关部门进行劝阻、调解和处理。又如,本法第九条针对因民间纠纷引起的打架斗殴或者损毁他人财物等违反治安管理行为,除公安机关采取处罚措施外,根据规定,还可以采取公安机关调解处理、当事人自行和解或寻求人民调解委员会调解的方法解决纠纷。实践中,当事人未必知道上述解决方法,公安机关也应告知报案人、控告人、举报人、投案人。

5.相关文件的范围

关于接报案、立案管理的规范依据主要是部门规章《公安机关办理行政案件程序规定》及相关规范性文件,例如 2015 年 11 月 4 日印发的《公安部关于改革完善受案立案制度的意见》。2024 年施行的《公安机关接报案与立案工作规定》明确规定,2015 年 11 月 4 日印发的《公安部关于改革完善受案立案制度的意见》与《公安机关接报案与立案工作规定》不一致的,以该规定为准。

第九十一条 【严禁非法取证】公安机关及其人民警察对治安案件的调查,应当依法进行。严禁刑讯逼供或者采用威胁、引诱、欺骗等非法手段收集证据。

以非法手段收集的证据不得作为处罚的根据。

新旧对照

2012 年《治安管理处罚法》	2025 年《治安管理处罚法》
第七十九条 公安机关及其人民警察对治安案件的调查,应当依法进行。严禁刑讯逼供或者采用威胁、引诱、欺骗等非法手段收集证据。 以非法手段收集的证据不得作为处罚的根据。	第九十一条 公安机关及其人民警察对治安案件的调查,应当依法进行。严禁刑讯逼供或者采用威胁、引诱、欺骗等非法手段收集证据。 以非法手段收集的证据不得作为处罚的根据。

重点解读

合法收集证据，证明法律事实，进行价值选择和实质判断，是准确适用法律的前提。治安案件的调查，是指公安机关及其人民警察按照法定方式和法定程序收集能够证实行为人有无违法行为以及情节轻重的情况和材料的活动，本质上就是收集证据的过程。治安管理处罚要达到"以事实为依据，与违反治安管理行为的性质、情节以及社会危害程度相当"，就必须做到"证据确实充分"。公安机关及其人民警察要紧紧围绕证据的合法性、客观性、关联性进行审查，确保证据的收集和提供符合法律规定，证据与待证事实之间密切相关。

适用要点

1. 依法进行调查原则

根据本法的规定，治安案件的调查方式主要有：向有关单位、个人收集、调取证据，传唤、询问违反治安管理行为人，询问被侵害人及证人，对与案件有关的物品扣押、登记、鉴定，对与违反治安管理行为有关的场所、物品、人身进行检查，对与违反治安管理行为有关的场所、物品进行辨认，等等。不同的调查方式对应不同的法定程序，依法进行，就是要求公安机关及其人民警察严格执行法定调查程序办理治安案件。本法第九十七条规定："对违反治安管理行为人，公安机关传唤后应当及时询问查证，询问查证的时间不得超过八小时；涉案人数众多、违反治安管理行为人身份不明的，询问查证的时间不得超过十二小时；情况复杂，依照本法规定可能适用行政拘留处罚的，询问查证的时间不得超过二十四小时。在执法办案场所询问查证违反治安管理行为人，应当全程同步录音录像。公安机关应当及时将传唤的原因和处所通知被传唤人家属。询问查证期间，公安机关应当保证违反治安管理行为人的饮食、必要的休息时间等正当需求。"另外，对本法没有规定的，还应按照与本法没有冲突的有关法律程序开展调查、收集证据活动。本法第四条规定，治安管理处罚的程序，适用本法的规定；本法没有规定的，适用《行政处罚法》《行政强制法》的有关规定。

公安机关和人民警察要严格依照法定方法和程序调查治安案件，收集相关证据，确保证据的客观性、关联性和合法性，既要收集证明行为人有或无违反治安管理行为的证据，也要收集应给予从重处罚或情节较轻的证据，为准确认定案件事实提供可靠的依据，不应主观臆断，更不能歪曲甚至捏造事实，确保治安管理处罚必须以事实为依据，与违反治安管理行为的性质、情节以及社会危害程度相当，公开、公正地实施治安管理处罚，尊重和保障人权。

2. 严禁以非法手段收集证据原则

刑讯逼供，是指工作人员在办案过程中，采用肉刑或变相肉刑甚至精神刑等残酷的方式折磨违法行为人，逼取其供述的行为，如棍打、鞭抽等。威胁，是指以使人身、财物或者精神等利益受到某种损害相要挟的行为。引诱，是指以允诺满足某种利益需求为诱饵，诱使其按照别人要求进行的行为。欺骗，是指用虚假的言行，使人误以为真，上当受骗。欺骗往往同威胁、引诱行为相关联。还有如长时间不允许休息、冻饿和其他不人道的残忍或有辱人格的手段。《人民警察法》第二十二条明确规定，人民警察不得有刑讯逼供或者体罚、虐待人犯的行为。第四十八条规定，人民警察有刑讯逼供行为的，应当给予行政处分；构成犯罪的，依法追究刑事责任。在调查收集证据活动中，除使用上述刑讯逼供、威胁、引诱和欺骗手段外，其他任何违反法律的方式手段，都是不被允许的。实践中，办案人员对证人、被害人进行必要的提示或者依法教育被询问人如实回答问题、告知其有意作伪证或者隐匿证据要承担相应的法律责任，是合理合法的。

本条第二款规定以非法手段收集的证据不得作为处罚根据，属于证据的法定排除规则。违反治安管理行为人、被侵害人和证人等，迫于公安机关采取的非法手段给其肉体或者精神上造成的压力，违背真实意志，作出虚假供述，从而扰乱办案思路和方向，极易导致冤假错案的发生。能够作为治安管理处罚实施的证据，必须是能够证明案件事实的，且收集程序合法的证据。即使公安机关收集到的证据是真实的,但如果其获得的手段和程序不合法,也不得作为案件定性和实施处罚的依据,否则公安机关将承担相关法律后果。

《行政处罚法》第四十六条第二款规定,证据必须经查证属实,方可作为认定案件事实的根据;第三款规定,以非法手段取得的证据,不得作为认定案件事实的根据。第三十八条规定,行政处罚没有依据或者实施主体不具有行政主体资格的,行政处罚无效;违反法定程序构成重大且明显违法的,行政处罚无效。何谓非法手段?本书认为,可以参考或适用行政诉讼中关于证据材料的法定排除规则。《最高人民法院关于适用〈中华人民共和国行政诉讼法〉的解释》第四十三条规定了三种属于"以非法手段取得的证据"的情形:(1)严重违反法定程序收集的证据材料;(2)以违反法律强制性规定的手段获取且侵害他人合法权益的证据材料;(3)以利诱、欺诈、胁迫、暴力等手段获取的证据材料。《最高人民法院关于行政诉讼证据若干问题的规定》第五十七条规定:"下列证据材料不能作为定案依据:(一)严重违反法定程序收集的证据材料;(二)以偷拍、偷录、窃听等手段获取侵害他人合法权益的证据材料;(三)以利诱、欺诈、胁迫、暴力等不正当手段获取的证据材料;(四)当事人无正当事由超出举证期限提供的证据材料;(五)在中华人民共和国领域以外或者在中华人民共和国香港特别行政区、澳门特别行政区和台湾地区形成的未办理法定证明手续的证据材料;(六)当事人无正当理由拒不提供原件、原物,又无其他证据印证,且对方当事人不予认可的证据的复制件或者复制品;(七)被当事人或者他人进行技术处理而无法辨明真伪的证据材料;(八)不能正确表达意志的证人提供的证言;(九)不具备合法性和真实性的其他证据材料。"第五十八条规定:"以违反法律禁止性规定或者侵犯他人合法权益的方法取得的证据,不能作为认定案件事实的依据。"第六十二条规定:"对被告在行政程序中采纳的鉴定结论,原告或者第三人提出证据证明有下列情形之一的,人民法院不予采纳:(一)鉴定人不具备鉴定资格;(二)鉴定程序严重违法;(三)鉴定结论错误、不明确或者内容不完整。"

> **第九十二条** 【公安机关调查取证权及相关主体证据提供义务】公安机关办理治安案件,有权向有关单位和个人收集、调取证据。有关单位和个人应当如实提供证据。
>
> 公安机关向有关单位和个人收集、调取证据时,应当告知其必须如实提供证据,以及伪造、隐匿、毁灭证据或者提供虚假证言应当承担的法律责任。

新旧对照

2012 年《治安管理处罚法》	2025 年《治安管理处罚法》
无	第九十二条 公安机关办理治安案件,有权向有关单位和个人收集、调取证据。有关单位和个人应当如实提供证据。 公安机关向有关单位和个人收集、调取证据时,应当告知其必须如实提供证据,以及伪造、隐匿、毁灭证据或者提供虚假证言应当承担的法律责任。

重点解读

本条规定了公安机关办理治安案件的调查取证权和相关主体的配合义务。证据是用以证明案件事实的材料,是执法办案的基本依据。如果缺失有关证据,可能导致某些案件的关键事实无法得到认定,进而影响案件的定性或办理。收集、调取证据,是指公安机关对于有关单位或个人知悉或持有的能够证明案件真实情况的物证、书证等,依法收取的一种活动。凡是知道案件情况的人,都有作证的义务。《行政处罚法》第五十五条第二款规定,当事人或者有关人员应当如实回答询问,并协助调查或者检查,不得拒绝或者阻挠;询问或者检查应当制作笔录。实践中,公安机关可以主动调取证据,也可以根据当事人的申请,调取新的物证、书证等。

> 适用要点

伪造、隐匿、毁灭证据,是指行为人捏造事实,制造虚假证据,或者隐藏证据,或者销毁证据等使其灭失的行为,目的是自己逃避法律责任或者帮助别人逃避法律责任。提供虚假证言,是指有关单位和个人不如实作证而提供虚假言词,歪曲客观事实的行为。行为人或是为了陷害、报复他人,或是为了协助他人逃脱法律制裁,或是为了扰乱行政执法工作等,其动机不影响本行为的成立。如果单位和个人不是出于故意,而是因为过失或者本身理解错误提供了虚假证言,则不属于此种情形。

伪造、隐匿、毁灭证据或者提供虚假证言,影响公安机关的执法办案秩序,妨碍及时查清案件,甚至导致错案的发生,属于妨害执法秩序的行为。本法第七十二条第一款规定:"有下列行为之一的,处五日以上十日以下拘留,可以并处一千元以下罚款;情节较轻的,处警告或者一千元以下罚款……(二)伪造、隐匿、毁灭证据或者提供虚假证言、谎报案情,影响行政执法机关依法办案的;……"

第九十三条 【移送案件的证据使用】在办理刑事案件过程中以及其他执法办案机关在移送案件前依法收集的物证、书证、视听资料、电子数据等证据材料,可以作为治安案件的证据使用。

新旧对照

2012 年《治安管理处罚法》	2025 年《治安管理处罚法》
无	第九十三条　在办理刑事案件过程中以及其他执法办案机关在移送案件前依法收集的物证、书证、视听资料、电子数据等证据材料，可以作为治安案件的证据使用。

重点解读

本条规定在刑事案件办理中以及其他执法办案机关在办理案件过程中收集的物证、书证、视听资料、电子数据等证据，可以作为治安案件的证据使用，有利于节约行政、司法资源，提高办案效率。需要注意的是，这里规定的是"可以"，不是"应当"，也就是说前述证据并非一概都能作为治安案件的证据使用，某些证据必须经过证据转换，且经审查符合法定要求后，才能作为治安案件的证据使用。

适用要点

《刑事诉讼法》规定行政执法过程中所形成的证据材料可以作为刑事证据使用，该法第五十四条第二款规定，行政机关在行政执法和查办案件过程中收集的物证、书证、视听资料、电子数据等证据材料，在刑事诉讼中可以作为证据使用。《监察法实施条例》第七十五条中规定，监察机关对行政机关在行政执法和查办案件中收集的物证、书证、视听资料、电子数据、勘验、检查等笔录，以及鉴定意见等证据材料，经审查符合法定要求的，可以作为证据使用。

第九十四条 【保密义务】公安机关及其人民警察在办理治安案件时,对涉及的国家秘密、商业秘密、个人隐私或者个人信息,应当予以保密。

新旧对照

2012 年《治安管理处罚法》	2025 年《治安管理处罚法》
第八十条 公安机关及其人民警察在办理治安案件时,对涉及的国家秘密、商业秘密或者个人隐私,应当予以保密。	第九十四条 公安机关及其人民警察在办理治安案件时,对涉及的国家秘密、商业秘密、个人隐私或者**个人信息**,应当予以保密。

重点解读

国家秘密是指关系国家安全和利益,依照法定程序确定,在一定时间内只限一定范围的人员知悉的事项。国家秘密事关国家安全和利益。《人民警察法》第二十二条规定,人民警察不得泄露国家秘密和警务工作秘密。《保守国家秘密法》第五条规定,国家秘密受法律保护;一切国家机关和武装力量、各政党和各人民团体、企业事业组织和其他社会组织以及公民都有保密的义务;任何危害国家秘密安全的行为,都必须受到法律追究。该法第十三条规定了定密范围,第十四条对国家秘密的密级分级进行了相应的规定。

商业秘密,是指不为公众所知悉、具有商业价值并被权利人采取相应保密措施的技术信息、经营信息等商业信息。一般包括管理方法、产销规划、客户名录和货源渠道等经营信息,以及生产配方、工艺流程和设计图纸等技术信息。商业秘密是无形资产,关系到秘密所有人或者合法使用人的竞争力,甚至企业生存和发展问题。侵犯商业秘密的行为方式有多种,如《反不正当竞争法》(2025 年修订)第十条对侵害商业秘密的行为进行了具体规定。

隐私是自然人的私人生活安宁和不愿为他人知晓的私密空间、私密活动、私密信息。个人信息是以电子或者其他方式记录的能够单独或者与其他信息结合识别特定自然人的各种信息,包括自然人的姓名、出生日期、身份证件号码、生物识别信息、住址、电话号码、电子邮箱、健康信息、行踪信息等。《民法典》第一千零三十二条、第一千零三十三条、第一千零三十四条、第一千零三十八条对个人隐私和个人信息的保护进行了规定,特别是第一千零三十九条明确规定了国家机关、承担行政职能的法定机构及其工作人员在履职过程对个人隐私和个人信息的保密义务。

适用要点

公安机关及其人民警察在办理治安案件时,有机会、有条件接触到国家秘密、商业秘密、个人隐私或者个人信息,如公民户口信息、车辆和房产信息、通信记录和银行交易等个人信息,对上述信息必须是基于工作需要且按照有关规定和程序知悉或查询,在收集、保管、运用时要注意保密,不得泄露或者向他人非法提供,避免对国家、单位或者个人权益、声誉造成损害,这也是公安机关及其人民警察的法定义务。实践中,公安机关对于保密工作也会采取一些防范措施。

本条规定的公安机关及其人民警察履行保密义务的前提是"在办理治安案件时",显然,这与职务行为有关。根据本法第一百四十条的规定,对商业秘密、个人隐私或者个人信息泄露,造成损害的,应当按照《国家赔偿法》予以确定法律责任。如果人民警察履行职责时与不法分子勾结,窃取并出售商业秘密、个人隐私或者个人信息,则构成共同侵权,承担连带责任。如果人民警察不是在办理治安案件等工作中获悉商业秘密、个人隐私或个人信息,此时的保密义务仅与其个人相关。

第九十五条 【回避】人民警察在办理治安案件过程中,遇有下列情形之一的,应当回避;违反治安管理行为人、被侵害人或者其法定代理人也有权要求他们回避:
（一）是本案当事人或者当事人的近亲属的;
（二）本人或者其近亲属与本案有利害关系的;
（三）与本案当事人有其他关系,可能影响案件公正处理的。
人民警察的回避,由其所属的公安机关决定;公安机关负责人的回避,由上一级公安机关决定。

新旧对照

2012 年《治安管理处罚法》	2025 年《治安管理处罚法》
第八十一条　人民警察在办理治安案件过程中,遇有下列情形之一的,应当回避;违反治安管理行为人、被侵害人或者其法定代理人也有权要求他们回避: （一）是本案当事人或者当事人的近亲属的; （二）本人或者其近亲属与本案有利害关系的; （三）与本案当事人有其他关系,可能影响案件公正处理的。 人民警察的回避,由其所属的公安机关决定;公安机关负责人的回避,由上一级公安机关决定。	第九十五条　人民警察在办理治安案件过程中,遇有下列情形之一的,应当回避;违反治安管理行为人、被侵害人或者其法定代理人也有权要求他们回避: （一）是本案当事人或者当事人的近亲属的; （二）本人或者其近亲属与本案有利害关系的; （三）与本案当事人有其他关系,可能影响案件公正处理的。 人民警察的回避,由其所属的公安机关决定;公安机关负责人的回避,由上一级公安机关决定。

重点解读

回避制度是程序正义的重要内容,是"自己不做自己的法官"的重要体现。回避制度由法定的回避情形、回避适用范围、回避方式和作出决定的程序等组成。本条规定的回避制度,是指人民警察在遇有法定情形时退出对治安案件的办理工作,保证公安机关客观、公正地查处治安案件,避免"因私废公",更好地保护公民、法人或者其他组织的合法权益。《人民警察法》第四十五条对人民警察在办理治安案件过程中应当回避的情形及决定权限作出了明确规定,本条进一步明确了人民警察和公安机关负责人回避的决定机关。

适用要点

1. 回避方式和适用情形范围

回避分为自行回避和申请回避两种。自行回避,是指人民警察或者公安机关负责人具有本条规定的情形时,主动向所属公安机关或者有权决定的公安机关提出不参与相关案件的调查办理工作。自行回避属于人民警察的法定义务,应当主动提出。申请回避,是指违反治安管理行为人、被侵害人或者其法定代理人提出申请,要求人民警察回避,属于这三类主体的法定权利。申请回避的前提是人民警察应当回避而没有自行回避或者其不认为自己具有法定回避情形而没有回避。实践中,人民警察在办理治安案件时,一般会告知违反治安管理行为人、被侵害人或者其法定代理人,其依法享有申请回避的权利。在申请形式上,人民警察自行回避和当事人申请回避,可以书面,也可以口头,但都应说明有关理由。对于口头申请回避的,应当记录在案。

2. 三种应当回避的情形

一是公安机关负责人或者办案人民警察是本案当事人或者当事人的近亲属。[1] 当事人包括违反治安管理行为人和被侵害人。二是公安机关负责人、办案人民警察本人或者其近亲属与本案有利害关系。这是指案件的处理涉及公安机关负责人、人民警察或者其近亲属的利益。三是

---

[1]《行政诉讼法》第二十五条第二款规定的"近亲属",包括配偶、父母、子女、兄弟姐妹、祖父母、外祖父母、孙子女、外孙子女和其他具有扶养、赡养关系的亲属。

公安机关负责人或者人民警察与本案当事人有其他关系,可能影响案件公正处理的。"其他关系",如人民警察与违反治安管理行为人或者被侵害人有亲戚、朋友和同学等关系,或矛盾恩怨等,但上述关系只有在存在可能影响案件公正处理的情况下才应当回避。

3. 关于回避的决定权限

按照本款规定,回避决定权限分为两类:一类是人民警察的回避,由其所属的公安机关决定;另一类是公安机关负责人的回避,由上一级公安机关决定。这里的公安机关负责人,是指公安机关的主要负责人,其本人的回避,不应由其本人决定。《人民警察法》第四十三条规定,人民警察的上级机关对下级机关的执法活动进行监督,因此公安机关负责人的回避,应当由上一级公安机关决定。

> **第九十六条 【传唤程序与强制传唤】**需要传唤违反治安管理行为人接受调查的,经公安机关办案部门负责人批准,使用传唤证传唤。对现场发现的违反治安管理行为人,人民警察经出示人民警察证,可以口头传唤,但应当在询问笔录中注明。
>
> 公安机关应当将传唤的原因和依据告知被传唤人。对无正当理由不接受传唤或者逃避传唤的人,经公安机关办案部门负责人批准,可以强制传唤。

新旧对照

2012 年《治安管理处罚法》	2025 年《治安管理处罚法》
第八十二条 需要传唤违反治安管理行为人接受调查的,经公安机关办案部门负责人批准,使用传唤证传唤。对现场发现的违反治安管理行为人,人民警察经出示**工作证件**,可以口	第九十六条 需要传唤违反治安管理行为人接受调查的,经公安机关办案部门负责人批准,使用传唤证传唤。对现场发现的违反治安管理行为人,人民警察经出示**人民警察证**,可以

续表

2012年《治安管理处罚法》	2025年《治安管理处罚法》
头传唤，但应当在询问笔录中注明。 　　公安机关应当将传唤的原因和依据告知被传唤人。对无正当理由不接受传唤或者逃避传唤的人，可以强制传唤。	口头传唤，但应当在询问笔录中注明。 　　公安机关应当将传唤的原因和依据告知被传唤人。对无正当理由不接受传唤或者逃避传唤的人，**经公安机关办案部门负责人批准**，可以强制传唤。

重点解读

传唤是确保当事人到案接受公安机关调查所采取的一种强制性措施。在一定程度上，传唤会对当事人的人身自由产生限制，因此需要对传唤程序进行严格规定，以便在惩治违法行为的同时保障好被传唤人的合法权益。传唤属于公安机关调查治安案件工作中的重要过程性环节，传唤行为违法，会影响处罚决定的合法性，因此，传唤行为合法性属于治安处罚合法性的审查范围。但是，即便后续行为人经调查未被治安处罚，也不能否定公安机关传唤行为的合法性。

本条的"传唤"，是指公安机关根据治安案件办理的需要，通知违反治安管理行为人到公安机关或者指定地点接受调查的执法活动。旨在询问违反治安管理行为人，获取证据。传唤只适用于违反治安管理行为人，对被侵害人及其他证人不得适用。传唤分为传唤证传唤、口头传唤和强制传唤三种。

适用要点

1. 传唤证传唤

传唤证传唤是常用的传唤方式，由人民警察将公安机关签发的传唤证送达被传唤人，通知其接受询问调查。"公安机关办案部门负责人"，是指公安派出所和县级以上公安机关承办治安案件的业务部门负责人，例如科长、所长、队长。实践中,公安机关根据案件调查工作情况判定是否"需要"使用传唤证传唤违反治安管理行为人,对于不需要传唤的,公安机关可以到其住处或所在单位进行询问。"需要"和"经公安机关办案部门负责人批准"体现出使用传唤证的必要性和规范性。人民警察在执行传唤时,应向被传唤人表明人民警察身份,出示并宣读传唤证,被传唤人在传唤证回执上签名并注明收到时间。被传唤人有义务按照传唤证限定的时间和地点,接受公安机关的调查。

2. 口头传唤

口头传唤适用于人民警察现场发现违反治安管理行为人的情形,具有紧急性特征,与传唤证传唤具有同等的法律效力,被传唤人不得拒绝。这里的"现场发现",可以是在违反治安管理行为的实施现场,也可以是人民警察在违反治安管理行为实施现场以外发现或者抓获已立案的违反治安管理行为人的现场。实施口头传唤时,人民警察应当向被传唤人出示人民警察证。出示人民警察证是程序性步骤,既表明身份,也表明口头传唤的合法性。为防止人民警察随意滥用口头传唤,人民警察应在询问笔录中注明被传唤人到达、离开公安机关的时间,防止人民警察违规实施传唤、传唤后不及时询问查证和以传唤方式变相羁押、限制被传唤人自由等行为的发生。

3. 强制传唤

强制传唤适用于拒不配合或存在逃避可能的被传唤人,经公安机关办案部门负责人批准,采取强制的方法将其带到公安机关或者其他地点进行询问调查的行为。这可分为两种情形:一是无正当理由不接受传唤,即违反治安管理行为人没有正当原因,在被传唤后未能按照限定的时间到达指定的地点接受调查。如泄愤对抗、拒不前往等。如果被传唤人有正当理由,且在不妨碍查处治安案件的情况下,人民警察可以再行决定传唤时间或者依法采取其他手段进行调查,如到其住所或者单位进行询问调查。二是逃避传唤,即违反治安管理行为人采用躲避、逃跑等方式故意拒绝接受调查,鉴于此,强制传唤实质上是一种附条件的传唤。强制传

281

唤,必要时可以使用警械。根据《人民警察使用警械和武器条例》第八条的规定,人民警察依法执行强制传唤任务,遇有违法犯罪分子可能脱逃、行凶、自杀、自伤或者有其他危险行为的,可以使用手铐、脚镣、警绳等约束性警械;人民警察依照规定使用警械,不得故意造成人身伤害。当然,所采用的强制方法不得超过合理的限度,应以将被传唤人传唤到案接受调查为限,被传唤人到案且服从调查的,就不能继续使用警械。

无论采用何种传唤方式,公安机关都应将传唤的原因和依据及接受询问调查的时间、地点告知被传唤人,以保障被传唤人的知情权,这既是公安机关的法定义务,也是被传唤人的法定权利。

4. 人民警察证的出示

根据《公安机关人民警察证使用管理规定》第四条规定,人民警察证是公安机关人民警察身份和依法执行职务的凭证和标志。公安机关人民警察在依法执行职务时,除法律、法规另有规定外,应当随身携带人民警察证,主动出示并表明人民警察身份。除本条外,本法第九十九条、第一百零三条和第一百二十条都规定了出示人民警察证。本书认为,无论是传唤证传唤,还是口头传唤,抑或强制传唤,人民警察都应当出示人民警察证,只不过鉴于口头传唤的现场性和紧急性,且无公安机关办案部门负责人批准的书面证明,出示人民警察证尤为重要。出示人民警察证,是行政相对人对人民警察执法行为的信任基础,是执法主体合法性和程序合法性的体现,是人民警察自觉接受社会和公民监督的表现,如果人民警察持有证件但未当场出示,属于剥夺当事人对执法者身份的知情权与监督权。人民警察执法时未出示人民警察证,可能会引发程序违法的问题,影响执法行为及所采集证据的合法性,损害执法权威性和公信力。实践中,人民警察出示人民警察证不应只是"晃一下",要清晰明确,同时应注意用语礼貌,主动说明来意。当多名执法人员同时在场时,应确保每个参与执法的人员都向当事人出示证件,避免出现部分人员未出示的情况。

第九十七条 【传唤后的询问查证要求】对违反治安管理行为人,公安机关传唤后应当及时询问查证,询问查证的时间不得超过八小时;涉案人数众多、违反治安管理行为人身份不明的,询问查证的时间不得超过十二小时;情况复杂,依照本法规定可能适用行政拘留处罚的,询问查证的时间不得超过二十四小时。在执法办案场所询问违反治安管理行为人,应当全程同步录音录像。

公安机关应当及时将传唤的原因和处所通知被传唤人家属。

询问查证期间,公安机关应当保证违反治安管理行为人的饮食、必要的休息时间等正当需求。

新旧对照

2012年《治安管理处罚法》	2025年《治安管理处罚法》
第八十三条 对违反治安管理行为人,公安机关传唤后应当及时询问查证,询问查证的时间不得超过八小时;情况复杂,依照本法规定可能适用行政拘留处罚的,询问查证的时间不得超过二十四小时。 公安机关应当及时将传唤的原因和处所通知被传唤人家属。	第九十七条 对违反治安管理行为人,公安机关传唤后应当及时询问查证,询问查证的时间不得超过八小时;**涉案人数众多、违反治安管理行为人身份不明的,询问查证的时间不得超过十二小时**;情况复杂,依照本法规定可能适用行政拘留处罚的,询问查证的时间不得超过二十四小时。**在执法办案场所询问违反治安管理行为人,应当全程同步录音录像。** 公安机关应当及时将传唤的原因和处所通知被传唤人家属。 **询问查证期间,公安机关应当保证违反治安管理行为人的饮食、必要的休息时间等正当需求。**

重点解读

询问,是治安案件调查行为和程序的重要环节。询问笔录,是公安机关人民警察依法制作的如实记载调查人员提问和违反治安管理行为人陈述和辩解的文书,是询问过程中形成的具有法律效力的书面文件,经过核实的询问笔录,是认定案件事实的证据之一。本条根据不同情形规定不同的询问查证时限,避免被询问人被拖延询问时间,更好地保障违反治安管理行为人的合法权益。本条与第一百三十九条相关联。公安机关传唤违反治安管理行为人后,应及时开展询问查证、严格按照时限询问、通知被传唤人家属和全程同步录音录像等。

适用要点

1. 及时询问查证

及时,是指人民警察在被传唤人到达后应在尽可能较短的时间内开展询问查证执法工作。及时开展询问查证是传唤的目的,也是保护违反治安管理行为人合法权益的手段,能够促使公安机关提高办案效率。

2. 根据不同情形规定不同法定询问查证时限

询问查证时间的长短,既要利于公安机关办理治安案件的实际需要,又要防止传唤后询问查证时间过长,侵害被传唤人合法权益。本条所称的"询问查证时间",不仅包括询问时间,也包括查证时间,是指一次传唤后的询问查证时间,不是指整个治安案件的询问查证时间。一般情况下,询问查证的时间不得超过八小时,是指从被传唤人到案接受调查时起,至其可以自由离开时止,这段时间不能超过八小时。如果被传唤人到案后已满八小时,无论公安机关是否开始询问查证或查证工作是否清楚,公安机关都应当立即结束询问查证。"询问查证的时间不得超过十二小时""询问查证的时间不得超过二十四小时"同理。

询问查证时间的延长情形包括两种:一种是对于涉案人数众多、违反治安管理行为人身份不明的,询问查证的时间不得超过十二小时。这种情形主要针对团伙案件或者公安机关集中行动时查处的治安案件,如打击诈骗团伙、扫黄或扫黑专项行动,往往会同时传唤多人,公安民警在一般的八小时规定时限内无法办结。人数众多,一般指十人以上。[1] 另一种是对于情况复杂,依照本法规定可能适用行政拘留处罚的,询问查证时间不得超过二十四小时。这种情况必须同时具备"情况复杂"和"依照本法规定可能适用行政拘留处罚"两个条件。情况复杂,主要是指案情重大,客观上在较短时间内难以调查清楚或完成询问查证工作,如违反治安管理行为人流窜作案,涉及伤情和物品鉴定等。依照本法规定可能适用行政拘留处罚,是指对被传唤人实施的违反治安管理行为处罚种类中有行政拘留处罚,且根据其行为的性质和情节初步判定,被传唤人可能被依法予以行政拘留,而不是指实际上已适用行政拘留处罚。

实践中,对"涉案人数众多、违反治安管理行为人身份不明的""情况复杂,依照本法规定可能适用行政拘留处罚的"治安案件,如果可以在较短时间内完成询问查证,则应提早结束询问查证,而不必一定要等到十二小时、二十四小时才结束,这也是为了切实保护被传唤人的合法权益。本法第一百三十九条对于人民警察超过询问查证的时间限制人身自由的行为,依法给予处分和追究有关责任。

3. 全程同步录音录像

全程同步录音录像属于技术手段,具有记录准确、增强证据效力、减轻记录人员负担和提高工作效率等特点,其对人民警察和被询问人双方都有一定约束力,可以保证询问查证工作的客观性、完整性和合法性,也可以保障被询问人合法权益不受侵害。国家档案局《录音录像档案管理规范》(DA/T 78-2019)行业标准对录音录像文件的管理作出规定。需要注意的是,同步录音录像资料必须保持完整性,否则无法起到相应的证明作用。公安机关及其人民警察有责任保存好同步录音录像资料,本法

---

[1] 参见《最高人民法院关于适用〈中华人民共和国民事诉讼法〉的解释》(2022年修正)第七十五条:"民事诉讼法第五十六条、第五十七条和第二百零六条规定的人数众多,一般指十人以上。"

第一百三十九条第一款第十三项明确规定,剪接、删改、损毁、丢失办理治安案件的同步录音录像资料的,依法给予处分,构成犯罪的,依法追究刑事责任。

4. 及时通知被传唤人家属和做好生活保障。这既是公安机关及其人民警察的法定职责,也是为了保护公民的合法权益。需要注意的是,公安机关将传唤原因告知被传唤人家属时,不能透露具体案情,避免发生串供。被传唤人拒绝提供其家属的姓名、联络方式、地址的,公安机关应在笔录中注明,并由被传唤人签名、盖章,或者由被传唤人作出书面声明。鉴于有的询问查证时间较长,公安机关应保证违反治安管理行为人的饮食、必要的休息时间等正当需求。

第九十八条 【询问笔录制作及询问未成年人的特别规定】询问笔录应当交被询问人核对;对没有阅读能力的,应当向其宣读。记载有遗漏或者差错的,被询问人可以提出补充或者更正。被询问人确认笔录无误后,应当签名、盖章或者按指印,询问的人民警察也应当在笔录上签名。

被询问人要求就被询问事项自行提供书面材料的,应当准许;必要时,人民警察也可以要求被询问人自行书写。

询问不满十八周岁的违反治安管理行为人,应当通知其父母或者其他监护人到场;其父母或者其他监护人不能到场的,也可以通知其他成年亲属,所在学校、单位、居住地基层组织或者未成年人保护组织的代表等合适成年人到场,并将有关情况记录在案。确实无法通知或者通知后未到场的,应当在笔录中注明。

新旧对照

2012 年《治安管理处罚法》	2025 年《治安管理处罚法》
第八十四条 询问笔录应当交被询问人核对;对没有阅读能力的,应当向其宣读。记载有遗漏或者差错的,被询问人可以提出补充或者更正。被询问人确认笔录无误后,应当签名或者盖章,询问的人民警察也应当在笔录上签名。 被询问人要求就被询问事项自行提供书面材料的,应当准许;必要时,人民警察也可以要求被询问人自行书写。 询问不满**十六**周岁的违反治安管理行为人,应当通知其父母或者其他监护人到场。	**第九十八条** 询问笔录应当交被询问人核对;对没有阅读能力的,应当向其宣读。记载有遗漏或者差错的,被询问人可以提出补充或者更正。被询问人确认笔录无误后,应当签名、盖章**或者按指印**,询问的人民警察也应当在笔录上签名。 被询问人要求就被询问事项自行提供书面材料的,应当准许;必要时,人民警察也可以要求被询问人自行书写。 询问不满**十八**周岁的违反治安管理行为人,应当通知其父母或者其他监护人到场;**其父母或者其他监护人不能到场的,也可以通知其他成年亲属,所在学校、单位、居住地基层组织或者未成年人保护组织的代表等合适成年人到场,并将有关情况记录在案。确实无法通知或者通知后未到场的,应当在笔录中注明。**

重点解读

询问笔录,是指人民警察在对当事人的询问查证活动中,依法制作的如实记载调查人员提问和当事人陈述与辩解的文书,是调查治安案件的重要证据。对询问笔录进行核对和签名、盖章或者按指印,可以确保被询问人的知情权和确认权。被询问人没有阅读能力的,主要是指被询问人文化水平低、不识字而不能阅读的,或因客观原因无法阅读或者不便阅读的,如眼部受伤导致无法阅读的。"宣读",应是向被询问人完整阅读询问笔录的全部内容,不得增加或删减。

> 适用要点

一般情况下,询问笔录由询问的人民警察负责制作,违反治安管理行为人要求自行提供书面材料的,人民警察应当准许,不得拒绝。必要时,人民警察认为也可以要求被询问人就询问事项自行书写,但是被询问人拒绝的,人民警察不能强迫。实践中,有必要的情形,如人民警察为了从被询问人的书写中进一步发现案件线索的,或由于被询问人方言口音较重,难以听懂,导致表述困难或者不清楚,或者被询问人陈述中涉及生物、高科技类等新兴领域的特殊问题和专业术语。

未成年人心智尚未发育成熟,在思维、行为能力等方面与成年人存在差别,在行使权利方面也受到一些限制,应给予相应的特殊保护。人民警察询问时应充分考虑未成年人的身心特点,采取未成年人能够理解的通俗易懂的语言询问;提供适宜的场所环境,态度温和耐心,避免给未成年人造成紧张、恐惧情绪,确保未成年人能够理解询问内容,也有利于人民警察准确获取案件信息。公安机关应对未成年人的有关个人信息保密,如家庭情况、个人经历等,避免对未成年人的学习、生活和声誉造成不良影响。

询问不满十八周岁的违反治安管理行为人,应当首先通知其父母或者其他监护人到场,这是父母或者其他监护人的抚养义务,也是公安机关的义务。未成年人的监护人,按照《民法典》的规定,是指未成年人的父母。未成年人的父母已经死亡或者没有监护能力的,由下列有监护能力的人按顺序担任监护人:(1)祖父母、外祖父母;(2)兄、姐;(3)其他愿意担任监护人的个人或者组织,但是须经未成年人住所地的居民委员会、村民委员会或者民政部门同意。实践中,存在无法通知未成年人的父母或者其他监护人的情形,或者其父母或者其他监护人出于某种原因不能或拒绝到场的情形。因此,公安机关也可以通知其他成年亲属,所在学校、单位、居住地基层组织或者未成年人保护组织的代表等合适成年人到场,并将有关情况记录在案。如果上述其他成年亲属或者有关组织的代表也确实无法通知或者通知后未到场的,办案人民警察应在笔录中注明。这种穷尽通知的做法,体现了社会各方对未成年人的共同保护责任,是对《未成年人保护法》原则精神的落实。

> **第九十九条 【询问被侵害人及其他证人的程序规则】**人民警察询问被侵害人或者其他证人,可以在现场进行,也可以到其所在单位、住处或者其提出的地点进行;必要时,也可以通知其到公安机关提供证言。
>
> 人民警察在公安机关以外询问被侵害人或者其他证人,应当出示人民警察证。
>
> 询问被侵害人或者其他证人,同时适用本法第九十八条的规定。

新旧对照

2012 年《治安管理处罚法》	2025 年《治安管理处罚法》
第八十五条 人民警察询问被侵害人或者其他证人,可以到其所在单位或者住处进行;必要时,也可以通知其到公安机关提供证言。 人民警察在公安机关以外询问被侵害人或者其他证人,应当出示**工作证件**。 询问被侵害人或者其他证人,同时适用本法**第八十四条**的规定。	第九十九条 人民警察询问被侵害人或者其他证人,**可以在现场进行**,**也**可以到其所在单位、住处**或者其提出的地点**进行;必要时,也可以通知其到公安机关提供证言。 人民警察在公安机关以外询问被侵害人或者其他证人,应当出示**人民警察证**。 询问被侵害人或者其他证人,同时适用本法**第九十八条**的规定。

> 重点解读

公安机关询问被侵害人或者其他证人,是公安机关收集、核实证据,查明案件真实情况的重要调查活动。被侵害人陈述、证人证言是法定的证据形式,经查证属实的,可作为定案的根据。证人,是指直接或者间接了解案件情况的人,被侵害人属于证人之一。本条的"其他证人",是指除被侵害人外的证人,如现场目击者等。本条的"通知",可以口头或书面方式作出。由于被侵害人或者其他证人与违反治安管理行为人的法律地位不同,在询问地点方面有多种选择,体现对被侵害人或者其他证人合法权益的尊重和保护。

> 适用要点

询问被侵害人或者其他证人,人民警察可以根据案情和被侵害人或者其他证人的具体情况确定询问地点:一是可以在现场进行。这里的"现场",应是发生治安案件或者发现被侵害人或其他证人的现场。在现场询问被侵害人或者其他证人,有利于取证的及时性和便利性,提高案件办理效率。二是到被侵害人或者其他证人的所在单位、住处或者其提出的地点进行。这赋予被侵害人或者其他证人对询问地点选择决定权,人民警察应当允许。三是必要时,也可以通知有关人员其到公安机关提供证言。这主要是从案情是否涉及国家秘密或其他秘密保护等,或避免给被侵害人、证人安全以及声誉造成不良影响等角度考虑的。

人民警察在开展执法活动时,应当出示人民警察证。本条第二款对出示人民警察证进行特别强调,主要是为了保护公民的合法权益,防止有人冒充人民警察,也是为加强对人民警察的监督,防止人民警察随意询问。

本法第九十八条是对询问笔录的程序性规定,同样也适用于询问被侵害人或者其他证人,如核对和签名、盖章或者按指印等。

第一百条 【委托询问与远程视频询问】违反治安管理行为人、被侵害人或者其他证人在异地的,公安机关可以委托异地公安机关代为询问,也可以通过公安机关的视频系统远程询问。

通过远程视频方式询问的,应当向被询问人宣读询问笔录,被询问人确认笔录无误后,询问的人民警察应当在笔录上注明。询问和宣读过程应当全程同步录音录像。

新旧对照

2012 年《治安管理处罚法》	2025 年《治安管理处罚法》
无	第一百条 违反治安管理行为人、被侵害人或者其他证人在异地的,公安机关可以委托异地公安机关代为询问,也可以通过公安机关的视频系统远程询问。 通过远程视频方式询问的,应当向被询问人宣读询问笔录,被询问人确认笔录无误后,询问的人民警察应当在笔录上注明。询问和宣读过程应当全程同步录音录像。

重点解读

本条是关于委托询问或通过公安机关的视频系统远程询问的规定。旨在解决对在异地的违反治安管理行为人、被侵害人或者其他证人的询问问题,提高办理治安案件的工作效率。委托异地公安机关代为询问的,负责办理案件的公安机关应当列出明确具体的询问提纲,异地公安机关依照询问提纲,按照本法第九十八条、第九十九条规定的程序进行询问。

> 适用要点

关于通过公安机关视频系统远程询问。通过公安机关视频系统远程询问方式是一种获取书面证言的新型取证方式，与线下询问不同，远程视频询问中，被询问人无法签字、按指印，因此，必须通过多种方法确认证明，确保远程视频询问的合法性。实践中，采取远程视频询问前，要充分做好前期准备。除询问查证的常规业务外，还要做好双方的视频技术性准备。如对询问场所、录音录像、移动网络及视频软件等软、硬件设施进行检查、调试，确保设备、网络运行正常、安全。另外，也要确认被询问人是否愿意采用远程视频的方式接受询问。采取远程视频询问的，人民警察应向被询问人宣读询问笔录；被询问人认为笔录有遗漏或者差错的，可以提出补充或更正。被询问人确认笔录无误后，不能签名、盖章或按指印，而由询问的人民警察在笔录上注明。询问和宣读过程应当全程同步录音录像，以保障通过远程视频询问获取证据的客观性、完整性、合法性。

本条所称的视频系统，是指公安机关的视频系统。公安工作中常见的视频系统包括视频监控系统、执法记录仪、视频会议与指挥系统等，此处远程询问使用的视频系统通常具有较高的技术安全要求，主要是为了防止案情泄露和保密的需要。采取委托询问或者通过公安机关的视频系统远程询问，是"可以"，不是"应当"，这要由公安机关根据案件情况，视频系统保障条件综合判定是否采取。

第一百零一条 【询问的语言帮助】 询问聋哑的违反治安管理行为人、被侵害人或者其他证人，应当有通晓手语等交流方式的人提供帮助，并在笔录上注明。

询问不通晓当地通用的语言文字的违反治安管理行为人、被侵害人或者其他证人，应当配备翻译人员，并在笔录上注明。

新旧对照

2012年《治安管理处罚法》	2025年《治安管理处罚法》
第八十六条　询问聋哑的违反治安管理行为人、被侵害人或者其他证人，应当有通晓手语的人提供帮助，并在笔录上注明。 询问不通晓当地通用的语言文字的违反治安管理行为人、被侵害人或者其他证人，应当配备翻译人员，并在笔录上注明。	第一百零一条　询问聋哑的违反治安管理行为人、被侵害人或者其他证人，应当有通晓手语**等交流方式**的人提供帮助，并在笔录上注明。 询问不通晓当地通用的语言文字的违反治安管理行为人、被侵害人或者其他证人，应当配备翻译人员，并在笔录上注明。

重点解读

为保护聋哑人以及不通晓当地语言文字的人的合法权益，保证询问工作的正常进行，本条对询问聋哑人和不通晓当地语言文字的人作了专门规定。聋哑人，是指双耳失聪的人或因生理原因不能讲话的人。聋哑人和不通晓当地通用语言文字的人，其生理上的缺陷和语言上的客观障碍，会影响、限制其主观意思表达和理解能力，也会给公安机关询问调查带来困难。《残疾人保障法》第三条规定，残疾人在政治、经济、文化、社会和家庭生活等方面享有同其他公民平等的权利，残疾人的公民权利和人格尊严受法律保护。

适用要点

当地通用的语言文字，是指当地的国家机关开展工作时正式使用的语言文字，可能是一种，也可能数种，例如，西藏自治区当地通用的语言文字就包括藏语和汉语两种。为聋哑人和不通晓当地通用语言文字的人提供通晓手语等交流方式的人与翻译人员，是公安机关的职责、义务，也是聋哑人和不通晓当地语言文字的人的法定权利，否则会影响询问笔录证据的合法性。鉴于此，配备通晓手语、当地语言文字的翻译人员，不需要当事人提出申请。实践中，公安机关应在询问笔录中注明被询问人的聋哑情况、不通晓当地通用语言文字的情况，还要注明相关翻译人员的姓名、工作单位、住址、职业和联系方式等基本情况，并要求通晓手语、当地通用语言文字的人员在询问笔录上签名。

> 第一百零二条 【人身检查及生物样本采集规则】为了查明案件事实，确定违反治安管理行为人、被侵害人的某些特征、伤害情况或者生理状态，需要对其人身进行检查，提取或者采集肖像、指纹信息和血液、尿液等生物样本的，经公安机关办案部门负责人批准后进行。对已经提取、采集的信息或者样本，不得重复提取、采集。提取或者采集被侵害人的信息或者样本，应当征得被侵害人或者其监护人同意。

新旧对照

2012年《治安管理处罚法》	2025年《治安管理处罚法》
无	第一百零二条 为了查明案件事实，确定违反治安管理行为人、被侵害人的某些特征、伤害情况或者生理状态，需要对其人身进行检查，提取或者采集肖像、指纹信息和血液、尿液等生物样本的，经公安机关办案部门负责人批准后进行。对已经提取、采集的信息或者样本，不得重复提取、采集。提取或者采集被侵害人的信息或者样本，应当征得被侵害人或者其监护人同意。

第四章 处罚程序

重点解读

本条规定主要是针对某些特殊治安案件,如醉酒后实施违法行为、吸食毒品等治安案件。《禁毒法》第三十二条规定,公安机关可以对涉嫌吸毒的人员进行必要的检测,被检测人员应当予以配合;对拒绝接受检测的,经县级以上人民政府公安机关或者其派出机构负责人批准,可以强制检测。《反恐怖主义法》第五十条规定,公安机关调查恐怖活动嫌疑,可以依照有关法律规定对嫌疑人员进行盘问、检查、传唤,可以提取或者采集肖像、指纹、虹膜图像等人体生物识别信息和血液、尿液、脱落细胞等生物样本,并留存其签名。《戒毒条例》规定,县级以上地方人民政府公安机关负责对涉嫌吸毒人员进行检测。《吸毒检测程序规定》和《吸毒成瘾认定办法》规定了吸毒检测中采集被检测人员的尿液、血液、唾液或者毛发等生物样本的工作程序和办法。上述检测和提取或者采集的信息、生物样本,都是对治安管理行为人、被侵害人的某些特征、伤害情况或者生理状态的技术性确定,是治安案件调查处理的必要环节。

适用要点

本条中的肖像、指纹信息和血液、尿液等生物样本,属于公民个人信息。《民法典》第一千零三十四条规定,自然人的个人信息受法律保护。个人信息是以电子或者其他方式记录的能够单独或者与其他信息结合识别特定自然人的各种信息,包括自然人的姓名、出生日期、身份证件号码、生物识别信息、住址、电话号码、电子邮箱、健康信息、行踪信息等。个人信息中的私密信息,适用有关隐私权的规定;没有规定的,适用有关个人信息保护的规定。

公安机关及其人民警察应保护提取、采集的信息或者样本。本法第一百三十九条第一款第十二项规定,对违规将提取、采集的相关信息、样本用于与治安管理、查处犯罪无关的用途,或者出售、提供给其他单位或者个人的行为,依法给予处分,构成犯罪的,依法追究刑事责任。本条规定"经公安机关办案部门负责人批准"的程序,也是为了保护公民个人信息,避免人民警察滥用权力。"需要",主要指如果不提取或者采集肖像、指纹信息和血液、尿液等生物样本,则无法证实违法行为人是否违法、违法情节轻重,或致使治安案件调查无法继续进行等。

对违反治安管理行为人、被侵害人进行人身检查的,应符合本法第一百零三条、第一百零四条的规定。

> **第一百零三条　【治安检查的权限与程序规则】**公安机关对与违反治安管理行为有关的场所或者违反治安管理行为人的人身、物品可以进行检查。检查时,人民警察不得少于二人,并应当出示人民警察证。
>
> 对场所进行检查的,经县级以上人民政府公安机关负责人批准,使用检查证检查;对确有必要立即进行检查的,人民警察经出示人民警察证,可以当场检查,并应当全程同步录音录像。检查公民住所应当出示县级以上人民政府公安机关开具的检查证。
>
> 检查妇女的身体,应当由女性工作人员或者医师进行。

新旧对照

2012年《治安管理处罚法》	2025年《治安管理处罚法》
第八十七条　公安机关对与违反治安管理行为有关的场所、物品、人身可以进行检查。检查时,人民警察不得少于二人,并应当出示**工作证件**和县级以上人民政府公安机关开具的检查证明文件。对确有必要立即进行检查的,人民警察经出示**工作证件**,可以当场检查,但检查公民住所应当出示县级以上人民政府公安机关开具的检	第一百零三条　公安机关对与违反治安管理行为有关的场所**或者违反治安管理行为人**的人身、物品可以进行检查。检查时,人民警察不得少于二人,并应当出示**人民警察证**。 对场所进行检查的,经县级以上人民政府公安机关负责人批准,使用**检查证检查**;对确有必要立即进行检查的,人民警察经出示**人民警察证**,可

续表

2012年《治安管理处罚法》	2025年《治安管理处罚法》
查证明文件。 　　检查妇女的身体，应当由女性工作人员进行。	以当场检查，**并应当全程同步录音录像**。检查公民住所应当出示县级以上人民政府公安机关开具的检查证。 　　检查妇女的身体，应当由女性工作人员**或者医师**进行。

重点解读

　　行政检查是行政执法主体履行行政管理职责的重要方式。针对实际中存在的行政检查事项多、频次高、随意性大，以及任性检查、运动式检查、以各种名义变相检查等突出问题，为加强依法行政，确保行政检查于法有据、严格规范、公正文明、精准高效，进一步优化营商环境，国务院办公厅发布了《关于严格规范涉企行政检查的意见》（国办发〔2024〕54号）。该文件明确指出：实施行政检查的主体必须具备法定资格。具有行政执法权的行政机关必须在法定职责范围内实施行政检查；法律、法规授权的具有管理公共事务职能的组织必须在法定授权范围内实施行政检查；受委托组织必须在委托范围内实施行政检查。执法人员要主动出示执法证件，严禁以其他证件代替执法证件实施行政检查；人民警察要出示人民警察证件。除法律另有规定外，执法人员不得少于两人。涉企行政检查要做到"五个严禁""八个不得"：严禁逐利检查，不得接受被检查企业的任何馈赠、报酬、福利待遇，不得参加被检查企业提供的宴请、娱乐、旅游等活动，不得由被检查企业支付消费开支或者将检查费用转嫁给企业，不得强制企业接受指定的中介机构提供服务。严禁干扰企业正常生产经营，不得刻意要求法定代表人到场。严禁任性处罚企业，不得乱查封、乱扣押、乱冻结、动辄责令停产停业。严禁下达检查指标，不得将考核考评、预算项目绩效与检查频次、罚款数额挂钩。严禁变相检查，不得以观摩、督导、考察等名义行检查之实。

治安检查是公安机关发现和收集有关证据,调查治安案件的常用方式。本条对与违反治安管理行为的有关场所或者违反治安管理行为人的人身、物品检查的程序性规定,既是为了确保调查治安案件工作中收集证据的实际需要,也是为了保障被检查人的合法权益。

适用要点

1.适用范围和执法主体

治安检查的适用范围是与违反治安管理行为有关的场所或者违反治安管理行为人的人身、物品,例如:实施违反治安管理行为的现场与其周围,以及其他可能留有或者隐藏有关证据的地方;用于实施违反治安管理行为的工具、赃物和现场遗留物等,包括违反治安管理行为人随身携带的物品;违反治安管理行为人或者被侵害人的身体。通常人身检查的目的主要有:一是为了检查人身上是否藏有违禁品和危险品以及赃款、赃物等;二是为了确定人身上的某些特征、伤害情况、生理状态等,这与本法第一百零二条相关联。检查时应有不少于两名人民警察,并出示人民警察证,这有助于保护被检查人的合法权益,防止人民警察违法行使检查权。与违反治安管理行为无关的场所或者违反治安管理行为人的人身、物品,则不得检查。

2.对场所检查的特别规定

本条第二款将对场所的检查分为一般检查、当场检查和住所检查。一般检查,是指经县级以上人民政府公安机关负责人批准,使用检查证检查。当场检查,是指对确有必要立即进行检查的,人民警察出示人民警察证就可立即开展检查,与口头传唤类似。这里的"确有必要",是指案情紧急,来不及办理检查证,必须立即开展检查,否则可能造成证据灭失或者违法人员逃匿等情形。为确保当场检查的规范性,应全程同步录音录像。根据《公安机关执行〈中华人民共和国治安管理处罚法〉有关问题的解释(二)》的规定,违反治安管理行为人的居住场所与其在工商行政管理部门注册登记的经营场所合一的,在经营时间内对其检查时,应当按照检查经营场所办理相关手续;在非经营时间内对其检查时,应当按照检查公民住所办理相关手续。

《宪法》第三十九条规定,中华人民共和国公民的住宅不受侵犯,禁止非法搜查或者非法侵入公民的住宅。本条规定,需要对公民的住所进行检查时,必须出示人民警察证和县级以上人民政府公安机关开具的检查证。鉴于公民的住宅关系到公民居住权和隐私权的基本权利,实践中,检查公民住所的,必须有证据表明公民住所内正在发生危害公共安全或者伤害公民人身安全的案(事)件,或者违法存放危险物质等紧急、严重情形,不立即检查可能会对公共安全或者公民人身、财产安全造成严重危害后果。

3. 检查妇女的身体的规定

检查身体时,应尊重被检查人的人格尊严。被检查人为女性的,应当由女性工作人员或者医师进行。医师,是指获得医师资格证的医务工作人员。

公安机关人民警察依法对有关场所或者违反治安管理行为人的人身、物品进行检查,是基于调查案件工作需要,具有强制性,当事人负有积极配合的义务,不得拒绝或阻挠。当事人拒绝的,人民警察可以强制检查,阻碍人民警察检查的,可以依照本法第六十一条的规定予以处罚。

第一百零四条 【检查笔录的制作及签名】检查的情况应当制作检查笔录,由检查人、被检查人和见证人签名、盖章或者按指印;被检查人不在场或者被检查人、见证人拒绝签名的,人民警察应当在笔录上注明。

新旧对照

2012 年《治安管理处罚法》	2025 年《治安管理处罚法》
第八十八条　检查的情况应当制作检查笔录，由检查人、被检查人和见证人签名或者盖章；被检查人拒绝签名的，人民警察应当在笔录上注明。	第一百零四条　检查的情况应当制作检查笔录，由检查人、被检查人和见证人签名、盖章或者**按指印**；被检查**人不在场或者被检查人、见证人**拒绝签名的，人民警察应当在笔录上注明。

重点解读

检查笔录是人民警察对违反治安管理行为有关的场所或者违反治安管理行为人的人身、物品依法检查后，对检查具体情况的文字记录。检查笔录是法定的证据形式，经过查证属实，可以作为定案的根据。本条关于签字、盖章或者按指印，以及人民警察在笔录上注明特殊情形的规定，是为了确保检查笔录的合法性和客观性。

适用要点

被检查人不在场，主要指公安机关通知检查人后，检查人拒绝到场或者由于情况紧急必须立即开展检查，来不及等待被检查人到达现场，或被检查人拒绝检查等情形。见证人，是指除执行检查任务的人民警察和被检查人以外的、与本案没有牵连的、被邀请到检查现场见证检查实施过程的人，如邻居、小区物业人员等。一般情况下，检查人、被检查人和见证人当场实施、见证检查情况，这些人员在检查笔录上签名、盖章或者按指印，可以确保检查笔录记录的检查活动内容客观，起到对公安机关的执法监督作用。

第一百零五条 【扣押的范围、程序及对扣押物品的处置】公安机关办理治安案件,对与案件有关的需要作为证据的物品,可以扣押;对被侵害人或者善意第三人合法占有的财产,不得扣押,应当予以登记,但是对其中与案件有关的必须鉴定的物品,可以扣押,鉴定后应当立即解除。对与案件无关的物品,不得扣押。

对扣押的物品,应当会同在场见证人和被扣押物品持有人查点清楚,当场开列清单一式二份,由调查人员、见证人和持有人签名或者盖章,一份交给持有人,另一份附卷备查。

实施扣押前应当报经公安机关负责人批准;因情况紧急或者物品价值不大,当场实施扣押的,人民警察应当及时向其所属公安机关负责人报告,并补办批准手续。公安机关负责人认为不应当扣押的,应当立即解除。当场实施扣押的,应当全程同步录音录像。

对扣押的物品,应当妥善保管,不得挪作他用;对不宜长期保存的物品,按照有关规定处理。经查明与案件无关或者经核实属于被侵害人或者他人合法财产的,应当登记后立即退还;满六个月无人对该财产主张权利或者无法查清权利人的,应当公开拍卖或者按照国家有关规定处理,所得款项上缴国库。

新旧对照

2012 年《治安管理处罚法》	2025 年《治安管理处罚法》
第八十九条 公安机关办理治安案件,对与案件有关的需要作为证据的物品,可以扣押;对被侵害人或者善意第三人合法占有的财产,不得扣押,应当予以登记。对与案件无关的物品,不得扣押。	第一百零五条 公安机关办理治安案件,对与案件有关的需要作为证据的物品,可以扣押;对被侵害人或者善意第三人合法占有的财产,不得扣押,应当予以登记,**但是对其中与案件有关的必须鉴定的物品,可以扣押,鉴**

续表

2012年《治安管理处罚法》	2025年《治安管理处罚法》
对扣押的物品,应当会同在场见证人和被扣押物品持有人查点清楚,当场开列清单一式二份,由调查人员、见证人和持有人签名或者盖章,一份交给持有人,另一份附卷备查。 　　对扣押的物品,应当妥善保管,不得挪作他用;对不宜长期保存的物品,按照有关规定处理。经查明与案件无关的,应当及时退还;经核实属于他人合法财产的,应当登记后立即退还;满六个月无人对该财产主张权利或者无法查清权利人的,应当公开拍卖或者按照国家有关规定处理,所得款项上缴国库。	定后应当立即解除。对与案件无关的物品,不得扣押。 　　对扣押的物品,应当会同在场见证人和被扣押物品持有人查点清楚,当场开列清单一式二份,由调查人员、见证人和持有人签名或者盖章,一份交给持有人,另一份附卷备查。 　　**实施扣押前应当报经公安机关负责人批准;因情况紧急或者物品价值不大,当场实施扣押的,人民警察应当及时向其所属公安机关负责人报告,并补办批准手续。公安机关负责人认为不应当扣押的,应当立即解除。当场实施扣押的,应当全程同步录音录像。** 　　对扣押的物品,应当妥善保管,不得挪作他用;对不宜长期保存的物品,按照有关规定处理。经查明与案件无关**或者**经核实属于**被侵害人或者**他人合法财产的,应当登记后立即退还;满六个月无人对该财产主张权利或者无法查清权利人的,应当公开拍卖或者按照国家有关规定处理,所得款项上缴国库。

重点解读

为规范公安机关的扣押行为,更好地保护公民的合法权益,本条对扣押的范围、程序以及扣押物品的处置作出明确规定。

本条第一款规定了扣押物品或财产的范围。扣押,是指公安机关在办理治安案件过程中,发现与案件有关的、能够证明案情的物品,依法予以扣留的调查措施。其目的在于保全证据,查明案情。与案件有关的需要作为证据的物品,是指与公安机关正在办理的案件有关联性,能够证明案件真实情况的事实材料,包括证明违反治安管理行为人实施了违反治安管理行为,或证明其没有实施违反治安管理行为的事实材料。"与案件有关""需要作为证据"是公安机关实施扣押的前提条件。

鉴定,是指为了查明案情,公安机关指派或者聘请具有专门知识的人员对物品进行专门性技术问题检查,鉴定人员鉴定后出具鉴定意见。鉴定意见经过查证属实的,可以作为定案的根据。因此,对于必须鉴定的物品,可以扣押,便于鉴定工作开展,但是鉴定后应当立即解除扣押。本法第一百零六条规定了鉴定。

需要注意的是,对与案件有关的需要作为证据的物品是"可以",而不是"应当"扣押,即对于需要作为证据的物品,并非一律采取扣押措施。在现场的人民警察可以根据案件具体情况,决定是否予以扣押。

本款规定,不得扣押的物品,是指与案件无关的物品和被侵害人或者善意第三人合法占有的财产。被侵害人或者善意第三人合法占有的财产,是指被侵害人或者善意第三人通过合法途径取得所有权的财产,被侵害人或者善意第三人可以依法对其支配、使用或者处置。善意第三人,是指该第三人不知道法律关系双方的真实情况的人,从而善意地从相对人处合法取得财产的人。这里的"不知道",包括客观上不知情或者没有理由应当知道相对人的违法行为或者不正当手段。

本条第二款是关于扣押执行的程序规定。扣押程序主要分为查点清楚、开列清单和签名、盖章确认三个步骤。被扣押物品持有人,是指在物品被人民警察扣押时实际持有该被扣押物品的人,其未必是被扣押物品的所有权人或合法持有人。在场的见证人,是指除人民警察、被扣押物品持有人以外的,现场见证扣押过程的人。这里的"当场",是指在实施扣押的现场。按照程序规范实施扣押,有助于加强对公安机关扣押工作的监督,防止案件调查人员截留、私分、侵占被扣押物品,避免被扣押物品遗失或持有人事后无理索要实际未被扣押的物品,保证扣押工作的客观性、合法性和公正性。

本条第三款是关于扣押的批准手续的规定。区分为一般情况和紧急情况需要当场实施扣押的。一般情况下,遵循先办理批准手续后实施扣押的程序;因情况紧急或者物品价值不大,需要当场实施扣押的,人民警察可以先口头报告,当场实施扣押,然后补办批准手续。根据不同情况区别规定,既可以避免人民警察滥用扣押权力,又能够在保护当事人合法权益的同时兼顾治安案件调查取证工作及时开展。当场实施扣押的,应当全程录音录像。

本条第四款是关于涉案物品处理的法律规定,主要体现了对扣押物品的合法、合理处置原则,兼顾财产权保护和公共利益。首先,公安机关对扣押物品的妥善保管和禁止挪作他用义务的强制性,违者可能构成滥用职权。实践中,扣押物品多种多样,尤其是易腐烂(如生鲜食品)、易失效(如药品)等不宜长期保存物品,必须注意保管条件要求,按照《公安机关涉案财物管理若干规定》(公通字〔2015〕21号)予以处理。其次,对于与案件无关或者经核实属于被侵害人或者他人合法财产的,应当登记后立即退还。最后,对于无主物,应当公开拍卖或者按照国家有关规定处理,所得款项上缴国库。

适用要点

对于被扣押的物品,公安机关应当妥善保管,不得挪作他用。妥善保管,是指保持被扣押物品原样或者正常功能,避免私用、受损或者遗失,以免影响其作为证据的作用。易燃、易爆、毒害性、放射性等危险物品应当存放在符合危险物品存放条件的专门场所。本法第一百三十九条对私分、侵占、挪用、故意损毁所收缴、追缴、扣押的财物的行为作出相应的处理规定。根据本法第九十四条的规定,如果被扣押的物品涉及国家秘密、商业秘密、个人隐私或者个人信息,应当予以保密。

根据有关规定,对被扣押物品应该区分不同情况予以处理:

1. 按照有关规定处理不宜长期保存的物品的情形

不宜长期保存的物品,主要是指容易腐烂变质、毁损灭失或者无法较长时间保管的物品,如蔬菜水果、鲜活水产品等。《行政执法机关移送涉嫌犯罪案件的规定》第四条规定,对易腐烂、变质等不宜或者不易保管的涉案物品,应当采取必要措施,留取证据。实践中,对这类物品,经公安机关负责人批准,在拍照或者录像保存证据后,应当及时退还其合法所有人,避免损害当事人的合法权益。如果无人对上述物品主张权利或者无法查清权利人,则可以公开拍卖或者变卖,所得价款暂予保存,待结案后按有关规定处理。

2.经查明与案件无关或者经核实属于被侵害人或者他人合法财产的情形

这主要是指经过询问等调查核实,认定被扣押物品与该案件无关,不具有证据作用或者该扣押物品属于被侵害人或者他人的合法财产。对于这种情况,公安机关应将扣押物品登记后,在尽可能短的时间内退还持有人和被侵害人或者他人。

3.满六个月无人对该财产主张权利或者无法查清权利人的情形

满六个月,是指自公安机关查清被扣押财物为他人合法财产之日起满六个月。查清被扣押财物属于他人的合法财产,但满六个月仍无法查清其具体权利人,也无人认领该财产的,该财产即被视为无主物,应收归国有。例如,在办理盗窃治安案件中所得的赃款,如果无法查清其所有人,满六个月后,即可按照本款规定上缴国库。按照规定,物品不能直接上缴国库,必须进行拍卖或者变卖后,才能将所得款项上缴国库。拍卖是指以公开竞价的形式,将特定物品或者财产权利转让给最高应价者的买卖方式,是一种特殊的商品流通形式,具有竞争性、透明度高的特点。《拍卖法》第九条规定,国家行政机关依法没收的物品,充抵税款、罚款的物品和其他物品,按照国务院规定应当委托拍卖的,由财产所在地的省、自治区、直辖市的人民政府和设区的市的人民政府指定的拍卖人进行拍卖。需要注意的是,这里拍卖的物品不包括法律、行政法规禁止买卖的,或者依法需经审批才能转让的物品,拍卖应履行审批手续,《拍卖法》第七条、第八条和第九条进行了相应规定。

> 第一百零六条 【鉴定】为了查明案情,需要解决案件中有争议的专门性问题的,应当指派或者聘请具有专门知识的人员进行鉴定;鉴定人鉴定后,应当写出鉴定意见,并且签名。

新旧对照

2012年《治安管理处罚法》	2025年《治安管理处罚法》
第九十条 为了查明案情,需要解决案件中有争议的专门性问题的,应当指派或者聘请具有专门知识的人员进行鉴定;鉴定人鉴定后,应当写出鉴定意见,并且签名。	第一百零六条 为了查明案情,需要解决案件中有争议的专门性问题的,应当指派或者聘请具有专门知识的人员进行鉴定;鉴定人鉴定后,应当写出鉴定意见,并且签名。

重点解读

鉴定是一种重要的调查手段,鉴定意见是一种重要的证据。公安部《公安机关鉴定机构登记管理办法》第三条规定:"本办法所称的鉴定,是指为解决案(事)件调查和诉讼活动中某些专门性问题,公安机关鉴定机构的鉴定人运用自然科学和社会科学的理论成果与技术方法,对人身、尸体、生物检材、痕迹、文件、证件、视听资料、电子数据及其它相关物品、物质等进行检验、鉴别、分析、判断,并出具鉴定意见或者检验结果的科学实证活动。"公安部《公安机关鉴定人登记管理办法》第二条规定:"本办法所称的公安机关鉴定人(以下简称鉴定人),是指经公安机关登记管理部门核准登记,取得鉴定人资格证书并从事鉴定工作的专业技术人员。"该办法第八条、第九条和第十条对鉴定人申请资格条件进行了规定。

需要注意的是,公安机关对鉴定结论要注意审查,《最高人民法院关于行政诉讼证据若干问题的规定》(法释〔2002〕21号)第六十二条规定:"对被告在行政程序中采纳的鉴定结论,原告或者第三人提出证据证明有下列情形之一的,人民法院不予采纳:(一)鉴定人不具备鉴定资格;(二)鉴定程序严重违法;(三)鉴定结论错误、不明确或者内容不完整。"

适用要点

实践中,主要有以下六类鉴定。

1. 伤情鉴定

伤情鉴定,即对人身伤害的部位、程度、后果等方面情况进行鉴定。《公安机关办理行政案件程序规定》第八十九条规定:"对人身伤害的鉴定由法医进行。卫生行政主管部门许可的医疗机构具有执业资格的医生出具的诊断证明,可以作为公安机关认定人身伤害程度的依据,但具有本规定第九十条规定情形的除外。对精神病的鉴定,由有精神病鉴定资格的鉴定机构进行。"第九十条规定:"人身伤害案件具有下列情形之一的,公安机关应当进行伤情鉴定:(一)受伤程度较重,可能构成轻伤以上伤害程度的;(二)被侵害人要求作伤情鉴定的;(三)违法嫌疑人、被侵害人对伤害程度有争议的。"第九十一条规定,对需要进行伤情鉴定的案件,被侵害人拒绝提供诊断证明或者拒绝进行伤情鉴定的,公安机关应当将有关情况记录在案,并可以根据已认定的事实作出处理决定。经公安机关通知,被侵害人无正当理由未在公安机关确定的时间内作伤情鉴定的,视为拒绝鉴定。

2. 价格鉴定

价格鉴定,即对物品进行估价。《公安机关办理行政案件程序规定》第九十三条规定,涉案物品价值不明或者难以确定的,公安机关应当委托价格鉴证机构估价。根据当事人提供的购买发票等票据能够认定价值的涉案物品,或者价值明显不够刑事立案标准的涉案物品,公安机关可以不进行价格鉴证。通过对违反治安管理所得的物品进行价格鉴定,涉及治安案件情节轻重和不同处罚种类的适用问题等。

3. 吸毒检测

《吸毒检测程序规定》规定了公安机关吸毒检测工作程序，其第二条规定，吸毒检测是运用科学技术手段对涉嫌吸毒的人员进行生物医学检测，为公安机关认定吸毒行为提供科学依据的活动。第六条规定，检测样本为采集的被检测人员的尿液、血液、唾液或者毛发等生物样本。为规范吸毒成瘾认定工作，科学认定吸毒成瘾人员，《吸毒成瘾认定办法》对吸毒成瘾认定检测进行了规定。

4. 违禁品和危险品鉴定

违禁品和危险品鉴定，即对有关违禁品和易燃、易爆、剧毒物品进行鉴别和判断。根据《公安部对〈关于鉴定淫秽物品有关问题的请示〉的批复》的规定，公安机关查获的物品需审查认定是否为淫秽物品的，可以由县级以上公安机关治安部门负责鉴定工作，但要指定两名政治、业务素质过硬的同志共同进行，其他人员一律不得参加。当事人提出不同意见需重新鉴定的，由上一级公安机关治安部门会同同级新闻出版、音像归口管理等部门重新鉴定。关于枪支弹药的鉴定，根据《公安机关涉案枪支弹药性能鉴定工作规定》的规定，由地(市)级公安机关负责。

5. 精神病鉴定

根据最高人民法院、最高人民检察院、公安部、司法部、卫生部《精神疾病司法鉴定暂行规定》的规定，精神病鉴定要判明被鉴定人是否患有精神疾病，患何种精神疾病，实施危害行为时的精神状态，精神疾病和所实施的危害行为之间的关系，以及有无责任能力。《公安机关办理行政案件程序规定》第八十九条规定，精神病的医学鉴定，由有精神病鉴定资格的鉴定机构进行。

6. 声像资料鉴定

声像资料鉴定。包括对录音录像带、磁盘、光盘等载体上记录的声音、图像信息的真实性、完整性及其所反映的情况过程进行的鉴定和对记录的声音、图像中的语言、人体、物体作出同一或同种类认定等。

> 第一百零七条 【治安案件辨认程序规则】为了查明案情,人民警察可以让违反治安管理行为人、被侵害人和其他证人对与违反治安管理行为有关的场所、物品进行辨认,也可以让被侵害人、其他证人对违反治安管理行为人进行辨认,或者让违反治安管理行为人对其他违反治安管理行为人进行辨认。
>
> 辨认应当制作辨认笔录,由人民警察和辨认人签名、盖章或者按指印。

新旧对照

2012年《治安管理处罚法》	2025年《治安管理处罚法》
无	第一百零七条 为了查明案情,人民警察可以让违反治安管理行为人、被侵害人和其他证人对与违反治安管理行为有关的场所、物品进行辨认,也可以让被侵害人、其他证人对违反治安管理行为人进行辨认,或者让违反治安管理行为人对其他违反治安管理行为人进行辨认。 辨认应当制作辨认笔录,由人民警察和辨认人签名、盖章或者按指印。

重点解读

辨认,即根据特点作出判断。本条中的辨认,是指在公安机关的主持见证下,违反治安管理行为人、被侵害人、证人对于有关场所、物品和他人进行指认,以帮助查明案件。辨认是一种重要的调查手段,对准确揭露违法行为起到关键作用。本条规定的辨认,分为对与违反治安管理行为有关的场所、物品进行的辨认,对违反治安管理行为人进行的辨认,违反治安管理行为人对其他违反治安管理行为人的辨认三类。

适用要点

为确保辨认的规范性和真实性，《公安机关办理行政案件程序规定》对辨认的具体实施有明确的规定。该规定第一百零二条规定，辨认由两名以上办案人民警察主持。组织辨认前，应当向辨认人详细询问辨认对象的具体特征，并避免辨认人见到辨认对象。第一百零三条规定，多名辨认人对同一辨认对象或者一名辨认人对多名辨认对象进行辨认时，应当个别进行。第一百零四条规定，辨认时，应当将辨认对象混杂在特征相类似的其他对象中，不得给辨认人任何暗示。辨认违法嫌疑人时，被辨认的人数不得少于七人；对违法嫌疑人照片进行辨认的，不得少于十人的照片。辨认每一件物品时，混杂的同类物品不得少于五件。同一辨认人对与同一案件有关的辨认对象进行多组辨认的，不得重复使用陪衬照片或者陪衬人。第一百零五条规定，辨认人不愿意暴露身份的，对违法嫌疑人的辨认可以在不暴露辨认人的情况下进行，公安机关及其人民警察应当为其保守秘密。第一百零六条规定，辨认经过和结果，应当制作辨认笔录，由办案人民警察和辨认人签名或者捺指印。必要时，应当对辨认过程进行录音、录像。

第一百零八条 【公安机关调查取证工作规范】 公安机关进行询问、辨认、勘验，实施行政强制措施等调查取证工作时，人民警察不得少于二人。

公安机关在规范设置、严格管理的执法办案场所进行询问、扣押、辨认的，或者进行调解的，可以由一名人民警察进行。

依照前款规定由一名人民警察进行询问、扣押、辨认、调解的，应当全程同步录音录像。未按规定全程同步录音录像或者录音录像资料损毁、丢失的，相关证据不能作为处罚的根据。

新旧对照

2012 年《治安管理处罚法》	2025 年《治安管理处罚法》
无	第一百零八条　公安机关进行询问、辨认、勘验，实施行政强制措施等调查取证工作时，人民警察不得少于二人。 　　公安机关在规范设置、严格管理的执法办案场所进行询问、扣押、辨认的，或者进行调解的，可以由一名人民警察进行。 　　依照前款规定由一名人民警察进行询问、扣押、辨认、调解的，应当全程同步录音录像。未按规定全程同步录音录像或者录音录像资料损毁、丢失的，相关证据不能作为处罚的根据。

重点解读

本条与本法第九条、第九十七条、第一百零五条、第一百零七条和第一百三十九条相关联。《行政处罚法》第四十二条第一款规定，行政处罚应当由具有行政执法资格的执法人员实施。执法人员不得少于两人，法律另有规定的除外。该法第四十七条规定，行政机关应当依法以文字、音像等形式，对行政处罚的启动、调查取证、审核、决定、送达、执行等进行全过程记录，归档保存。本条规定也是落实《行政处罚法》有关调查取证的要求。

适用要点

本条规定了调查取证时的一般原则，即不少于二名人民警察。对于"可以由一名人民警察进行"的询问、扣押、辨认调查工作，设置了严格的条件，即在规范设置、严格管理的执法办案场所进行，且按规定全程同步录音录像，实质上强化了对一名警察执法的监督。对于调解工作，没有相应的场所限制，但也应全程同步录音录像。

全程同步录音录像应符合国家档案局《录音录像档案管理规范》（DA/T 78-2019）行业标准的要求，以确保调解、询问、扣押、辨认等调查取证工作的客观性和合法性，保护当事人的合法权益。未按规定全程同步录音录像或者录音录像资料损毁、丢失的，调查取证工作中获得的相关证据不能作为处罚的根据。

需要注意的是，"可以"而非"应当"由一名人民警察进行相关工作，公安机关根据办理具体治安案件实际情况决定是否由一名人民警察进行。

第二节 决　　定

第一百零九条 【治安管理处罚的决定机关】治安管理处罚由县级以上地方人民政府公安机关决定；其中警告、一千元以下的罚款，可以由公安派出所决定。

新旧对照

2012年《治安管理处罚法》	2025年《治安管理处罚法》
第九十一条 治安管理处罚由县级以上人民政府公安机关决定；其中警告、**五百元**以下的罚款可以由公安派出所决定。	第一百零九条 治安管理处罚由县级以上**地方**人民政府公安机关决定；其中警告、**一千元**以下的罚款，可以由公安派出所决定。

第四章 处罚程序

> 重点解读

本条规定了治安管理处罚的决定机关。该条要求治安管理处罚由县级以上地方人民政府公安机关决定，这在一定程度上规范了治安管理处罚决定权的分配，决定权主体层级越高越有助于保证决定权的形式的规范性和合理性。《行政处罚法》第十七条规定，行政处罚由具有行政处罚权的行政机关在法定职权范围内实施。第二十二条规定，行政处罚由违法行为发生地的行政机关管辖。法律、行政法规、部门规章另有规定的，从其规定。第二十三条规定，行政处罚由县级以上地方人民政府具有行政处罚权的行政机关管辖。法律、行政法规另有规定的，从其规定。《行政诉讼法》第七十条第四项规定："行政行为有下列情形之一的，人民法院判决撤销或者部分撤销，并可以判决被告重新作出行政行为……（四）超越职权的。"

> 适用要点

县级以上地方人民政府公安机关，包括县（市、旗）公安局、地（市、州、盟）公安局、省（自治区、直辖市）公安厅（局）及公安部。公安派出所是县（市、旗）公安局、公安分局的派出机构。本条规定，县级以上地方人民政府公安机关依法享有治安管理处罚决定权，即可以自己的名义依法作出治安管理处罚决定。实践中，相比较刑事案件而言，治安案件社会危害性小，跨区域的案件相对较少，由违反治安管理行为发生地的县级公安机关依法查处并作出治安管理处罚决定，有利于案件的快速办理，节约执法资源，也方便被处罚人行使行政复议、行政诉讼等救济权利。《人民警察法》第四十三条规定，人民警察的上级机关对下级机关的执法活动进行监督，发现下级公安机关作出的处理或者决定有错误的，应当予以撤销或者变更。因此，虽然地（市）级以上公安机关一般不作出治安管理处罚，但按该条规定，也可以有效发挥上级公安机关对下级公安机关的监督职能。

本条规定的治安管理处罚，是指本法第十条规定的处罚种类。根据本条规定,县级以上地方人民政府公安机关可以依法作出本法规定的所有治安管理处罚,公安派出所可以决定警告和一千元以下的罚款。即,公安派出所以自己的名义只能作出警告或者一千元以下罚款,对依法应当予以一千元以上罚款、吊销公安机关发放的许可证件和行政拘留等处罚种类,必须由县级以上人民政府公安机关依法决定。公安派出所作为县(市)公安局、设区的市公安分局的派出机构,虽然不是一级公安机关,但作为公安机关的基层派出机构,承担着辖区内保平安的重要使命。公安派出所行使部分治安管理处罚权,适应治安案件量大面广,查处时效要求高的客观实际,确保公安机关依法、及时、有效地履行治安管理职责,维护社会治安秩序。

> **第一百一十条 【行政拘留的折抵】** 对决定给予行政拘留处罚的人,在处罚前已经采取强制措施限制人身自由的时间,应当折抵。限制人身自由一日,折抵行政拘留一日。

新旧对照

2012年《治安管理处罚法》	2025年《治安管理处罚法》
第九十二条 对决定给予行政拘留处罚的人,在处罚前已经采取强制措施限制人身自由的时间,应当折抵。限制人身自由一日,折抵行政拘留一日。	**第一百一十条** 对决定给予行政拘留处罚的人,在处罚前已经采取强制措施限制人身自由的时间,应当折抵。限制人身自由一日,折抵行政拘留一日。

重点解读

本条体现尊重和保障人权的原则,保护公民的合法权益。这里的"已经采取强制措施限制人身自由的时间",是指被处罚人在被行政拘留前因同一行为被采取强制措施限制人身自由的时间，既包括依法被采取强制措施限制人身自由的时间，如刑事拘留、逮捕等，也包括违法限制被处罚人人身自由的时间，即只要被处罚人在被行政拘留前因同一行为实际被限制人身自由，其被限制人身自由的时间就应当折抵行政拘留时间。如果是不同的行为导致不同的处罚，则不能折抵。《公安机关办理行政案件程序规定》第一百六十三条规定，被行政拘留人被刑事拘留、逮捕的时间已超过被行政拘留的时间的，则行政拘留不再执行，但办案部门必须将治安管理处罚决定书送达被处罚人。询问查证、继续盘问和采取约束措施的时间不予折抵。

适用要点

实践中，存在刑事案件经过侦查后发现不构成刑事处罚，但构成违反治安管理行为而被依法予以治安管理处罚的情况。《刑法》和《刑事诉讼法》对被免予刑事处罚或者被不起诉人可以依法予以行政处罚有专门规定。《刑法》第三十七条规定，对于犯罪情节轻微不需要判处刑罚的，可以免予刑事处罚，但是可以根据案件的不同情况，予以训诫或者责令具结悔过、赔礼道歉、赔偿损失，或者由主管部门予以行政处罚或者行政处分。《刑事诉讼法》第一百七十七条规定，对被不起诉人需要给予行政处罚、处分或者需要没收其违法所得的，人民检察院应当提出检察意见，移送有关主管机关处理。有关主管机关应当将处理结果及时通知人民检察院。

因违法被纪检监察部门采取留置措施的，在被留置期间，能否折抵行政拘留？根据《刑法》第四十一条、第四十四条、第四十七条的规定，判决执行以前先行羁押的，羁押一日折抵管制的刑期二日，折抵拘役、有期徒刑的刑期一日。《监察法》第五十条第四款规定："被管护人员、被留置人员涉嫌犯罪移送司法机关后，被依法判处管制、拘役或者有期徒刑的，管护、留置一日折抵管制二日，折抵拘役、有期徒刑一日。"《监察法》参照了

《刑法》规定,对被管护人员、被留置人的管护、留置期限也明确了适用刑期折抵制度,规定了留置折抵刑期的计算规则。

那么,留置能否折抵行政拘留,从该条规定来看,此处强调的是"在处罚前已经采取强制措施限制人身自由的时间,应当折抵",那么,留置是不是强制措施,根据目前关于留置措施属性的认识,"简而言之,留置调查措施不是刑事强制措施。留置调查措施适用于职务违法和职务犯罪行为调查。监察机关调查职务违法和职务犯罪适用监察法,案件移送检察机关后适用刑事诉讼法。监察机关调查结束、案件移送检察机关后,律师可依据刑事诉讼法介入"[1]。由此,留置不能折抵行政拘留。

第一百一十一条 【本人陈述的证据地位】公安机关查处治安案件,对没有本人陈述,但其他证据能够证明案件事实的,可以作出治安管理处罚决定。但是,只有本人陈述,没有其他证据证明的,不能作出治安管理处罚决定。

新旧对照

2012年《治安管理处罚法》	2025年《治安管理处罚法》
第九十三条 公安机关查处治安案件,对没有本人陈述,但其他证据能够证明案件事实的,可以作出治安管理处罚决定。但是,只有本人陈述,没有其他证据证明的,不能作出治安管理处罚决定。	第一百一十一条 公安机关查处治安案件,对没有本人陈述,但其他证据能够证明案件事实的,可以作出治安管理处罚决定。但是,只有本人陈述,没有其他证据证明的,不能作出治安管理处罚决定。

---

[1] 李玉长:《留置调查措施不是刑事强制措施》,载《中国纪检监察报》2018年3月15日,第3版。

重点解读

行政处罚的作出必须基于充分、确凿的证据,证据应当能够证明被处罚人存在违法行为,且证据之间能够相互印证,形成完整的证据链,据此才能符合以事实为依据的原则。单一陈述本身具有主观性和易变性,如无其他证据印证、支持,其所述的"事实"未经其他证据客观化验证,证明力存在缺陷。本条规定"重证据不轻信口供"的办案原则,"重证据"是指要重视一切证据的收集、认定,特别是口供以外的客观证据。"不轻信口供"是指不能不经核实,不经与其他证据相互印证,就轻易相信口供。作为这一原则的具体化,本条对两种特别情况下治安管理处罚决定作了明确规定。

适用要点

1. 没有本人陈述,但其他证据能够证明案件事实的情形

这里的"本人"是被指认实施违反治安管理行为的人。被侵害人的陈述、其他证人的证言、现场提取的物证和书证等其他证据确实充分,因果关系清晰,能够形成互相衔接、印证完整的证据链,足以证明违反治安管理行为人实施了违反治安管理行为的,可以依法作出治安管理处罚决定。

2. 只有本人陈述,没有其他证据证明的情形

被指认实施违反治安管理行为的人,其陈述时往往会考虑陈述内容与接受处罚严重性的因果关系,其陈述有可能掺杂虚假成分,避重就轻,甚至完全虚假。孤立的本人陈述内容具有易变与不确定性,缺乏其他证据类型的佐证,无法满足证据之间相互印证且形成完整证据链的要求。鉴于此,如果公安机关轻信甚至依赖其陈述,不重视其他证据的收集,则很可能造成违法行为人一旦翻供,出现无证定案的局面,使案件办理处于被动状态,不利于维护法律的严肃性,不利于打击违法行为。如果仅依赖违法行为人的陈述,就极易造成为获取其陈述不择手段,采取打骂、诱供等刑讯逼供等非法方法取证,侵犯违法行为人的合法权益,从而造成冤假错案。

第一百一十二条 【治安处罚告知与当事人的陈述、申辩权】 公安机关作出治安管理处罚决定前,应当告知违反治安管理行为人拟作出治安管理处罚的内容及事实、理由、依据,并告知违反治安管理行为人依法享有的权利。

违反治安管理行为人有权陈述和申辩。公安机关必须充分听取违反治安管理行为人的意见,对违反治安管理行为人提出的事实、理由和证据,应当进行复核;违反治安管理行为人提出的事实、理由或者证据成立的,公安机关应当采纳。

违反治安管理行为人不满十八周岁的,还应当依照前两款的规定告知未成年人的父母或者其他监护人,充分听取其意见。

公安机关不得因违反治安管理行为人的陈述、申辩而加重其处罚。

新旧对照

2012年《治安管理处罚法》	2025年《治安管理处罚法》
第九十四条 公安机关作出治安管理处罚决定前,应当告知违反治安管理行为人作出治安管理处罚的事实、理由及依据,并告知违反治安管理行为人依法享有的权利。 违反治安管理行为人有权陈述和申辩。公安机关必须充分听取违反治安管理行为人的意见,对违反治安管理行为人提出的事实、理由和证据,应当进行复核;违反治安管理行为人提出的事实、理由或者证据成立的,公安机关应当采纳。 公安机关不得因违反治安管理行为人的陈述、申辩而加重处罚。	第一百一十二条 公安机关作出治安管理处罚决定前,应当告知违反治安管理行为人拟作出治安管理处罚的**内容及**事实、理由、依据,并告知违反治安管理行为人依法享有的权利。 违反治安管理行为人有权陈述和申辩。公安机关必须充分听取违反治安管理行为人的意见,对违反治安管理行为人提出的事实、理由和证据,应当进行复核;违反治安管理行为人提出的事实、理由或者证据成立的,公安机关应当采纳。 **违反治安管理行为人不满十八周岁的,还应当依照前两款的规定告知**

续表

2012年《治安管理处罚法》	2025年《治安管理处罚法》
	未成年人的父母或者其他监护人,充分听取其意见。 公安机关不得因违反治安管理行为人的陈述、申辩而加重**其**处罚。

> 重点解读

陈述权、申辩权是违反治安管理行为人依法享有的基本权利。本条所称的"陈述权",是指违反治安管理行为人针对公安机关给予治安处罚所认定的内容及事实、理由及法律适用依据是否正确、适当,陈述本人的看法和意见,并提出有关权利主张。本条所称的"申辩权",是指违反治安管理行为人针对公安机关的指控、证据等提出不同意见,驳斥公安机关的指控和对其不利的证据。陈述权和申辩权的行使,可以让违反治安管理行为人充分维护自身的权益,便于公安机关全面了解案情,也是公安机关接受公民监督执法的体现,保证治安管理处罚决定的合法性与公正性。

> 适用要点

本条第一款是关于治安管理处罚决定前告知程序的规定。《行政处罚法》第四十四条规定,行政机关在作出行政处罚决定之前,应当告知当事人拟作出的行政处罚内容及事实、理由、依据,并告知当事人依法享有的陈述、申辩、要求听证等权利。实践中,这也是行政处罚决定书应当载明的必要内容。履行告知,是公安机关作出治安管理处罚决定前的法定义务,获得告知,是违反治安管理行为人依法享有的权利,无论是按照简易程序作出的当场处罚还是按照普通程序作出的处罚决定,都要告知。如果行政机关没有向当事人告知前述必要内容,或是仅向当事人出具罚款证明,则会导致当事人无法判断其行为性质及违反的相应法律规范,影响其陈述权和申辩权的行使。告知，是违反治安管理行为人行使陈述权和申辩权的前提。违反治安管理行为人依法享有的权利，是指陈述权、申辩权以及其不服治安管理处罚决定时可以依法申请行政复议或者提起行政诉讼的权利。如果属于本法第一百一十七条规定的需要听证的情形，也要告知。

本条第二款是关于违反治安管理行为人在公安机关实施治安管理处罚过程中享有陈述权、申辩权的规定。《行政处罚法》第七条规定，公民、法人或者其他组织对行政机关所给予的行政处罚，享有陈述权、申辩权；对行政处罚不服的，有权依法申请行政复议或者提起行政诉讼。第四十五条规定，当事人有权进行陈述和申辩。行政机关必须充分听取当事人的意见，对当事人提出的事实、理由和证据，应当进行复核；当事人提出的事实、理由或者证据成立的，行政机关应当采纳。本款从违反治安管理行为人行使陈述权和申辩权的时间和保障方面进行规定，即在公安机关作出治安管理处罚决定前，包括在公安机关询问阶段和履行告知义务时，违反治安管理行为人都依法享有陈述事实和申辩、证明自己有无违反治安管理行为以及有无从轻、减轻处罚情节的权利。公安机关对于违反治安管理行为人的陈述、申辩，必须认真听取，并复核其提出的事实、理由和证据；其提出的事实、理由或者证据能够成立的，公安机关应当采纳。实践中，单位违法的，应当告知其法定代表人、主要负责人或者其授权的人员。适用普通程序作出行政处罚决定的，采用书面形式或者笔录形式告知。适用当场处罚的，口头告知违法行为人拟作出行政处罚决定的内容及事实、理由和依据，并告知违法行为人其依法享有陈述权和申辩权。

本条第三款是关于对不满十八周岁的违反治安管理行为人的保护规定。《未成年人保护法》第七条第一款规定，未成年人的父母或者其他监护人依法对未成年人承担监护职责。该法第一百条规定，公安机关、人民检察院、人民法院和司法行政部门应当依法履行职责，保障未成年人合法权益。本法第十二条和第二十三条分别对违反治安管理行为的未成年人作了保护性规定。不满十八周岁的违反治安管理行为人同样依法享有接受公安机关告知和陈述、申辩的权利。考虑到不满十八周岁的未成年人心智尚未完全成熟,对公安机关作出的治安管理处罚的内容及事实、理由、依据以及依法享有的陈述和申辩权利不能充分理性认知与行使,因此公安机关应告知未成年人的父母或者其他监护人本条第一款、第二款的有关内容,并充分听取其意见,这也是落实《未成年人保护法》有关原则精神的体现。

本条第四款规定禁止陈述、申辩加重原则。禁止申辩加重与刑事审判中上诉不加刑法理相通。实践中,存在被处罚人因陈述和申辩而被认为"态度不好""强词夺理"等现象。《行政处罚法》第四十五条第二款规定,行政机关不得因当事人陈述、申辩而给予更重的处罚。本款规定旨在消除行政相对人的顾虑,使其不会因为害怕受到更为严厉的处罚而放弃陈述、申辩,从而更好地维护行政相对人的合法权益,真正实现监督行政执法的目的。

第一百一十三条 【治安案件处理规则】治安案件调查结束后,公安机关应当根据不同情况,分别作出以下处理:

(一)确有依法应当给予治安管理处罚的违法行为的,根据情节轻重及具体情况,作出处罚决定;

(二)依法不予处罚的,或者违法事实不能成立的,作出不予处罚决定;

(三)违法行为已涉嫌犯罪的,移送有关主管机关依法追究刑事责任;

(四)发现违反治安管理行为人有其他违法行为的,在对违反治安管理行为作出处罚决定的同时,通知或者移送有关主管机关处理。

对情节复杂或者重大违法行为给予治安管理处罚,公安机关负责人应当集体讨论决定。

> 新旧对照

2012年《治安管理处罚法》	2025年《治安管理处罚法》
第九十五条　治安案件调查结束后,公安机关应当根据不同情况,分别作出以下处理: （一）确有依法应当给予治安管理处罚的违法行为的,根据情节轻重及具体情况,作出处罚决定; （二）依法不予处罚的,或者违法事实不能成立的,作出不予处罚决定; （三）违法行为已涉嫌犯罪的,移送主管机关依法追究刑事责任; （四）发现违反治安管理行为人有其他违法行为的,在对违反治安管理行为作出处罚决定的同时,通知有关行政主管部门处理。	第一百一十三条　治安案件调查结束后,公安机关应当根据不同情况,分别作出以下处理: （一）确有依法应当给予治安管理处罚的违法行为的,根据情节轻重及具体情况,作出处罚决定; （二）依法不予处罚的,或者违法事实不能成立的,作出不予处罚决定; （三）违法行为已涉嫌犯罪的,移送**有关**主管机关依法追究刑事责任; （四）发现违反治安管理行为人有其他违法行为的,在对违反治安管理行为作出处罚决定的同时,通知**或者移送**有关主管**机关**处理。 **对情节复杂或者重大违法行为给予治安管理处罚,公安机关负责人应当集体讨论决定。**

> 重点解读

本条规定根据治安案件调查结束后的不同情况作出相应处理,旨在更好地保护公民、法人和其他组织的合法权益,保证治安处罚决定的正确。本次修订新增关于集体讨论决定的内容。集体讨论是一个法定程序,目的是通过民主合议的方式和程序,进一步查清事实,规范处罚裁量,准确适用法律,确保处罚公平公正。《行政处罚法》第五十七条第二款规定,对情节复杂或者重大违法行为给予行政处罚,行政机关负责人应当集体讨论决定。集体讨论要形成书面记录。

适用要点

本条是关于公安机关根据不同情况对治安案件作出不同处理的规定。第二款属于新增的内容,第一款分别列举了四种处理情形。

1. 确有依法应当给予治安管理处罚的违法行为的,根据情节轻重及具体情况,作出处罚决定

这里的"违法行为",是指违反治安管理行为人扰乱公共秩序,妨害公共安全,侵犯人身权利、财产权利,妨害社会管理,具有社会危害性,符合本法规定的违反治安管理的行为构成要件的各类违法行为。情节轻重,是指违反治安管理行为是否有依法从轻、减轻、不予处罚和从重处罚,以及从宽处理的情形,本法第十二条、第十三条、第十四条、第十九条、第二十条、第二十一条和第二十二条等条款分别对依法从轻、减轻或不予处罚,从宽处理、从重处罚的情形作出规定,第三章绝大部分条款都对情节较轻、情节严重或较重的情形进行了区分。公安机关在确定治安管理违法行为的基础上,根据情节及具体情况,作出处罚决定。

2. 依法不予处罚的,或者违法事实不能成立的,作出不予处罚决定

不予处罚,是指因具有法定情形,公安机关对违反治安管理行为人不适用治安管理处罚的制度。根据本法第九条、第十二条、第十三条、第十四条、第二十条和第二十五条及第八十三条的规定,依法不予处罚的情形主要有十三项:(1)不满十四周岁的人违反治安管理的;(2)精神病人、智力残疾人在不能辨认或者控制自己行为的时候违反治安管理的;(3)盲人或者又聋又哑的人违反治安管理的;(4)情节轻微的;(5)主动消除或者减轻违法后果的;(6)取得被侵害人谅解的;(7)出于他人胁迫或者诱骗的;(8)主动投案,向公安机关如实陈述自己的违法行为的;(9)有立功表现的;(10)非法种植罂粟不满五百株或者其他少量毒品原植物,在成熟前自行铲除的;(11)违反治安管理行为在六个月内没有被公安机关发现的;(12)因民间纠纷引起的打架斗殴或损毁他人财物等违反治安管理行为,情节较轻,经公安机关调解达成协议并履行的情形;(13)因民间

纠纷引起的违反治安管理行为,在公安机关作出处理决定前,当事人自行和解或者经人民调解委员会调解达成协议并履行,经公安机关认可的情形。

需要注意的是,具有上述(1)(2)(10)(11)(12)(13)情形的,公安机关必须依法作出不予处罚的决定。对具有上述第(3)项所列情形的,本法第十四条规定"可以从轻、减轻或者不予处罚",对具有上述第(4)项至第(9)项所列情形之一的,本法第二十条规定"从轻、减轻或者不予处罚",赋予了公安机关自由裁量权,而不是应当不予处罚。实践中,对具有上述第(3)项至第(9)项情形之一的,是否不予处罚,公安机关可以结合违反治安管理行为人的特点、情节和案件的具体情况进行综合判定。但有违法所得和非法财物、违禁品和管制器具的,应当予以追缴或者收缴。针对上述情形不予处罚的,是公安机关贯彻处罚适当原则和教育与处罚相结合原则的体现。

违法事实不能成立,是指穷尽调查手段后,所得证据无法证明违法事实成立,即行为人虽有违法嫌疑,但无实据或证据不足,对违法行为无法定性。针对"违法事实不能成立的"的不予处罚情形,公安机关要尽到审慎调查义务,全面及时调查,收集证据排除主要疑点,进而证明违法事实不能成立。本法第六条第一款规定,治安管理处罚必须以事实为依据,与违反治安管理的事实、性质、情节以及社会危害程度相当。因此,对于治安管理违法事实不能成立的,应当作出不予处罚的决定。对于证据不足的可疑案件,按照"疑罪从无"原则,应当推定为没有违法事实,不予处罚。

3.违法行为已涉嫌犯罪的,移送有关主管机关依法追究刑事责任

有关主管机关,是指对非法拘禁、刑讯逼供等侵犯公民权利犯罪侦查的检察机关,对贪污贿赂、滥用职权等职务犯罪调查的监察机关,履行间谍等危害国家安全案件侦查职能的国家安全机关,公安机关内部履行刑事案件侦查职能的部门。对于转为刑事案件办理的治安案件,应当予以结案。对于违反治安管理行为已涉嫌构成犯罪的,应当依法追究刑事责

任,不得以治安管理处罚代替刑事处罚,公安机关不再就同一事实重复处罚,这实际上是"一事不再罚"原则的具体体现,例如,寻衅滋事行为在《刑法》和本法都作了相应处罚规定,如果该行为已构成犯罪,公安机关侦查后应移送检察机关审查起诉,而不应对其进行治安管理处罚。需要注意的是,本项的表述为"涉嫌犯罪",即公安机关经过调查初步认为该违法行为可能构成犯罪,最终判断是否构成犯罪的机关是人民法院。

在行政案件和刑事追究衔接方面,有关法律法规作了相应规定。《行政处罚法》第二十七条规定,违法行为涉嫌犯罪的,行政机关应当及时将案件移送司法机关,依法追究刑事责任。对依法不需要追究刑事责任或者免予刑事处罚,但应当给予行政处罚的,司法机关应当及时将案件移送有关行政机关。第八十二条规定,行政机关对应当依法移交司法机关追究刑事责任的案件不移交,以行政处罚代替刑事处罚,由上级行政机关或者有关机关责令改正,对直接负责的主管人员和其他直接责任人员依法给予处分;情节严重构成犯罪的,依法追究刑事责任。根据《刑法》第三十七条和《刑事诉讼法》第一百七十七条第三款的规定,对于行为人被免予刑事处罚或者人民检察院决定不起诉的案件,对被不起诉人需要给予行政处罚的,人民检察院应提出检察意见,移送公安机关予以治安管理处罚,公安机关依照本法的有关规定,作出治安管理处罚决定。《行政执法机关移送涉嫌犯罪案件的规定》对违法行为已涉嫌犯罪,移送主管机关依法追究刑事责任的案件进行了明确规定。

4. 发现违反治安管理行为人有其他违法行为的,在对违反治安管理行为作出处罚决定的同时,通知或者移送有关主管机关处理

本条第一款第四项内容是指公安机关在查处治安案件时,发现违反治安管理行为人有其他尚未构成犯罪的违法行为,应当在对其依法作出治安管理处罚决定的同时,将行为人的有关情况通知或者移送相关主管机关依法处理,有相关证据材料的,应当一并移送。这里的有关主管机关,是指按照职权分工,对涉及的违法行为有管辖权的主管机关,如市场监督管理、税务、海关、人力资源和社会保障等主管机关。例如公安机关

依据《劳动法》第九十六条、本法第四十八条对强迫劳动违法行为进行治安处罚时,如果发现用人单位制定的劳动规章制度违反法律、法规规定的,应通知人力资源和社会保障部门进行相应的处理。

本条第二款系针对集体讨论决定的规定。何谓"情节复杂或者重大违法行为",本法没有给出具体判定标准。根据《公安部关于公安机关适用行政处罚若干问题的指导意见》第四条的规定,认定"情节复杂或者重大违法行为",应当综合考量案件情况是否疑难复杂,是否涉及重大公共利益等因素,不能简单将"是否作出行政拘留决定""是否需要听证"作为认定是否需要集体讨论决定的标准。案件具有下列情形之一的,一般应当由公安机关负责人集体讨论决定行政处罚,并形成书面记录:(1)对事实、证据、定性存在重大分歧,认定困难的;(2)涉及重大公共利益的;(3)社会影响较大,引发或者可能引发较大舆情的;(4)法制审核部门或者公安机关负责人认为应当集体讨论决定的其他情形。总体上看,对于违法行为是否具备上述需要集体讨论的情形,以及是否需要集体讨论,公安机关可以根据法律规定,结合案件具体情况作出决定,这属于公安机关自由裁量范畴,只要决定不属于明显不当,司法也不必干预。

公安机关负责人集体讨论治安处罚案件,必须在调查终结、听取当事人意见之后,作出正式决定之前进行集体讨论。讨论形式可以是局长办公会、案审会、联席会议等集体会议形式,讨论过程应当做好记录。参加集体讨论的行政机关负责人应不少于二名,还应包括案件调查人员、法制审核人员等与案件有关的人员。

第一百一十四条 【法制审核情形及审核人员资格】有下列情形之一的,在公安机关作出治安管理处罚决定之前,应当由从事治安管理处罚决定法制审核的人员进行法制审核;未经法制审核或者审核未通过的,不得作出决定:

(一)涉及重大公共利益的;

（二）直接关系当事人或者第三人重大权益,经过听证程序的;

（三）案件情况疑难复杂、涉及多个法律关系的。

公安机关中初次从事治安管理处罚决定法制审核的人员,应当通过国家统一法律职业资格考试取得法律职业资格。

新旧对照

2012 年《治安管理处罚法》	2025 年《治安管理处罚法》
无	第一百一十四条 有下列情形之一的,在公安机关作出治安管理处罚决定之前,应当由从事治安管理处罚决定法制审核的人员进行法制审核;未经法制审核或者审核未通过的,不得作出决定: （一）涉及重大公共利益的; （二）直接关系当事人或者第三人重大权益,经过听证程序的; （三）案件情况疑难复杂、涉及多个法律关系的。 公安机关中初次从事治安管理处罚决定法制审核的人员,应当通过国家统一法律职业资格考试取得法律职业资格。

重点解读

本条规定了治安处罚法制审核的情形。《关于全面推行行政执法公示制度执法全过程记录制度重大执法决定法制审核制度的指导意见》指出,重大执法决定法制审核是确保行政执法机关作出的重大执法决定合法有效的关键环节。行政执法机关作出重大执法决定前,要严格进行法制审核,未经法制审核或者审核未通过的,不得作出决定。《行政处罚法》

第五十八条规定了对行政处罚决定进行法制审核,本法也作出了同样的规定。本条所称的法制审核,是指利用公安机关内部法制专业力量对某些类型的案件进行法制审核,通过"查审分离"确保案件办理活动符合法律规定,防止滥用职权,保障公民合法权益。

> 适用要点

本条第一款规定了适用法制审核的三种情形:

1. 涉及重大公共利益的情形

社会公共利益具有广泛性、不特定性的特点,与少数人利益、单一个体利益相对。本条的"重大公共利益",主要指治安案件涉及不特定社会成员所享有的受法律法规保护的、长远的利益,如房屋拆迁征收、水电燃气费涨价和生活噪声污染等。

2. 直接关系当事人或者第三人重大权益,经过听证程序的情形

本法第一百一十七条规定了五种举行听证的情形,即公安机关作出吊销许可证件、处四千元以上罚款的治安管理处罚决定或者采取责令停业整顿措施,对可能执行行政拘留的未成年人作出行政拘留处罚决定,以及除前四种情形外,其他情节、证据复杂或者具有重要社会影响的案件。需要注意的是,并不是所有直接关系当事人或者第三人重大权益的治安案件,都要进行法制审核,只有经过听证程序的直接关系当事人或者第三人重大权益的案件,才需要法制审核。

3. 案件情况疑难复杂、涉及多个法律关系的情形

案件情况疑难复杂,主要指治安案件在证据收集认定、处罚依据确定等方面存在困难,以及办案部门内部存在重大分歧。案件涉及多个法律关系,是指治安案件同时涉及多个法律关系,如人身关系、财产权利关系等。

需要注意的是,法制审核应在公安机关作出治安管理处罚决定之前,这是法制审核的时间限制。"未经法制审核或者审核未通过的,不得作出

决定"的禁止性要求,表明了法制审核的强制性。

按照《关于全面推行行政执法公示制度执法全过程记录制度重大执法决定法制审核制度的指导意见》的规定,实践中,法制审核一般涉及执法主体是否合法、执法人员是否具备执法资格;行政执法程序是否合法;案件事实是否清楚、证据是否合法充分;适用法律、法规、规章是否准确,裁量基准运用是否适当;执法是否超越法定权限;执法文书是否完备、规范;违法行为是否涉嫌犯罪、需要移送司法机关等。法制审核后,法制审核部门要提出同意或存在问题的书面审核意见,案件承办部门对法制审核意见进行分析研究,作出相应处理后再次报送法制审核。本书认为,公安机关法制审核要以有证据证明的事实为依据,坚持程序与实体双公正、惩治违法与保护人权并重,对案件事实、证据、案件性质认定和法律依据以及法律文书等方面依法、客观、全面审核,以确保案件处理的合法性、合理性和公正性。

本条第二款规定了法制审核人员的资质问题。法律职业资格,是我国确保法律职业队伍正规化、专业化、职业化方向,建设一支高素质的社会主义法律职业队伍而采取的资格认定。本款要求公安机关中初次从事治安管理处罚决定法制审核的人员,应当通过国家统一法律职业资格考试取得法律职业资格,就是为了保证法制审核人员的法律素质,为从事法制审核工作奠定专业基础。

第一百一十五条 【治安处罚决定书的内容】公安机关作出治安管理处罚决定的,应当制作治安管理处罚决定书。决定书应当载明下列内容:

(一)被处罚人的姓名、性别、年龄、身份证件的名称和号码、住址;

(二)违法事实和证据;

(三)处罚的种类和依据;

（四）处罚的执行方式和期限；

（五）对处罚决定不服，申请行政复议、提起行政诉讼的途径和期限；

（六）作出处罚决定的公安机关的名称和作出决定的日期。

决定书应当由作出处罚决定的公安机关加盖印章。

新旧对照

2012 年《治安管理处罚法》	2025 年《治安管理处罚法》
第九十六条　公安机关作出治安管理处罚决定的，应当制作治安管理处罚决定书。决定书应当载明下列内容： （一）被处罚人的姓名、性别、年龄、身份证件的名称和号码、住址； （二）违法事实和证据； （三）处罚的种类和依据； （四）处罚的执行方式和期限； （五）对处罚决定不服，申请行政复议、提起行政诉讼的途径和期限； （六）作出处罚决定的公安机关的名称和作出决定的日期。 决定书应当由作出处罚决定的公安机关加盖印章。	第一百一十五条　公安机关作出治安管理处罚决定的，应当制作治安管理处罚决定书。决定书应当载明下列内容： （一）被处罚人的姓名、性别、年龄、身份证件的名称和号码、住址； （二）违法事实和证据； （三）处罚的种类和依据； （四）处罚的执行方式和期限； （五）对处罚决定不服，申请行政复议、提起行政诉讼的途径和期限； （六）作出处罚决定的公安机关的名称和作出决定的日期。 决定书应当由作出处罚决定的公安机关加盖印章。

重点解读

《行政处罚法》第五十九条规定，行政机关在给予行政处罚时，必须制作行政处罚决定书。治安管理处罚决定书是法定文书，具有公信力和权威性，是被处罚人执行处罚和被处罚人、被侵害人依法申请行政复议、提起行政诉讼的依据，体现治安处罚的严肃性与规范性。公安机关作出治安管理处罚，无论是当场处罚还是依照一般程序作出处罚决定的，都必须出具治安管理处罚决定书，并向被处罚人和被侵害人交付或送达。

[适用要点]

本条第一款规定了治安管理处罚决定书应当载明的内容。关于被处罚人的姓名、性别、年龄、身份证件的名称和号码、住址。姓名，是指户籍证明或者居民身份证上载明的常用姓名，如有曾用名、绰号等也应在决定书上注明。如果是外国人，注明其本国语言文字的姓名，有汉语音译名的，也应当写明，并应注明其国籍。身份证件，是指所有能够证明持有人身份的，并附有本人照片的证件，包括居民身份证、军官证、武警警官证、士兵证、护照、港澳居民来往内地通行证、中华人民共和国来往港澳通行证、台湾居民来往大陆通行证、大陆居民往来台湾通行证、外国人永久居留身份证等。住址，是指户口簿上载明的户籍所在地和经常居住地或者暂住地。如果被处罚人是单位，则要写明被处罚单位的名称、地址和法定代表人的姓名、性别、年龄、身份证件的名称和号码、住址。

关于违法事实和证据。即实施治安管理处罚的根据，是决定书的主要内容。违法事实主要指违法行为的时间、地点、动机、经过、情节和后果等要素。证据要列明证据的具体名称，如某人的陈述。

关于处罚的种类和依据。处罚的种类，是指公安机关给予被处罚人的治安管理处罚种类，即本法第十条规定的处罚种类。处罚的依据，是指公安机关作出治安管理处罚决定所依据的法律、行政法规、地方性法规或者规章的名称及具体条款。另外，如果同时采取了禁止性或限制性措施，也应在处罚决定书上载明。如本法第二十八条规定的扰乱体育、文化等大型群众性活动秩序的违法行为，如果同时责令行为人六个月至一年以内不得进入体育场馆、演出场馆观看同类比赛、演出，也应在治安管理处罚决定书上一并载明。

关于处罚的执行方式和期限。即指被处罚人以何种方式履行治安管

331

理处罚决定,如到某个银行缴纳罚款,被处罚人将被送到某个拘留所执行等。执行处罚的期限,是指被处罚人应在多长时间内履行处罚决定。如按照本法第一百二十三条的规定,被处罚人应当自收到处罚决定书之日起十五日以内到指定银行缴纳罚款。对于行政拘留,应注明从何时起至何时止的拘留期限。被处罚人不按照处罚决定书载明的执行方式和期限履行处罚决定的,属于违法行为,公安机关可以依法加处罚款或者采取其他方式强制执行。给予警告处罚的,无须写明执行方式。对于应予以处罚的而不执行的也要注明,例如给予怀孕或者哺乳自己不满一周岁婴儿的行为人拘留处罚的情形。

关于对处罚决定不服,申请行政复议、提起行政诉讼的途径和期限。依照本法第一百二十一条和《行政复议法》《行政诉讼法》的有关规定,被处罚人对公安机关作出的治安管理处罚决定不服的,应当自知道或应当知道该处罚决定之日起的六十日内申请行政复议,或者自其知道或应当知道处罚决定之日起的六个月内向人民法院提起行政诉讼。这里应明确具体为哪一级人民政府,或某人民法院。

关于作出处罚决定的公安机关的名称和作出决定的日期。这里的名称应是全称,日期是作出处罚决定时公历的年月日。

国家机关的印章体现权威性和合法性。本条第二款规定,治安管理处罚决定书必须加盖作出处罚决定的公安机关的印章,没有印章的治安管理处罚决定书是无效的,被处罚人可以拒绝执行。实践中,公安机关制作的治安管理处罚决定书,应是统一的格式化文书。

第一百一十六条 【治安处罚决定书的宣告、通知与送达】公安机关应当向被处罚人宣告治安管理处罚决定书,并当场交付被处罚人;无法当场向被处罚人宣告的,应当在二日以内送达被处罚人。决定给予行政拘留处罚的,应当及时通知被处罚人的家属。

有被侵害人的,公安机关应当将决定书送达被侵害人。

新旧对照

2012 年《治安管理处罚法》	2025 年《治安管理处罚法》
第九十七条　公安机关应当向被处罚人宣告治安管理处罚决定书，并当场交付被处罚人；无法当场向被处罚人宣告的，应当在二日内送达被处罚人。决定给予行政拘留处罚的，应当及时通知被处罚人的家属。 有被侵害人的，公安机关应当将决定书副本抄送被侵害人。	第一百一十六条　公安机关应当向被处罚人宣告治安管理处罚决定书，并当场交付被处罚人；无法当场向被处罚人宣告的，应当在二日以内送达被处罚人。决定给予行政拘留处罚的，应当及时通知被处罚人的家属。 有被侵害人的，公安机关应当将决定书送达被侵害人。

重点解读

宣告和送达是治安管理处罚决定发生效力的前提，未经宣告和送达的治安管理处罚决定书，对被处罚人不发生法律效力。本法第一百二十一条规定被处罚人和被侵害人有依法申请行政复议或者提起行政诉讼的权利，其前提是被处罚人和被侵害人知道或应当知道处罚决定。因此，治安管理处罚决定书的宣告和送达，既是为了保障被处罚人和被侵害人的知情权，也是被处罚人和被侵害人行使监督权的前提条件。

适用要点

1. 宣告并当场交付治安管理处罚决定书

这里的"当场"，是指向被处罚人宣告处罚决定书的现场，也就是宣告和交付处于同一现场，可以是公安机关单位，也可以是被处罚人所在单位或者住处，或者公安机关指定的地点。被处罚人或者其监护人应当场签字、盖章。如果公安机关在法定的询问查证时间内作出治安管理处罚决定，且被处罚人还未离开公安机关或者指定询问地点，则公安机关可以在询问查证地点向其宣告并交付。

2. 无法当场向被处罚人宣告的,应当在二日以内将治安管理处罚决定书送达被处罚人

无法当场向被处罚人宣告,主要是指被处罚人不在现场,或经通知被处罚人拒不到场的情形。《行政处罚法》第六十一条规定,行政处罚决定书应当在宣告后当场交付当事人;当事人不在场的,行政机关应当在七日内依照《民事诉讼法》的有关规定,将行政处罚决定书送达当事人。本条规定二日以内将治安管理处罚决定书送达被处罚人,是为了提高公安机关执法工作效率,有助于确保被处罚人知情权和救济权的及时行使。

3. 给予行政拘留处罚的,应当及时通知被处罚人的家属

本法第一百二十二条规定,对被决定给予行政拘留处罚的人,由作出决定的公安机关送拘留所执行。鉴于行政拘留限制人身自由,公安机关应将被拘留人处罚的原因、拘留所名称等情况及时通知被拘留人的家属,使其家属知道其行踪下落。

4. 有被侵害人的,公安机关应当将处罚决定书送达被侵害人

被侵害人是治安案件的一方当事人,与处罚决定有直接利害关系,被侵害人对治安管理处罚决定不服的,可以依法申请行政复议或提起行政诉讼。因此,公安机关应将处罚决定书送达被侵害人,便于对公安机关执法活动进行监督,保护被侵害人的知情权和救济权。

第一百一十七条 【听证的适用情形及程序要求】公安机关作出吊销许可证件、处四千元以上罚款的治安管理处罚决定或者采取责令停业整顿措施前,应当告知违反治安管理行为人有权要求举行听证;违反治安管理行为人要求听证的,公安机关应当及时依法举行听证。

对依照本法第二十三条第二款规定可能执行行政拘留的未成年人,公安机关应当告知未成年人和其监护人有权要求举行听证;未成年人和其监护人要求听证的,公安机关应当及时依法举行听

证。对未成年人案件的听证不公开举行。

前两款规定以外的案情复杂或者具有重大社会影响的案件，违反治安管理行为人要求听证，公安机关认为必要的，应当及时依法举行听证。

公安机关不得因违反治安管理行为人要求听证而加重其处罚。

新旧对照

2012年《治安管理处罚法》	2025年《治安管理处罚法》
第九十八条　公安机关作出吊销许可证以及处**二千元**以上罚款的治安管理处罚决定前，应当告知违反治安管理行为人有权要求举行听证；违反治安管理行为人要求听证的，公安机关应当及时依法举行听证。	第一百一十七条　公安机关作出吊销许可证**件**、处**四千元**以上罚款的治安管理处罚决定**或者采取责令停业整顿措施**前，应当告知违反治安管理行为人有权要求举行听证；违反治安管理行为人要求听证的，公安机关应当及时依法举行听证。 对依照本法第二十三条第二款规定可能执行行政拘留的未成年人，公安机关应当告知未成年人和其监护人有权要求举行听证；未成年人和其监护人要求听证的，公安机关应当及时依法举行听证。对未成年人案件的听证不公开举行。 前两款规定以外的案情复杂或者具有重大社会影响的案件，违反治安管理行为人要求听证，公安机关认为必要的，应当及时依法举行听证。 公安机关不得因违反治安管理行为人要求听证而加重其处罚。

重点解读

听证,是指行政机关在作出行政处罚决定前,听取当事人的陈述和申辩,并由听证参加人员就有关问题互相质证、辩论,旨在进一步查明案件事实,保障行政相对人的合法权益,保证行政机关依法、正确地适用法律。听证程序并不是行政处罚的必经程序,是一种特殊程序,实质上赋予当事人辩护的权利。根据本条规定,并非所有的治安管理处罚案件都必须听证,只有符合规定的治安处罚种类、幅度和特定被处罚人的案件,以及特殊情形的案件,才举行听证。此次修法前,行政拘留一般不适用听证程序,究其原因有多重:理论界与实务界认识分歧较大;行政拘留的即时性;暂缓执行的替代以及防止逃匿风险等。[1]

本条的听证举行,分为公安机关告知后举行听证和违反治安管理行为人要求听证,且公安机关认为有必要举行的两类。实践中,关于听证权利的告知,不需要单独、专门进行。公安机关按照本法第一百一十二条的规定履行告知义务时,对于符合本条规定的听证适用范围的,公安机关应告知违反治安管理行为人有权要求举行听证。违反治安管理行为人提出听证申请可以口头或者书面形式,以口头形式提出申请的,公安机关应记录在案。听证结束后,公安机关应当写出听证笔录,并对案件进行重新审查,按照本法第一百一十三条的规定,根据不同情况分别作出处理。

适用要点

根据本条规定,适用听证的治安管理处罚案件类型如下:

1.关于公安机关作出吊销许可证件、处四千元以上罚款的治安管理处罚决定或者采取责令停业整顿措施

吊销许可证件,是指公安机关依法收回并注销违反治安管理行为人或者单位原来从事某种活动的权利或者资格证书,使被处罚人从事某种

---

〔1〕 参见李凌云:《行政拘留听证程序论》,载《西部法学评论》2024年第6期。

活动的特许权利或者资格被禁止,具有强制性,我国在一些特定领域实行行政许可准入制度,如:机动车驾驶证、旅馆、保安服务业等特种行业许可证、剧毒化学品购买许可证,一旦许可证被吊销,特定主体将无法进入该领域进行活动。往往被吊销许可证的前提条件是特定主体发生了法定的严重违法行为。例如,《道路交通安全法》第一百零一条规定,造成交通事故后逃逸的,由公安机关交通管理部门吊销机动车驾驶证。采取责令停业整顿措施,属于对单位的强制措施,是指单位由于从事违法行为而被要求在一定期限内停止生产、经营的措施。本款听证的启动,在公安机关告知后,由违反治安管理行为人提出听证的要求即可。

2. 关于可能执行行政拘留的未成年人的案件

本款属于本次修订新增的听证情形,体现了对未成年人的特殊保护。本款听证启动同本条第一款,在公安机关告知后,未成年人和其监护人要求听证即可,不存在公安机关裁量空间。根据《行政处罚法》第六十四条第三项规定,"除涉及国家秘密、商业秘密或者个人隐私依法予以保密外,听证公开举行"。所以,听证公开是原则,不公开是例外。本款关于听证不公开举行的要求,旨在保护未成年人的隐私权和个人信息。

3. 关于案情复杂或者具有重大社会影响的案件

本条第三款是除前两款听证情形外的兜底性表述,属于新增的听证情形。前两款主要从处罚的严厉性、被处罚人的特殊身份等事由方面规定了举行听证的法定性和必要性。相较于此,本款的"案情复杂或者具有重大社会影响的案件",对处罚种类和被处罚人的身份等并无明确界定,属于概括性描述,在赋予违反治安管理行为人要求听证权利的同时,也赋予公安机关综合判定案件情况的自由裁量权,以适应治安管理工作的现实复杂性需要。

4. 本条第四款规定了"听证不加重"原则

听证,是当事人行使申辩权的一种方式。违反治安管理行为人不必担心因听证受到更重的处罚,旨在保护当事人听证权利,鼓励其积极、充分表达观点和意见,保证听证程序能够有效发挥辩论与质证作用,维护听证程序的公正性和权威性,促进公安机关依法、公正地作出处罚决定。

> 第一百一十八条 【办案期限】公安机关办理治安案件的期限,自立案之日起不得超过三十日;案情重大、复杂的,经上一级公安机关批准,可以延长三十日。期限延长以二次为限。公安派出所办理的案件需要延长期限的,由所属公安机关批准。
>
> 为了查明案情进行鉴定的期间、听证的期间,不计入办理治安案件的期限。

新旧对照

2012年《治安管理处罚法》	2025年《治安管理处罚法》
第九十九条 公安机关办理治安案件的期限,自**受理**之日起不得超过三十日;案情重大、复杂的,经上一级公安机关批准,可以延长三十日。 为了查明案情进行鉴定的期间,不计入办理治安案件的期限。	第一百一十八条 公安机关办理治安案件的期限,自**立案**之日起不得超过三十日;案情重大、复杂的,经上一级公安机关批准,可以延长三十日。**期限延长以二次为限。公安派出所办理的案件需要延长期限的,由所属公安机关批准。** 为了查明案情进行鉴定的期间、**听证的期间**,不计入办理治安案件的期限。

重点解读

执法效率是执法为民要求的应有之义。办案期限的意义主要是提高行政效率、减少行政争议,促进行政机关依法行政,保障当事人合法权益。公安机关依法及时办理治安案件,惩治违法行为,能够让受害方及时得到救济,实现个案中的公平正义。

> **适用要点**

本条中的办理治安案件的期限,是指从公安机关立案后起,至作出处理决定的最长时间期限。本条规定,一般情况下,该期限最长不超过三十日,但案情重大、复杂的,经上一级公安机关批准,可以延长三十日。期限延长以二次为限。上一级公安机关,是指立案公安机关的上一级公安机关。公安派出所办理的案件,由所属公安机关批准,即由所属公安局或者公安分局批准。实践中,对于需要延长办案时间的,立案的公安机关应当在三十日届满前向上一级公安机关提出申请,上一级公安机关也应当在三十日期限届满前作出是否同意延长办案期限的决定。这里所称的三十日,不是指工作日,而是包括节假日在内的连续时间。实践中,对于公安机关无正当理由超出办案期限作出治安处罚,法院判决确认治安处罚行为违法,但处罚决定事实正确,该行为对行政相对人权利不产生实际影响的处罚决定应认定有效。

本条第二款系关于鉴定、听证的期间不计入治安案件办案期限的规定。本法第一百零六条、一百一十七条分别规定了鉴定、听证。鉴定和听证的开展都需要一定程序和时间。鉴定属于技术性判定,需要一定时间才能得出鉴定结论,同时也有助于公开机关借助听证、鉴定确保作出的决定更加合法合理。不同专业的鉴定,其得出鉴定结论的时间也不尽相同,如有些伤情鉴定,需要被侵害人治疗结束出院后才能进行伤情鉴定,可能需要数天、数周,甚至更长时间。实践中,办理治安案件的鉴定主要包括伤情鉴定、价格鉴定、违禁品和危险品鉴定、精神病鉴定、毒品尿样检测和声像资料鉴定等。

第一百一十九条 【当场处罚的条件】违反治安管理行为事实清楚,证据确凿,处警告或者五百元以下罚款的,可以当场作出治安管理处罚决定。

新旧对照

2012年《治安管理处罚法》	2025年《治安管理处罚法》
第一百条 违反治安管理行为事实清楚，证据确凿，处警告或者**二百元**以下罚款的，可以当场作出治安管理处罚决定。	第一百一十九条 违反治安管理行为事实清楚，证据确凿，处警告或者**五百元**以下罚款的，可以当场作出治安管理处罚决定。

重点解读

《行政处罚法》第五十一条规定："违法事实确凿并有法定依据，对公民处以二百元以下、对法人或者其他组织处以三千元以下罚款或者警告的行政处罚的，可以当场作出行政处罚决定。法律另有规定的，从其规定。"当场处罚，指的是对违法行为人适用简易程序，无须经过立案、传唤等程序，执法人员在与当事人面对面的"当场"作出处罚决定并当场交付。当场处罚，不是新的处罚方式，而是法律规定特殊条件下的例外做法；相较于普通程序体现出程序的简易化，强调作出处罚决定时间的即时性和地点的便利性，体现行政效率原则。

适用要点

本条中的当场处罚，是指人民警察对于违反治安管理的行为人不实施传唤而直接当场作出处罚决定，旨在及时纠正治安违法行为，提高执法效率，维护社会治安管理秩序。当场处罚必须符合两个条件，缺一不可：一是证据条件。治安案件事实清楚、证据确凿，主要指案情因果关系明确，证据确实、充分，双方无争议，人民警察无须进一步调查当场即能认定违反治安管理行为的事实。二是处罚种类和幅度条件。即给予警告或者五百元以下罚款处罚，相对而言，此种处罚的种类和幅度较轻，且是根据违反治安管理行为的事实、性质、情节和社会危害程度综合判定而依法作出的。

当场处罚的简易程序在适用上不具有强制性,属于授权性规则,并非义务性规则。在符合上述两个条件的情况下,是"可以"而非"应当"当场作出治安处罚决定,需要由人民警察根据治安案件情况自行决定。

> 第一百二十条 【当场处罚的程序要求】当场作出治安管理处罚决定的,人民警察应当向违反治安管理行为人出示人民警察证,并填写处罚决定书。处罚决定书应当当场交付被处罚人;有被侵害人的,并应当将决定书送达被侵害人。
>
> 前款规定的处罚决定书,应当载明被处罚人的姓名、违法行为、处罚依据、罚款数额、时间、地点以及公安机关名称,并由经办的人民警察签名或者盖章。
>
> 适用当场处罚,被处罚人对拟作出治安管理处罚的内容及事实、理由、依据没有异议的,可以由一名人民警察作出治安管理处罚决定,并应当全程同步录音录像。
>
> 当场作出治安管理处罚决定的,经办的人民警察应当在二十四小时以内报所属公安机关备案。

新旧对照

2012年《治安管理处罚法》	2025年《治安管理处罚法》
第一百零一条 当场作出治安管理处罚决定的,人民警察应当向违反治安管理行为人出示**工作证件**,并填写处罚决定书。处罚决定书应当当场交付被处罚人;有被侵害人的,并将决定书副本**抄送**被侵害人。 前款规定的处罚决定书,应当载	第一百二十条 当场作出治安管理处罚决定的,人民警察应当向违反治安管理行为人出示**人民警察证**,并填写处罚决定书。处罚决定书应当当场交付被处罚人;有被侵害人的,并应当将决定书**送达**被侵害人。 前款规定的处罚决定书,应当载

续表

2012年《治安管理处罚法》	2025年《治安管理处罚法》
明被处罚人的姓名、违法行为、处罚依据、罚款数额、时间、地点以及公安机关名称,并由经办的人民警察签名或者盖章。 当场作出治安管理处罚决定的,经办的人民警察应当在二十四小时内报所属公安机关备案。	明被处罚人的姓名、违法行为、处罚依据、罚款数额、时间、地点以及公安机关名称,并由经办的人民警察签名或者盖章。 **适用当场处罚,被处罚人对拟作出治安管理处罚的内容及事实、理由、依据没有异议的,可以由一名人民警察作出治安管理处罚决定,并应当全程同步录音录像。** 当场作出治安管理处罚决定的,经办的人民警察应当在二十四小时以内报所属公安机关备案。

重点解读

当场处罚简易程序与普通程序的直接区别在于行政机关对于执法过程环节管控程度的差异。在普通程序中,行政机关通过立案、调查取证、告知并听取当事人的陈述和申辩、听证程序、集体讨论和处罚决定审批等环节,严格依步骤办理案件,全程参与执法过程。简易程序具有及时性和便捷性特点,处罚决定在作出前未经行政机关审查或审批,虽报所属行政机关"备案",但属于事后审查,以防止当场处罚的执法人员不规范执法造成不利后果。当场处罚虽然适用简易程序,但也应严格遵循相关的程序要求。

适用要点

本条第一款规定了出示人民警察证,填写与交付处罚决定书。出示人民警察证,以证明执法的合法性,保障当事人知情权、申请回避权和监督权。实践中,当场处罚时,无论人民警察是否身着人民警察制式服装,都应出示人民警察证。人民警察当场填写处罚决定书并应当场交付被处罚人。有被侵害人的,还应将决定书送达被侵害人。未当场交付或送达处罚决定书,属于程序违法。

本条第二款规定了当场处罚决定书的有关内容。当场处罚决定书是统一格式的法律文书,并按照本条规定的要求填写,即应当载明被处罚人的姓名、违法行为、处罚依据、罚款数额、时间、地点以及公安机关名称,并由经办的人民警察签名或者盖章。如果包含罚款,应写明罚款具体数额。公安机关名称,是指作出当场处罚决定的人民警察所属的公安机关名称,包括公安派出所。

根据本法第一百一十二条规定,公安机关作出治安管理处罚决定前,应履行告知义务,也包括作出当场处罚决定前的告知义务。

本条第三款规定了可以由一名人民警察作出治安管理处罚决定的情形。《行政处罚法》第四十二条规定,行政处罚应当由具有行政执法资格的执法人员实施,执法人员不得少于两人,法律另有规定的除外。为了节约公安机关执法资源,本条规定当场处罚可由一名人民警察作出决定,但附着被处罚人主观意思表示条件和技术保障条件,即被处罚人对拟作出治安管理处罚的内容及事实、理由、依据没有异议的,并全程同步录音录像。这体现了对人民警察执法活动的监督,也是对被处罚人合法权益的保护,确保当场处罚的规范性和合法性。需要注意的是,人民警察人数为一名的规定是"可以",不是"必须"。

本条第四款系针对当场处罚决定后报所属公安机关备案的规定。本款规定,处罚决定经办的人民警察应当在二十四小时内将治安管理处罚决定报所属的公安机关备案,以加强对当场处罚的内部监督,便于及时纠错。实践中,公安机关应对备案的当场处罚材料进行审查,如违法事实是否清楚,证据是否确凿和处罚是否合法、公正等,如果发现问题应及时纠正,保护被处罚人和被侵害人的合法权益。

> 第一百二十一条 【不服治安处罚的救济途径】被处罚人、被侵害人对公安机关依照本法规定作出的治安管理处罚决定,作出的收缴、追缴决定,或者采取的有关限制性、禁止性措施等不服的,可以依法申请行政复议或者提起行政诉讼。

新旧对照

2012年《治安管理处罚法》	2025年《治安管理处罚法》
第一百零二条 被处罚人对治安管理处罚决定不服的,可以依法申请行政复议或者提起行政诉讼。	第一百二十一条 被处罚人、被侵害人对公安机关依照本法规定作出的治安管理处罚决定,作出的收缴、追缴决定,或者采取的有关限制性、禁止性措施等不服的,可以依法申请行政复议或者提起行政诉讼。

重点解读

行政处罚不是终局性的,有处罚必有救济。《行政处罚法》第七条第一款规定,公民、法人或者其他组织对行政机关所给予的行政处罚,享有陈述权、申辩权;对行政处罚不服的,有权依法申请行政复议或者提起行政诉讼。《行政诉讼法》第二十五条规定,行政行为的相对人以及其他与行政行为有利害关系的公民、法人或者其他组织,有权提起诉讼。《行政复议法》中也有类似的规定。

本条规定对治安处罚中行政复议的申请人或行政诉讼的原告资格进行了界定。被处罚人、被侵害人与公安机关实施治安管理处罚有利害关系。公安机关作出的治安管理处罚决定,作出的收缴、追缴决定,或者采取的有关限制性、禁止性措施等行为,导致被处罚人、被侵害人合法权益(如人身权、财产权等其他权益)产生区别于其他人的、现实的、直接的、特定的影响,而依法申请行政复议或提起行政诉讼,是被处罚人和被侵害人的合法权利,也体现了对公安机关执法活动的监督。

行政复议,是指公民、法人或者其他组织认为行政机关的行政行为侵犯其合法权益,向行政复议机关提出行政复议申请,请求行政复议机关依照法定程序对被申请的行政行为进行合法性、适当性审查,作出行政复议决定的一种行政救济制度。行政诉讼,是指公民、法人或者其他组织认为行政机关和行政机关工作人员的行政行为侵犯其合法权益,依法向人民法院提起诉讼,要求人民法院对具体行政行为进行审查并作出裁判的司法救济制度。行政复议和行政诉讼都属于事后救济制度,目的是通过行政和司法救济的途径,对公民、法人或者其他组织因具体行政行为所受到的损害,及时予以恢复和补偿,对保障依法行政,确保公民、法人和其他组织合法权利免受侵害具有重要意义。

适用要点

根据《行政复议法》第二十四条第一款第一项、第二十五条、第二十八条的规定,关于复议主体具体制度安排如下:(1)国务院部门管辖对本部门作出的行政行为不服的行政复议案件。(2)对履行行政复议机构职责的地方人民政府司法行政部门的行政行为不服的,可以向本级人民政府申请行政复议,也可以向上一级司法行政部门申请行政复议。(3)除前述(1)(2)外,对县级以上地方各级人民政府工作部门作出的行政行为不服的行政复议案件,由本级人民政府管辖。由此,对县级以上公安机关的复议,均应向其所属的本级人民政府提出复议申请。

行政复议与行政诉讼都属于解决行政纠纷的重要法定途径。二者虽分属行政权与司法权,但皆因不服行政行为而启动,在目的、程序设置和救济形式等方面存在共性。如果行政相对人同时启动行政复议和行政诉讼程序,会浪费行政资源或司法资源,也不利于行政纠纷解决的整体协调。因此,被处罚人、被侵害人不能同时启动行政复议和行政诉讼程序,只能择一启动。《行政复议法》第二十九条规定,公民、法人或者其他组织申请行政复议,行政复议机关已经依法受理的,在行政复议期间不得向人民法院提起行政诉讼。公民、法人或者其他组织向人民法院提起行政诉讼,人民法院已经依法受理的,不得申请行政复议。

第三节 执 行

> **第一百二十二条 【行政拘留处罚的执行及解除】** 对被决定给予行政拘留处罚的人,由作出决定的公安机关送拘留所执行;执行期满,拘留所应当按时解除拘留,发给解除拘留证明书。
>
> 被决定给予行政拘留处罚的人在异地被抓获或者有其他有必要在异地拘留所执行情形的,经异地拘留所主管公安机关批准,可以在异地执行。

新旧对照

2012 年《治安管理处罚法》	2025 年《治安管理处罚法》
第一百零三条 对被决定给予行政拘留处罚的人,由作出决定的公安机关**送达**拘留所执行。	第一百二十二条 对被决定给予行政拘留处罚的人,由作出决定的公安机关**送**拘留所执行;**执行期满,拘留所应当按时解除拘留,发给解除拘留证明书。** **被决定给予行政拘留处罚的人在异地被抓获或者有其他有必要在异地拘留所执行情形的,经异地拘留所主管公安机关批准,可以在异地执行。**

第四章　处罚程序

> 重点解读

行政拘留属于限制人身自由的处罚,公安机关需要将被决定给予行政拘留的人关押在拘留所接受惩戒和教育。县级以上地方人民政府根据需要设置拘留所。《拘留所条例》对拘留所的设置、拘留执行程序、管理教育等作出相应规定。该条例第三十条规定,被拘留人拘留期满,拘留所应当按时解除拘留,发给解除拘留证明书,并返还代为保管的财物。行政拘留的例外包括本法第二十三条规定给予行政拘留处罚决定而不执行的情形、第一百二十六条规定暂缓执行行政拘留的情形。

> 适用要点

本法第一百零九条规定,行政拘留决定只能由县级以上地方人民政府公安机关作出。因此,本条的"由作出决定的公安机关送拘留所执行",是指由作出行政拘留决定的县级以上地方人民政府公安机关将被拘留人送拘留所执行。

本条第二款主要适用于违反治安管理行为人流窜作案等情形。行为人已经被给予行政拘留决定,且在异地被抓获,根据案件办理的实际情况,需要在异地拘留所执行,经异地拘留所主管公安机关批准的,可以在异地执行。《拘留所条例》第九条规定,拘留所应当凭拘留决定机关的拘留决定文书及时收拘被拘留人。需要异地收拘的,拘留决定机关应当出具相关法律文书和需要异地收拘的书面说明,并经异地拘留所主管公安机关批准。

第一百二十三条　【罚款处罚的执行与当场收缴规则】受到罚款处罚的人应当自收到处罚决定书之日起十五日以内,到指定的银行或者通过电子支付系统缴纳罚款。但是,有下列情形之一的,人民警察可以当场收缴罚款:

（一）被处二百元以下罚款,被处罚人对罚款无异议的;

（二）在边远、水上、交通不便地区,旅客列车上或者口岸,公安机关及其人民警察依照本法的规定作出罚款决定后,被处罚人到指定的银行或者通过电子支付系统缴纳罚款确有困难,经被处罚人提出的;

（三）被处罚人在当地没有固定住所,不当场收缴事后难以执行的。

新旧对照

2012年《治安管理处罚法》	2025年《治安管理处罚法》
第一百零四条 受到罚款处罚的人应当自收到处罚决定书之日起十五日内,到指定的银行缴纳罚款。但是,有下列情形之一的,人民警察可以当场收缴罚款: （一）被处**五十元**以下罚款,被处罚人对罚款无异议的; （二）在边远、水上、交通不便地区,公安机关及其人民警察依照本法的规定作出罚款决定后,被处罚人**向**指定的银行缴纳罚款确有困难,经被处罚人提出的; （三）被处罚人在当地没有固定住所,不当场收缴事后难以执行的。	第一百二十三条 受到罚款处罚的人应当自收到处罚决定书之日起十五日**以内**,到指定的银行**或者通过电子支付系统**缴纳罚款。但是,有下列情形之一的,人民警察可以当场收缴罚款: （一）被处**二百元**以下罚款,被处罚人对罚款无异议的; （二）在边远、水上、交通不便地区,**旅客列车上或者口岸**,公安机关及其人民警察依照本法的规定作出罚款决定后,被处罚人**到指定的银行或者通过电子支付系统**缴纳罚款确有困难,经被处罚人提出的; （三）被处罚人在当地没有固定住所,不当场收缴事后难以执行的。

重点解读

罚款是治安管理处罚中应用最广泛的处罚种类,几乎所有的违反治安管理行为处罚种类中都有罚款处罚。罚款属于罚没收入,其收缴体现法律执行的严肃性。《行政处罚法》第六十七条规定了行政处罚的罚缴分离原则,即作出罚款决定的行政机关应与收缴罚款的机构分离,除了依法当场收缴的罚款外,作出行政处罚决定的行政机关及其执法人员不得自行收缴罚款。《罚款决定与罚款收缴分离实施办法》第三条规定:"作出罚款决定的行政机关应当与收缴罚款的机构分离;但是,依照行政处罚法的规定可以当场收缴罚款的除外。"本法第一百三十九条规定,给予不执行罚款决定与罚款收缴分离制度的人民警察相应处分,构成犯罪的,依法追究刑事责任。当场收缴罚款属于例外情形,既便民利民,又能提高公安机关的执法效率。需要注意的是,本条规定的人民警察可以当场收缴罚款的情形,其罚款决定可以当场作出,也可以按一般程序作出。

适用要点

基于罚缴分离原则,本条对罚款的缴纳方式和当场收缴罚款的适用情形作出规定,主要分为以下两种方式。

1. 被处罚人自行到指定的银行或者通过电子支付系统缴纳罚款

被处罚人主动缴纳是法定义务,也是缴纳罚款的一般原则。按照罚缴分离原则,本法规定受到罚款处罚的人应自收到处罚决定书之日起十五日以内,到处罚机关出具的处罚决定书中指定的银行或者通过电子支付系统缴纳罚款。电子支付系统,是基于互联网发展而形成的新型支付方式,具有交易便捷、高效的特点。"自收到处罚决定书之日起十五日以内",包括节假日在内。《行政处罚法》第六十一条规定:"行政处罚决定书应当在宣告后当场交付当事人;当事人不在场的,行政机关应当在七日内依照《民事诉讼法》的有关规定,将行政处罚决定书送达当事人。"这里的"送达"主要包括直接送达、留置送达、邮寄送达、委托送达、转交送达、公告送达等。一般在治安处罚决定书上注明,由指定的银行收缴罚款并直接上缴国库,或通过电子支付系统缴纳。

2. 人民警察当场收缴罚款

本条在规定罚缴分离原则的基础上，对人民警察可以当场收缴罚款的情形作了如下三种规定：

一是被处二百元以下罚款，被处罚人对罚款无异议的情形。罚款数额超过二百元的，除非具有本条第二项、第三项情形之一，否则人民警察不得当场收缴罚款。被处罚人对公安机关给予的二百元以下罚款种类处罚，以及对罚款没有不同意见，同时具备上述两个条件时，人民警察可以当场收缴罚款。

二是在边远、水上、交通不便地区，旅客列车上或者口岸，公安机关及其人民警察依照本法的规定作出罚款决定后，被处罚人到指定的银行或者通过电子支付系统缴纳罚款确有困难，经被处罚人提出的情形。适用本项当场收缴罚款规定须符合两个条件：特定的客观现实条件；被处罚人主动意思表示条件。在一些边远、水上、交通不便地区，旅客列车上或者口岸，这些地方交通出行不便，或银行服务网点少。被处罚人到指定银行或者通过电子支付系统缴纳罚款有现实困难，特别是在水上、旅客列车上，被处罚人无法及时回到岸上或者下车缴纳罚款。基于便民利民的考虑，被处罚人主动提出的，人民警察可以依法当场收缴罚款。实际中，并不需要被处罚人提出书面申请，只需口头提出即可，人民警察须将情况记录在案，由被处罚人签名、盖章或者按指印予以确认。

三是被处罚人在当地没有固定住所，不当场收缴事后难以执行的情形。本项规定的当场收缴罚款应同时具备"被处罚人在当地没有固定住所"和"不当场收缴事后难以执行"两个条件，主要是针对流动性强、身份不易确认、在当地没有固定住所的被处罚人员。对这类人员，处罚决定作出后，如果不当场收缴罚款，事后可能难以找到处罚人，导致罚款无法执行。"不当场收缴事后难以执行的"，由人民警察综合案情及被处罚人的情况判断。

本条规定的三种当场收缴情形的区别。第一项和第二项规定的当场收缴罚款以被处罚人主观意思表达为条件，分别是"被处罚人对罚款无异议"和"被处罚人提出",因此,按照第一项和第二项规定当场收缴罚款的,应当注明当场收缴罚款的原因,并由被处罚人签名或者盖章。按照第三项规定当场收缴罚款的,不以被处罚人意思表达为条件,人民警察也应注明当场收缴的原因,如被处罚人属于流动商贩,在当地无固定住所等,以保证当场收缴罚款的合法性和有效性。除了第一项外,第二项和第三项规定的当场收缴罚款没有数额的限定,即只要符合第二项、第三项规定的情形之一,无论罚款数额为多少,人民警察都可以依法当场收缴。

> 第一百二十四条 【当场收缴罚款的交纳期限】人民警察当场收缴的罚款,应当自收缴罚款之日起二日以内,交至所属的公安机关;在水上、旅客列车上当场收缴的罚款,应当自抵岸或者到站之日起二日以内,交至所属的公安机关;公安机关应当自收到罚款之日起二日以内将罚款缴付指定的银行。

新旧对照

2012年《治安管理处罚法》	2025年《治安管理处罚法》
第一百零五条 人民警察当场收缴的罚款,应当自收缴罚款之日起二日内,交至所属的公安机关;在水上、旅客列车上当场收缴的罚款,应当自抵岸或者到站之日起二日内,交至所属的公安机关;公安机关应当自收到罚款之日起二日内将罚款缴付指定的银行。	第一百二十四条 人民警察当场收缴的罚款,应当自收缴罚款之日起二日**以**内,交至所属的公安机关;在水上、旅客列车上当场收缴的罚款,应当自抵岸或者到站之日起二日**以**内,交至所属的公安机关;公安机关应当自收到罚款之日起二日**以**内将罚款缴付指定的银行。

重点解读

本条对当场收缴的罚款及时上交和缴付到指定的银行作了规定。

《行政处罚法》第七十四条规定,罚款、没收的违法所得或者没收非法财物拍卖的款项,必须全部上缴国库,任何行政机关或者个人不得以任何形式截留、私分或者变相私分。本法第一百三十五条对公安机关或者人民警察不得截留、私分或者变相私分,财政部门也不得以任何形式向公安机关返还罚款作出明确规定。《违反行政事业性收费和罚没收入收支两条线管理规定行政处分暂行规定》对严格落实行政事务性收费和罚没收入"收支两条线"管理进行专门规定。

> 适用要点

当场收缴罚款的,先由负责执行罚款处罚的人民警察交至所属的公安机关,再由该公安机关缴付至指定的银行。本条中的"所属公安机关",是指负责执行罚款处罚的人民警察所隶属的公安机关。

关于当场收缴罚款的缴付期限。一般情况下,人民警察将收缴的罚款交至所属公安机关的期限是"二日以内",即自人民警察当场收缴罚款之日起的二日以内。在水上、旅客列车上当场收缴的罚款,则是自人民警察抵岸或者到站之日起的二日以内。这里所称的"抵岸或到站",是指船舶或列车到达当场收缴罚款人民警察所属的公安机关所在地的港口码头或车站,而不是人民警察当场收缴罚款后船舶或列车所到达的第一个港口码头或车站。公安机关缴付罚款的期限也是"二日以内",即自收到人民警察缴纳的罚款之日起的二日以内,公安机关应将其人民警察上交的罚款缴付指定的银行。

第一百二十五条 【当场收缴罚款的票据管理规则】人民警察当场收缴罚款的,应当向被处罚人出具省级以上人民政府财政部门统一制发的专用票据;不出具统一制发的专用票据的,被处罚人有权拒绝缴纳罚款。

新旧对照

2012 年《治安管理处罚法》	2025 年《治安管理处罚法》
第一百零六条 人民警察当场收缴罚款的,应当向被处罚人出具省、自治区、直辖市人民政府财政部门统一制发的**罚款收据**;不出具统一制发的**罚款收据**的,被处罚人有权拒绝缴纳罚款。	**第一百二十五条** 人民警察当场收缴罚款的,应当向被处罚人出具**省级以上**人民政府财政部门统一制发的**专用票据**;不出具统一制发的**专用票据**的,被处罚人有权拒绝缴纳罚款。

重点解读

当场收缴罚款属于罚款缴纳的例外情形。当场收缴罚款并向当事人出具专用票据,能够防止滥罚款,有效预防私自截留、挪用、私分和侵吞罚款问题的发生,确保将罚款全部上缴国库,是严肃财经纪律,加强廉政建设的体现。《行政处罚法》第七十条规定,行政机关及其执法人员当场收缴罚款的,必须向当事人出具国务院财政部门或者省、自治区、直辖市人民政府财政部门统一制发的专用票据;不出具财政部门统一制发的专用票据的,当事人有权拒绝缴纳罚款。第七十七条规定,行政机关对当事人进行处罚不使用罚款、没收财物单据或者使用非法定部门制发的罚款、没收财物单据的,当事人有权拒绝,并有权予以检举,由上级行政机关或者有关机关对使用的非法单据予以收缴销毁,对直接负责的主管人员和其他直接责任人员依法给予处分。《违反行政事业性收费和罚没收入收支两条线管理规定行政处分暂行规定》对违反财政票据管理规定实施罚没的行为规定了相应处分。

适用要点

向被处罚人出具罚款专用票据,是人民警察的法定职责,又能表明被处罚人履行了缴纳罚款的义务,为其申请法律救济提供依据。罚款票据,必须是省级以上人民政府财政部门统一制发的专用票据,严禁使用自行印制的票据或废票、白头单等非法票据,严禁不出具票据。对于出具票据不符合规定的,或不出具的,被处罚人有拒绝缴纳罚款的权利。本法第一百三十九条第一款第八项规定,当场收缴罚款不出具专用票据或者不如实填写罚款数额的,人民警察应承担相应的责任。

第一百二十六条 【行政拘留暂缓执行的条件与程序】被处罚人不服行政拘留处罚决定,申请行政复议、提起行政诉讼的,遇有参加升学考试、子女出生或者近亲属病危、死亡等情形的,可以向公安机关提出暂缓执行行政拘留的申请。公安机关认为暂缓执行行政拘留不致发生社会危险的,由被处罚人或者其近亲属提出符合本法第一百二十七条规定条件的担保人,或者按每日行政拘留二百元的标准交纳保证金,行政拘留的处罚决定暂缓执行。

正在被执行行政拘留处罚的人遇有参加升学考试、子女出生或者近亲属病危、死亡等情形,被拘留人或者其近亲属申请出所的,由公安机关依照前款规定执行。被拘留人出所的时间不计入拘留期限。

新旧对照

2012 年《治安管理处罚法》	2025 年《治安管理处罚法》
第一百零七条 被处罚人不服行政拘留处罚决定,申请行政复议、提起行政诉讼的,可以向公安机关提出暂缓执行行政拘留的申请。公安机关认为暂缓执行行政拘留不致发生社会危险的,由被处罚人或者其近亲属提出符合本法**第一百零八条**规定条件的担	**第一百二十六条** 被处罚人不服行政拘留处罚决定,申请行政复议、提起行政诉讼的,**遇有参加升学考试、子女出生或者近亲属病危、死亡等情形的,**可以向公安机关提出暂缓执行行政拘留的申请。公安机关认为暂缓执行行政拘留不致发生社会危险的,由

续表

2012年《治安管理处罚法》	2025年《治安管理处罚法》
保人,或者按每日行政拘留二百元的标准交纳保证金,行政拘留的处罚决定暂缓执行。	被处罚人或者其近亲属提出符合本法**第一百二十七条**规定条件的担保人,或者按每日行政拘留二百元的标准交纳保证金,行政拘留的处罚决定暂缓执行。 　　正在被执行行政拘留处罚的人遇有参加升学考试、子女出生或者近亲属病危、死亡等情形,被拘留人或者其近亲属申请出所的,由公安机关依照前款规定执行。被拘留人出所的时间不计入拘留期限。

> 重点解读

本条规定在特定情形下被处罚人可以暂缓行政拘留和申请出所,客观上阻却行政拘留责任的暂时性承担,使被拘留人更好地行使法律所赋予的救济权或者应对生活中发生的紧急事项,防止和避免因错误执行行政拘留而给被拘留人造成难以弥补的精神损失和伤害,从而保护被拘留人合法权益,彰显法律的审慎包容。

行政行为具有强制性和严肃性特点,具体体现在执行力方面。《行政复议法》第四十二条、《行政诉讼法》第五十六条分别规定,在行政复议、行政诉讼期间,原则上不停止执行行政行为,但在符合有关情形时,可以停止执行行政行为。本条规定就属于暂缓执行行政行为的例外情形。

> 适用要点

1.暂缓执行行政拘留的事由

根据本条规定,被处罚人申请行政拘留暂缓执行有两种情形:一是被处罚人依法申请了行政复议或者提起了行政诉讼的情形。如果被拘留人没有申请行政复议或者提起行政诉讼，则不得适用行政拘留暂缓执行。同理，如果在公安机关作出行政拘留暂缓执行的决定前，行政复议机关已经作出不予受理行政复议决定，或者人民法院已经裁定不予受理行政诉讼，被拘留人也不得适用行政拘留暂缓执行。二是被处罚人遇有参加升学考试、子女出生或者近亲属病危、死亡等情形。这些都是人们在学习和生活中的重要事件，一旦错过，会造成较大影响，甚至终生遗憾。这是本法在总结实践经验的基础上新增的内容，使行政拘留暂缓执行制度更加规范、完善，更具人性化和可操作性。

2. 暂缓执行行政拘留的申请

暂缓执行行政拘留启动的主动权在被处罚人，其启动应有被处罚人的主观意思表达，即被处罚人提出了暂缓执行行政拘留的申请。该申请必须在行政拘留处罚决定尚未开始执行或者尚未执行完毕前提出。如果行政拘留已执行完毕，就不存在行政拘留暂缓执行的问题。暂缓执行行政拘留的申请必须由被处罚人本人亲自提出，其近亲属及其他人均无权提出。被处罚人口头提出申请的，公安机关及其人民警察应当予以记录，并由申请人签名或者按指印。

3. 公安机关对被处罚人社会危险性的裁量权

在符合上述暂缓执行行政拘留情形的条件下，公安机关要进行审查，即公安机关认为对被处罚人暂缓执行行政拘留不致发生社会危险，这是行政拘留暂缓执行的关键条件。如果公安机关经审查认为，对被处罚人暂缓执行行政拘留会发生社会危险，则不能适用行政拘留暂缓执行。通常，审查是否会发生社会危险，要对被拘留人综合判定，如违反治安管理行为的性质、危害后果，被处罚人对违反治安管理行为的认识态度、综合表现、在当地是否有固定居所和稳定工作等情况。公安机关如果认为被处罚人暂缓执行行政拘留后可能逃跑，或者有其他违法犯罪嫌疑而正在被调查或者侦查，或者可能发生其他不宜暂缓执行行政拘留的情形，应当作出不暂缓执行行政拘留的决定，并告知申请人。

4.适用行政拘留暂缓执行的担保条件

被处罚人或者其近亲属依法提出符合法定条件的担保人,或者按照法定标准缴纳保证金。本条规定中的担保人,是指以自己的人格和信誉担保,并出具担保书,保证被处罚人在行政拘留暂缓执行期间配合公安机关工作,不逃避行政拘留处罚执行的自然人。担保的方式有担保人和保证金两种,择一即可。担保人应符合本法第一百二十七条规定的条件。保证金,按照每日二百元的标准交纳。

综上,根据本条规定,符合暂缓执行行政拘留事由,被处罚人提出申请,经过公安机关对社会危险性审查,符合相关担保条件的,同时具备以上四个条件的,公安机关才能作出暂缓执行行政拘留的决定。被处罚人在押的,应立即释放。如果在作出行政拘留暂缓执行决定前,行政复议机关已作出不受理行政复议决定或者人民法院已裁定不予受理行政诉讼,且没有其他暂缓执行行政拘留情形,公安机关应当不同意暂缓执行行政拘留,并将被拘留人依法送达拘留所执行。

5.本条第二款规定了正在执行行政拘留处罚的人的出所情形

本款针对的是正在执行行政拘留处罚的人,在遇有参加升学考试、子女出生或者其近亲属病危、死亡等情形时,可以申请出所处理上述事宜,申请人为被拘留人或者其近亲属。《拘留所条例》第二十七条、第二十八条对被拘留人出所作了相应规定。

第一百二十七条 【暂缓执行行政拘留的担保人条件】担保人应当符合下列条件:

(一)与本案无牵连;

(二)享有政治权利,人身自由未受到限制;

(三)在当地有常住户口和固定住所;

(四)有能力履行担保义务。

新旧对照

2012年《治安管理处罚法》	2025年《治安管理处罚法》
第一百零八条 担保人应当符合下列条件： （一）与本案无牵连； （二）享有政治权利，人身自由未受到限制； （三）在当地有常住户口和固定住所； （四）有能力履行担保义务。	**第一百二十七条** 担保人应当符合下列条件： （一）与本案无牵连； （二）享有政治权利，人身自由未受到限制； （三）在当地有常住户口和固定住所； （四）有能力履行担保义务。

重点解读

担保人制度的设立旨在确保治安处罚决定的执行效力，通过引入第三方担保机制，为公安机关督促被处罚人履行义务提供保障，增加被执行人履约动力。在特殊情况下，允许被处罚人提供符合条件的担保人，在体现处罚严肃性的同时彰显法律的人文关怀温度。担保人要承担监督与约束责任，按照规定对被处罚人进行有效监督，促使其遵守相关规定，若被处罚人未履行义务，担保人将承担相应法律责任。鉴于此，担保人应符合一定的条件。

适用要点

本条中所称的担保人，是指以自己的人格和信誉保证被拘留人在行政拘留暂缓执行期间不逃避行政拘留处罚执行的人。

1. 与本案无牵连

这是指担保人与被拘留人没有所涉治安案件的利害关系，如二人不是共同违反治安管理的人，也不是本案的证人、被侵害人等。如果担保人与案件有牵连，则可能出于减轻或者免除自身责任的动机，唆使甚至协助被拘留人妨碍或者逃避公安机关、行政复议机关或者人民法院的传唤、复议、审理和执行等工作。

2. 享有政治权利，人身自由未受到限制

政治权利，是指宪法规定的选举权和被选举权，言论、出版、集会、结社、游行、示威、宗教信仰自由的权利。人身自由未受到限制，是指担保人的人身自由未被依法剥夺或者限制，即未被执行任何剥夺或者限制人身自由的刑事处罚、行政处罚和行政、刑事强制措施，如管制、拘役、有期徒刑、无期徒刑和行政拘留，或拘传、监视居住、取保候审、刑事拘留、逮捕和强制戒毒等。

3. 在当地有常住户口和固定住所

《户口登记条例》第六条规定，公民应当在经常居住的地方登记为常住人口，一个公民只能在一个地方登记为常住人口。在当地有常住户口，是指担保人在对被担保人作出行政拘留决定的公安机关所在的县、市、旗被登记为常住人口，并不是暂住或流动人口。固定住所，是指担保人在作出行政拘留的公安机关所在的县、市、旗有生活住所，包括自己所有的住处和租用的房屋等。如果担保人在当地没有常住户口和固定住所，难以对被担保人实施有效的监督、管理，也不能保证公安机关及时、顺利地与担保人取得联系。

4. 有能力履行担保义务

鉴于担保人要承担对被担保人的监督责任，如保证被担保人不逃避行政拘留处罚的执行，因此担保人必须是年满十八周岁具有完全民事行为能力的成年人。未成年人、精神病人等限制行为能力人或者无行为能力人不能担任担保人。担保人是否有能力履行担保义务，主要从其思想行为、身体状况和信用程度等方面综合判定。此外，担保人也应为被担保人或者其近亲属所信任，对被担保人有一定的约束力等。本法第一百二十八条规定了担保人的义务。

暂缓执行行政拘留的担保人在暂缓执行行政拘留期间，不愿继续担保或者丧失担保条件的，行政拘留的决定机关应当责令被处罚人重新提出担保人或者交纳保证金。不提出担保人又不交纳保证金的,行政拘留的决定机关应当将被处罚人送拘留所执行。

> **第一百二十八条** 【暂缓执行行政拘留的担保人的义务】担保人应当保证被担保人不逃避行政拘留处罚的执行。
>
> 担保人不履行担保义务,致使被担保人逃避行政拘留处罚的执行的,处三千元以下罚款。

新旧对照

2012年《治安管理处罚法》	2025年《治安管理处罚法》
第一百零九条 担保人应当保证被担保人不逃避行政拘留处罚的执行。 担保人不履行担保义务,致使被担保人逃避行政拘留处罚的执行的,~~由公安机关对其~~处三千元以下罚款。	第一百二十八条 担保人应当保证被担保人不逃避行政拘留处罚的执行。 担保人不履行担保义务,致使被担保人逃避行政拘留处罚的执行的,处三千元以下罚款。

重点解读

担保人的义务,就是以自己的人格和信誉保证被担保人在行政拘留暂缓执行期间不逃避行政拘留处罚的执行,或请假出所的被拘留人主动回所。如果行政拘留暂缓执行的情形不存在或出所申请事由消失后,公安机关仍对被处罚人依法执行行政拘留,这也是担保人的职责义务所在。

适用要点

本条以造成后果为处罚标准,即担保人不履行担保义务,并且造成被担保人逃避行政拘留处罚执行的后果时,才能给予其罚款处罚。如果担保人不履行担保义务,但被担保人并未逃避行政拘留处罚执行,则不能依照本条予以处罚。担保人履行了担保义务,但被担保人仍逃避行政拘留处罚执行的,或者被处罚人逃跑后,担保人积极帮助公安机关抓获被处罚人的,对担保人可以从轻或者不予行政处罚。

第二款规定属于典型的不作为违法。不作为违法,就是行为人具有法定积极作为义务,因不履行该积极作为义务,而产生相应的法定责任。担保人不作为的后果主要是使公安机关作出的治安处罚决定不能得到及时有效执行,妨害公安机关执法秩序。本条行为的客观方面表现为不履行担保义务,且造成被担保人逃避行政拘留处罚执行的后果,包括既遂和未遂。担保人主观方面应出于故意,因过失致使被担保人逃避行政拘留处罚执行的,则不能依照本条规定处罚。担保人发现被担保人逃避行政拘留处罚执行,既不加以阻止,又不及时向公安机关报告,从而造成被担保人逃避行政拘留处罚的执行的后果,则可认定为具有主观故意,应当依法处罚。

> **第一百二十九条** 【没收保证金】被决定给予行政拘留处罚的人交纳保证金,暂缓行政拘留或者出所后,逃避行政拘留处罚的执行的,保证金予以没收并上缴国库,已经作出的行政拘留决定仍应执行。

新旧对照

2012 年《治安管理处罚法》	2025 年《治安管理处罚法》
第一百一十条 被决定给予行政拘留处罚的人交纳保证金,暂缓行政拘留后,逃避行政拘留处罚的执行的,保证金予以没收并上缴国库,已经作出的行政拘留决定仍应执行。	第一百二十九条 被决定给予行政拘留处罚的人交纳保证金,暂缓行政拘留**或者出所**后,逃避行政拘留处罚的执行的,保证金予以没收并上缴国库,已经作出的行政拘留决定仍应执行。

重点解读

　　保证金与担保人的作用一样,旨在保证被拘留人不逃避行政拘留处罚的执行。逃避行政拘留处罚执行的行为,主要包括:在公安机关作出暂缓执行行政拘留决定后逃跑的;被拘留人在行政复议机关、人民法院依法作出不予受理的决定或者裁定后逃跑的;被拘留人在得知行政复议机关或者人民法院作出维持行政拘留的决定或者裁决后逃跑的;在参加升学考试、子女出生或者近亲属病危、死亡等活动完成后逃跑的。发生上述情形,公安机关没收被拘留人的保证金,是对其逃避行政拘留处罚执行的惩罚。

适用要点

　　如果被拘留人在暂缓执行行政拘留期间或出所后实施了逃避行政拘留执行的行为,无论是否既遂,都说明被拘留人存在社会危险性,不符合本法第一百二十六条规定的行政拘留暂缓执行的条件,作出行政拘留决定的公安机关应将其依法送拘留所执行。

　　需要注意的是,保证金仅是一种担保,没收保证金既不是对被拘留人的加重处罚,也不能折抵拘留。对逃避行政拘留处罚的被拘留人,不仅要没收保证金,已经作出的行政拘留决定也要执行。

> 　　**第一百三十条　【退还保证金】**行政拘留的处罚决定被撤销,行政拘留处罚开始执行,或者出所后继续执行的,公安机关收取的保证金应当及时退还交纳人。

新旧对照

2012 年《治安管理处罚法》	2025 年《治安管理处罚法》
第一百一十一条 行政拘留的处罚决定被撤销，或者行政拘留处罚开始执行的，公安机关收取的保证金应当及时退还交纳人。	**第一百三十条** 行政拘留的处罚决定被撤销，行政拘留处罚开始执行，**或者出所后继续执行**的，公安机关收取的保证金应当及时退还交纳人。

重点解读

收取保证金的目的是确保行政拘留得以执行，一旦行政拘留的处罚决定被撤销，行政拘留处罚开始执行或者出所后继续执行的，公安机关所收取的保证金的依据和前提就不复存在，公安机关收取的保证金应当及时退还缴纳人，这是公安机关的义务，否则就构成违法。

适用要点

关于行政拘留决定被依法撤销的规定。主要指被处罚人申请行政复议或者提起行政诉讼，行政复议机关或者人民法院依法撤销的，或是人民警察的上级机关对下级机关的执法活动进行监督，发现其作出的行政拘留处罚决定有错误的，予以撤销。

关于行政拘留开始执行的规定。即作出行政拘留决定的公安机关已将被处罚人送拘留所执行，主要有如下情形：(1)被拘留人申请行政复议或者提起行政诉讼，行政复议机关或者人民法院依法作出不予受理的决定或者裁定后，公安机关依法将被拘留人投送拘留所执行的；(2)被拘留人申请行政复议或者提起行政诉讼后，主动撤诉，主动接受行政拘留处罚，且公安机关已将其送拘留所执行；(3)行政复议机关或者人民法院依法维持了行政拘留决定，公安机关已将被拘留人送拘留所执行；(4)参加升学考试、子女出生或者近亲属病危、死亡等情形已经完成或消失，公安机关已将被拘留人送拘留所执行。

关于出所后继续执行的情形。主要指被拘留人参加完升学考试,处理完子女出生或者近亲属病危、死亡等事宜,申请出所后主动返回的。

第五章 执法监督

> 第一百三十一条 【规范执法】公安机关及其人民警察应当依法、公正、严格、高效办理治安案件,文明执法,不得徇私舞弊、玩忽职守、滥用职权。

新旧对照

2012年《治安管理处罚法》	2025年《治安管理处罚法》
第一百一十二条 公安机关及其人民警察应当依法、公正、严格、高效办理治安案件,文明执法,不得徇私舞弊。	第一百三十一条 公安机关及其人民警察应当依法、公正、严格、高效办理治安案件,文明执法,不得徇私舞弊、**玩忽职守、滥用职权**。

重点解读

依法、公正、严格、高效、文明执法是法治政府建设的应有之义,也是民之所需。实践中存在的趋利动机执法,如"乱罚款""乱检查""违规异地执法""远洋捕捞执法"等情形,损害法律权威性和政府公信力。办理治安案件是公安机关履行政府职能的重要方式,对提升人民群众对法治的信心满意度和获得感至关重要。本条规定了公安机关及其人民警察办理治安案件的执法原则。

> 适用要点

1. 依法

依法行政,是国家行政管理活动中贯彻落实依法治国方略的根本体现。公安机关及其人民警察办理治安案件的每个执法环节和步骤必须依照法律、法规和规章进行。这里的"法",既包括实体法,也包括程序法;既包括法律、行政法规、部门规章,也包括地方性法规、地方政府规章和民族自治地方的自治条例、单行条例。在办理治安案件过程中,公安机关及其人民警察要忠于法律精神,遵循法的本意,自觉维护法律的尊严和权威。

2. 公正

公平正义,是执法的价值追求。公正要求执法者必须以事实为根据,以法律为准绳,平等地对待、听取双方当事人的意见,坚持同一标准对待不同案件的当事人,不偏袒、不歧视任何人;要依法打击一切违法犯罪行为,保护公民的合法权益,平等和公正地适用法律,确保受到侵害的权利一定会得到保护和救济,违法活动一定要受到制裁和惩罚。若执法不公正,不仅侵害当事人的合法权益,还会损害公安机关及人民警察的威信,损害法律公信力。

3. 严格

严格是执法的基本要求。执法人员必须秉公执法,严格按照法律规定和程序办案;执法人员必须履职尽责,严格依法查处违反治安管理行为,坚决防止和纠正"不作为"和"乱作为"执法。执法人员对违法行为不能随意从重处罚、从轻处罚、减轻处罚或者不予处罚,依法运用好自由裁量权。

4. 高效

公安机关的执法活动必须兼顾合法的效率。行政机关要提升执法效率,首先要对行政相对人的请求和各种行政事务及时作出反应,如公安机关在接到报案、控告、举报或者有违反治安管理行为人主动投案,以及其他国家机关移送的违反治安管理案件时,应当立即立案并进行调查。其次，公安机关要严格按照法定程序和法定时限执法办案，提高履职尽责效率。

5. 文明

文明是执法的职业素养。人民警察应做到言行得体、警容严整、形象良好。人民警察规范使用法言法语是执法文明的重要表现，禁止使用非规范性表述，如口语化表达、越权解释法律、情绪化用语。人民警察在群众面前不摆架子、不耍威风，不得侮辱、打骂、虐待他人，更不能刑讯逼供。

6. 不得徇私舞弊、玩忽职守、滥用职权

徇私舞弊是指国家机关工作人员在执行公务过程中，弄虚作假、隐瞒事实，利用职务之便徇私情、谋私利。玩忽职守是指国家机关工作人员不负责任，不履行或不认真履行工作职责，致使公共财产、国家和人民利益遭受损失的行为。滥用职权是指不认真履行或者过度运用职务范围内的权力，擅自处理其无权决定、处理的事项，或者国家机关工作人员不正当地行使职权，以权谋私、假公济私、滥施淫威的行为。徇私舞弊、玩忽职守和滥用职权都是违纪违法行为，造成严重后果或者有其他严重情节的，涉嫌犯罪。

> 第一百三十二条 【禁止行为】公安机关及其人民警察办理治安案件，禁止对违反治安管理行为人打骂、虐待或者侮辱。

新旧对照

2012 年《治安管理处罚法》	2025 年《治安管理处罚法》
第一百一十三条 公安机关及其人民警察办理治安案件，禁止对违反治安管理行为人打骂、虐待或者侮辱。	第一百三十二条 公安机关及其人民警察办理治安案件，禁止对违反治安管理行为人打骂、虐待或者侮辱。

重点解读

《宪法》第三十八条规定,中华人民共和国公民的人格尊严不受侵犯。禁止用任何方法对公民进行侮辱、诽谤和诬告陷害。违反治安管理行为人应受惩罚,但其人格权、身体健康权和生命权仍然受法律保护。本条对公安机关及其人民警察禁止行为的规定,是尊重和保障人权原则的具体体现。

适用要点

公然侮辱他人行为侵犯的是公民的人格权,一般表现为谩骂、羞辱他人。打骂,是指殴打、谩骂的行为。虐待,是指除打骂以外的冷冻、饥渴、不让睡觉或用噪音影响等方法,对人的肉体、精神摧残折磨的行为。侮辱,是指以动作或语言公然贬低、损害他人的人格,破坏他人名誉的行为。《提升行政执法质量三年行动计划(2023—2025年)》指出:"1.强力整治行政执法突出问题。聚焦人民群众反映强烈的运动式执法、'一刀切'执法、简单粗暴执法、野蛮执法、过度执法、机械执法、逐利执法等不作为乱作为问题,开展专项整治和监督行动。"全面推进严格规范公正文明执法必然要求严禁打骂、虐待或者侮辱违法行为人。虽然行为人违法,但是违法行为人仍然是法律意义上的人,其人格尊严、身体健康、名誉等权益仍应获得法律保护。打骂、虐待或者侮辱他人,不仅不道德,也是国家法律明令禁止的违法行为,与文明执法的要求格格不入,常在询问中为逼取口供而发生。人民警察作为国家执法工作人员,更不应该实施侵犯人权的行为。本条规定了公安机关及其人民警察办理治安案件时,不得打骂、虐待或者侮辱违反治安管理行为人,同样也不得打骂、虐待或者侮辱证人、被侵害人等其他人员。本法第一百三十九条对人民警察有本条所规定行为的情形,规定了相应处分。

第一百三十三条 【执法监督与检举控告权】公安机关及其人民警察办理治安案件,应当自觉接受社会和公民的监督。

公安机关及其人民警察办理治安案件,不严格执法或者有违法违纪行为的,任何单位和个人都有权向公安机关或者人民检察院、监察机关检举、控告;收到检举、控告的机关,应当依据职责及时处理。

新旧对照

2012年《治安管理处罚法》	2025年《治安管理处罚法》
第一百一十四条 公安机关及其人民警察办理治安案件,应当自觉接受社会和公民的监督。 公安机关及其人民警察办理治安案件,不严格执法或者有违法违纪行为的,任何单位和个人都有权向公安机关或者人民检察院、行政监察机关检举、控告;收到检举、控告的机关,应当依据职责及时处理。	第一百三十三条 公安机关及其人民警察办理治安案件,应当自觉接受社会和公民的监督。 公安机关及其人民警察办理治安案件,不严格执法或者有违法违纪行为的,任何单位和个人都有权向公安机关或者人民检察院、监察机关检举、控告;收到检举、控告的机关,应当依据职责及时处理。

重点解读

《宪法》第二十七条第二款规定,一切国家机关和国家工作人员必须依靠人民的支持,经常保持同人民的密切联系,倾听人民的意见和建议,接受人民的监督,努力为人民服务。《人民警察法》第三条规定,人民警察必须依靠人民的支持,保持同人民的密切联系,倾听人民的意见和建议,接受人民的监督,维护人民的利益,全心全意为人民服务。公安机关及其人民警察办理治安案件与公民的合法权益密切相关,理应置于社会和公民的监督之下。对公安机关及其人民警察办理治安案件的执法监督,就是对其工作合法性、合理性和遵守纪律情况进行的监督和纠正的行为。

适用要点

关于社会和公民的监督。社会和公民的监督实质上就是人民群众的监督。《宪法》第二条第一款规定,中华人民共和国的一切权力属于人民。第四十一条规定,中华人民共和国公民对于任何国家机关和国家工作人员,有提出批评和建议的权利;对于任何国家机关和国家工作人员的违法失职行为,有向有关国家机关提出申诉、控告或者检举的权利,但是不得捏造或者歪曲事实进行诬告陷害。对于公民的申诉、控告或者检举,有关国家机关必须查清事实,负责处理。任何人不得压制和打击报复。由于国家机关和国家工作人员侵犯公民权利而受到损失的人,有依照法律规定取得赔偿的权利。人民群众监督的性质是非国家性质的社会公众监督,特别是违反治安管理行为人、被侵害人或证人等,有权对公安机关及其人民警察办理治安案件的每一项执法工作的合法性与合理性进行监督,既可以直接向公安机关提出批评和建议、来信、来访及进行申诉、检举、控告等,又可以通过人大代表、各级人民政府、人民法院、人民检察院、监察机关以及新闻媒体等其他社会组织进行间接监督,如不服治安处罚,可以申请行政复议或提起行政诉讼。

关于公安机关内部的监督。《人民警察法》第四十三条规定了人民警察的上级机关对下级机关的执法活动进行监督,第四十七条规定了公安机关建立督察制度,对公安机关的人民警察执行法律、法规、遵守纪律的情况进行监督。《公安机关督察条例》和《公安机关内部执法监督工作规定》对公安机关内部的执法监督作了具体规定。公安机关内部执法监督,包括上级公安机关对下级公安机关的监督,上级业务部门对下级业务部门的监督,本级公安机关对所属业务部门、派出机构及其人民警察执法活动的监督。公安机关内部对办理治安案件的执法监督主要有:有关调查取证的报批制度,执法过错责任追究制度,受理控告、申诉制度等。

关于检察机关的监督。《宪法》第一百三十四条规定,中华人民共和国人民检察院是国家的法律监督机关。《人民警察法》第四十二条对人民警察执行职务,依法接受人民检察院的监督作了明确规定。检察机关对公安机关及其人民警察按照本法、《人民警察法》及其他有关法律办理治安案件的情况进行监督,受理公民、法人或者其他组织对公安机关及其人民警察在办理治安案件工作中的不严格执法和违法违纪行为的检举、控告,并对人民警察的刑讯逼供、非法拘禁等行为进行监督。

关于监察机关的监督。《监察法》第三条规定,各级监察委员会是行使国家监察职能的专责机关,依照本法对所有行使公权力的公职人员(以下称公职人员)进行监察,调查职务违法和职务犯罪,开展廉政建设和反腐败工作,维护宪法和法律的尊严。公安机关是国家行政机关的组成部分,公安机关的人民警察属于国家行政机关工作人员,公安机关及其人民警察应接受监察机关的监督。《人民警察法》第四十二条对人民警察执行职务,依法接受行政监察机关的监督作了明确规定。监察机关对人民警察的监督范围比较宽泛,公安机关及其人民警察执行国家法律、法规以及人民政府决定、命令的情况,都属于其监督的范围。监察机关通过向同级公安机关派驻机构和人员,接受公民、法人或者其他组织对公安机关及其人民警察在办理治安案件工作中的不严格执法和违法违纪行为的检举、控告,监督公安机关及其人民警察办理治安案件等工作。监察机关对人民警察在办理治安案件工作中的玩忽职守、滥用职权、徇私舞弊、贪污贿赂等涉嫌犯罪的行为进行立案侦查。

无论是公安机关内部,还是人民检察院、监察机关,监督公安机关及其人民警察办理治安案件是其法定职责和义务,这些机关收到检举、控告的,应当及时处理。

第一百三十四条 【治安管理处罚与政务处分衔接】公安机关作出治安管理处罚决定,发现被处罚人是公职人员,依照《中华人民共和国公职人员政务处分法》的规定需要给予政务处分的,应当依照有关规定及时通报监察机关等有关单位。

新旧对照

2012年《治安管理处罚法》	2025年《治安管理处罚法》
无	第一百三十四条 公安机关作出治安管理处罚决定,发现被处罚人是公职人员,依照《中华人民共和国公职人员政务处分法》的规定需要给予政务处分的,应当依照有关规定及时通报监察机关等有关单位。

重点解读

本条是关于被处罚人是公职人员且需要给予政务处分的,公安机关通报给监察机关等有关单位的规定,有助于加强对公职人员的监督,形成合力,促进公职人员依法履职、秉公用权、廉洁从政。

适用要点

1. 公职人员的范围

关于"公职人员"的界定,《公职人员政务处分法》第二条规定:"本法适用于监察机关对违法的公职人员给予政务处分的活动……本法所称公职人员,是指《中华人民共和国监察法》第十五条规定的人员。"对此,《监察法》第十五条规定:"监察机关对下列公职人员和有关人员进行监察:(一)中国共产党机关、人民代表大会及其常务委员会机关、人民政府、监察委员会、人民法院、人民检察院、中国人民政治协商会议各级委员会机关、民主党派机关和工商业联合会机关的公务员,以及参照《中华人民共和国公务员法》管理的人员；（二）法律、法规授权或者受国家机关依法委托管理公共事务的组织中从事公务的人员；（三）国有企业管理人员；（四）公办的教育、科研、文化、医疗卫生、体育等单位中从事管理的人员；（五）基层群众性自治组织中从事管理的人员；（六）其他依法履行公职的人员。"《公职人员政务处分法》是专门适用于监察机关对违法的公职人员给予政务处分的法律，该法第四十一条规定，公职人员有其他违法行为，影响公职人员形象，损害国家和人民利益的，可以根据情节轻重给予相应政务处分。鉴于此，若要给予公职人员相应的政务处分，应以监察机关知晓公职人员的违法行为为前提。

2. 关于对国家行政机关工作人员执行职务过程中的违法行为能否给予治安处罚的问题

早在2005年，国务院法制办公室秘书行政司针对安徽省人民政府法制办公室的"关于对国家行政机关工作人员执行职务过程中的违法行为能否给予治安处罚的请示"做过专门复函，内容如下："你办《关于对国家行政机关工作人员执行职务过程中的违法行为能否给予治安处罚的请示》（皖府法〔2005〕44号）收悉。经研究，并征求全国人大常委会法工委的意见，现复函如下：根据有关法律规定，行政机关工作人员在执行职务时在故意或者重大过失侵犯公民合法权益造成损害的，一是承担民事责任，即承担部分或者全部的赔偿费用；二是承担行政责任，即由有关行政机关依法给予行政处分。同时，依照刑法规定，构成犯罪的，还应当承担刑事责任。行政机关工作人员执行职务时的侵权行为，不属于治安管理处罚条例规定的违反治安管理的行为，不应当给予治安管理处罚。"

由此，不难看出，公职人员在开展执法工作过程中出现的违法犯罪行为同样也应受到处罚。

第一百三十五条 【罚款决定与收缴分离】公安机关依法实施罚款处罚，应当依照有关法律、行政法规的规定，实行罚款决定与

> 罚款收缴分离；收缴的罚款应当全部上缴国库，不得返还、变相返还，不得与经费保障挂钩。

新旧对照

2012年《治安管理处罚法》	2025年《治安管理处罚法》
第一百一十五条　公安机关依法实施罚款处罚，应当依照有关法律、行政法规的规定，实行罚款决定与罚款收缴分离；收缴的罚款应当全部上缴国库。	第一百三十五条　公安机关依法实施罚款处罚，应当依照有关法律、行政法规的规定，实行罚款决定与罚款收缴分离；收缴的罚款应当全部上缴国库，**不得返还、变相返还，不得与经费保障挂钩**。

重点解读

　　罚款是治安管理处罚种类中使用最广泛的一种。《行政处罚法》第六十七条规定，作出罚款决定的行政机关应当与收缴罚款的机构分离。除依照该法第六十八条、第六十九条的规定当场收缴的罚款外，作出行政处罚决定的行政机关及其执法人员不得自行收缴罚款。当事人应当自收到行政处罚决定书之日起十五日内，到指定的银行或者通过电子支付系统缴纳罚款。银行应当收受罚款，并将罚款直接上缴国库。该法第七十八条、第七十九条分别对行政机关违反规定自行收缴罚款的，财政部门违规向行政机关返还罚款、没收的违法所得或者拍卖款项的，以及行政机关截留、私分或者变相私分罚款、没收的违法所得或者财物的规定相应的惩罚。《罚款决定与罚款收缴分离实施办法》对罚款决定与罚款收缴分离有明确规定。实践中，滥罚款，将罚款收入补充单位办公经费，甚至将其作为创收经营的手段，滋生腐败，严重损害党和政府的形象。为严肃财经纪律，加强廉政建设，《违反行政事业性收费和罚没收入收支两条线管理规定行政处分暂行规定》对罚没收入"收支两条线"管理等有明确的规定。

> [!NOTE] 适用要点

罚款决定与罚款收缴分离，简称罚缴分离，是指作出罚款决定和收缴罚款不能由同一个机关来承担，即除本法第一百二十三条规定可以当场收缴的除外，公安机关对违反治安管理行为人作出罚款决定后，应当由被处罚人到指定的银行缴纳罚款，而不能由作出罚款决定的公安机关自己收缴罚款。如果是公安机关的人民警察依照本法第一百二十三条规定当场收缴的罚款，应当依照本法第一百二十四条规定限期交至所属的公安机关，公安机关应当自收到罚款之日起二日以内将罚款缴付指定的银行，银行应将罚款直接上缴国库。

第一百三十六条　【治安违法记录封存与查询规定】违反治安管理的记录应当予以封存，不得向任何单位和个人提供或者公开，但有关国家机关为办案需要或者有关单位根据国家规定进行查询的除外。依法进行查询的单位，应当对被封存的违法记录的情况予以保密。

> [!NOTE] 新旧对照

2012 年《治安管理处罚法》	2025 年《治安管理处罚法》
无	第一百三十六条　违反治安管理的记录应当予以封存，不得向任何单位和个人提供或者公开，但有关国家机关为办案需要或者有关单位根据国家规定进行查询的除外。依法进行查询的单位，应当对被封存的违法记录的情况予以保密。

重点解读

违法信息涉及整个社会对行为人的评价,为了更好地促进行为人再次融入社会,更好地获得新生活,对违法行为信息予以封存十分必要,同时也有助于健全公民个人信息的保护制度体系。2022年5月,最高人民法院、最高人民检察院、公安部、司法部联合发布了《关于未成年人犯罪记录封存的实施办法》,对于保护和促进未成年人成长,保证轻罪未成年人顺利回归社会,促进社会和谐治理发挥了积极作用。本条参考借鉴该实施办法,从行政管理层面对违反治安管理记录的封存和查询进行规定。

适用要点

违反治安管理的记录本质上属于个人隐私信息,不便被更多的人知晓,如果被其所在学校、单位等社会公众知晓的话,可能在教育、就业和社交活动中会带来歧视、排斥等负面影响,对个人成长、发展不利。违反治安管理的记录封存制度,不是违法行为消灭制度,而是保密制度,可以有效缓解违反治安管理所带来的负面后果。

这里的"封存",不是形式上简单的封装保存,而是指专门的保存和保密,目的是不向任何单位和个人提供及被其知晓。本条规定了查询例外情形,主要是基于有关国家机关为办案需要或者有关单位根据国家规定进行查询的需要,如违反治安管理的记录查询结果,可能是监察机关、公安机关、人民检察院、人民法院办理案件必须的证据,或者有关单位工作需要。如此的"有限查询",实现了社会公共利益和个体权利保障之间的价值平衡。依法进行查询的单位,应当对查询记录情况予以保密,使尽可能少的人知晓,避免造成不良影响。

> 第一百三十七条 【同步录音录像设备运行保障义务】公安机关应当履行同步录音录像运行安全管理职责，完善技术措施，定期维护设施设备，保障录音录像设备运行连续、稳定、安全。

新旧对照

2012年《治安管理处罚法》	2025年《治安管理处罚法》
无	第一百三十七条 公安机关应当履行同步录音录像运行安全管理职责，完善技术措施，定期维护设施设备，保障录音录像设备运行连续、稳定、安全。

重点解读

本法第九十七条、第一百条、第一百零三条、第一百零五条、第一百零八条和第一百二十条都规定了同步录音录像的适用情形。公安机关使用全程同步录音录像可以提高人民警察执法活动的规范性，防止刑讯逼供等情形发生，保障当事人合法权益，在监督和促进公安机关人民警察严格执法、规范执法方面具有重要意义。

国家档案局《录音录像档案管理规范》(DA/T 78-2019)对录音录像电子文件的收集、整理、著录、归档与录音录像档案管理要求进行规定。同步录音录像作为一种技术手段，应有可靠的录音录像设备以及相应的存储和播放设施等软硬件支持，如果技术系统不稳定、故障或者操作不当，可能导致录音录像记录失败或数据丢失、损坏情形，影响记录的完整性和适用性。

适用要点

同步录音录像对于某些治安案件证据的有效性起到重要证明或增强作用。本法第一百零八条第三款中规定，未按规定全程同步录音录像或者录音录像资料损毁、丢失的，相关证据不能作为处罚的根据。公安机关履行同步录音录像运行安全管理职责，如定期维护设施设备，确保录音录像设备功能良好，能够正常使用；在使用前，对设备的电量、存储空间和日期时间设定等情况进行检查；在使用中，保障录音录像设备运行连续、稳定、安全，录音录像的画面完整，声音和影像清晰可辨，不得选择性录制，不得篡改、删改；执法活动结束后，将有关音视频资料保存备案等。本法第一百三十九条中规定了公安机关及其人民警察剪接、删改、损毁、丢失办理治安案件的同步录音录像资料，应负有关责任。

第一百三十八条 【个人信息保护与使用限制规则】公安机关及其人民警察不得将在办理治安案件过程中获得的个人信息，依法提取、采集的相关信息、样本用于与治安管理、查处犯罪无关的用途，不得出售、提供给其他单位或者个人。

新旧对照

2012 年《治安管理处罚法》	2025 年《治安管理处罚法》
无	第一百三十八条 公安机关及其人民警察不得将在办理治安案件过程中获得的个人信息，依法提取、采集的相关信息、样本用于与治安管理、查处犯罪无关的用途，不得出售、提供给其他单位或者个人。

> 重点解读

随着社会的发展，隐私权和信息保护权越来越得到人们的重视，公民保护自身隐私权和个人身份等重要信息的意识也越来越高。《个人信息保护法》从个人信息保护原则、严格保护敏感个人信息、规范国家机关处理活动以及强化个人信息处理者义务等方面进行规定。该法第六条第一款规定，处理个人信息应当具有明确、合理的目的，并应当与处理目的直接相关，采取对个人权益影响最小的方式。第九条规定，个人信息处理者应当对其个人信息处理活动负责，并采取必要措施保障所处理的个人信息的安全。第十条规定，任何组织、个人不得非法收集、使用、加工、传输他人个人信息，不得非法买卖、提供或者公开他人个人信息；不得从事危害国家安全、公共利益的个人信息处理活动。第三十四条规定，国家机关为履行法定职责处理个信息，应当依照法律、行政法规规定的权限、程序进行，不得超出履行法定职责所必需的范围和限度。实践中，有些人员利用职务之便，向他人贩卖自己工作中获得的公民个人信息，进而牟利。本法第五十六条对违反规定向他人出售或提供个人信息的违法行为进行了规定。

> 适用要点

公安机关及其人民警察在办理治安案件过程中，有条件、有机会获得大量个人信息，如自然人身份信息、户口信息、行踪轨迹等信息。另外，如根据本法第一百零二条规定，针对酒后驾驶机动车、吸毒、从事恐怖活动等特殊治安案件，公安机关需要对违反治安管理行为人、被侵害人的某些特征、伤害情况或者生理状态进行确定，就需要提取或采集肖像、指纹信息和血液、尿液等生物样本，这些都属于个人信息范围。本条中的个人信息包括本法第一百三十六条的行为人违反治安管理信息。

《个人信息保护法》第二十八条规定，敏感个人信息是一旦泄露或者非法使用，容易导致自然人的人格尊严受到侵害或者人身、财产安全受到危害的个人信息,包括生物识别、宗教信仰、特定身份、医疗健康、金融账户、行踪轨迹等信息,以及不满十四周岁未成年人的个人信息。只有在具有特定的目的和充分的必要性,并采取严格保护措施的情形下,个人信息处理者方可处理敏感个人信息。该法第二十九条规定,处理敏感个人信息应当取得个人的单独同意;法律、行政法规规定处理敏感个人信息应当取得书面同意的,从其规定。

《个人信息保护法》对违规处理个人信息或未履行个人信息保护义务的行为,规定了相应的处罚,涉嫌犯罪的,应当追究刑事责任。《刑法》第二百五十三条之一第一款和第二款规定,违反国家有关规定,向他人出售或者提供公民个人信息,情节严重的,处三年以下有期徒刑或者拘役,并处或者单处罚金;情节特别严重的,处三年以上七年以下有期徒刑,并处罚金。违反国家有关规定,将在履行职责或者提供服务过程中获得的公民个人信息,出售或者提供给他人的,依照前款的规定从重处罚。本法第一百三十九条规定,对人民警察违反本条行为给予相应处分。

第一百三十九条 【人民警察办理治安案件的违法情形与责任追究】 人民警察办理治安案件,有下列行为之一的,依法给予处分;构成犯罪的,依法追究刑事责任:

(一)刑讯逼供、体罚、打骂、虐待、侮辱他人的;

(二)超过询问查证的时间限制人身自由的;

(三)不执行罚款决定与罚款收缴分离制度或者不按规定将罚没的财物上缴国库或者依法处理的;

(四)私分、侵占、挪用、故意损毁所收缴、追缴、扣押的财物的;

(五)违反规定使用或者不及时返还被侵害人财物的;

(六)违反规定不及时退还保证金的;

(七)利用职务上的便利收受他人财物或者谋取其他利益的;

(八)当场收缴罚款不出具专用票据或者不如实填写罚款数

第五章 执法监督

额的;

（九）接到要求制止违反治安管理行为的报警后,不及时出警的;

（十）在查处违反治安管理活动时,为违法犯罪行为人通风报信的;

（十一）泄露办理治安案件过程中的工作秘密或者其他依法应当保密的信息的;

（十二）将在办理治安案件过程中获得的个人信息,依法提取、采集的相关信息、样本用于与治安管理、查处犯罪无关的用途,或者出售、提供给其他单位或者个人的;

（十三）剪接、删改、损毁、丢失办理治安案件的同步录音录像资料的;

（十四）有徇私舞弊、玩忽职守、滥用职权,不依法履行法定职责的其他情形的。

办理治安案件的公安机关有前款所列行为的,对负有责任的领导人员和直接责任人员,依法给予处分。

新旧对照

2012 年《治安管理处罚法》	2025 年《治安管理处罚法》
第一百一十六条　人民警察办理治安案件,有下列行为之一的,依法给予行政处分;构成犯罪的,依法追究刑事责任: （一）刑讯逼供、体罚、虐待、侮辱他人的; （二）超过询问查证的时间限制人身自由的;	第一百三十九条　人民警察办理治安案件,有下列行为之一的,依法给予处分;构成犯罪的,依法追究刑事责任: （一）刑讯逼供、体罚、**打骂**、虐待、侮辱他人的; （二）超过询问查证的时间限制人身自由的;

续表

2012年《治安管理处罚法》	2025年《治安管理处罚法》
（三）不执行罚款决定与罚款收缴分离制度或者不按规定将罚没的财物上缴国库或者依法处理的； （四）私分、侵占、挪用、故意损毁收缴、扣押的财物的； （五）违反规定使用或者不及时返还被侵害人财物的； （六）违反规定不及时退还保证金的； （七）利用职务上的便利收受他人财物或者谋取其他利益的； （八）当场收缴罚款不出具**罚款收据**或者不如实填写罚款数额的； （九）接到要求制止违反治安管理行为的报警后，不及时出警的； （十）在查处违反治安管理活动时，为违法犯罪行为人通风报信的； （十一）有徇私舞弊、滥用职权，不依法履行法定职责的其他情形的。 办理治安案件的公安机关有前款所列行为的，对**直接负责的主管人员**和其他直接责任人员给予相应的行政处分。	（三）不执行罚款决定与罚款收缴分离制度或者不按规定将罚没的财物上缴国库或者依法处理的； （四）私分、侵占、挪用、故意损毁**所**收缴、**追缴**、扣押的财物的； （五）违反规定使用或者不及时返还被侵害人财物的； （六）违反规定不及时退还保证金的； （七）利用职务上的便利收受他人财物或者谋取其他利益的； （八）当场收缴罚款不出具**专用票据**或者不如实填写罚款数额的； （九）接到要求制止违反治安管理行为的报警后，不及时出警的； （十）在查处违反治安管理活动时，为违法犯罪行为人通风报信的； （十一）**泄露办理治安案件过程中的工作秘密或者其他依法应当保密的信息的；** （十二）**将在办理治安案件过程中获得的个人信息，依法提取、采集的相关信息、样本用于与治安管理、查处犯罪无关的用途，或者出售、提供给其他单位或者个人的；** （十三）**剪接、删改、损毁、丢失办理治安案件的同步录音录像资料的；** （十四）有徇私舞弊、**玩忽职守**、滥用职权，不依法履行法定职责的其他情形的。 办理治安案件的公安机关有前款所列行为的，对**负有责任的领导人员**和直接责任人员，**依法**给予处分。

重点解读

行政处分,是指国家行政机关依照行政隶属关系给予有违法失职的国家机关公务人员的一种惩戒措施,属于内部管理行为。《公务员法》第六十一条第一款规定,公务员因违纪违法应当承担纪律责任的,依照本法给予处分或者由监察机关依法给予政务处分;违纪违法行为情节轻微,经批评教育后改正的,可以免予处分。该法第六十二条规定,处分分为:警告、记过、记大过、降级、撤职、开除。《人民警察法》第四十八条对人民警察给予行政处分也作出了明确规定,对受行政处分的人民警察,按照国家有关规定,可以降低警衔、取消警衔。刑事责任,是指行为人因触犯刑法所必需承担的法律后果,承担的刑事责任主要包括主刑和附加刑,主刑包括管制、拘役、有期徒刑、无期徒刑和死刑;附加刑包括罚金、剥夺政治权利和没收财产。

按照权责一致性原则,本法既充分赋予公安机关及其人民警察履行治安管理职责所必需的权力,又对权力的行使作了严格的规范;既使违反治安管理行为人受到必要的惩处,又要防范公安机关及其人民警察不当使用或滥用权力侵害公民合法权益。通过严格规范公安机关及其人民警察行使权力,强化监督,从而更好地保护人民群众的合法权益。本条第一款是关于人民警察在办理治安案件时,依法履行职务的个人违纪违法情形的规定;第二款是关于公安机关违反规定应当承担的行政责任的规定。

本条第一款列举的十四项违法行为,可能涉及的犯罪种类主要有:故意伤害罪、过失致人死亡罪、侮辱罪、刑讯逼供罪、虐待被监管人罪、贪污罪、挪用公款罪、受贿罪、私分国有资产罪、帮助犯罪分子逃避处罚罪、侵犯公民个人信息罪、滥用职权罪、玩忽职守罪等。

适用要点

1. 刑讯逼供、体罚、打骂、虐待、侮辱他人的情形

这里的他人,如违反治安管理行为人、证人、被侵害人等。刑讯逼供,

是指司法工作人员亲自或者指使他人使用肉刑或者变相使用肉刑,逼取违法行为人口供的行为。体罚,是指击打身体或者以超越身心极限承受方式,对行为人身体摧残和折磨,如罚站跪、罚晒、饥饿或不让睡觉等。打骂,即殴打责骂。刑讯逼供、体罚、打架、虐待、侮辱,严重侵犯公民的人身权益,且公民出于恐惧、压力,可能作出虚假的陈述、证词,极易造成冤假错案。本法第九十一条第二款规定,以非法手段收集的证据不得作为处罚的根据。

《人民警察法》第二十二条规定:"人民警察不得有下列行为……(四)刑讯逼供或者体罚、虐待人犯……(七)殴打他人或者唆使他人打人……"该法第四十八条第一款规定,人民警察有本法第二十二条所列行为之一的,应当给予行政处分;构成犯罪的,依法追究刑事责任。《刑法》第二百四十七条规定了刑讯逼供罪,致人伤残、死亡的,依照《刑法》第二百三十四条、第二百三十二条关于故意伤害罪、故意杀人罪的规定定罪从重处罚。《刑法》第二百四十八条规定了虐待被监管人员罪;致人伤残、死亡的,依照《刑法》第二百三十四条、第二百三十二条关于故意伤害罪、故意杀人罪的规定定罪从重处罚。监管人员指使被监管人殴打或者体罚虐待其他被监管人的,依照上述规定处罚。

2.超过询问查证的时间限制人身自由的情形

本法第九十七条区别不同情形规定了询问查证时间,之所以这样规定,主要是由于绝大部分治安案件情节较轻,社会危害性不大,或者在现场就容易调查取证,不宜设定长时间的限制人身自由的询问调查时间。实践中,有的人民警将违反治安管理行为人传唤到公安机关后,不及时询问,但又不让其离开,使其长时间留置于公安机关;或者为了获得其陈述,超过法定的询问查证时间对被传唤人询问。

公安机关传唤违反治安管理行为人后,应及时进行询问查证,对在法定时间届满未采取其他强制措施的,应允许违反治安管理行为人自由离开公安机关。《人民警察法》第二十二条第五项和第四十八条明确规定,人民警察不得非法剥夺、限制他人人身自由,非法搜查他人的身体、物品、住所或者场所;违者应当给予行政处分,构成犯罪的,依法追究刑事责任。《刑法》第二百三十八条规定了非法拘禁罪;使用暴力致人伤残、死亡的,依照《刑法》第二百三十四条、第二百三十二条关于故意伤害罪、故意杀人罪的规定定罪处罚;国家机关工作人员利用职权犯非法拘禁罪、故意伤害罪、故意杀人罪的,依照《刑法》第二百三十八条前三款的规定从重处罚。

3.不执行罚款决定与罚款收缴分离制度或者不按规定将罚没的财物上缴国库或者依法处理的情形

罚缴分离制度有助于遏制以罚款为目的的不良执法动机的出现,如钓鱼执法,确保处罚公正,促进执法公正。这里主要包括两种情形:一是不执行罚款决定与罚款收缴分离的规定;二是不按规定将罚没的财物上缴国库或依法处理。本条规定的"罚没的财物",主要包括罚款、没收的保证金,收缴的违禁品、违反治安管理所得的财物或直接用于实施违反治安管理行为的工具等财物。根据本法第十一条和有关法律的规定,罚没的财物,应当上缴国库或按有关规定处理,如公开拍卖,违禁品就应按照有关规定予以销毁。

《行政处罚法》第六十七条规定行政罚款实行罚缴分离制度。《罚款决定与罚款收缴分离实施办法》对实施罚款决定与罚款收缴分离进行了规定。《违反行政事业性收费和罚没收入收支两条线管理规定行政处分暂行规定》第十一条规定,违反罚款决定与罚款收缴分离的规定收缴罚款的,对直接负责的主管人员和其他直接责任人员给予记大过或者降级处分。该暂行规定第十四条第一款规定,不按照规定将行政事业性收费缴入国库或者预算外资金财政专户的,对直接负责的主管人员和其他直接责任人员给予记大过处分;情节严重的,给予降级或者撤职处分。本法第一百二十三条和第一百二十四条规定受到罚款处罚的人应自行缴纳罚款的原则。

4.私分、侵占、挪用、故意损毁所收缴、追缴、扣押的财物的情形

私分,是指未经允许,私自分发。侵占,是指非法占为己有,其方式包

括贪污、调换或其他非法手段。挪用,是指用作其他用途。故意损毁,是指故意毁灭或者破坏。对于需要作为证据使用的与违反治安案件有关的物品,公安机关可以按照规定予以扣押,但应妥善保管。财政部《罚没财物管理办法》和公安部《公安机关涉案财物管理若干规定》对加强罚没财物管理进行了相应规定。对于未履行保管义务,造成所收缴、追缴、扣押的财物遗失或者损毁的,人民警察应依法承担赔偿责任。有私分、侵占、挪用或故意损毁行为,构成犯罪的,人民警察应依法承担刑事责任。《刑法》第三百八十二条规定了贪污罪,第三百八十四条规定挪用公款罪。

5. 违反规定使用或者不及时返还被侵害人财物的情形

本法第十一条第二款规定,违反治安管理所得的财物,追缴退还被侵害人;没有被侵害人的,登记造册,公开拍卖或者按照国家有关规定处理,所得款项上缴国库。实践中,被侵害人的财物可作为案件的证据,将被侵害人的财物暂时置于公安机关的控制之下,需要对其进行鉴定、拍照等。在使用后,应及时将财物退还被侵害人。如果违规使用或返还不及时,侵害了被侵害人的合法权益,属于滥用职权或者玩忽职守的违纪违法行为,应给予行政处分,构成犯罪的,应追究刑事责任。

6. 违反规定不及时退还保证金的情形

本法第一百三十条对及时退还保证金作了明确规定。人民警察违反规定不及时退还保证金,属于滥用职权或者玩忽职守的违纪违法行为。如果侵吞或者挪用保证金,构成犯罪的,应当按照贪污罪或者挪用公款罪追究其刑事责任。

7. 利用职务上的便利收受他人财物或者谋取其他利益的情形

这里的"收受他人财物或者谋取其他利益",如钱款、有价证券、礼品等,或者接受他人提供的免费旅游等。《人民警察法》第二十二条规定:"人民警察不得有下列行为……(六)敲诈勒索或者索取、收受贿赂……(八)违法实施处罚或者收取费用;(九)接受当事人及其代理人的请客送礼……"《公务员法》第五十九条规定:"公务员应当遵纪守法,不得有下列行为……(八)贪污贿赂,利用职务之便为自己或者他人谋取私利……"对于违反以上规定的,违者应当给予相应的行政处分;构成犯罪的,依法追究刑事责任。《刑法》第三百八十五条和第三百八十六条规定受贿罪,索贿的从重处罚。

8.当场收缴罚款不出具专用票据或者不如实填写罚款数额的情形

本法第一百二十五条对当场收缴罚款专用票据作了明确规定。第一百二十条第二款规定,当场处罚决定书应当载明被处罚人的姓名、违法行为、处罚依据、罚款数额、时间、地点以及公安机关名称,并由经办的人民警察签名或者盖章。国务院《违反行政事业性收费和罚没收入收支两条线管理规定行政处罚暂行规定》第十条规定,违反财政票据管理规定实施行政事业性收费、罚没的,对直接负责的主管人员和其他直接责任人员给予降级或者撤职处分;以实施行政事业性收费、罚没的名义收取钱物,不出具任何票据的,给予开除处分。对不出具统一制发的罚款收据或者在当场处罚决定书中不如实填写罚款数额,侵吞罚款,构成犯罪的,应按照贪污罪追究刑事责任。

9.接到要求制止违反治安管理行为的报警后,不及时出警的情形

公安机关承担着维护社会治安秩序,保障公共安全,保护公民、法人和其他组织的合法权益的重要职责。人民警察接到要求制止违反治安管理行为的报警后,不及时出警,会使违法行为不能得到及时、有效的制止,导致公民、法人和其他组织的合法权益受到危害并进一步扩大。不及时出警是人民警察不依法履行职责的典型表现,应承担相应法律责任。公安部《110接处警工作规则》第十条规定,110报警服务台接到报警后,应当及时下达处警指令,公安机关各业务部门、基层单位和人员必须服从110报警服务台发出的处警指令,不得推诿、拖延出警,影响警情的处置。第十一条规定,对危及公共安全、人身或者财产安全迫切需要处置的紧急报警、求助和对正在发生的民警严重违法违纪行为的投诉,处警民警接到110报警服务台处警指令后,应当迅速前往现场开展处置工作。第五十四条规定,110接处警民警违反本规则情节轻微的,应当给予批评教育;造成

工作重大失误或者产生严重后果的,应当依照有关规定给予行政处分;触犯法律的,依法追究其法律责任。

10. 在查处违反治安管理活动时,为违法犯罪行为人通风报信的情形

本法第八十七条规定了关于"通风报信"的违法行为,行为人是旅馆业、饮食服务业、文化娱乐业、出租汽车业等单位的人员。本项所称的通风报信,是指将公安机关查处违反治安管理活动的工作计划、部署、行动措施和时间地点等情况,向违法犯罪行为人或者相关人员故意泄露或者告知的行为。这里的"在查处违反治安管理活动时",是指公安机关查处违反治安管理活动的计划、行动等全过程。公安机关人民警察如果通风报信会直接影响公安机关查处违反治安管理活动的开展,使违法犯罪行为人预先有准备应对,甚至逃脱,属于包庇、纵容违法犯罪活动。通风报信的方式,如打电话、发送短信/微信、发送电子邮件或有关联系暗号等方法。需要注意的是,如果通风报信的人民警察与违法犯罪人员共谋,应按共犯处理。《人民警察法》第二十二条规定:"人民警察不得有下列行为……(三)弄虚作假,隐瞒案情,包庇、纵容违法犯罪活动……"第四十八条第一款规定,人民警察有本法第二十二条所列行为之一的,应当给予行政处分;构成犯罪的,依法追究刑事责任。《刑法》第四百一十七条规定了帮助犯罪分子逃避处罚罪。

11. 泄露办理治安案件过程中的工作秘密或者其他依法应当保密的信息的情形

泄露,让人知晓了不该知道的事情。泄露可以是口头或书面的,主观上可能是故意或过失。实践中,为了确保治安案件调查工作顺利进行,对有些调查办理工作秘密,限制知晓人员范围,或者需要保密一段时间,避免给调查工作带来被动、困难,如导致违法人员拖延调查或逃避法律制裁,常见的在抓赌、"扫黄打非"等行动中容易发生。还有些配合公安机关工作的证人,也不愿意被其他人知晓等。《公务员法》第五十九条规定:"公务员应当遵纪守法,不得有下列行为……(十一)泄露国家秘密或者工作秘密……"《人民警察法》第二十二条、第四十八条规定,人民警察不

得泄露国家秘密、警务工作秘密,违者应当给予行政处分;构成犯罪的,依法追究刑事责任。

12. 将在办理治安案件过程中获得的个人信息,依法提取、采集的相关信息、样本用于与治安管理、查处犯罪无关的用途,或者出售、提供给其他单位或者个人的情形

公安机关及其人民警察在办理治安案件过程中,有条件、有机会获得大量的个人信息。本法第一百零二条规定了公安机关可以对违反治安管理行为人、被侵害人进行人身检查,提取或采集相关信息、样本,但必须是出于办理治安案件的需要,只能用于与治安管理、查处犯罪有关的工作用途,并采取严格保护措施。《个人信息保护法》对违规处理个人信息或未履行个人信息保护义务的行为规定了相应的处罚,涉嫌犯罪的,应当追究刑事责任。

13. 剪接、删改、损毁、丢失办理治安案件的同步录音录像资料的情形

剪接,即拼接、粘接。删改,即删削改动。损毁,即损坏、毁灭。丢失,即遗失。记录内容完整、规范的同步录音录像资料能够说明客观事实,增强证明力,在固定关键证据方面发挥重要作用,确保执法规范化,保护行为人的合法权益,如在询问阶段进行全程同步录音录像,能还原人民警察询问调查过程是否合法、规范,违法行为人陈述是否自愿、真实等,防止违法行为人随意翻供。鉴于同步录音录像属于声音视频类,存在易删改、容易伪造等特点,应妥善保管,一旦被剪接、删改、损毁、丢失的话,其证明的功能作用就会存在瑕疵,甚至丧失。第一百零八条第三款中规定,未按规定全程同步录音录像或者录音录像资料损毁、丢失的,相关证据不能作为处罚的根据。

14. 有徇私舞弊、玩忽职守、滥用职权,不依法履行法定职责的其他情形的情形

本条第一款第十四项属于兜底性内容。在本法第一百三十一条重点解读中对徇私舞弊、玩忽职守、滥用职权已作解释,此处不再赘述。根据《最高人民法院印发〈关于行政案件案由的暂行规定〉的通知》规定,"不

履行法定职责",是指负有法定职责的行政机关在依法应当履职的情况下消极不作为,从而使得行政相对人权益得不到保护或者无法实现的违法状态。未依法履责、不完全履责、履责不当和迟延履责等以作为方式实施的违法履责行为,均不属于不履行法定职责。本项中的"不依法履行法定职责",是指公安机关以及人民警察在履行职务工作中,不遵循或违反法律、法规和规章规定的行为,属于"作为"方式的违法。《人民警察法》第二十二条、第四十八条规定,人民警察不得玩忽职守、不履行法定义务,或者滥用职权,侵害公民、法人和其他组织的合法权益。违者应当给予行政处分;构成犯罪的,依法追究刑事责任。《公务员法》第五十九条也有类似规定。国务院《违反行政事业性收费和罚没收入收支两条线管理规定行政处分暂行规定》第十二条规定,不履行行政事业性收费、罚没职责,应收不收、应罚不罚,经批评教育仍不改正的,对直接负责的主管人员和其他直接责任人员给予警告处分;情节严重的,给予记过或者记大过处分。《刑法》第三百九十七条规定了滥用职权罪、玩忽职守罪。

本条第二款规定以公安机关单位名义出现第一款违纪违法的情形的处理。本款规定的"负有责任的领导人员",主要指以单位名义作出决定时起决策、领导作用的人,一般是单位的领导或者负责人,如公安局局长、副局长等。"直接责任人员",主要指直接负责办理某项工作或某个案件的人民警察,即具体经办人。

需要注意的是,公安机关有本条第一款所列行为的,也可能构成犯罪,承担相应刑事责任。《刑法》第三百八十七条、第三百九十六条第二款分别规定了单位受贿罪和私分罚没财物罪。

第一百四十条 【执法侵权赔偿】公安机关及其人民警察违法行使职权,侵犯公民、法人和其他组织合法权益的,应当赔礼道歉;造成损害的,应当依法承担赔偿责任。

新旧对照

2012 年《治安管理处罚法》	2025 年《治安管理处罚法》
第一百一十七条 公安机关及其人民警察违法行使职权,侵犯公民、法人和其他组织合法权益的,应当赔礼道歉;造成损害的,应当依法承担赔偿责任。	第一百四十条 公安机关及其人民警察违法行使职权,侵犯公民、法人和其他组织合法权益的,应当赔礼道歉;造成损害的,应当依法承担赔偿责任。

重点解读

《人民警察法》第五十条规定,人民警察在执行职务中,侵犯公民或者组织的合法权益造成损害的,应当依照《国家赔偿法》和其他有关法律、法规的规定给予赔偿。本条中的赔礼道歉,是指违法行使职权的公安机关或者人民警察向合法权益受到侵犯的公民、法人或者其他组织承认错误、表示歉意。违法行为对行政相对人造成损害的,应承担国家赔偿责任,达到一定程度的,还要承担精神赔偿,如麻某某"处女嫖娼案"[1]。

适用要点

国家赔偿,是指国家机关及其工作人员行使职权,侵犯公民、法人和其他组织合法权益,造成损害的,依照国家赔偿法给予受害人赔偿。本条的国家赔偿属于行政赔偿。《国家赔偿法》第三条规定:"行政机关及其工作人员在行使行政职权时有下列侵犯人身权情形之一的,受害人有取得赔偿的权利:(一)违法拘留或者违法采取限制公民人身自由的行政强制措施的;(二)非法拘禁或者以其他方法非法剥夺公民人身自由的;(三)以殴打、虐待等行为或者唆使、放纵他人以殴打、虐待等行为造成公

---

[1] 参见《陕西"处女嫖娼"一审判决:受害者获赔 74 元》,载新浪网 2001 年 5 月 9 日,http://news.sina.com.cn/s/247814.html。

民身体伤害或者死亡的;(四)违法使用武器、警械造成公民身体伤害或者死亡的;(五)造成公民身体伤害或者死亡的其他违法行为。"该法第四条规定:"行政机关及其工作人员在行使行政职权时有下列侵犯财产权情形之一的,受害人有取得赔偿的权利:(一)违法实施罚款、吊销许可证和执照、责令停产停业、没收财物等行政处罚的;(二)违法对财产采取查封、扣押、冻结等行政强制措施的;(三)违法征收、征用财产的;(四)造成财产损害的其他违法行为。"

  公安机关及其人民警察违法行使职权,属于国家赔偿法规定的上述情形的,公安机关应当依法给予行政相对人国家赔偿。《国家赔偿法》第五条规定:"属于下列情形之一的,国家不承担赔偿责任:(一)行政机关工作人员与行使职权无关的个人行为;(二)因公民、法人和其他组织自己的行为致使损害发生的;(三)法律规定的其他情形。"

第六章 附 则

第一百四十一条 【其他法律授权处罚的执行衔接】其他法律中规定由公安机关给予行政拘留处罚的,其处罚程序适用本法规定。

公安机关依照《中华人民共和国枪支管理法》、《民用爆炸物品安全管理条例》等直接关系公共安全和社会治安秩序的法律、行政法规实施处罚的,其处罚程序适用本法规定。

本法第三十二条、第三十四条、第四十六条、第五十六条规定给予行政拘留处罚,其他法律、行政法规同时规定给予罚款、没收违法所得、没收非法财物等其他行政处罚的行为,由相关主管部门依照相应规定处罚;需要给予行政拘留处罚的,由公安机关依照本法规定处理。

新旧对照

2012年《治安管理处罚法》	2025年《治安管理处罚法》
无	第一百四十一条 其他法律中规定由公安机关给予行政拘留处罚的,其处罚程序适用本法规定。 公安机关依照《中华人民共和国枪支管理法》、《民用爆炸物品安全管

续表

2012年《治安管理处罚法》	2025年《治安管理处罚法》
	理条例》等直接关系公共安全和社会治安秩序的法律、行政法规实施处罚的,其处罚程序适用本法规定。 　　本法第三十二条、第三十四条、第四十六条、第五十六条规定给予行政拘留处罚,其他法律、行政法规同时规定给予罚款、没收违法所得、没收非法财物等其他行政处罚的行为,由相关主管部门依照相应规定处罚;需要给予行政拘留处罚的,由公安机关依照本法规定处理。

重点解读

《行政处罚法》第十条规定,法律可以设定各种行政处罚。限制人身自由的处罚,只能由法律设定。第十八条第三款规定,限制人身自由的行政处罚权只能由公安机关和法律规定的其他机关行使。如《消防法》《药品管理法》规定的行政拘留处罚,消防救援机构和药品监督管理部门将案件移送公安机关后,由县级人民政府公安机关或者公安分局依照本法规定的程序作出行政拘留处罚决定,包括及时通知被处罚人家属;对未成年人作出行政拘留处罚决定前应告知本人和其监护人有听证权;符合法定情形的,被处罚人可以申请暂缓执行行政拘留;等等。

关于第三款,本法考虑到一些特别的违法行为,在惩治过程中会涉及不同部门之间的协作配合问题。以本法第三十四条为例,本法规定了拘留处罚,而《禁止传销条例》第二十四条规定了罚款、没收违法所得等处罚,为了更好地打击此类违法行为,同时确保不同机关在这一惩治过程中发挥专业性和功能性,所以,本法确立了不同机关进行不同处罚种类下的并行机制,体现了社会治安综合治理的理念。

适用要点

一些法律中规定某些违法行为由公安机关给予行政拘留处罚,实际上赋予其他国家机关对违反治安管理行为的移送权和建议权,符合本法第九十条规定。除本法外,许多直接关系公共安全和社会治安秩序的法律、行政法规,赋予公安机关一定的处罚权限。目前,规定行政拘留处罚的法律有36件,行政法规有3件。因此,公安机关及其人民警察要熟悉有关法律和行政法规,准确把握不同法律和行政法规处罚的适用情形和条件,确保处罚决定合法合理,避免适用错误。如《枪支管理法》第四十四条第一款规定:"违反本法规定,有下列行为之一的,由公安机关对个人或者单位负有直接责任的主管人员和其他直接责任人员处警告或者十五日以下拘留;构成犯罪的,依法追究刑事责任:(一)未按照规定的技术标准制造民用枪支的;(二)在禁止携带枪支的区域、场所携带枪支的;(三)不上缴报废枪支的;(四)枪支被盗、被抢或者丢失,不及时报告的;(五)制造、销售仿真枪的。"

《互联网上网服务营业场所管理条例》第三十二条规定,公安机关应当自互联网上网服务营业场所经营单位正式开展经营活动20个工作日内,对其依法履行信息网络安全职责情况进行实地检查。检查发现互联网上网服务营业场所经营单位未履行信息网络安全责任的,由公安机关给予警告,可以并处15000元以下罚款;情节严重的,责令停业整顿,直至由文化行政部门吊销《网络文化经营许可证》。

上述法律行政法规规定的由公安机关实施警告、罚款和行政拘留等处罚,处罚程序适用本法规定。

第一百四十二条 【海警机构的职权】海警机构履行海上治安管理职责,行使本法规定的公安机关的职权,但是法律另有规定的除外。

新旧对照

2012年《治安管理处罚法》	2025年《治安管理处罚法》
无	第一百四十二条　海警机构履行海上治安管理职责,行使本法规定的公安机关的职权,但是法律另有规定的除外。

重点解读

海警机构,即中国人民武装警察部队海警部队,主要职责是维护国家主权、安全和海洋权益,保护公民、法人和其他组织的合法权益。《海警法》规定,海警机构在中华人民共和国管辖海域及其上空开展海上维权执法活动,基本任务是开展海上安全保卫,维护海上治安秩序,打击海上走私、偷渡,在职责范围内对海洋资源开发利用、海洋生态环境保护、海洋渔业生产作业等活动进行监督检查,预防、制止和惩治海上违法犯罪活动。由此,海警机构执法活动中会涉及治安管理方面职责,需要本法予以支持,与公安机关履行治安职责一致。

适用要点

《海警法》第十二条第一款规定了海警机构依法履行的十一项职责,其中第三项规定,海警机构实施海上治安管理,查处海上违反治安管理、入境出境管理的行为,防范和处置海上恐怖活动,维护海上治安秩序。《海警法》赋予海警机构在实施海上治安管理时的登临检查权、当场处罚权等。《海警法》第三十七条规定,海警机构开展海上行政执法的程序,本法未作规定的,适用《行政处罚法》《行政强制法》《治安管理处罚法》等有关法律的规定。

第一百四十三条 【"以上、以下、以内"的含义】本法所称以上、以下、以内,包括本数。

新旧对照

2012年《治安管理处罚法》	2025年《治安管理处罚法》
第一百一十八条　本法所称以上、以下、以内,包括本数。	第一百四十三条　本法所称以上、以下、以内,包括本数。

重点解读

本条涉及立法技术规范,法律中有一些常见常用立法技术用语,在立法领域具有固定的含义。全国人大常委会法制工作委员会《立法技术规范(试行)(一)》对"以上、以下、以内、不满、超过"的使用均有规范性要求,"以上""以下""以内"均含本数,"不满、超过"均不含本数。本数,是指计算"以上""以下""以内"的基数。

适用要点

公安机关及其人民警察在执行本法时要注意本条规定的适用,如,"县级以上人民政府公安机关",包括县级人民政府公安机关在内;"处二百元以下罚款",其中就包括二百元罚款在内;"二日以内",就包括二日在内。

第一百四十四条 【施行日期】本法自 2026 年 1 月 1 日起施行。

新旧对照

2012年《治安管理处罚法》	2025年《治安管理处罚法》
第一百一十九条　本法自2006年3月1日起施行。1986年9月5日公布、1994年5月12日修订公布的《中华人民共和国治安管理处罚条例》同时废止。	第一百四十四条　本法自2026年1月1日起施行。

重点解读

法律的生效时间，就是法律开始施行并发生法律效力的日期。法律从何时开始施行，一般根据法律的性质和实际需要确定。《立法法》第六十一条规定，法律应当明确规定施行日期。

适用要点

本条规定了法律生效日期，但未规定法律溯及力。《立法法》第一百零四条规定，法律、行政法规、地方性法规、自治条例和单行条例、规章不溯及既往，但为了更好地保护公民、法人和其他组织的权利和利益而作的特别规定除外。根据该条规定，本法亦采用从旧兼从轻原则，有利溯及，2025年《治安管理处罚法》对其颁布实施前的行为，原则上没有追溯的效力。